北京师范大学"985"工程专项经费资助

教育与社会、文化变迁丛书
第 二 辑

美国教育的传统与变革

王 晨　张斌贤◎主编

中国社会科学出版社

图书在版编目（CIP）数据

美国教育的传统与变革/王晨，张斌贤主编 .—北京：
中国社会科学出版社，2018.9
ISBN 978-7-5203-2720-6

Ⅰ.①美… Ⅱ.①王…②张… Ⅲ.①高等教育—教育改革—研究—美国　Ⅳ.①G649.712

中国版本图书馆 CIP 数据核字（2018）第 137495 号

出 版 人	赵剑英
责任编辑	李炳青
责任校对	李　剑
责任印制	李寡寡

出　　版	中国社会科学出版社
社　　址	北京鼓楼西大街甲 158 号
邮　　编	100720
网　　址	http://www.csspw.cn
发 行 部	010-84083685
门 市 部	010-84029450
经　　销	新华书店及其他书店

印刷装订	北京明恒达印务有限公司
版　　次	2018 年 9 月第 1 版
印　　次	2018 年 9 月第 1 次印刷

开　　本	710×1000　1/16
印　　张	31
插　　页	2
字　　数	508 千字
定　　价	118.00 元

凡购买中国社会科学出版社图书，如有质量问题请与本社营销中心联系调换
电话：010-84083683
版权所有　侵权必究

前　言

　　本书作为教育与社会、文化变迁丛书第二辑中《美国教育：观念与制度的变迁》一书的续编，收录了北京师范大学外国教育史教学科研团队近三年来关于美国教育史新的研究成果。这些研究成果通过对美国教育制度的发展及其文化制约，美国教育发展过程中的思想观念变迁及其影响，美国教育发展的政治和社会框架及其联系，教育机构发展的典型案例，典型教育人物的思、言、行，以及美国教育学科和学术的发展历程等主题，对美国教育在其近四百年的历史进程中所形成的传统和面临社会变化时所激发的变革进行了分析和研究。这些分析和研究有助于进一步了解美国教育发展的内在机制，探索美国教育制度和机构不断进步的历史规律，从而有助于更好地理解和建设中国的教育事业。这些成果如同上一部书一样，从一个侧面反映了团队近几年来在美国教育史研究方向上的新探索。

　　2002年前后，由于种种原因，北京师范大学一度曾拥有的近十人、年龄结构较为合理的外国教育史教师队伍仅余张斌贤、郭法奇两人。2005—2008年，郭法奇又赴新疆师范大学工作三年，外国教育史师资队伍与学科建设面临巨大的压力与挑战。幸运的是，由于各方面的努力，经历了几年的阵痛之后，团队教师队伍的规模基本恢复到21世纪初的规模，与此同时，学科建设取得了较为显著的成果。在人才培养工作方面，继王天一、夏之莲、朱美玉三位老师的《外国教育史》（上下册）和吴式颖老师主编的《外国教育史教程》，先后出版了《外国教育史》（后被评为国家级精品教材）、《外国教育思想史》《西方教育思想史》等教材和几种教学参考资料。2008年，北京师范大学外国教育史课程被评为国家级精品课程；2009—2010年，团队先后被评为校级、北京市级和国家级教学团队。2009年，张斌贤被评为国家级教学名师，同年获宝钢教育奖优秀教师特等奖。更为重要的是，近十年来，团队先后培养了60多名硕士研究生和30多名博士研究生。获得博士学位的学生分别任教于北京师范大学、浙江大学、中国人民大学、厦门大学、华东师范大学、首都师范大学、四川师范大学、贵州师范大学、云南师范大学、浙江师范大学、沈阳师范大学、天津师范大学、宁波大学、河南师范大学等高校，他们中大多已晋升高级职称，并成为各个高校外国教育史学科的教学科研骨干。

在学术研究方面，考虑到人员力量的不足，近十年来，团队将研究的重点主要集中在美国教育史的研究。我们的基本设想是，将团队的主攻方向建立在个人的学术兴趣和团队有机协作的基础之上，从而既避免团队整体的研究方向因个人兴趣不同而过于分散，难以形成合力，又克服以团队方向消解个人学术兴趣和特长的弊端。近十年来，在兄弟院校同行的大力支持下，团队成员先后完成了数十项全国教育科学规划，教育部人文社科规划等课题研究，在《教育研究》《教育学报》《北京大学教育评论》《清华大学教育研究》《高等教育研究》等重要期刊上发表了数以百计的论文，出版了几套大型图书，如《美国研究型大学探索译丛》（7种，河北大学出版社）、《欧洲大学史》（第1—3卷，河北大学出版社）、《京师高等教育探索丛书》（8种，北京师范大学出版社）、《美国教育经典译丛》（10种，安徽教育出版社）、《美国教育变革研究丛书》（10种，浙江教育出版社）。后续还将先后出版《美国高等教育史》（3卷，教育科学出版社）、《美国著名大学校长评传丛书》（8种，浙江教育出版社）等著作，如果没有系统的学术规划，没有团队成员的精诚合作，没有朝着既定目标坚持不懈努力的意志，是不可能在较短的时间内取得这些学术成果的。

尤其值得欣慰的是，近年来，团队积极有效地开展了较为广泛的国际学术交流，邀请了前国际教育史常设会议主席埃克哈特·福克斯（Eckhardt Fuchs）教授、密歇根大学爱德华·圣约翰教授（Edward St. John）、威斯康星大学麦迪逊分校亚当·尼尔森（Adam Nelson）教授、哈佛大学教育学院茱莉·鲁本（Julie Reuben）教授和柏林洪堡大学卡洛索教授（Marcelo Alberto Caruso）等国际知名的学者造访北京师范大学，为学生授课，与教师交流。如此高密度和高层次的国际学术交流，在北京师范大学外国教育史学科的历史上是前所未有的。与此同时，近十年来，有十余名博士研究生和青年教师先后赴哈佛大学、密歇根大学、威斯康星大学麦迪逊分校、加州大学洛杉矶分校、多伦多大学、麦吉尔大学进修。较为频繁的国际学术交流不仅开阔了师生的学术视野，而且为获得过去难以想象的丰富的文献史料（包括数量巨大的一手文献）提供了便利，从而有助于进一步提高团队的研究水平和国际化程度。

编辑这一系列文集的目的，并不是夸耀团队过去所取得的成绩，而是试图借此机会进行全面的回顾和深入的反思，总结经验，汲取教训，以便更好地把握学科未来的发展方向，明确学科发展的道路，找准学科第二次出发的新起点，并在此基础上，再次凝聚力量，为外国教育史学科的未来发展做出应有的贡献。

感谢中国社会科学出版社李炳青编辑为本书出版所付出的努力和辛劳；感谢陶业曦、王艳艳同学为本书的编辑校对所做的工作。

目　录

第一编　制度与文化

艰难的创业
　　——美国高等教育早期历史的特征与成因 …………（张斌贤）(3)
扩张与转型
　　——内战后美国高等教育发展的路径选择 ……（李子江　张斌贤）(15)
艰难历程
　　——《史密斯—休斯法》的创制 …………（张斌贤　高　玲）(32)
美国大学通识教育课程一致性问题的历史发展及启示 ……（於　荣）(59)
美国大学海外分校全球扩张的历史和战略研究 ……………（王　璞）(69)
"二战"后美国高校学术休假制度的新动向　……（李子江　王玲令）(81)
19世纪美国的大学生联谊会与校园生活的转变 ……………（林　伟）(93)

第二编　思想与观念

杜威与现代教育
　　——几个基本问题的探讨 …………………………（郭法奇）(107)
杜威的"探究与创新"教育思想及其现代检视 ……………（郭法奇）(118)
托马斯·杰斐逊教育观中的精英话语释义 …………………（陈露茜）(143)
威廉·哈里斯的黑格尔主义教育思想研究 ……（王　璞　石佳丽）(172)
杜威晚年论教师的责任和自由 ………………………………（涂诗万）(189)

赫钦斯的"理解"教育观与学习型社会建构 ……（郑秀慧　王　晨）(206)

第三编　政治与社会

社会运动与19世纪末、20世纪前期美国公共教育
　　变革 …………………………………（张斌贤　高　玲　钱晓菲）(219)
揭开美国中等教育改革的序幕：《十人委员会报告》
　　发表始末 ……………………………（张斌贤　李曙光　王慧敏）(235)
论美国新中产阶级的教育议程 …………………………（陈露茜）(261)
美国城市化崛起时期城市学校的课程设置 ……………（李朝阳）(281)
美国废除公共学校种族隔离政策决策依据探微 ………（祝　贺）(294)
反思布朗案
　　——基于2001—2007年的文献 …………………（祝　贺）(303)
基础教育优质均衡发展的美国经验 ……………………（王　晨）(313)
"二战"以来美国大学学生群体社会结构特征及其
　　变化趋向 ……………………………………………（康绍芳）(325)

第四编　人物与机构

哈佛大学预备教育源起
　　——19世纪初的哈佛教育改革 …………………（曹春平）(345)
达特茅斯学院案与美国高等教育的公私之辨 …………（王慧敏）(356)
亨利克学院的生与死
　　——英属北美高等教育被遗忘的起点(1617—1624) ……（王慧敏）(374)
群星闪耀的时刻：哥伦比亚大学教师学院的创建 ………（陈　瑶）(389)

第五编　学术与学科

伯纳德·贝林与美国新教育史
　　——兼论《教育与美国社会的形成》 …………（王　晨　张斌贤）(403)
美国教育研究学科化的开端 ……………………………（陈　瑶）(417)

实验主义与科学主义
　　——美国教育研究取向之争 ……………（康绍芳）(434)
"专家"的两难
　　——"威斯康星理念"中的社会
　　科学家(1904—1914) ……………………（孙　碧）(452)
美国早期教育学课程与师范学校的历史宿命 …………（陈　瑶）(473)

第一编

制度与文化

艰难的创业

——美国高等教育早期历史的特征与成因[*]

张斌贤

一

从 1636 年哈佛学院建立到 1862 年《莫里尔法》颁布之前的两百多年，是美国高等教育成长的"童年"时期，是美国高等教育历史的奠基时期，也是国内学者系统涉猎较少的时期。国内现有美国高等教育史研究中，除达特茅斯学院案、杰弗逊与弗吉尼亚大学创办及《耶鲁报告》等少数专题外，少有系统、专门和深入的研究。

在时间维度上，从 1636 年哈佛学院建立到《莫里尔法》颁布前这段时期跨越了近两个半世纪，可分为两个主要阶段，即殖民地时期和美国建国初期。在这两个不同历史阶段中，高等教育发展的重点、面临的基本问题虽然不同，但都具有重要的历史意义。

殖民地时期不仅产生了北美大陆最早的高等教育机构（即九所殖民地学院），从而标志着美国高等教育史的开端，而且为美国高等教育制度的确立、美国高等教育特质的形成，奠定了坚实的历史、法律和制度基础。建国初期，国立大学计划无果而终、州立学院和大学相继建立，一方面消除了建立法国式中央集权的高等教育机构和高等教育制度的可能性，

---

[*] 基金项目：北京师范大学自主科研基金重大项目。

另一方面则开创了公立高等教育的先河，为形成真正美国式高等教育制度进行了有效探索；"达特茅斯学院案"从法律上确立了学术法人制度，而《耶鲁报告》进一步阐述了自由教育作为高等教育基本功能的思想。所有这一切，都在不同方面、不同程度上为南北战争后美国高等教育的高速发展做了必要的准备。因此，忽略美国高等教育的早期历史或其中任何一个阶段，都将难以达成对美国高等教育发展的全面和深入的认知。

在内容维度上，这个时期主要包括欧洲大学制度在英属北美殖民地的传入、移植和"变异"。欧洲不仅是美国高等教育的直接渊源，而且始终是美国高等教育的参照系。通常所说的美国高等教育的特质、美国式高等教育等，无非是在与欧洲比较后得到的判断。这个时期的重要内容还包括九所殖民地学院的相继建立及其早期经历，建国初期原有殖民地学院的恢复及与新国家政治和法律关系的调整，建国初期创建国立大学的曲折历程，州立学院、州立大学和专门学院的创办，学院和大学课程改革遭遇的艰辛与坎坷及作为学院和大学主体的师生状况与结构的变化。

美国高等教育的早期历史既是高等教育在北美大陆的肇始和在美国建国初期的探索史，也是美国高等教育发展的奠基史。但因这个时期美国的学院规模小、教育水平低，因此，国内学界的一般认识是，这个时期的美国高等教育主要处于模仿、借鉴欧洲（特别是英国）大学制度的阶段，少有真正的美国特色。这或许是这个历史时期没有受到充分关注的原因之一。但是，如果从历史的观点看，正是这个时期，在遭遇一系列挫折、经历一系列探索之后，美国高等教育在模仿欧洲的同时，逐渐形成了明显不同于欧洲的外在形式和内在特质。这些形式和特质的意义在当时或许并未真正显现，但随着时间的推移，尤其是随着美国高等教育的发展，这些童年期形成的外在形式和内在特质的作用逐步充分实现，成为塑造美国式高等教育的基本元素。正是因为这些外在形式和内在特质，殖民地时期和建国初期的高等教育变迁为美国高等教育制度的确立奠定了重要的历史基础。

首先，殖民地学院的学术法人制度形成。大学作为法人社团是欧洲的传统，到哈佛学院建立时已经历了数百年变迁，成为非常成熟的制度。殖民地学院建立时，基本沿用了这个欧洲传统。从长远观点看，美国学术法人制度建立的重要意义在于，在法律上确定了学院相对于外部权威（教会和殖民地政府）的独立性，为高等教育机构的自治提供了基本制度保证。因此，尽管这个时期的美国历史跌宕起伏、风云变幻，殖民地学院面临着生存和发展的危机，但始终能立于不败之地，其原因不能仅从学院创办者和管理者的意志、对教育的信念、对知识的追求等精神方面进行挖掘。没有法律和制度的强力保障，仅靠精神力量是很难长久保持学院的生存和发展的。学术法人不仅有效保证了九所殖民地学院的生存，而且成为美国高等教育机构普遍遵循的基本制度，奠定了美国高等教育发展的法律基础。不仅如此，法人制度还产生了美国高等教育的相关原则。杜伊（Edwin D. Duryea）认为，学术法人制度衍生的一个重要结果是，产生了一种高等教育独立于政府却对它负责的基本观念，这是最终成为美国高等教育中不断谋求院校机构自治与公众问责（accountability）之间保持平衡的思想前提。[1]

其次，是董事会制度的建立。如果说，学术法人制度是殖民者从欧洲得到的最有价值的遗产，那么，董事会控制学术法人的制度则是北美殖民者最富天才的创造。无论是哈佛学院、威廉—玛丽学院的董事会与监事会并存的"两会制"或"双元制"，还是耶鲁学院和其他殖民地学院的"一会制"或"一元制"，这种由外部人士组成学院的最高权力机构对学术机构进行控制的制度设计与实践都是前所未有的。

在意大利、法国和英国等国家的古老大学中，虽然王权和教会等外部力量也能对大学施加不同程度的影响，但真正对大学实行控制和管理的都是内部人士组成的同乡会、教师会、评议会等组织。这是因为这些古老大学是自然形成的，一定程度上是由学生创造了大学（如博洛尼亚大学）或学者创建了大学（如巴黎大学）。但殖民地学院不是自发形成的，而是由殖民地政府或教会创办的。因此，从一开始，美国的高等教育机构就是由"外部势力"控制的：学校由国王或殖民地议会颁布特许状设立，学校经费由议会提供，校长和教师由董事会聘任，学校的管理根据特许状进行，等等，由此形成了创办人具有主办权的惯例。这种情况下，内部人士很难在学院中发挥实质性支配作用。在相当长时间里，哈佛学院和耶鲁学

---

[1] Duryea E. D., *The Academic Corporation: A History of College and University Governing Boards*, New York: Falmer Press, 2000, p.55.

院的校长甚至都不是董事会成员。不论怎样，这项"外行领导内行"的制度从殖民地时期一直延续至今，成为所有公立和私立高等教育机构共同采用的治理制度，最终成为"（美国）高等教育管理结构的基石"① 和美国高等教育治理制度最具特色的因素。

最后，是州立学院和州立大学的相继开办。如果说董事会制度是美国高等教育在管理结构上的发明，那么，州立学院和州立大学则是在机构设立方面的创造。在州立学院和州立大学创办之前，无论是在欧洲还是在北美殖民地，高等教育机构都是根据来源不同的特许状而建立的，通常主要是来自国家或教会的最高权力机构的特许。为了显示自己的恩惠，颁发特许状的主体通常还赠予一定的金钱或实物。得到特许而建立的高等教育机构通常主要为特定群体提供服务（如殖民地学院主要招收本教派信众）。州立学院和州立大学则是由各州议会通过制定相关法律批准设立，由公共财政提供经费，由全部或部分通过选举产生的董事会控制，为本州人民服务。无论是与欧洲古老大学还是与殖民地学院相比，州立学院和州立大学都是一种全新形式的高等教育机构。州立学院和州立大学的建立，不仅更好地满足了不同社会群体接受高等教育的需要，而且造成了各州高等教育机构的显著差异性和丰富多样性。这种由美国特有的地方分权的行政管理体制产生的"色彩斑斓"的高等教育生态环境，既是美国高等教育有别于欧洲国家的基本特征，也是赋予美国高等教育以巨大活力的重要因素。

如果说学术法人制度、董事会制度、州立学院和州立大学是这个时期美国高等教育的外在形式，那么，这些外在形式包含或从中逐渐形成的价值则成为一种内在特质。北美殖民地学院从欧洲继承了古老的学术法人制度，尽管如此，大西洋两岸的情况还是有显著差异。在欧洲，特许状主要是由最高当局授予，或是皇帝和国王，或是教皇，地方当局无权颁发法人特许状。而在北美，由于不同的殖民地与英国王室的法律关系不同，加之地理位置造成的与母国的疏离，学院特许状来源非常复杂，既有王室特许（如威廉—玛丽学院）、殖民地议会授予（如哈佛学院），也有殖民地总督

---

① Carnegie Foundation for the Advancement of Teaching, *The Control of the Campus*: *A Report on the Governance of Higher Education*. A Carnegie Foundation Essay. Washington, D. C., Carnegie Foundation for the Advancement of Teaching, 1982, p. 72.

颁发（如新泽西学院）。这种由殖民地相互独立而带来的特许状颁发主体的多样性造成的直接结果，一方面削弱了特许状的神圣性和权威性，为19世纪前期新学院的大发展奠定了基础，另一方面则产生了经不同主体特许成立的不同学院之间的平等和差异。随着时间的推移，这种差异性最终演变成高等教育丰富的多样性。这些在特定历史条件下形成的不同学院和大学之间的差异性和多样性，正是美国高等教育制度与众不同的基本特征。

更为重要的是，授予特许状主体的多样性，使得不同法人之间的平等关系得以建立，这样就难以产生像牛津大学和剑桥大学独大、垄断学位授予权，从而形成等级森严的学术金字塔的局面。正如《1828年耶鲁报告》所言："我们的学院不是精准地模仿欧洲大学模式而形成的……欧洲实施君主制政府的政策，将高等教育的好处集中在少数特权地方……但在我们这个国家，共和传统和思想从不允许任何一个地方存在文化的君主。"[1]没有人为造成的学院和大学之间的等级划分，有利于不同学术机构之间的平等竞争，从而赋予整个高等教育以旺盛的活力。在一定意义上可以说，多样性构成了美国高等教育的生态环境，平等的相互竞争关系则是维系这个生态环境的主要动力之一（尽管这种竞争在19世纪前期也造成了不同学院为争夺生源而刻意追求校园美化、忽视对教师和教学条件的投入）。这也正是美国高等教育长期发展，最终超越英国、德国，成为高等教育强国的内在动力。

总之，在美国高等教育发展的早期，通过继承欧洲历史遗产和适应本地社会环境的需要而进行的探索，基本形成了较为完整的高等教育体系，并赋予这个体系以清晰的美国特质。尽管与同时期的欧洲（特别是德国）相比，美国高等教育无论在学术水平还是在人才培养质量等方面，都存在不小差距，但经过两百多年的持续不断的努力，一种不同于欧洲的、具有鲜明特色的高等教育制度的基础业已建立。正是在这样的基础上，南北战争后，在规模高速且持续扩张的同时，美国高等教育的质量和学术声誉显著提升，最终在第二次世界大战后一跃成为世界高等教育强国。

---

[1] *The Yale Report of 1828*, New Haven：Hezekiah Howe, 1828, p. 20.

二

一个奠定了美国高等教育发展历史基础的时期，似乎应是一部波澜壮阔、荡气回肠的宏大史诗。但实际上，无论是与南北战争到第二次世界大战前的高等教育扩张与提升时期相比，还是与第二次世界大战后大半个世纪高等教育的革新与调整时期相比，美国高等教育的早期历史都是一段充满艰辛、磨难和曲折的历史，是一段筚路蓝缕、崎岖坎坷的旅程，也是一部艰苦卓绝的创业史。难以想象，当今这些世界众星捧月的一流大学都有着穷困潦倒的早期岁月。所有殖民地学院的建立和早期岁月都充满了艰辛、困难和挫折，或长期得不到特许状，或经费短缺，或缺少办学空间，或校舍简陋，甚至于没有足够的学生。总之，都面临政治、法律、经济、宗教、社会等方面的严峻挑战。对于襁褓中的殖民地学院而言，任何因素的变化，都足以使其夭折，甚至任何一个偶然事件都足以从根本上改变一个学院的命运。

美国独立后，这些学院的生存问题不仅没有因新国家的建立而很快得到解决，反而面临更为复杂和严峻的形势：既要从独立战争造成的破坏中恢复重建，又要调整与新建国家的关系，重新确立与本教派的关系，还要采取各种措施，妥善克服迫在眉睫的财政困难，时刻提防各州政府干预学院事务、控制学院乃至将其公立化的企图。在这个过程中，曾上演了一幕幕跌宕起伏、惊心动魄的悲喜剧。由杰弗逊和弗吉尼亚州政府试图对威廉—玛丽学院的改造和学院采取的抵制、新罕布什尔州试图改变达特茅斯学院的法律属性引发的"达特茅斯学院案"，从不同侧面反映了这些学院所面临的艰难处境。

对新的高等教育的探索而言，美国独立也没有很快形成有利的社会环境和社会条件。建国初期，政府与教会的关系、联邦与各州的关系、政党之间的关系、教会与教会的关系、学院与政府的关系、学院与社区的关系等，都处于调适、磨合和重建过程中。在这个过程中，不仅老的学院处于困境，各种关于高等教育的新的努力、尝试和探索同样举步维艰。从1790年华盛顿第一次国情咨文提出建立国立大学到1825年约翰·昆西·亚当斯国情咨文重提兴建国立大学，前后35年时间，历经美国前六任总统中的五任（从华盛顿、杰弗逊、麦迪逊、詹姆斯·门罗到亚当斯），结果不了了之，无果而终。以华盛顿、杰弗逊等人当时的崇高威望和巨大影响力，及本杰明·拉什和乔尔·巴洛等社会名流的不断呼吁，竟然都难以推动大学的建立，可见其包含极为复杂的联邦与各州之间、州与州之间的利益冲突。如果说，国立大学涉及联邦与州之间、州与州之间的利益博弈，因而盘根错节，难以达成共识，那么，在州内建立公立大学似乎容易得多。事实并非如此。弗吉尼亚州立大学的酝酿和筹备过程显示，建立州立大学的难度其实不比国立大学小。从1800年杰弗逊提出在弗吉尼亚州建立一所公立大学的设想到1819年弗吉尼亚州议会通过建立公立大学的立法，再到1825年弗吉尼亚大学正式开办，前后长达25年，历经坎坷。其艰辛与甘苦或许只有杰弗逊等亲历者才能体会得到。这或许是曾经担任美国第一任国务卿、第二任副总统及第三任总统的杰出人物，会将自己晚年的全部精力投入弗吉尼亚大学的筹备和建设，以耄耋之年，对弗吉尼亚大学各项建设殚精竭虑、事必躬亲的主要原因，或许也是杰弗逊将创办弗吉尼亚大学作为一生最为重要的事业之一，并将其与起草《独立宣言》和《弗吉尼亚宗教自由法》相提并论的原因之一。

在美国高等教育早期阶段，不仅创业艰难，对已有机构和事物进行改变、革新同样不易。韦兰德在布朗大学的改革、塔潘在密歇根大学的革新，虽然在一段时间内都得到了董事会的支持，且充分反映了美国高等教育发展的基本方向，但都"无疾而终"，两位校长都黯然离职。甚至课程改革这样微观层面的变化，也历经磨难。从19世纪20年代哈佛大学开始试行选修制，到后来多所学院进行的平行课程和不完全课程探索，或半途而废（如哈佛1825年改革），或功败垂成（如阿姆赫斯特学院的平行课程计划）。《1812年耶鲁报告》是19世纪前期美国学院和大学课程改革为数不多的产生了具体结果的实例之一，也引起了广泛的争论。

从19世纪初到南北战争前的大半个世纪，美国高等教育演变过程中较为罕见的、称得上一帆风顺的变化是大量学院在短时间内急剧增加。19世纪初，美国共有20所学院和大学，十年后增加了一倍；19世纪20年代末，学院和大学总数超过 100 所；19 世纪中期则达到 200 所。① 这些学院大多为教派所办。1830—1861 年，美国出现的 133 所新学院都与各教派有着一定的联系，教派兴学的势头可见一斑。② 但是，由于各教派办学的主要目的是争夺更多信众，许多学院仓促上马，缺乏系统筹划和后续支持，因此，很快就关闭了。时任纳什维尔大学校长的林德塞（Phillip Lindsey）曾说："各类学院在我们富饶的土地上像蘑菇一样快速生长，它们喧嚣一天后就很快无影无息了。"③ 学院来去匆匆，以至于很难准确统计这个时期学院的数量。有学者认为，在南北战争前创办的学院中，至今仍存在的只占 1/5，而倒闭的学院数则占 80%。④ 因此，霍夫斯塔特（Richard Hofstadter）和梅茨格（Walter P. Metzger）等人将美国建国至南北战争前的半个多世纪称作高等教育"大衰退"时期。

总之，美国高等教育的奠基时期是一个漫长的艰难创业的过程。正是在这个曲折过程中，美国高等教育制度的结构初步确立，基本特征也已形成。这一切为即将到来的 19 世纪后期大发展做好了充分的准备，积累了足够的能量。

三

为什么美国高等教育早期史是一部艰难、悲壮的创业史？这个问题本身具有复杂性，难以穷尽所有因素，因此，只能从主要方面加以分析。

首先，从高等教育机构建立的过程看，殖民地学院与欧洲绝大多数古老大学存在显著差异。博洛尼亚大学、萨莱诺大学、巴黎大学、牛津大学等欧洲古老大学，在正式成为大学之前，都经历了长期的自然演化过程，它们都是自然衍生的结果。在被授予特许状、成为正式学术法人之前，这

---

① Burke C. B., *American Collegiate Populations: A Test of Traditonal View*, New York: New York University Press, 1982, p. 18.
② Tewksbury D. G., *The Founding of American Colleges and Universities before the Civil War*, Archon Books, 1965, p. 72.
③ Ibid., p. 24.
④ Richard H., Metzger W. P., *The Development of Academic Freedom in the United States*, New York: Columbia University Press, 1955, pp. 211–212.

些城市的知识传播活动已持续了多年。博洛尼亚早已是法律研究的中心，萨莱诺是闻名遐迩的医学研究重镇，巴黎是神学研究的"圣地"。牛津虽然难以与上述城市相比，但在大学建立之前，也已有了一定规模的学者聚集，有了较为频繁的教学活动。因此，对这些古老的大学而言，获得特许状、建立大学实际上是赋予已存在的人群和活动以组织的形式和法律的认可。在自然演化过程中，通常是在知识传播活动进展到一定阶段、参与知识传播的主体既感受到建立机构的需要，又具备了建立机构的必要条件，才设法通过各种途径争取获得特许状。这个过程通常较为漫长。在这个过程中，制约机构建立的各种障碍和困难往往会在时间的流逝中逐渐被弱化、稀释或消除，至少不会同时聚集在较短时间内产生作用。因此，欧洲古老大学的建立表面看似乎没有遇到严峻挑战，一切似乎水到渠成，但实际上是水滴石穿的结果，无数困难都在时间流逝中被逐渐化解。

北美殖民地学院（某种程度上也包括最早的州立学院和州立大学及19世纪前期相继建立的教派学院）完全是人造的产物，是某种信条、信念、认识或利益支配产生的结果。当马萨诸塞州议会决定建立哈佛学院时，马萨诸塞殖民地既没有前期的知识传播活动，也不存在具有接受高等教育需要的人群、不具备举办高等教育所有必要的基本条件，包括学校用地、校舍、经费、图书，更缺乏能从事"高深知识"传授的师资。尽管当时殖民地有数十位毕业于牛津大学和剑桥大学的校友，但他们都从事神职、法律、商业和公共事务管理等方面。所以，哈佛学院的建立几乎完全是在不具有任何客观条件和客观需要前提下的平地起高楼之举，完全是清教徒对欧洲文明将在北美大陆失传的恐惧及传播本派教义的需要等精神力量的产物，是草创的结果。其他殖民地学院（尤其是稍晚建立的费城学院、国王学院和罗德岛学院）建立时的主客观条件虽已明显改善，但这些学院的建立实际上主要是人的意志、信念和需要的产物。另一方面，虽然发起创建哈佛学院的人士和早期董事会成员中不乏牛津大学和剑桥大学的校友，但他们在其母校大多只有学生的经历，而无直接从事学院管理的经验。更为重要的是，无论是殖民地学院还是州立学院和州立大学，都是在一种完全不同于英国的社会环境下进行的高等教育试验，并无多少成法可以遵循，一切都需要重新探索、尝试。这在客观上加大了学院和大学建设的难度。

由于先天不足，殖民地学院建校后大多命运多舛。所有殖民地学院开办初期，都面临这样那样的困难、障碍和艰辛。校舍简陋（甚至没有校舍）、学生不足、师资匮乏、经费短缺，是所有殖民地学院（包括部分建立较早的州立学院和州立大学及诸多教派学院）长时间共同面临的问题，更不用说学院内部管理和运行、处理校外董事会与校长的关系及师生间的关系、处理学院和外部的关系等方面遭遇的复杂矛盾和困难。

其次，客观社会条件造成了殖民地学院发展的艰难。1636—1862年的两百多年间，北美大陆发生了巨大变化，从英属北美殖民地到美利坚合众国的建立，从邦联到联邦，从农业社会开始向工业社会过渡，等等。此外，这期间还先后发生了独立战争和第二次美英战争（1812—1815年）。所有这些都不同程度地对高等教育变迁的方向、轨迹和节奏产生了影响，使高等教育的发展变得更为艰难。例如独立战争使大多数殖民地学院的校舍都遭到了不同程度的毁坏，教学活动被迫停顿，师生逃亡，图书散失，捐赠中止。前期建设所取得的成果几乎毁于一旦。美国独立后，这些学院进入了时间较长的艰难恢复期，同时面临如何重建与新建国家和社会关系的考验。从19世纪初开始，这些"资历"不浅但"家底"不足的老学院又面临工业化、科学发展所产生的新的社会需要的挑战，被迫做出必要的改变。但另一方面，无论是社会还是学院，都缺乏基本的条件为这种改变提供支持。最尖锐的矛盾是经费拮据。美国建国初期，百废待兴，无论是政府、教会还是民间，都缺乏足够的财力为学院和大学提供必要的经费支持，致使许多改革的努力难以为继。选修制、平行课程和不完全课程之所以举步维艰，既是由于不同知识价值观的冲突，也是因为经费短缺，难以聘请足够的师资、开设足够的课程和购置足够的图书。教学方法的改革同样也面临经费短缺、不能购置必要的仪器设备等困境。

文化教育基础薄弱、中等教育不足造成的高等教育社会需求严重不足，是长期制约这个时期高等教育发展的重要因素。此外，缺乏充足数量的师资，同样是直接阻碍高等教育发展的重要因素。在很长时间内，北美地区人才匮乏，又因为远离欧洲，难以聘请到数量足够的欧洲饱学之士任教。另外，美国的学院和大学长期维持很小的学生规模，且只能授予学士学位，因而难以自行培养足够的人才来扩大教师资源。直到1800年，原有殖民地学院一年毕业的学生仅 100 人。[①] 1850 年，美国学院和大学的平均学生数维持在 50 人。[②]

最后，社会环境使学院和大学处于错综复杂的社会关系之中，很大程度上制约着学院和大学充分行使学术法人的独立性和自治权。欧洲古老大学本质上是一种学者行会，由校内人士组成的评议会或相关组织实施管理，大学具有足够的能力自行把握发展方向，美国的学院和大学则完全不同，由校外人士组成的董事会掌握控制权，这使美国的学院和大学与社会保持密切的联系。这似乎是一种积极的现象，但凡事有利总有弊。与社会的密切联系有助于高等教育机构及时察觉社会的需要，并进行相应调整；但另一方面，这种联系使高等教育机构易于受社会各种因素的干扰，尤其是当高等教育机构处于新生阶段时更是如此。美国社会特殊性造成的异常复杂的社会结构进一步加大了高等教育与社会关系的复杂性。

欧洲国家存在着中央政府与地方政府、政府与教会、大学与社区的矛盾。在美国的政府关系方面，既有联邦政府不同部门间的关系，也有联邦政府与各州政府的关系，还存在各州之间的关系；各州内部，又存在着不同地方的关系。另外，由于美国教派林立，政府与教会的关系远比欧洲国家具有更大的复杂性；同时，又存在同样复杂的教派之间的关系。不仅如此，由于美国是移民国家，来自不同国家的移民群体之间的关系同样影响着高等教育机构的运行。因此，美国的高等教育机构是在一个远比欧洲大学更为错综复杂的社会关系网络中生存和发展的。这个时期一系列重大事件很好地诠释了上述判断。"达特茅斯学院案"原本是学院内部事务，是校长和董事会之间的矛盾。这种矛盾在殖民地学院历史上经常发生。但是，新罕布什尔州政府、议会和法院的介入，尤其是因为民主——共和党和联邦党人的涉足，使局部的问题演化为全国性的问题，教育的问题上升为政治问题、法律问题。同样，国立大学的无果而终在一定程度上也与各种利益冲突相关。教派学院在短时间内剧增又很快消退的潮汐现象，则与

[①] Rudolph F., *Curriculum: A History of the American Undergraduate Course of Study since 1636*, San Francisco: Jossey-Bass Publisher, 1978, pp. 60–61.

[②] Burke C. B., *American Collegiate Populations: A Test of Traditonal View*, New York: New York University Press, 1982, p. 54.

教会之间的竞争相连。甚至学院的课程改革也常受各种因素的制约,韦兰德在布朗大学、塔潘在密歇根大学推行的课程改革之所以夭折,也是不同利益相关者之间冲突的结果。

[作者简介] 张斌贤（1961— ）,男,浙江杭州人,北京师范大学教育历史与文化研究院教授,从事美国教育史研究。

扩张与转型

——内战后美国高等教育发展的路径选择

李子江　张斌贤

南北战争结束后，美国高等教育进入了一个前所未有的发展时期。这个时期始于1862年《莫里尔法》的颁布，终于20世纪40年代中期，前后持续大半个世纪。巨大的"扩张"和高速的"转型"是这个时期的美国高等教育发展的主要特征。

"扩张"不仅是指南北战争结束后州立学院和大学的不断增加，高等院校入学人数的日益增长，也表现在随着《莫里尔法》的实施，赠地学院和赠地大学的相继建立以及19世纪末20世纪初社区学院的快速兴起。这些新型高等教育机构的出现不仅使美国高等院校的数量急剧增加，而且丰富了高等院校的类型，使高等教育的结构更为完整，以满足不同人群接受高等教育的不同需要和社会对不同层次和类型人才的需要。

"转型"则意味着，从19世纪后期开始，通过将殖民地时期建立的英国式传统学院逐渐改造成为德国式的研究型大学，同时新建以研究生教育为重点的新型大学，注重开展学术研究和高级学位教育，美国高等教育完成了从传统学院向现代大学制度转变的"学术革命"。这场革命不仅迅速推动了美国学术职业化的进程，促进了大学学术组织和学术管理的现代化，而且标志着美国高等教育完成了从保存和传播知识向探索和创造知识的功能转换。

经过半个多世纪的努力，到20世纪前期，由大学、学院和社区学院构成的美国高等教育的主要结构基本形成,由副学士、学士、硕士和博士构成的学位制度基本确立,以人才培养、探索知识与服务社会为核心的现代高等教育观念的形成,等等,这些都标志着现代高等教育制度在美国的建立。

一

南北战争后,美国进入一个全新的历史时期。这个时期的显著特征是工业化进程的加速以及由此引发的高速的城市化。工业化和城市化不仅使社会财富急剧增加,为高等教育的迅速发展奠定了必要的物质基础,而且使社会劳动的分工更为精细,从而产生了更为旺盛和多样的高等教育需求。然而,无论在数量上还是在类型和结构上,传统的高等教育都难以满足日益复杂的社会需要。从南北战争至20世纪初的近半个世纪中,如何调整与不断变化的社会环境之间的关系,满足社会日益多样的需求,是美国高等教育发展所面临的时代主题,同时也构成了美国高等教育发展的基本线索。数量的增长、规模的扩张以及由此所产生的高等教育结构的调整,是这个时期高等教育应对社会挑战所采取的重要举措。

南北战争是美国高等教育结构变迁的分水岭,高等教育的层次结构在内战前后发生了重大的变化。南北战争前,美国高等教育的层次结构较为单一。殖民地时期建立的九所学院、少量的州立学院和州立大学以及专业学院构成了高等教育的主体,以精英教育为宗旨的本科生层次的人才培养是这些高等院校的主要职能。1862年《莫里尔法》颁布后,高等教育中的古典主义倾向受到削弱,实用的公共高等教育因满足不同人群接受高等教育的需要而得到快速发展。《莫里尔法》颁布之初,全美仅有几所赠地学院,到1871年发展到29所,到1896年为69所。到1900年,赠地学院的学生规模已达19268人。

在赠地学院和赠地大学之后,另一种更具美国特色的高等教育机构——初级学院逐渐酝酿成型。在某种程度上,初级学院是美国研究型大学的副产品,是美国学术界与工业界妥协的产物。1892年,哈珀(William Rainey Harper)就任新成立的芝加哥大学校长。他致力于将芝加哥大学建设成为以培养研究生教育为主的研究型大学。为了满足那些在学术上、经济上或心理上未做好准备到大学或四年制学院学习的高中生提供学习机会，同时选拔其中的优秀者升入大学，1892年，哈珀将大学的四年制从中间分开，前两年称为"基础学院"，后两年称为"大学学院"。那些不适合继续学习的学生在二年级结束时可以自然地终结学习，从而保障大学可以集中力量于高一级的教育和科研。1896年，哈珀把两个学院改称为"初级学院"和"高级学院"。进入20世纪，尤其是第一次世界大战后，初级学院逐渐发展为独立的两年制的高等教育机构，可以授予低于学士的副学士，从而成为美国高等教育层次结构中的重要组成部分。1907年，加利福尼亚州率先以立法形式批准初级学院的创办，可以提供大学课程的前两年学术课程，还开展包括农业、手工、家政、教师等职业技能教育。初级学院兼有双重职能，既是为大学三年级做准备的转学教育，也可以是学习两年便结业的终结教育。这种形式的高等教育机构很快在其他州先后建立，并逐渐受到大学的正式认可。到1915年，全美已有74所独立的初级学院。[1] 1922年，全美有初级学院207所，入学人数大约20000人；到20世纪30年代，初级学院已达到450所，入学人数70000人。[2] 到20世纪中期，美国已经基本形成由副学士、学士、硕士和博士构成的学位体系，为第二次世界大战后高等教育的大众化提供了结构框架和制度基础。

南北战争后，由于新型高等教育机构的相继建立，美国学院和大学的数量和规模迅速扩张。1870年，美国的高等院校有563所。到了1910年，达到近1000所。到1935年，达到约1500所。[3] 1870年后的75年间，学生数量从6.3万人增长到150万人，教师人数从5500人增长到15万人。19世纪70年代初，每年仅授予9000多个学士学位；到19世纪末，每年学士学位的授予数量已超过13.5万个，博士学位授予数量则从零增加到3300个。高等教育的捐赠基金从5000美元增长到17.5亿美元。[4]

---

[1] 王英杰：《美国高等教育的发展与改革》，人民教育出版社2002年版，第24页。

[2] [美]亚瑟·科恩：《美国高等教育通史》，李子江译，北京大学出版社2010年版，第104页。

[3] [美]丹尼尔·J.布尔斯廷：《民主的历程》，谢延光译，上海译文出版社2012年版，第591页。

[4] [美]亚瑟·科恩：《美国高等教育通史》，李子江译，北京大学出版社2010年版，第95页。

1920—1940年,18—21岁进入高校的比例翻了一番,注册学生人数从近60万人增长到近150万人。同期,教师人数的增长比例达到300%,授予博士学位数量增长了500%。

不仅如此,高校内部规模的扩张也十分迅速。1909年,学生数量超过5000人的高校只有6所,到1939年,增加到53所,其中注册学生数超过1万人的学校达到13所。1909年,有500名教师的高校仅有3所,到1939年,则迅速增长到40所,其中教师人数超过1000名的高校有8所。

表1　　　　　　　　1870—1945年美国高等教育统计①

年份	1870	1945
美国人口(人)	39818449	139924000
高等教育注册学生数(人)	63000	1677000
教师人数(人)	5553	150000
学院数(人)	250	1768
授予学位数(本科、硕士、博士)	9372	157349
年收入(以千美元计算)	14000	1169394

二

南北战争后,在高等教育规模不断扩大的同时,美国高等教育发生的最为重要的转变就是从"学院"变成了"大学"。② 南北战争前,美国学院和大学之所以不能被当作现代意义上的大学,是因为这些高等教育机构主要承担着知识传授和绅士陶冶的职能,科学研究和社会服务的职能并不凸显。③ 由于部分学院和大学深受教会的影响,基督教的信条成为校园生活的准则。学院和大学对学生的学习纪律和品德有严格的要求,对教师的

---

① [美]亚瑟·科恩:《美国高等教育通史》,李子江译,北京大学出版社2010年版,第91页。
② [美]约翰·塞林:《美国高等教育史》,孙益、林伟等译,北京大学出版社2014年版,第99页。
③ Richard Hofstadter, *Academic Freedom in the Age of the College*, New York: Columbia University Press, 1955, p. 210.

教学和言行也有非常严格的限制，严重阻碍了教师在课堂上探讨有争议问题的自由。由于受到狭隘的教派主义的影响，把基督教教义当作真理，在基督教的教义中寻找所有问题的答案，从而把知识变成亘古不变的教条，阐释基督教的教义以及传递保存已有的知识成为学院和大学教学的主要任务。所有这一切，构成了南北战争前美国学院和大学校园文化的重要特征。

从学院到大学的转型主要有三种方式：第一种是效仿德国大学，创建美国研究型大学，以丹尼尔·吉尔曼（Daniel Coit Gilman, 1831—1908）的约翰·霍普金斯大学为样本；第二种是改革传统学院，在本科生院的基础上建立研究生院和专业学院，向现代大学过渡，以查尔斯·埃利奥特（Charles William Eliot, 1834—1926）领导的哈佛大学改革为代表；第三种模式是在霍普金斯大学启发下，创建更具美国特质的新型研究型大学，以威廉·哈珀（William Rainey Harper, 1856—1906）的芝加哥大学为典型。与此同时，一些赠地学院和赠地大学，如加利福尼亚、爱荷华、密歇根、威斯康星等相继转变为研究型大学。1900年，在哈佛大学、哥伦比亚大学、约翰·霍普金斯大学、芝加哥大学和加利福尼亚大学五所大学校长的倡议下，成立了美国大学联合会（Association of American Universities, AAU），致力于建立大学的统一标准。这个协会的成立标志着研究型大学和现代大学制度在美国的建立。

研究型大学出现的直接结果是推动了研究生教育的迅速发展和学位制度的逐步形成。早在南北战争前，受德国大学的影响，美国就已开始试验学士后教育。1853年，时任密歇根大学的校长亨利·塔潘（Henry P. Tappan）创立了文科硕士学位计划。1859年，密歇根大学首次授予2名毕业生硕士学位。1860年，耶鲁学院创设了美国第一个博士学位计划，规定获得学士学位后至少在校学习两年，通过考试并完成高水平的学术论文，就可获得哲学博士学位。1861年，耶鲁学院首次颁发了美国第一个了哲学博士学位。[1] 但是，研究生教育的大发展是伴随着研究型大学的建立而出现的。据统计，1876年，25所高等院校共授予44个博士学位。

---

[1] Frederick Rudolph, *The American College and University: A History*, Athens and Bibliograph: The University of Georgia Press, 1990, p.335.

1890 年，高等院校共授予 164 个哲学博士学位，10 年后又增加了近一倍，达到近 250 个。1850 年，全美国仅有 8 名研究生，1871 年取得学士学位后继续学习的学生仅 198 人；到 1890 年，接近 3000 人，1900 年达到 5668 人。到 1900 年，美国开设研究生课程的学院和大学已达 150 所，其中 1/3 开设了博士课程。

表 2　美国高等教育机构授予学位层次（1869—1900 年）[①]　　单位：人

年份	学士	硕士	博士	年份	学士	硕士	博士
1869	9371	—	1	1885	13097	859	84
1870	12357	—	13	1886	13402	923	77
1871	7852	794	14	1887	15256	987	140
1872	10807	890	26	1888	15020	1161	124
1873	11493	860	13	1889	15539	1015	149
1874	11932	661	23	1890	16840	776	187
1875	12005	835	31	1891	16802	730	190
1876	10145	731	39	1892	18667	1104	218
1877	11533	816	32	1893	21850	1223	279
1878	12081	919	36	1894	24106	1334	272
1879	12896	879	54	1895	24593	1478	271
1880	14871	922	37	1896	25231	1413	319
1881	14998	884	46	1897	25052	1440	324
1882	15116	863	50	1898	25980	1542	345
1883	12765	901	66	1899	27410	1583	382
1884	14732	1071	77	1900	28681	1744	365

[①] 韩梦洁：《美国高等教育层次结构变迁及影响因素分析》，《大连理工大学学报（社会科学版）》2014 年第 1 期，第 113—115 页。

研究型大学的建立更具深远意义的是，高等院校的职能和使命发生了根本性的变化。美国著名高等教育史学家卢卡斯认为，相对于传统的学院，"大学可以提供更加广泛的、专业化的课程，尤其是学士后的或研究生教育的课程"。与传统学院不同的是"大学更为专业的、实用的办学定位以及与职业准备更加紧密的联系"；"最重要的是，教学一直是学院的主要任务，而现在大学的重点则转向学术和研究"。[1] 克拉克大学的首任校长霍尔（G. Stanley Hall）就明确把促进知识的增长和传播当作大学的主要目标，强调教师的主要任务就是开展高深学问的纯粹研究。芝加哥大学校长哈珀则强调新成立的芝加哥大学的主要任务是学术和研究，"研究工作是这所大学的首要任务，教学工作是第二位的"。[2]

大学的科学研究职能的确立，逐步引起教师角色和职责的变化。随着原有的保存知识的职能逐步向以科学研究为其主要职能的转变，高等院校的教师也由知识的传递者、保存者向新知识的研究者、探索者转变。"大学教师常常作为学者，他们寻求对已有的理论进行新的阐释；作为社会科学家，他们致力于明辨是非真假；作为物理和自然科学家，他们通过精密的实验对现有的理论进行检验。"[3] 大学职能的转变和教师角色的转换进一步引发了知识观念的转变。人们逐渐相信，任何没有经过实践检验的知识和经验都是不可靠的，也不存在一成不变的永恒真理可供大学传递和保存。因此，大学教师再也不能固守已有的知识和传统的价值观念，而必须不断地进行知识的研究与创新。维布伦（Thorstein Veblen）的见解深刻反映了19世纪后期美国正在发生的知识观念的巨大变化："传授知识与科学探究的本质区别就在于，科学始于怀疑。"[4]

---

[1] Christopher J. Lucas, *American Higher Education: A History*, New York: St. Martin's Griffin, 1994, pp. 170 - 171.

[2] Ibid., pp. 173 - 174.

[3] Walter P. Metzger, *Academic Freedom in the Age of the University*, New York: Columbia University Press, 1955, p. 44.

[4] Thorstein Veblen, *The Higher Learning in America*, New Brunswick and London: Transaction Publishers, 1993, p. 132.

三

从南北战争结束到 20 世纪中期，美国高等教育的转型是与学术职业化的进程相互促进的。从 19 世纪 70 年代中期开始，受德国大学的影响，以及美国国内经济社会领域中出现的专业化趋势和知识领域中出现的学科化趋势，美国学术职业化的进程明显加速并于 20 世纪初基本完成。这主要表现在以下三个方面。

第一，职业化的学者成为大学教师的主体。从 19 世纪 80 年代开始，美国高等教育机构对教师任职资格的要求出现了明显的职业化倾向，更为注重申请人所受的专业教育和训练或者是申请人的学术声望和成就，而非申请人的宗教信仰和品格操守。到 1900 年前后，哲学博士已经成为在大学中讲授主要学科的资格证书。它代表持有人已经接受了长期的、专业的和理论性的训练，是优秀研究人才的标志，同时它也标志着持有人应以增长人类的知识为其服务意向。

查尔斯·W. 埃里奥特（Charles W. Eliot）晚年回忆在他初掌哈佛大学时，很难对学者的学术成就进行判断，因此他倾向于选择那些在哈佛大学已有良好社会关系的初级教师担任教授。但到 1892 年时，哈佛大学 2/3 的教授公开发表了自己的学术成果，或者具有哲学博士学位，或者曾在欧洲进行过专业学习，同时大多数教师来自哈佛大学之外。这种情形在当时的美国大学（特别是研究型大学）是较为普遍的。它实际上反映了一种基本的趋势：那种以学术研究作为业余爱好的旧式教授正在为职业化的学者所取代。大学成为著名学者的主要工作场所。

20 世纪初，卡特尔（J. M. Cattell）曾对 10 个学科领域的 1000 名最杰出的美国科学家进行了抽样调查。结果发现，其中 18% 分布在非学术机构（100 名属于政府机构）；大约 1/4 的著名科学家零星分布在各种机构；其余的科学家分布在大学。在那些服务于大学的科学家中，2/3 分布在 13 所研究型大学，另外 1/3 分布在 38 所中等声望的学院和大学当中。这也就是说，与南北战争前不同，高等院校已经代替社会其他机构，成为著名学者的主要聚集场所。

表3　　　　1000名著名的美国科学家的分布（1906年）①　　（已退休=½）

研究型大学：			403	
	哈佛		66½	
	国王学院		60	
	芝加哥		39	
	康奈尔		33½	
	约翰·霍普金斯	30½		
	加利福尼亚		27	
	耶鲁		26½	
	密执安		20	
	麻省理工学院	19½		
	威斯康星		18	
	宾夕法尼亚		17	
	斯坦福		16	
	普林斯顿		14½	
	明尼苏达		10	
	伊利诺伊		6	
其他学院和大学			193	
联邦政府				110
其他非大学的部门			24	
无特定的归属			270	
总计				1000

学术职业化的趋势直接导致学术等级制度的进一步确立。许多大学开始尝试建立包括讲师、助理教授、副教授、正教授的学术等级制度，不同等级的教师享有不同的权利。芝加哥大学对副教授以下职位的教师实行短期雇用，而副教授、正教授、首席教授（head professor）职位的教师则享

---

① 罗杰·L.盖格：《增进知识：美国研究型大学的发展（1900—1940）》，张斌贤主编，河北大学出版社2008年版，第37页。

有被长期雇用的权利。① 1900 年，哈佛大学和密歇根大学等建立了包括助理教授、副教授和教授组成的大学教职系列。而后，其他大学相继仿效。②

第二，专业团体和组织的出现。1860 年以后，知识的发展和不断学科化推动了知识组织形式和生产方式的变化。各种专业团体和由专业人员组成的协会如雨后春笋迅速涌现，进一步加速了学术职业化的进程。1915 年美国大学教授协会（AAUP）的成立是学术职业化完成的重要标志之一。

美国最早的学术专业组织形成于 19 世纪 40 年代，但是直到 19 世纪 70 年代以后，其重要性才日益显现，并且随着美国学者队伍的不断壮大而兴盛。美国早期学术团体或组织的产生主要有两种方式：一种是在已有的学术组织的基础上分化产生新的分支，如：1870—1890 年，从美国科学促进会（American Association for the Advancement of Science）分化产生了美国数学协会（American Mathematical Association）、美国化学协会（American Chemical Society）以及美国植物学协会（Botanical Society of American）。另一种方式就是建立新的学术组织，如美国现代语言协会（Modern Language Association）等。所有这些学术组织的目的和动机大致相似，希望通过建立协会、创办学术刊物、开展学术会议等方式，加强彼此之间的交流，促进学科专业的发展。③ 1876—1905 年，美国先后有 15 个重要的学术团体建立，其中著名的有：美国化学学会（1876 年）、美国现代语言学会（1883 年）、美国历史学会（1884 年）、美国经济学会（1885 年）、美国地质学学会（1888 年）、美国数学学会（1888 年）、美国心理学协会（1892 年）、美国天文学学会（1899 年）、美国物理学学会（1899 年）、美国哲学协会（1901 年）、美国政治学协会（1903 年）、美国社会科学学会（1905 年）等。到 1908 年，美国已有 120 个全国性的学术团体、550 个地方性的学术团体。第一次世界大战期间，美国又开始出现了一些有关的专业学术团体组成的全国性的联合会或协会，如全国研究协

---

① Christopher J. Lucas, *American Higher Education: A History*, New York: St. Martin's Griffin, 1994, p. 179.
② 乔玉全:《21 世纪美国高等教育》，高等教育出版社 2000 年版，第 33—34 页。
③ Richard M. Freeland, *Academia's Golden Age: Universities in Massachusetts 1945 – 1970*, New York: Oxford University Press, 1992, p. 48.

会、社会科学研究协会、美国学术团体协会等。① 这些学术专业团体和组织通过开展学术交流活动，制定相应的学术组织和管理制度，不仅促进了美国学术的发展和学术专业化，还为美国学术职业的发展积累了丰富的经验。

20世纪初，杜威以及洛夫乔伊（A. O. Lovejoy）等人积极倡议成立全国性的大学教师组织。1915年，美国大学教授协会（简称 AAUP）成立，选举杜威为协会首任会长。协会通过的章程明确提出大学教授协会的宗旨是："加强学术职业成员之间的合作，充分发挥在维护美国高校利益以及研究方面的特殊作用；促进对有关高等教育的问题开展更加广泛的系统的讨论；保障学院和大学教师的言论自由；促成集体行动；提高学术职业水平，维护职业理想。"② 美国大学教授协会成立之后，立即着手制定学术职业的原则，并于1915年12月召开的年会上发布了原则声明。1915年原则声明分析了学术权利的基础以及学术职业的性质，谴责了大学董事会把教授当作雇员、把大学当作他们自己的私有财产的做法。其次，声明提出大学开展科学研究、促进知识的发展的首要的条件是："学者应该享有完全的不受限制的探究自由和发表研究结果的自由，这种自由是所有科学研究活动必不可少的条件。" 从大学履行三大功能的角度阐述了学术自由存在的必要性，③ 建议大学实行教授终身教职制（Tenure System）。另外，还指出大学教师在享受学术自由权利的同时，必须履行相应的学术责任和义务，遵守教师的职业道德。大学教师作为学者，不能偏袒于任何阶级或集团的利益，而应该坚持客观中立的立场，自觉遵循科学探究的规律以及科学研究的方法、精神；大学教师在教学中应该尽量全面客观地向学生讲解各种观点，绝不能利用大学向学生灌输自己的观点或传播某种特定的思想。大学教师只要能够胜任教学工作，坚持中立的原则，在课堂教学中可以不受其他任何限制；在大学之外，只要教师遵守职业道德，可以享有其

---

① John S. Brubacher & Willis Rudy, *Higher Education in Transition: A History of American Colleges and Universities, 1636-1976*, New Brunswick and London: Harper & Row, Publishers, 1976, p. 189.

② Philo A. Hutcheson, *A Professional Professoriate: Unionization, Bureaucratization, and the AAUP*, Nashville: Vanderbilt University Press, 2000, p. 7.

③ Ibid., p. 164.

他公民所有的言论自由和行动自由的权利。大学教师享有在专业领域探讨深奥的和有争议的问题，并以个人的名义发表思想观点的自由，以及对一般的社会和政治问题以体面的、适于教授身份的方式发表意见的自由。任何阻止大学教师发表对有争议问题的看法，或者把他们言论自由限定在其专业范围之内，以及禁止他们积极参加代表公众利益的有组织活动，都是不正确的。但是这绝不意味着大学教师在校内和校外言论的内容和方式，不受到任何限制。大学教师的特殊身份和职责要求他们必须履行相应的责任。"大学教师在校外的言论必须受到特殊责任的限制，避免发表草率的未经证实的夸大其词的言论，防止出现无节制的煽动性的表达方式。教师必须不受党派忠诚思想的限制，不为党派的热情所鼓动，不带有个人政治野心的偏见。大学应该避免陷入党派斗争的矛盾之中。尤其在关乎国家利益和安全的内容方面，（大学教师的言论）更应该受到十分严格的限制。"[①] 美国学者梅兹格对此给予了高度评价。他认为，大学教授协会1915年的原则声明把保护职业安全的终身教职制，与防止外行干预的专业人员裁决制度有机统一起来，从而把实行教授终身教职制与保护学术自由有机结合起来，具有特别重要的历史意义，被称为"美国有史以来有关学术自由原则的最全面的最有影响的宣言"，"是学术职业发展的一个里程碑"。[②]

第三，专业期刊的出现。在19世纪后期的美国，不但从事知识生产的主体和知识生产的方式发生了变化，知识传播的形式也发生了巨大的变化。其中，对于学术职业化进程而言具有特殊意义的是大学创办的各种专业期刊。专业期刊的出现，不仅为学者提供了交流学术研究成果的阵地，更主要的是它提供了对学者的学术水平和声望的评价标准，从而使学者的研究工作得到外在的客观的评价。

约翰·霍普金斯大学是第一所出版学术期刊的大学。此后，其他的研究型大学纷纷仿效。到20世纪初，研究型大学几乎都创办了不同学科的

---

① Philo A. Hutcheson, *A Professional Professoriate: Unionization, Bureaucratization, and the AAUP*, Nashville: Vanderbilt University Press, 2000, pp. 172–173.

② Walter P. Metzger, *Academic Freedom in the Age of the University*, New York: Columbia University Press, 1955, pp. 133–134.

学术期刊（各主要大学学术期刊出版的时间见表4）。

表4　研究型大学的主要学术出版物以及首版日期（截止到1906年）[①]

加利福尼亚大学	
	美国考古和人种学杂志（1903）
	古典哲学杂志（1904）
	植物学杂志（1902）
	动物学杂志（1902）
芝加哥大学	
	古典哲学研究（1895）
	经济学研究（1895）
	美国社会学杂志（1896）
	美国闪族语言和文学杂志（1884/92）
	美国神学杂志（1897）
	天文物理杂志（1882/95）
	圣经世界（1883/93）
	古典哲学（1906）
	政治经济学杂志（1892）
	现代哲学（1903）
	学校评论（1893）
哥伦比亚大学	
	历史学、经济学和民法研究（1891）
	政治学季刊（1886）
	哥伦比亚大学哲学和心理学文献（1884）
	哥伦比亚大学圣经丛书（1894）
	哥伦比亚大学地质学丛书（1906）
	哥伦比亚大学罗马哲学和文学研究（1902）
康奈尔大学	
	古典语言学研究（1887）
	康奈尔哲学研究（1900）

[①] 罗杰·L.盖格：《增进知识：美国研究型大学的发展（1900—1940）》，张斌贤主编，河北大学出版社2008年版，第30—32页。

续表

	哲学评论（1892）
	物理评论（1893）
	物理化学杂志（1896）
哈佛大学	
	哈佛历史研究（1896）
	哈佛古典哲学研究（1890）
	哲学和文学研究和注释（1892）
	哈佛东方学丛书（1891）
	经济学季刊（1886）
	哈佛法律评论（1887）
	数学年鉴（1889）
伊利诺斯大学	
	英国和德国哲学杂志（1897/1906）
约翰·霍普金斯大学	
	美国数学杂志（1878）
	美国哲学杂志（1880）
	美国化学杂志（1879）
	历史和政治经济学 JHU 研究（1883）
	现代语言注解（1886）
麻省理工学院	
	技术季刊（1887）
密歇根大学	
	密执安法学评论（1902）
明尼苏达大学	
	无
宾夕法尼亚大学	
	天文学丛书（1895）
	动物学图书馆文献（1893）
	哲学和文学丛书（1891）
	政治经济学和民法丛书（1885）

续表

	哲学评论（1892）
普林斯顿大学	
	（地理学、心理学和哲学非正式出版物）
斯坦福大学	
	（不定期的专题著作）
威斯康星大学	
	经济学、政治学和历史丛书（1894）
	哲学和文学丛书（1898）
	科学丛书（1894）
耶鲁大学	
	耶鲁心理学研究（1892）
	耶鲁英语研究（1898）
	耶鲁法学杂志（1891）

四

学术管理的专业化和世俗化既是高等教育转型的需要，也是促进这种转型的重要动力。在殖民地时期，学院的校长代表了学院的全部行政管理机构。校长不仅承担着学院的所有行政管理工作，还担负着繁重的教学任务。南北战争以后，为了更好地适应社会发展的需要以及大学管理日趋复杂化和专业化的形势，大学管理机构除了董事会和校长以外，增加了副校长、校长助理、注册主任等职位。在系一级设置了系主任、招生主任、秘书等辅助性的管理职位。此外，大学还成立了专门的管理部门，负责管理学生、教师以及学校相关事务，聘用专职的管理人员，逐步形成了从董事会、校长到院系主任以及各管理部门负责人的大学管理体系。大学管理开始出现专业化的趋势。

19世纪后半期，美国富有的工商业人士逐步取代牧师，成为大学董事会的主要成员。他们主动捐助办学资金，积极参与制定大学的教育政策，成为影响和决定美国大学发展的重要力量。到19世纪末，由世俗人士管理大学已经成为美国高等院校的一大特色。大学董事会的绝大多数成员都是银行家、律师、商人、企业家，大学的董事会看起来更像一个公司董事会。据麦克格拉斯（Earl McGrath）对美国20所私立大学和州立大学的研究发现，1860年，有48%的董事会成员是商人、银行家和律师；到1900年，则达到了64%；1860年，90%的大学校长是牧师出身；而到了1933年，牧师出身的大学校长的比例仅有12%。① 另一项由美国私立学院董事会成员构成的统计结果显示，1860—1861年，15所私立学院的董事会成员中教士占了39.1%，1900—1901年，这一比例下降到了23%。在董事会成员中，律师和工商业界人士所占的比例第一次超过了教士。1874—1875年，在哈佛大学监事会和董事会的36名成员中，有7位是教士；1894—1895年，只有1位是教士。1884—1926年，普林斯顿大学董事会成员中教士的人数减少了2/3，耶鲁大学减少了60%。②

大学董事会成员结构变化所产生的直接结果就是越来越倾向于选择世俗人士而不是牧师担任校长。董事会要求校长不仅具有渊博的学识，而且更要具备很强的经营管理能力。俄亥俄州立大学董事会的董事海斯（Rutherford B. Hayes）对此描述道："我们所要聘用的校长，必须具有良好的形象和优雅的风度，能够给公众留下深刻的印象；他在公众面前必须是一个杰出的演说家；他必须是一个优秀的学者、教师，同时还是一个宣传家；他应该是一个有魅力的人，善于处理与教师的关系以及管理教师，并且深受学生的欢迎；他必须经过工商管理的训练，具有处理事务的能力，是一个杰出的管理者。"③ 继哈佛大学于1869年聘用了历史上第一位世俗人士埃利奥特任校长以后，耶鲁、普林斯顿分别于1899年和1902年聘用了第一位世俗人士任校长。到19世纪90年代，美国多数学院和大学的校长的任职局面已不再是牧师一统天下，那些擅长理财和用人的律师、

---

① John S. Brubacher, Willis Rudy, *Higher Education in Transition*: *A History of American Colleges and Universities*, *1636 - 1976*, New Brunswick and London: Harper & Row, Publishers, 1976, p. 365.

② Walter P. Metzger, *Academic Freedom in the Age of the University*, New York: Columbia University Press, 1955, p. 78.

③ Frederick Rudolph, *The American College and University*: *A History*, Athens and Bibliography: The University of Georgia Press, 1990, p. 419.

政治家、工商业界人士开始成为大学董事会物色校长的主要人选。① 政治家、商人、企业家和律师等世俗人士取代牧师管理大学，有利于抵制教会对大学的统治，对于加强大学与社会的联系具有积极的作用。但是，由于知识价值观与商业价值观的冲突，19世纪末期大财团操纵的大学董事会频繁解聘大学教授，不断引发大学管理者与教师之间的冲突。早在1909年，查普曼（John Jay Chapman）就对工商业人士操纵大学管理的现象进行了抨击。针对大学校长听命于工商业巨头、唯他们马首是瞻的现象，他指出："正如党魁是工商业人士在政治上的傀儡，大学校长正在成为他们在教育中的代理人。"② 维布伦对大学管理的官僚化趋势以及工商业价值观的潜在威胁表示了极大的忧虑。他认为，科学与商业是两种不同的文化，具有不同的价值观。大学的使命就在于不受价值影响地追求高深学问，以满足学者对知识的闲逸好奇心。然而，大学董事会及其管理机构中的政治家、工商业人士却把大学变成了政府机构或公司企业。按照企业、政府组织的官僚化管理方式管理大学，追逐经济利润成为他们的主要目标，培养实用的专业人才成为他们主要的教育目的。大学教师逐渐沦为他们的雇员，大学成为实现他们功利主义价值观的工具，这严重干扰了大学教师对知识的探求。③

［作者简介］李子江（1968— ），男，湖北十堰人，北京师范大学教育历史与文化研究院教授，研究方向为美国高等教育史；张斌贤（1961— ），浙江杭州市人，北京师范大学教育历史与文化研究院教授，研究方向为美国教育史。

---

① Frederick Rudolph, *The American College and University: A History*, Athens and Bibliograph: The University of Georgia Press, 1990, pp. 419–420.

② Laurence R. Veysey, *The Emergence of American University*, Chicago and London: The University of Chicago Press, 1965, p. 346.

③ Thorstein Veblen, *The Higher Learning in America*, New Brunswick and London: Transaction Publishers, 1993, p. xxiii.

艰难历程

——《史密斯—休斯法》的创制

张斌贤 高 玲

一

近些年来，国内学者开始关注美国教育法的研究，先后有学者对《莫里尔法》《高等教育法》等相关教育法进行了程度不同的研究。[①] 相对而言，对包括《史密斯—休斯法》（Smith-Hughes Act of 1917）在内的职业教育法的研究则较为薄弱。[②] 另一方面，对美国教育法的研究通常主

---

① 近年来国内学者关于美国教育法的专门研究包括：对《莫里尔法》的研究，见崔高鹏《试论美国国会有关〈莫雷尔法案〉的辩论主题》，见纪念《教育史研究》创刊二十周年论文集（17）——《外国教育政策与制度改革史研究》，2009 年 9 月；郭庆霞《〈莫雷尔法案〉的颁布对内战后美国高等教育的影响》，《黑龙江高教研究》2011 年第 3 期；对《高等教育法》的研究，见杨克瑞《美国〈高等教育法〉的历史演变分析》，《比较教育研究》2005 年第 1 期；对 1965 年《初等和中等教育法》，1958 年《国防教育法》，1966 年《国际教育法》，2002 年《不让一个孩子落伍法》，以及关于残疾人教育法、美国印第安教育法的研究等。

② 国内学者关于《史密斯—休斯法》的研究，见王新民《〈斯密斯—休斯法〉与美国职业教育发展及启示》，《河南职业技术师范学院学报》（职业教育版）2005 年第 6 期；续润华《美国〈斯密斯—休斯法〉的颁布及其历史意义浅析》，《河北师范大学学报》（教育科学版）2006 年第 1 期；郭清霞《美国〈斯密斯—休斯法〉的历史作用浅析》，《黑龙江史志》2008 年第 21 期；续润华《美国〈斯密斯—休斯法〉及其我国职业教育的启示》，《教育与职业》2008 年第 14 期；温恒福《〈斯密斯—休斯法〉的颁布及其对美国一战后经济建设和社会变革的影响》，见纪念《教育史研究》创刊二十周年论文集（17）——《外国教育政策与制度改革史研究》，2009 年 9 月；蒋春洋、柳海民《〈史密斯—休斯法案〉与美国职业教育制度的确立及启示》，《黑龙江高教研究》2012 年第 5 期。

要集中在对法律出台的背景、法律文本以及产生的实际结果的分析，而对法律创制过程的探讨则相对缺乏。事实上，忽视对一部法律创制过程的研究，不仅不利于对法律文本的全面深入的理解，也制约着对法律所产生的实际结果的认识。

《史密斯—休斯法》是20世纪美国最重要的职业教育法之一，它不仅开创了联邦政府拨款资助包括农业、职业、工业和家政在内的职业教育的先例，建立了美国现代职业教育制度，而且为20世纪20年代之后美国制定的一系列职业教育法奠定了基础，称得上是美国职业教育的母法。这样一部具有深远意义的法律从最初"创意"到最终通过，经历了三任美国总统（西奥多·罗斯福、威廉·霍华德·塔夫脱和伍德罗·威尔逊），前后达十年之久，历经艰难。在这个过程中，究竟发生了什么？是哪些因素导致《史密斯—休斯法》经历了漫长的创制过程？在这个过程中，《史密斯—休斯法》出现了哪些变化？对这个过程的梳理，不仅有助于认识这部法律的内涵和意义，也有利于理解美国联邦的教育立法机制，从而深化对美国教育的认识。

对《史密斯—休斯法》创制史的研究，至少可以从三个角度进行。

第一，"宏观"的角度。从这个角度出发，可以《莫雷尔赠地学院法》（Morrill Land-Urant College Act, 1862）为起点，系统考察1862—1917年美国各界和国会在推进职业教育立法中的持续努力。这种考察方式的益处是将中等职业教育和高等职业教育、农业职业教育与工业职业教育等有机结合，便于从整体的观念探索美国职业教育立法的变迁。不足之处则在于难以具体和深入地把握中等职业教育、高等职业教育、农业职业教育、工业职业教育等不同层次和不同方面职业教育立法的演变过程。

第二，"微观"的角度。从微观的角度探讨也有三种不同的视角，第一种视角是以1914年1月20日第63届国会通过授权威尔逊总统成立一个委员会、专门研究美国职业教育问题的第16号决议（S. J. Res. 5）为起点；第二种视角是以1914年4月2日"全国援助职业教育委员会"（Commission on Aid to Vocational reducation）的成立或1914年6月1日该委员会向国会提交报告为开端；第三种视角则是以1915年12月参议员史密斯（Hoke Smith）和众议员休斯（Dudley M. Hughes）先后向参众两院提交《史密斯—休斯议案》（Smith Hughes Bill of 1915）为起点。这三种视角的共同益处是可以聚焦于《史密斯—休斯法》本身从酝酿到在参众两院的分别审议、修改，再到最终通过这个具体过程，不足之处是由于缺乏对背景的把握，易于"只见树木，不见森林"，从而妨碍对法律本身及其历史地位的理解。

第三，"中观"的角度。从这个角度出发，可以《戴维斯议案》（Davis Bill of 1907）和《洛奇议案》（Lodge Bill of 1908, 5–7005）为开端，梳理从最初提出联邦资助包括工业教育在内的职业教育的动议和议案，到议案最终成为法律的过程。

在《史密斯—休斯法》之前，美国国会通过的与职业教育相关的法律主要有两个特点。第一个特点，主要与农业教育、农业科学研究和农业技术推广相关，如《哈奇法》（Hatch Act of 1887）、《亚当斯法》（Adams Act, 1906）等。第二个特点，主要涉及高等教育层次，如《莫雷尔赠地学院法》（Morrill Land-Urant College Act, 1862）、《莫雷尔法》（Morrill Act, 1890），等。《史密斯—休斯法》则是一部主要涉及中等层次的职业教育，并且包含了农业、工业、职业和家政等多个领域职业教育的法律，是一部完整意义上的职业教育法。而最初提出与该法内容相同或相近的立法动议的正是《戴维斯议案》和《洛奇议案》。因此，可以将这两个议案中间经过《佩奇议案》（Page Bill）《史密斯—利佛议案》（Smith-Lever Bill），最终到《史密斯—休斯法》，看作一个完整的联邦职业教育法的创制过程。在这个过程中，美国社会不同利益集团、国会两党围绕着联邦资助包括工业教育在内的职业教育而展开各种形式的博弈。换句话说，可以将《戴维斯议案》《洛奇议案》《佩奇议案》和《史密斯—利佛法》看作《史密斯—休斯法》创制的"史前史"，而《史密斯—休斯法》则标志着美国职业教育立法史的肇端。从这个视角探讨《史密斯—休斯法》的创制史，虽然也可能存在某些不足（例如不能充分聚焦于某一项议案或法律），但有利于将《史密斯—休斯法》看作一个完整过程的结果，从而既有助于全面把握该法的背景，也不会因视角过于宏观而忽略立法过程的细节。本文将主要从这个角度探讨《史密斯—休斯法》的创制过程。

二

1890年，美国基本完成了工业化。工业生产从根本上改变着美国社会的面貌、结构和特征。早在1900年，杜威（John Dewey）就敏锐地察觉到，美国正经历着一场空前未有的巨大变革，"首先引人注意的变化是，笼罩一切、甚至支配一切的'工业'变化——科学的应用导致大规模地廉价使用各种自然力的重大发明：作为产品目标的世界市场的增长，供应这一市场广大制造业中心的发展，廉价且迅速的交通和分配方式的发展……人们难以相信在历史上竟有这样迅速、广泛、彻底的革命。"[①] 尽管如此，在19世纪末20世纪初，真正清晰和深刻地意识到工业化正在对美国学校教育产生意义深远的冲击和影响的人士却寥若晨星。

20世纪初期，美国国会教育立法的重心仍然是农业教育。1906年，来自内布拉斯加州的参议员伯克特（Elmer J. Burkett）和众议员波拉德（Earnest M. Pollard）分别在参众两院提出议案，要求联邦拨款资助各州开展职业科教师培训的师范学校，以发展中等农业、机械和家政等职业教育。其具体要求为：每年拨款100万美元，其中一半的资金将平均拨付给各州，余下的一半则根据服务时间长短和学生数额多少分配给师范学校。虽然《伯克特—波拉德议案》在国会先后经历了5年（1906—1911年）的反复审议、修改，并得到全国教育协会和师范学校的支持，但因法案将教师培训的经费分配给师范学校而非赠地学院，因而遭到代表美国农学院与实验站协会（Association of American Agricultural Colleges and Experiment Stations）利益的国会议员的反对，最终仍未通过。同年，来自佐治亚州的众议员利文斯顿（Leonidas Felix Livingston）向国会提交议案（即《利文斯顿议案》，Livingston Bill of 1906），议案的主要内容包括：（1）在全国范围内的每个国会区（Congressional Distinct）建立中等农业学校；（2）每所学校

[①] Dewey John, *The School and Society*, Chicago: University of Chicago Press, Second Edition, 1900, pp. 21–22.

每年获得1万美元的拨款。① 但该议案也未能在国会通过。

包括工业教育在内的职业教育立法进程首先是从美国各州开始的。继1906年马萨诸塞州率先开始职业教育立法之后，部分州先后制定了相关法律，以推进工业教育和其他职业教育的开展。1910年全国工业教育促进会（the National Society for the Promotion of Industrial Education，以下简称"工促会"）与美国劳工立法协会（American Association for Labor Legislation）合作开展的调查表明，截至1910年11月，全美48个州，尚未就实践培训（practical training）进行立法的州为19个，已有相关立法的州为29个。在这29个州中，不同的州对不同的项目提供了资助（见表1）。

表1 截至1910年11月美国各州对职业教育不同项目的资助统计 单位：个

资助项目	技术中学	手工训练	家政训练	农业训练	工业和职业训练	所有实践活动
州	10	18	11	19	11	3

资料来源：National Society Ior the Promotion oI Industrial Education，*Bulletin*，No.12，1910，Nov.，25-26。

在已经立法的29个州中，60%的州已经开展了各种形式的"实践活动"，20%的州已提供对技术中学的资助，37%资助手工训练，23%资助家政训练，39%资助农业培训，23%资助工业和行业培训，6%资助各种实践活动。在为"实践活动"（practical activities）立法的29个州中，34%为技术中学提供资助，62%为手工训练提供资助，38%资助家政训练，66%资助农业培训，38%资助工业和职业培训，10%对各种实践活动提供资助。② 值得注意的是，在上述进行相关立法工作的29个州中，有25个州是从1900年就开始相关工作，有11个州是从1902年开始相关立法工作。正如"工促会"在第12期公报中所指出的那样："没有哪个需求大量经费和涉及课程和方法全面变化的教育运动会像实践训练和职业培

---

① Blauch, Lloyd E., "Federal Cooperation in Agricultural Extension Work", *Vocational Education and Vocational Rehabilitation*, Bulletin, No. 15, 1935, pp. 52-53.

② National Society for the Promotion of the Industrial Education, *Bulletin*, No. 12, Legislation upon Industrial Education in the United States, Issued Nov. 1910, p. 25.

训的要求那样，获得如此迅速的立法认可。"①

州的立法不仅直接推动了职业教育在各地的发展，而且为职业教育运动在全国的开展，进而推动联邦的职业教育立法创造了极为重要的条件。从 1907 年开始，在"工促会"等相关利益集团的影响下，部分国会议员开始向国会提交职业教育议案，开启了美国联邦职业教育立法的历史进程。

1907 年，来自明尼苏达州的众议员查尔斯·戴维斯（Charles R. Davis）在总结此前提交的议案的基础上，向众议院提交了《戴维斯议案》（Davis Bill of 1907）。1908 年 11 月 20 日，在"工促会"第二次年会上，戴维斯发表了"联邦政府和工业教育"的演讲。在演讲中，戴维斯阐明了工业教育的必要性和联邦资助工业教育的重要性，并着重阐明了提出《戴维斯议案》的理由。他指出，我们不仅需要联邦的资助，也需要联邦政府对工业教育运动的激励和支持，以赋予其特征、引导其方向并使之走向统一。这是因为，在其特征和重要性上，工业教育的组织和指导都具有全国性，如果没有联邦政府的资助和激励，各州的尝试将会孤立地、间歇性地开展。② 这是较早明确提出联邦资助工业教育设想的法律动议。

《戴维斯议案》的主要内容包括：（1）联邦政府拨款资助中等农业学校的农业和家政（home economics）教学；（2）联邦政府拨款资助城市中等学校中的机械艺术（mechanical arts）和家政科目的教学；（3）由农业部长负责实施。该议案既得到来自全国农民协进会（National Urange，又译为"格兰其""保护农业社"）、全国农民议会（Farmers' National Congress）和南部教育协会（Southern Education Association）的支持，也遭到美国教育专员（U. S. Commissioner of Education）、全国教育协会的坚决反对。他们认为《戴维斯议案》起草仓促，应在立法之前对全国的职业教育需求进行全面的调查。1907—1910 年，该议案虽由国会多次审议，但最终还是"胎死腹中"。③ 1910 年，《戴维斯议案》经修改后，由来自爱

---

① National Society for the Promotion of the Industrial Education, *Bulletin*, No. 12, Legislation upon lndustrial Education in the United States, Issued Nov. 1910, p. 25.

② National Society for the Promotion of the industrial Education, *Bulletin*, No. 9, Proceedings of Second Annual Meeting, Atlanta Issued Jun. 1909, pp. 101 – 112.

③ Bennett, Charles A., "History of Manual and industrial Education 1870 to 1917", *Manual Arts*, Peoria, IL, 1937, pp. 543 – 544.

荷华州的参议员多利佛（Jonathan P. Dolliver）向参议院提交议案（即《多利佛—戴维斯议案》），但最终仍未得到通过。1908年5月7日，来自马萨诸塞州的参议员洛奇（Henry Cabot Lodge）向参议院提交议案（5-7005），议案采纳"工促会"的建议，要求联邦政府拨款资助中等学校开展工业教育。议案虽然没有通过，却使参议院开始意识到劳工界、工商业界和教育界对联邦政府资助开展职业教育的需求。[1]

与此前的议案相比，《佩奇议案》是在《史密斯—休斯法》之前最接近于成功的职业教育议案。1911年春，以完成多利佛（于1910年10月去世）未竟事业为己任的佩奇（Carroll Smalley Page）向国会提交了"参议院第三号议案"（Bill Senator No.3, BillS-3），即《佩奇议案》。与此同时，来自宾夕法尼亚州的众议员威尔逊（William B. Wilson）也向众议院提交了与《佩奇议案》内容相似的《威尔逊议案》（后与《佩奇议案》合并为《佩奇—威尔逊议案》[2]）。《佩奇—威尔逊议案》的主要内容包括：（1）联邦每年对开展职业教育的公立中学拨款500万美元；（2）为各州农业高中提供400万美元的拨款；（3）向培训教师的师范学校提供100万美元拨款；（4）对开展农业推广工作的赠地学院和农业实验站增加拨款，等等。该议案提交后，经过广泛征求各相关方面的意见和反复修改，[3] 于1912年12月在参议院宣读。

议案得到了美国劳工联盟、全国工业教育促进会、制造商协会、全国农民协进会和农民全国代表大会等多方面的支持，但同样也遭到了一些利益集团，特别是赠地学院组织的强烈抵制。[4] 恰在此时，与《佩奇—威尔逊议案》内容相近、涉及农业推广工作的《史密斯—利佛议案》也已向国会提交。在参众两院审议过程中，民主党占优势的众议院不愿支持

---

[1] Layton S. Hawkins, Charles A. Prosscr and John C. Wright, *Development of Vocational Education*, Chicago: American Technological Society, 1951, p.393.

[2] Bennett, Charles A., "History of Manual and industrial Education 1870 to 1917", *Manual Arts*, Peoria, IL, 1937, p.546.

[3] Vocatiooal Education. Spcech of Hon. Carroll S. Page Delivered in the Senate of the United States. June 5, 1912, p.5.

[4] McClure, Arthur F., James Riley Chrisman, and Perry Mock, "The Historical Evolution of Vocational and Distributive Education in America", *Education for Work*, Fairleigh Dickinson Univ. Press, 1985, pp.57-58.

《佩奇—威尔逊议案》，而共和党占多数的参议院则反对《史密斯—利佛议案》。① 最终的结果是两项议案均未在第62届国会上通过。

1914年，国会通过的《史密斯—利佛法》可以说是民主党的一大战果。该议案的两位提案者同为严重依赖农业的南方议员——来自南卡罗莱纳州的众议员利佛（Asbury Frank Lever）和来自佐治亚州的参议员史密斯。二人深感所在选区的农业经济面临严重问题，于1913年9月共同向国会提交该议案，以期改善所在选区的农业经济，进而为各自在国会中的连任奠定基础。经过长达5年的论辩，国会终于在农业推广工作上达成妥协，于1914年5月通过《史密斯—利佛法》。该法规定：（1）联邦和各州共同承担农业推广工作所需经费；（2）联邦第一年拨款60万美元，在接下来7年中，每年增加50万美元，直至每年固定拨款410万美元；（3）基于各州乡村人口分配经费；（4）该拨款在原有的48万美元拨款（每州获得1万美元）的基础上叠加进行；（5）每个获得超过1万美元联邦拨款的州应从其财政中划拨出同等的资金。② 根据这项法案，家庭农业示范项目和农业俱乐部将成为农业推广服务的组成部分。③《史密斯—利佛法》的重大意义在于建立起联邦和赠地学院之间的合作推广服务制度，这种服务帮助农民了解农业经济和公共政策，并掌握新的农业技术。

虽然《史密斯—利佛法》仍以资助农业领域的职业教育和技术推广为主，但也为全国援助职业教育委员会的成立和日后《史密斯—休斯法》的通过提供了良好的条件。这是因为，《史密斯—利佛法》主要反映了南方的利益诉求，因而受到代表北方利益的国会议员的掣肘。只是在经过了复杂的利益磨合和相互妥协之后，来自南方和北方地区的议员才达成一致，最终通过《史密斯—利佛法》。这其中的一项重要利益"交易"就是时任参议院教育与劳工委员会（Senate Committee on Education and Labor）主席的史密斯明确表态支持由"工促会"等利益团体所倡导的联邦资助职业教育的构想，并积极推动全国援助职业教育委员会的成立。

---

① 1911年1月1日至1913年3月1日的第62届国会上，众议院民主党与共和党的席位分别为：230，162；参议院中分别是：44，52。http：//history．house．gov/Congressional-Overview/Profiles 62；http：//www．senate．gov/page layout/history/one-item-and-teasers/partydiv．htm.

② Smith-Lever Act of 1914. Congressional Record Vol. 51, 7309, pp. 7645-7646.

③ http：//www．lib．ncsu．edu/specialcollections/green ngrowing/essay-smith-lever．html.

三

1913年4月，正当《史密斯—利佛议案》在参众两院审议之时，参议员史密斯提议参众两院通过一项关于"由总统指定成立一个委员会，以探讨关于联邦帮助农业学校、工业学校发展的问题"的共同决议案（joint resolution）。这个决议案虽然在参议院顺利通过，但直到1914年1月13日，经由休斯（D. M. Hughes）提议，众议院才对这项参议院第5号决议（Senate Joint Resolution）进行表决。在对参议院决议做了细微修改（例如，删除了参议院决议第1页第5—6行中提到的委员会将由9名男性组成中的"男性"一词，并增加了"条件可行的话，越快越好"等表述①）后获得通过。次日，参议院对众议院关于参议院第5号决议的修订本进行简要讨论并予以通过。②

作为南方的民主党人士，史密斯是农民利益的坚决支持者。他曾担任过律师，1887年收购《亚特兰大夜刊》（Atlanta Evening Journal），并一直担任编辑和出版商至1900年。1893—1896年，他曾担任克利夫兰（Drover Cleveland）政府的内政部长，1907—1909年担任佐治亚州州长，并于1911年再度短暂地担任州长。1911—1921年，史密斯成为代表佐治亚州的参议员。③ 作为一名活跃的政治家、成功的出版商和具有远见的教育改革家，④ 史密斯是其所处时代美国南方政治（Southern politics）的标志性人物。而同样来自佐治亚州的众议员休斯则与史密斯的经历有所不同。他长期接触农业生产，与农村有着紧密的联系，后以支持农业教育而著名。在出任议员之前，休斯发起成立了梅肯—都柏林—萨凡纳铁路公司（Macon, Dublin, and Savannah Railroad），并成为该公司的总裁和管理委

---

① U. S. Congress, *Congressional Record: Containing the Proceedings and Debates of the 2nd Session of the 63rd Congress of the United States of America*, Vol. 51, Washington Uovernment Printing Office, 1914, pp. 1609 – 1616.

② Ibid., p. 1624.

③ http://www.georgiaencyclopedia.org/articles/government-politics/hoke-smith-1855-1931.

④ Dewey W. Grantham, *Hoke Smith and the Politics of the New South*, Louisiana State University Press, 1958.

员会成员。此外,休斯还多次成为州立师范学院、佐治亚州技术研究院和佐治亚大学的信托委员会成员。1909—1917 年,休斯连续当选为众议员,并在 1913—1917 年兼任众议院教育委员会(House Committee on Education)主席[1]。两位来自南方的民主党议员联袂发起成立一个联邦委员会来研究职业教育问题,这对于日后美国职业教育的走向产生了重要的影响。

1914 年 1 月 20 日,威尔逊总统签署参众两院通过的共同决议案(S. J. Res. 5)[2],决定成立全国援助职业教育委员会(Commission on National Aid to Vocational Education)。该委员会的职责是研究联邦政府是否需要资助职业教育,并在当年 6 月 1 日前向国会提交报告。

全国援助职业教育委员会由 9 人组成,其成员包括:参议员霍克·史密斯(主席)、参议员佩奇、众议员休斯、众议员费斯(S. D. Fess)、印第安纳立法信息局主任拉普(John A. Lapp)、纽约市曼哈顿职业学校校长马歇尔(Florence M. Marshall)、芝加哥市国际手套工人联合会主席尼特(Miss Agnes Neator)、"工促会"秘书普罗泽(Charles Prosser)、华盛顿特区劳工数据统计局特别代理温斯洛(Charles Window)[3]。值得注意的是,在这 9 人中,除了 4 位国会议员之外的 5 人均与"工促会"有密切联系。

1914 年 4 月 2 日,全国援助职业教育委员会正式成立并开展工作。根据国会的决议,全国援助职业教育委员会确定了六个方面的主要问题,并对其开展调查和研究。这六个问题是:1. 美国在多大程度上需要职业教育? 2. 是否需要联邦拨款以刺激和鼓励州开展职业教育? 3. 联邦拨款应鼓励何种形式的职业教育? 4. 联邦政府能在多大程度上通过专业知识援助各州的职业教育? 5. 联邦政府能在多大程度上通过国家拨款帮助州发展职业教育? 6. 联邦政府在何种条件下对州职业教育进行拨款? 通过

---

[1] Arthur F. McClure, James Riley Chrisman and Perry Mock, *Education for Work*: "The Historical Evolution of Vocational and Distributive Education in America", Fairleigh Dickinson Univ. Press, 1985, p. 61.

[2] U. S. Congress, *Congressional Record*: *Containing the Proceedings and Debates of the 2nd Session of the 63re Congress of the United States of America*, Vol. 51, Washington Uovernment Printing Office, 1914, p. 2016.

[3] *Report of Commission on the National Aid to Vocational Education*, 1914, p. 9.

向数以百计的教师、104个全国性工会组织和70个工商业组织发放调查问卷和举行听证会等途径,该委员会完成了涵盖"职业教育的需要"等主题在内的《全国援助职业教育委员会报告》,并于1914年6月1日按时向国会提交。

报告指出,职业教育对国家的福祉来说是必需的。美国各地和各行各业都存在对职业教育的强烈需求。这些需求包括:保护和开发资源、提高农业产量与促进农业的繁荣发展、减少人力资源的浪费、补充学徒制、提高产业工人获得薪酬的能力、满足培训熟练工人的需要、缓解生活支出的增长。报告认为,职业教育事关美国的繁荣与福利,关系到美国在国际经济竞争中的胜负。因此,资助职业教育是美国的一项精明的投资。①

在此基础上,委员会建议通过立法资助各州开展职业教育,培养有效的教师并支付其薪水。委员会的建议包括:(1)拨款范围为农业、职业和工业领域的职业教育;(2)资助经费主要用于支付教授农业科的教师、监督者(supervisor)和指导者(direfor)的工资,支付教授职业和工业科教师的工资,支付农业科、职业科、工业科以及家政教师的培养经费,支付联邦职业教育委员会的工作经费;(3)拨款资助夜校、业余学校和全日制学校;(4)建立联邦职业教育委员会,与州职业教育委员会开展合作,等等。委员会的建议与"工促会"在此之前提出的主张几乎一致。

全国援助职业教育委员会的工作为《史密斯—休斯议案》奠定了基础,其报告实际上就是《史密斯—休斯议案》的蓝本。1916年4月20日,史密斯在提请参议院讨论《史密斯—休斯议案》时就曾指出:"该议案是由参议院首倡、由总统批准成立的(全国援助职业教育)委员会准备的,该委员会对全国的职业教育问题进行了研究,起草该议案并建议通过。"②

1915年12月6日,即召开第64届国会的第一天,休斯向众议院提交

---

① *Report of Commission on the National Aid to Vocational Education*, 63rd Congress, 2nd Session, House of Representatives, Document No. 1004, Washington Government Printing Office, 1914, p. 12.

② U. S. Congress, *Congressional Record: Containing the Proceedings and Debates of the 1st Session of the 64th Congress of the United States of America*, Vol. 53, Washington Government Printing Office, 1916, p. 6480.

了职业教育议案，即众议院第 457 号议案（H. R. 457）①。次日，史密斯向参议院提交职业教育议案（S. 703）②。在得到临时主席（the president pro tem pore）批准后，史密斯宣读了议案："本议案是一项规定推广职业教育的议案；一项规定与州合作，推广农业、职业和工业领域中教育发展的议案；一项规定与州合作，培养职业科教师的议案；一项拨款并规定其使用的议案。""经授权，在此进行年度划拨资金，除因财政部/国库亏空不进行拨款外，条款 2、3、4 中定拨款的总额，将分拨给各州，用于与州合作，支付农业科教师、监督者（supervisor）、指导者（director）的工资，支付职业科和工业科教师的工资，以及培养农业科、职业科、工业科以及家政教师；条款 7 中对联邦职业教育委员会（Federal Board for Vocational Education）的拨款，用于实施该法以及研究、调查和报告，以促进职业教育的组织、开展。""第 18 款，联邦职业教育委员会每年应在 12 月 1 日或之前向国会提交关于该法案实施的年度报告。报告应包括各州委员会对该法案管理的报告以及划拨给各州资金的使用情况。"③

尽管议案在参众两院分别进入立法程序，但随后所经历的曲折或许是史密斯和休斯所始料未及的。1916 年 1 月 31 日，由史密斯任主席的参议院教育与劳工委员会提交了对 S. 703 议案的支持性报告，即第 97 号报告（No. 97 report）④。1916 年 2 月 12 日，由休斯任主席的众议院教育委员会（Committee on Education）向众议院提交了 457 号议案（H. R. 457）⑤。至此，《史密斯—休斯议案》已分别在参众两院宣读，完成了其在国会上"三读"程序（three readings）中的"一读"。

1916 年 4 月 20 日，史密斯再次提请参议院审议 S. 703 议案："我希望简要提及该议案，并尽早讨论其细节问题……我希望参议院关注到该议

---

① *Congressional Record*, Vol. 53, p. 24。注：H. R. 457 与后来的 H. R. 11250（新编号）为同一议案。

② The bill (S. 703) to provide for the promotion of vocational education; to provide for the cooperation with the States in the promotion of such education in agriculture and the trades and industries; to provide for the cooperation with the States in the preparation of teachers of vocational subjects; and to appropriate money and regulate its expenditure.

③ *Congressional Record*, Vol. 53, pp. 92 – 93.

④ Ibid., p. 1781.

⑤ Ibid., p. 2440.

案的主要特征……并在接下来的 30 天里通过，然后送到众议院表决。"①接着他指出，这项议案主要包括三个方面的主要内容：1. 与州合作拨款支付农业领域的职业科教师工资；2. 与州合作拨款支付机械艺术（mechanic arts）领域职业科教师工资；3. 与州合作拨款培养这些职业科教师。联邦与州应支付同等数量的经费。随后，参议院对该议案进行了简短的讨论。②

1916 年 6 月 3 日，史密斯又一次提请参议院仔细考虑《史密斯—休斯议案》，并认为不会有人反对这项议案。但是，这却遭到来自华盛顿州的参议员琼斯（Wesley Livsey Jones）的质疑。琼斯指出："我一点都不反对这个议案……但我们应先处理一下地方问题（local matters），然后再考虑这个议案。"对此，史密斯回应说："我认为，我们今天可以对该议案进行一定的讨论，以使各位在场的参议员明了该议案。我和来自佛蒙特州的参议员（佩奇）可以对该议案的具体细节进行解释。"③ 随后虽然史密斯极力争取对该议案进行审议，但琼斯等参议员坚持认为"该议案会引起大量的讨论，难以在今天通过"④。之后，参议院宣布将该议案暂时搁置。

1916 年 7 月 19 日，史密斯向参议院汇报就 S. 703 议案所进行的修改，并要求印发最新版本的议案。他的请求得到批准。⑤ 1916 年 7 月 31 日，即美国向德国宣战后的第三天，史密斯又一次提请对议案做完整陈述，并进行全院投票。在陈述前，史密斯指出，由于美国参战，参议院将更多地关注战备……但是，也应对和平以及男孩、女孩未来生计的准备上给予一些关注。"我们都知道这一事实：即便是战争期间，很多人前往一线，但更多的男女是留在国内生产武器以及士兵所需的食物和衣服。他们应该为其所承担的战争与和平中的职责而做好准备。"⑥

紧接着，史密斯对该职业教育议案进行详细陈述。他尤其对其中的关

---

① *Congressional Record*, Vol. 53, pp. 6479 – 6480.
② Ibid..
③ Ibid., pp. 9223 – 9224.
④ Ibid..
⑤ Ibid., p. 11275.
⑥ Ibid., p. 11873.

键部分即拨款问题做了详细说明。他指出,经费将主要用于四个主要方面:1. 支付农业科教师、监督者(supervisor)、指导者(director)的工资;2. 支付职业科、工业科教师的工资;3. 培养农业科、职业科、工业科以及家政教师;4. 支付联邦职业教育委员会(Federal Board for Vocational Education)的工作经费。[①] 史密斯还就议案的修改进行了说明:1. 时间。由于时间的拖延,议案中提出的实施时间相应后推一年。2. 与其他部门的关系。将议案原先的表述"只要是关于农业教育方面的研究、调查和报告,都应与农业部合作"改为"当委员会认为可行时,关于农业教育的研究、调查和报告可以与农业部合作进行"。3. 联邦职业教育委员会在其助理中挑选一位职业教育专家,作为职业教育工作的总指导,每年为其支付7500美元工资。[②]

在参议院审议过程中,来自新罕布什尔州的参议员盖林格(Jacob Harold Uallinger)曾质疑议案中对家政科教师的拨款比其他教师低,并认为过低的工资将难以聘请到合适的教师。对此,史密斯答复说,我只知道每个有能力的家政科教师可以拿到5000美元的年薪,这是他们所能拿到最高的。盖林格反驳说,但我看到其他科教师的工资是7000美元和7500美元。史密斯回答:"的确如此,但要知道,很多工业教育的领导者们可以到更大的地方拿到更高的报酬。我也建议家政教师应拿到最高的工资,但家政一直是一种报酬低的工作,这已是议案中所能给的最高了。"在进行一系列解释和讨论后,议案经"三读"后在参议院获得通过。[③]

虽然职业教育的议案在参议院有惊无险地顺利通过,但在众议院的审议却因为1916年11月的大选而耽搁了近半年时间。直到1916年12月22日,休斯才得以向众议院提请对 H. R. 11250 议案(即《职业教育议案》)进行表决。为了加快立法的进程,休斯请求直接由众议院全院委员会(Committee of the Whole House on the State of the Union)[④] 对参议院通过的

---

① *Congressional Record*, Vol. 53, p. 11873.
② Ibid., p. 11874.
③ Ibid., pp. 11874 – 11878.
④ 全院委员会(Committee of the Whole House on the State of the Union, 简称为 Committee of the Whole)由众议院的全院议员组成,实际上就是众议院本身。众议院被视为一个大的国会委员会。其主席(presiding officer)由众议长担任。

议案进行审议。①

在没有遭遇反对的情况下，众议院审议进入全院委员会辩论阶段，辩论由主席佩奇主持。在会议上，休斯指出，教育委员会已在职业教育议案上夜以继日地辛勤工作，参议院已经通过一项职业教育议案，且该议案与众议院的职业教育议案仅有几处存在差异。休斯向全院委员会主席佩奇请求由来自爱奥华州的众议员陶纳（Horace Mann Towner）向全院进行报告。该请求得到允许。陶纳首先从历史的角度梳理了从《莫雷尔法》到《史密斯—休斯议案》的变迁，说明《史密斯议案》与《休斯议案》在联邦职业教育委员会成员构成上存在的差异。② 随后，陶纳分析了资助职业教育对美国的重要性，并分别从全国管理、农业培训、工业和职业、家政等方面进行了详细的说明。他指出，在职业教育的管理方面，《休斯议案》的目的并不是取代各州成功教育实践，而是由联邦协助这项工作的开展以适应职业教育的需要，而监管、教学和管理的全部工作将仍归由各州负责。陶纳指出，在家政上，90%的女孩在7—8年级时辍学，除了通过观察学到的家庭生活技能外，她们对实际生活事务一无所知。在这种情况下，她们很难成为良好的母亲和家庭主妇。而"母亲和家庭主妇是最伟大的职业，家庭是最佳保障、幸福的来源"，每个女孩都应该为母亲和家庭主妇的角色做好准备。他还对来自不同议员的提问进行了解答。例如，当密苏里州的议员博兰（William Patterson Borland）提出"向各州赠地、拨款发展教育与建立指导性委员会监管相关方面的教育有什么区别"的问题时，陶纳答道："这个问题很有力度。但我认为，该议案并没有建立具有监管职能的指导性委员会，也没有做出硬性要求，只是建立了各州应根据其配额所接受的标准而已。"在资金使用上，来自俄亥俄州的议员费斯（Simeon Davison Fess）和来自密苏里州的议员罗素（Joseph James Russell）询问一些大学（如农业大学）是否可以获得资助，陶纳回应道："除非是在学院级别下的，否则不会得到该议案的拨款"③，等等。

在陶纳对议案进行详细阐述后，来自肯塔基州的众议员鲍尔斯

---

① *Congressional Record*, Vol. 54, p. 714.
② Ibid., pp. 715–716.
③ Ibid., pp. 716–717.

(Caleb Powers)对议案逐条进行解读,如资金划拨、具体使用等具体细节,并回答了不同议员的质询。例如,在资金划拨和使用上,来自印第安纳州的众议员考克斯(William Elijah Cox)质疑联邦的拨款是否由各州的教育委员会负责支配。对此,鲍尔斯的解释是:州委员会只是个代理机构而已,所拨资金由各州的司库负责。来自俄亥俄州的众议员舍伍德(Isaac R. Sherwood)提出:"该议案是不是该建立一个统一的制度,而不是将权力下放到各州?"鲍尔斯回应道:"委员会认为各州的不同利益较为多元化,难以形成一个可以涵盖各州的议案。"① 众议院对议案的不同方面也进行了详细的讨论。如议案的表述上,"将第八页条款6的第17—25行删除,并插入以下内容:联邦职业教育委员会在此成立,由5名美国公民组成,其中4名应由美国总统指定……以及在第10页第19行后,添加一条新的条款,内容为:条款6b. 联邦职业教育委员会必须指定指导委员会(advisort' committee),由工业、商业、劳工、农业、管家或普通教育或职业教育的代表组成,以(帮助联邦委员会)管理该法案;联邦委员会在此上所花费的资金不应超过5万美元"②,等等。

在众议院审议过程中,一些议员先后发表了关于职业教育的见解。来自马萨诸塞州的众议员达林格(Frederick William Dallinger)认为,家政对培养良好的母亲和家庭主妇、降低离婚率、减少家庭经济开支等具有重要贡献。③ 而来自阿拉巴马州的众议员赫德尔斯顿(Ueorge Huddleston)则强调:"在对职业教育的资助中,要注意保持公共学校的民主性,那些以职业岗位为目的的学生不应与接受自由教育的学生相隔离……我所支持的职业教育不是教机械、一门行业,以使学生直接进入一个一个职业岗位,我所支持的应是广泛的、基础性的培训。"④

最后,经主席许可,众议院执事(the Clerk)宣读议案。在休会之前,休斯又重申将众议院议案(即对参议院议案修正后形成的议案)替代参议院议案。该提议被采纳,主席佩奇向全院委员会宣布,委员会已经

---

① *Congressional Record*, Vol. 54, p. 719.
② Ibid., p. 720.
③ Ibid., p. 722.
④ Ibid., pp. 723 – 724.

对职业教育议案 S. 703 进行了深入的探讨，但还未达成一致决议，并将其列入众议院休会后第一天（即 1917 年 1 月 2 日）会议的议程。① 1917 年 1 月 2 日，众议院继续审议职业教育议案 S. 703，并对很多细节提出修正案，如罗素提出在第一条款后增加："各州获得的所有拨款，在各州委员会管理下，应平均分布到各个地区、部门，只要在该法案下具有可能性和可行性。"② 对此，很多人反对这种修正案，提出不应采纳。来自纽约州的众议员普拉特（Edmund Platt）提出："第 1 页第 9 行，在'职业'一词后删除'家政学'，第 2 页第 1 行删掉'和家政学'。"③ 来自威斯康星州的众议员伦鲁特（Irvine Luther Lenroot）提出议案中日期的问题，因为该议案是在一年前（1916 年 2 月 12 日）提交的，如今需要将日期推迟一年。这一提议得到了休斯的赞同。④ 在充分审议之后，休斯建议终止对第 6 条款的辩论，并请求予以通过，但并未形成一致性决议。⑤

1917 年 1 月 9 日，休斯再次向众议院议长提议讨论职业教育议案 S. 703。在进行了较长时间的讨论后，众议院对议案进行"三读"，并以口头表决（voice vote）的方式通过该议案。⑥

1917 年 1 月 11 日，由于参众两院的议案存在不同之处，史密斯向参议院提议建立"会议委员会"（Conference Committee），审查参众两院通过的两个职业教育议案，对其进行协商谈判，以达成两院共识。随后，参议院议长宣布批准成立会议委员会。⑦ 1917 年 1 月 13 日上午 11 点，休斯提议建立职业教育议案的会议委员会，全院没有反对，议长遂宣布由休斯、鲍尔斯和来自密苏里州的众议员拉克（William Waller Rucker）三人代表众议院担任会议委员会委员。⑧

由参众两院议员组成的"会议委员会"分别对参众两院通过的议案

---

① *Congressional Record*, Vol. 54, p. 725. 虽然众议院对参议院议案 S. 703 提出了修正案，并有自己的众议院编号，但仍经常采用 S. 703 代指《史密斯—休斯议案》。
② Ibid., p. 749.
③ Ibid., p. 757.
④ Ibid., p. 758.
⑤ Ibid., pp. 749 – 782.
⑥ Ibid., pp. 1071 – 1084.
⑦ Ibid., p. 1189.
⑧ Ibid., p. 1332.

进行协商，对两个议案中存在的137个不同之处进行讨论和协商。这些不同之处小到文字表达甚至标点符号的使用，而较大的分歧则在于：第一，家政是否应当与工业和职业科目一样得到联邦资助；第二，除农业部部长、商务部部长、劳工部部长、教育专员以及分别代表制造业和商业利益的代表之外，联邦职业教育委员会成员的构成是否应增加代表劳工和农民利益的代表；第三，接受资助的各州所提的要求。经过长达四周的协商，参议院在104处做出让步，而众议院则在33处做出妥协，最终达成一致。

1917年2月14日，史密斯向参议院提交会议报告（conference report），即关于议案S.703的会议报告。他要求将其打印发放给全体参议员，以使他们更好地了解议案前后的变化。该请求获得准许。①

1917年2月16日，休斯向众议院议长提出审议S.703议案。执事向众议院宣读了"会议委员会"报告，即后来的《史密斯—休斯法》原文。在此期间，尽管来自威斯康星州的众议员斯塔福德（William Henry Stafford）等仍存有歧见，但报告最终顺利通过。②

1917年2月17日，史密斯向参议院请求通过议案S.703，该议案已在众议院获得通过。史密斯向议员们解释了议案发生，包括执行推后一年以及联邦职业教育委员会构成的变化等。随即议案获得通过。③ 5天后，即1917年2月23日，威尔逊总统签署该法案。至此，《史密斯—休斯法》生效。

《史密斯—休斯法》是一项资助职业教育的法律，其目的是通过联邦与州的合作，推动农业、商业和工业领域中职业教育的开展。④ 该法的主要内容包括：第一，联邦政府与各州合作，提供农业、工业、商业和家政等方面教育的师资培训，对职业教育师资培训机构给予资助。州职业教育委员会监督实施职业教育师资培训计划。职业学校和职业科目的任课教师、督学和教长应当达到州职业教育委员会的要求。第二，联邦政府分别拨款50万美元（1918）至300万美元（1926年及以后）支付农业科教

---

① *Congressional Record*, Vol. 54, pp. 3263–3265.
② Ibid., pp. 3423–3429.
③ Ibid., pp. 3482–3483.
④ National Society for the Promotion of the Industrial Education. Bullctin, No. 25, Mar. 1917, pp. 19–29.

师、监督者、指导者和工业教育教师的工资；拨款50万美元（1918）至100万美元（1921年及以后）培养工业和农业教育的教师；同时，各州接受联邦资助须提供1∶1的配套经费。第三，成立联邦职业教育委员会（Federal Board for Vocational Education）以开展调查研究，监督调查对法律的实施和经费分配等，利用这些研究结果帮助州政府开办职业学校和职业班，对学生进行农业、工业、商业和家政等四个方面的训练。各州成立州职业教育委员会，负责分配各州的职业教育经费、制订职业教育计划并监督本州职业教育计划的实施。第四，在公共中学开设职业科目，设置供学生选修的职业课程，把传统的专为升学准备的普通中学改为兼具升学和就业双重目的的综合中学。[①]

四

为什么《史密斯—休斯法》这样一部具有重要历史意义的法律会经历如此艰难曲折的创制过程？毋庸置疑，客观的因素（主要包括美国国会复杂的立法程序、美国加入第一次世界大战以及1916年的大选）确实在一定程度上延缓了《史密斯—休斯法》在参众两院的审议进程。但这只能解释从《史密斯—休斯议案》到《史密斯—休斯法》的过程，而无法充分说明从《戴维斯议案》《佩奇议案》到《史密斯—休斯法》的曲折历程。

从1907年《戴维斯议案》提出到1917年《史密斯—休斯法》通过的十年中，或者从1914年4月全国援助职业教育委员会成立到1917年2月《史密斯—休斯法》签署生效的三年间，究竟发生了什么，从而导致联邦资助包括工业教育在内的职业教育的构想和立法一波三折、历经坎坷？

1907年后，"工促会"的影响逐渐扩大，随着包括美国劳工联盟（American Federation of Labor）在内的劳工组织逐渐改变了原有反对工业教育的主张，在美国似乎已经形成了一个代表广泛利益的职业教育联盟。但事实上，在一系列具体问题的主张上，美国商会（Chamber of Commerce）、全国金属贸易协会（the National Metal Trades Association）、全国

[①] Smith-Hughes Act or Vocational Education of 1917. S. 703，PL. 64 – 374/Public，No. 347. 64th Congress，Session 2，1917.

制造商协会（National Association of Manufacturers）、美国劳工联盟（American Federation of Labor）、全国教育协会以及农业和农业教育组织、赠地学院组织、师范学校组织和部分地方教育管理机构之间都存在着严重的分歧。这些问题包括：联邦资助是否仅限于工业教育？是否应当建立与公立学校制度相平行的、独立的职业学校制度？职业教育机构应当是公立的还是私立的？职业教育应当主要在何种机构中进行？职业科教师的培训究竟应当由师范学校还是由赠地学院承担？甚至包括议案究竟应当由国会的教育委员会还是农业委员会负责审议[①]，如此等等。简言之，除了在赞同联邦资助开展职业教育这一点之外，不同的利益集团几乎在每一个问题上都存在着分歧和争论。当国会议员们将这些反映不同利益集团利益诉求的争论和分歧带到国会的会议上，就必然增加议案的审议、修改、再审议、再修改的频率，加大议案通过的难度，从而延缓了议案通过的进程。《戴维斯议案》《洛奇议案》《佩奇议案》等一再受挫，《史密斯—休斯法》的创制之所以步履艰难，关键正在于利益集团之间的利益较量、妥协，最终达成平衡这个过程的长期性和复杂性。

较早倡导工业教育的组织是全国制造商协会。自1896年成立后，出于对熟练工人的迫切需求，全国制造商协会一直致力于推动工艺和技术教育，大力倡导建立私立的中等职业学校，以培养工商企业所需人才，提高工业生产效率，增强美国工业的国际竞争力。1905年，该协会成立了工业教育委员会，就工业教育问题开展专题研究。尽管全国制造商协会及其工业教育委员会的活动和研究未能产生广泛的影响，但它们的要求在"工促会"之后的一系列活动中得到充分体现。

根据协会章程，"工促会"的目的是促使公众意识到工业教育对美国工业发展的重要性，提供讨论和研究工业教育各种问题的机会，推动国内外工业教育经验的应用推广，促进工业训练（industrial training）机构的建立[②]。在"工促会"第一届28名官员中，13人来自工商企业界（其中包括9位总裁、副总裁），2人来自大学，3人来自中学，3人来自社会教

[①] *Congressional Record*, Vol. 53, p. 1546.

[②] National Society for the Promotion of the Industrial Education, *Bulletin*, No. 1, Proceedings of the Organization Meetings, 1907, p. 10.

育机构，劳工界5人，杂志主编1人，大学董事会1人。从地域分布看，"工促会"领导成员主要来自美国东部和中西部工业发达的大城市，包括马萨诸塞州7人（其中5人来自波士顿），纽约市9人，费城3人，芝加哥2人，其余分别来自宾夕法尼亚、威斯康星、弗吉尼亚等地。这种格局虽然在此后有所变化，管理委员会成员的职业和地域分布逐渐广泛，但基本性质并没有因此发生根本改变。由于这个原因，"工促会"难免被认为是工商业界利益的代言人，它所倡导的工业教育运动自然也容易被认为是为工商业界的利益服务。虽然自1912年后，"工促会"通过调整协会政策，力图兼顾更大范围的利益需要，但这并不能从根本上改变它主要是工商业界利益代言人这个事实。①

由于严重的劳资对立，从一开始，以美国劳工联盟为代表的工会组织就坚决反对工商业界的主张，反对除学徒制之外的一切形式的职业教育，认为职业教育无非是工商业主训练熟练工人的工具，其目的是为了破坏工会组织和劳工运动。美国劳工联盟在1907年年会的决议上就曾明确指出，那些私立的或由工商业主开办的中等职业学校无非是抵制工会运动的武器。② 1910年后，随着学徒制的日益衰落，工会组织放弃了原有的立场，转而支持发展职业教育，但仍反对私立的职业教育机构，认为任何私人控制公共教育制度或私营机构以选择学生的计划都应当受到谴责③。工会组织主张，为避免职业教育落入工商业主的控制，职业教育应当成为公共教育的一部分，并由公共财政维持，由教育家管理。④

除了劳资双方的严重分歧之外，在如何实施职业教育、如何建立一个有效的职业教育制度等问题上，不同界别人士同样存在着分歧。有人要求建立"中等工业学校"或"初等工业中学"作为主要的职业教育机构，有人主张加强"夜校"等补习教育机构，有人则希望在小学的高年级

---

① 关于"工促会"的历史，可参见张斌贤、高玲《从信息中心到院外集团：美国全国工业教育促进协会史》，《社会科学战线》2015年第2期。

② *Report of the Proceedings of the Twenty-Seven Annual Convention of the American Federation Labor*, 1907, p. 173.

③ ［美］劳伦斯·克雷明：《学校的变革》，单中惠译，山东教育出版社2009年版，第36页。

④ National Society for the Promotion of the Industrial Education, *Bulletin*, No. 3: A Symposium on Industrial Education, Issued Sep., 1907.

（7—8年级）开设职业课程或选修课程，等等。① 这些分歧实际上涉及一个更为关键的问题，即究竟是建立单轨还是双轨的教育制度。

鉴于德国职业教育制度所取得的巨大成功，包括工商业界和诸如时任马萨诸塞州职业教育委员会专员的斯内登（David Snedden）、曾任"工促会"秘书的普罗泽（Charles Prosser）在内的职业教育家都主张仿效德国的模式，建立与公立学校相平行的、独立的职业教育体系。普罗泽就认为，为了给有效的工业教育留下空间，工业教育最好独立于公立学校之外，在独立的职业学校进行，而不是作为公立学校的一部分；在管理上，职业学校和课程不应由现存的普通教育委员会管理，而是由新建立的、独立的职业教育委员会管理。②

而出于不同的原因，包括全国劳工联盟在内的组织以及以杜威为代表的教育界人士反对建立双轨的教育制度。1913—1917年，杜威陆续发表了《当前工业教育运动中的危险》（1913年）、《密歇根州应当拥有"单一"还是"双重"的职业教育控制？》（1913年）、《职业教育政策》（1914年）、《一种错误的工业教育》（1914年）、《学校制度的分裂》（1915年）、《教育与行业培训—对大卫·斯内登的答复》（1915年）、《工业民主中工业教育的要求》（1916年）、《职业教育》（1916年）和《学会谋生—职业教育在综合公共教育中的地位》（1917年）等一系列论文，对斯内登等人的主张进行批评。他认为，从普通教育分离出来的、独立的职业教育的目的是让学生为工作和职业做准备，这样造成的结果是职业学校将延续现存的社会阶层结构和社会秩序，加深社会的分化。这是因为职业学校的学生通常都来自社会下层，他们必须养活自己，从而去从事某种不论他们是否喜欢的职业，而学术性科目则迎合了那些拥有巨额财富和可以随心所欲满足各方面爱好的人的需要。因此，他主张"应在传统学术性学校和行业预备学校两者间，找到关于学生的学校管理、学习、方

---

① Ben. W, Johnson, "Industrial Education in the Elementary School." *NEA Journal of Proceedings and Addresses*, 1910, pp. 253–260; Draper. "The Adaptation of the Schools to industry and Efficiency." *NEA Journal of Proceedirigs arid Addresses*, 1908, pp. 76–77.

② Charles A. Prosser, *Why Federal Aid for Vocational Education*, NewYork: Press of C. S. Nathan, 1912, p. 9.

式和个人组织这些方面的平衡点"①,即对现有学校制度进行调整。但从长远的角度看,杜威认为,最好的方式就是拓展现行的学校制度。② 这不仅意味着将青少年置于更长时间的教育影响下,更意味着要提高工业智慧的效率,而非技术行业的效率。③ 1917 年,杜威在公共教育协会(Public Education Association)发表演说,批评将学术从职业教育中分离出来的倾向。他承认多数学校应该在课程计划中加入一些种类的职业教育,但他警告,如果教育者将职业成分全部转移到独立的职业学校,那么将会导致五种不良的趋势。第一,为了区别普通教育和职业教育,管理者将在职业学校中设置一个狭隘的职业技能范围来标明他们正在让儿童为特定的职业做准备。第二,这一倾向将使人们认为教育应该为特定的任务做准备,而不是发展人的全面能力。第三,职业教育将忽视历史和公民方面的主题,而这些将帮助工人成为理智的公民。第四,为了保证学生精通所需技能,职业学校中的教学方法将是操练和重复。最后,这一计划将把指导视为一种工作安排,而不是培养学生为自己和社会服务的能力。

除了上述几个方面的分歧之外,来自农村和农业教育组织的异议也对《戴维斯议案》《佩奇议案》等相关议案的进程产生了直接的影响。20 世纪初,尽管美国已经基本实现了工业化,在工业生产部门就业的人口快速增长,但 2/3 的美国人仍然生活在农场。④ 农村和农场主对全国的影响不可小觑。这多少有助于理解为什么与农业职业教育相关的《史密斯—利佛法》等相关法律尽管也经历了较为曲折的过程,但最终还是顺利通过,而《戴维斯议案》《佩奇议案》等有关工业教育的议案则一再夭折。另一

---

① John Dewey, "Splitting up the School System," *In The Works of John Dewey: the Middle Works*, 1899 – 1924, Volume 8, 1915. Carbondale, TL: South Illinois University Press, 2008, p. 125.

② John Dewey, "Some Danger in the Present Movesment for Industrial Education." *In The Collected Works of John Dewey: the Middle Works*, 1899 – 1924, Volume 7, 1912 – 1914, Carbondale, IL: South Illinois University Press, 2008, p. 102.

③ John Dewey, "A Policy Industrial Education," *In The Collected Works of John Dewey: the Middle Works*, 1899 – 1924, Volume 7, 1912 – 1914, Carbondale, IL: South Illinois University, 2008, p. 96.

④ D. B. Danborn, *The Resisted Revolution: Urban America and the Industrialization of Agriculture, 1900 – 1930*, Ames, IA.: The Iowa State University Press, 1976, p. 3.

方面，美国的职业教育起源于农业教育，联邦政府对职业教育的资助（即《莫里尔法》）也是从农业教育开始推行的。因此，当工商业界主张大力发展工业教育、商业教育之际，难免不引起农场主组织的警惕。作为回应，从20世纪初美国农民联盟（Farmers' Union）、美国权益协会（American Society of Equity）、全国农民协进会和全国农民议会就大力倡导在公立学校加强农业和工业教育，呼吁建立农业中学。与此同时，农业教育机构也通过加强联合、成立美国农业学院与实验站协会、美国农学院工作者协会（American Association of Farmers' Institute Workers）等组织，积极开展各种形式的活动，向社会表明自己的意愿和诉求。[①] 与此相联系的是，赠地学院等农业教育组织对任何有可能侵害其利益的议案始终采取了强有力的反制行动。《戴维斯议案》《佩奇议案》等议案曾提议由师范学校而非赠地学院承担职业教师的培训，这就遭到了美国农学院与实验站协会等组织的坚决反对。这些议案之所以无果而终，与这些组织的态度存在不同程度的关系。

这些有着不同意愿、诉求和目的的利益集团之间唯一的共同之处就是通过游说、请愿等方式，在国会中寻找自己的利益代言人，向国会议员们施加自己的影响，以便使自己的利益在联邦立法中得到满足。所有的争论、较量和博弈最终都会聚到参众两院的立法过程。

根据美国宪法，由参议院和众议院组成的国会是立法机关，而两院事实上又是由来自民主党和共和党两党议员组成的。因此，国会实际上就成了民主党和共和党两党政治博弈的大舞台。这种政治博弈往往又涉及不同政党所代表的社会利益、集团利益和选民利益。在这种情况下，法律的创制实际上就是两党政治博弈的过程，是不同利益集团之间利益较量的过程。

根据美国国会的议事规则，议案的表决主要采取多数同意原则。在这种情况下，一个政党在国会占据席位的多少将会直接影响法律的创制、进程以及结果。从1915年12月起，参议员史密斯和众议员休斯先后向参众两院提交《史密斯—休斯议案》，到1917年2月议案获得通过，正是在

[①] [美]劳伦斯·克雷明：《学校的变革》，单中惠译，山东教育出版社2009年版，第37—44页。

美国第 64 届国会的任期之内（1915 年 3 月 4 日至 1917 年 3 月 4 日）。在这届国会中，民主党和共和党在参众两院占据的议席较第 63 届国会发生了明显的变化。虽然民主党在众议院的席位从 291 席降至 230 席（共和党的席位则从 134 席增至 196 席），但在参议院所占的席位仍具有一定的优势（56 个席位，共和党占 40 席）。表 2 为第 64 届国会的党派构成。

表 2　　　　　美国第 64 届国会参众两院的党派席位构成　　　　　单位：个

党派	民主党	共和党	进步党	独立人士	禁酒主义者	社会主义者
众议院（435）	230	196	6	1	1	1
参议院（96）	56	40	0	0	0	0

资料来源：美国众议院①、参议院②。

代表南方和农民利益的民主党人在国会占据优势，这无疑是《史密斯—休斯法》虽几经曲折、但最终"有惊无险"地顺利通过的重要条件。而时任美国总统的民主党人威尔逊对职业教育立法的强势推进也同样是一个重要的因素。在国会审议《史密斯—休斯议案》期间，威尔逊曾先后两次发表演讲，向国会明确传递其对职业教育立法的关注。他要求国会审议通过《史密斯—休斯议案》，并指出："职业教育对国家来说至关重要，它关注了长期以来被忽视的问题，即将到来的经济快速发展将强烈地要求整个国家做好工业准备。""如果美国被迫卷入战争的话，职业教育将在很大程度上加强全国工农业生产。"③ 正如威尔逊此前在国会关税改革、银行改革、反托拉斯等方面立法的卓有成效的影响一样，他对联邦资助职业教育立法的影响也发挥了重要作用。

从对《史密斯—休斯法》创制史的回顾中，我们可以清晰地看到，这部美国职业教育的母法，尽管在以后数十年间持续发挥重要作用，但最

---

① http：//history，house. gov/Congressional-Overview/Profiles 64th.

② 美国参议院网站，http：//www. Senate. gov/pagelayout/history/one-item-and-teasers/partydiv. htm。

③ President Woodrow Wilson, "Peace Without Victory" Speech in the Senate Chamber on January 22. http：//www，senate. gov/pagclayout/history/one-item-and-teasers/chronology. htm # chronology = y1900 – 1920.

早的倡议者的初衷之间存在着巨大的差距。"工促会"及其所代表的利益集团原本希望借由各州的工业教育立法，以推动联邦政府对工业教育的资助，只是在遭到来自代表南方和农业利益集团的强有力抵制之后，才逐渐将协会一直关注的工业教育逐渐扩大到包括工业教育、农业教育、商业教育和家政教育在内的"职业教育"。这突出地表现在 1912 年"工促会"第六届年会形成的关于"州职业教育立法中应秉持的原则和政策"（Principles and Policies that Should Undeny State Legislation for a State System of Vocational Education）的决议。该"原则与策略"开篇就是关于"术语的定义"——职业教育包含各种形式的专门的教育，其主要目的就是适应有用的雇佣（useful occupation）。职业教育涵盖工业教育、农业教育、商业教育和家政教育等领域。其中，工业教育是为了满足在职业、工业以及家庭（household）中工作的体力/手工劳动者的需求而设的一种职业教育形式；农业教育是适应与耕地、照顾牲畜饲养、林业和其他农田上的劳动职业相关的一种职业教育形式；商业教育为了满足在管理书籍、速记、打字、文员工作、售货员这样的商务和商业领域的劳动者的需要而进行的一种职业教育形式；家政教育是给不以挣钱为目的的、与家政相关的一种职业教育形式。[1]

正是因为这样的重要变化以及不同利益集团在《史密斯—利佛法》创制过程中达成的交流、磨合与妥协，"工促会"才逐渐从城市—工业利益集团的代言人成为更大利益集团联盟的代言人，工业教育运动从此转变成为职业教育运动。南方和北方、农业利益集团和工业利益集团、民主党和共和党，在不同利益的冲突、博弈、交易的过程中最终达成利益的平衡。这具体反映在《史密斯—休斯法》中关于联邦拨款的相关规定。根据《史密斯—休斯法》的规定，联邦政府对各州职业教育的资助金额按照不同的办法进行分配。对职业科的拨款按照 1910 年人口统计进行分配，对农业科教师、监督者、指导者工资的拨款根据农村人口所占比例进行分配，而对工业科教师工资的拨款则根据城市人口所占比例进行分配。如此，不同区域、产业、行业和集团的利益达到了基本的平衡。

---

[1] National Society for the Promotion of the Industrial Education, *Bulletin*, No. 16, Proceedings of Sixth Annual Meeting, Philadelphia, Pa. Aug. 1913, p. 292.

正因为《史密斯—休斯法》是与职业教育相关的不同利益集团之间利益的有效均衡,不同利益集团都能从中受益而又不损害其他集团的利益,最终达到立法效益的最大化,它才成为美国职业教育的母法,影响美国职业教育立法长达半个多世纪。不仅如此,作为20世纪美国联邦政府较早的教育立法,《史密斯—休斯法》的影响远不限于职业教育领域。《史密斯—休斯法》在创制过程中所形成的一系列程序、制度和办法,以后在一系列的联邦教育立法过程中不断重演,以至于成为美国教育立法的一个独特的社会现象。这个社会现象的独特性就在于教育立法的过程往往是通过某一种社会运动,表达特定群体的利益诉求;通过公共讨论,一个特定的问题引起公众的广泛关注;通过请愿和游说,特定的问题逐渐影响立法机构,并最终导致相关法律的制定,并由相关的法律推动教育领域中的变化和改革。这种通过社会运动推进立法、通过立法推动改革的模式,便使教育改革成为一种社会事务,而非仅仅是教育自身的事务。这不仅有助于把握教育改革的社会方向,满足不同人群或集团对教育的需求,也为教育改革准备了充分的社会资源。而社会资源的动员与支持水平,往往直接决定了教育改革的成败。

[作者简介] 张斌贤,北京师范大学教育历史与文化研究院教授,教育学博士;高玲,北京师范大学教育历史与文化研究院博士生。

美国大学通识教育课程一致性问题的历史发展及启示*

於 荣

通识教育是美国高等教育中最具特色的教育传统之一,是对美国大学本科教育产生重要影响的教育理念。美国大学"通识教育的演进史就是大学发展史的主轴或缩影。通识教育在大学里受到重视程度的起起伏伏,正好说明了大学每一阶段的蜕变"。[1] 课程一致性是指课程的连通性,既包括逻辑上的连通,也指课程的基本连续性和顺序性,也指课程之间的互相整合。[2] 通识教育课程的一致性问题是美国通识教育改革中反复出现的问题,课程一致性观念是关注美国本科生教育的一个重要来源,建立一致性的课程或增强课程的一致性长期以来一直是通识教育改革的一个重要目标。[3] 本文通过对美国大学通识教育课程一致性问题的发展过程的论述,

---

* 本文原载《清华大学教育研究》2015 年第 6 期,系国家社会科学基金教育学一般课题"美国研究型大学'黄金时代'的形成与发展"(BOA120099)。

[1] 黄坤锦:《美国大学的通识教育:美国心灵的攀登》,北京大学出版社 2006 年版,第 27 页。

[2] James L. Ratcliff, "Quality and Coherence in General Education," in *Handbook of the Undergraduate Curriculum: A Comprehensive Guide to Purposes, Structures, Practices, and Change*, ed. Jerry G. Gaff, James L. Ratcliff, and Associates, SanFrancisco: Jossey-Bass, 1996, p. 146.

[3] Jonathan Parker, "Comparing the United Kingdom and United States Undergraduate Curriculum: Analysing Depth versus Breadth" (2014.12.25).

分析不同时期美国大学通识教育课程一致性问题所呈现的不同形态,目的在于揭示通识教育课程一致性问题的产生和发展与美国社会和大学的日益复杂化和多样性之间的关系。

一 美国大学通识教育课程一致性问题的出现

从 1636 年哈佛学院建立到 19 世纪中期之前,美国高校中通识教育的一致性问题并不突出。因为这一时期美国学院的大多数学生是有特权背景的年轻人,这些学生接受高等教育的主要目的是成为未来的宗教、法律或医学方面的领导人。这一时期各个学院的课程基本上是统一的,通识教育与专业教育还没有出现分化。学生在希腊语、拉丁语、数学和道德哲学等课程中经历的是一种真正核心一致的课程。[1]

19 世纪 20—30 年代虽然有少数高校出现过课程多样化的尝试,如由托马斯·杰弗逊(Thomas Jefferson)于 1824 年创办的弗吉尼亚大学实行选课制度,这一做法比哈佛大学要早半个多世纪。虽然美国高校中出现了尝试设置更加实用和个性化的课程,但实际上由于无法吸引足够的学生来学习,这些尝试很快就失败了。1828 年耶鲁学院是最早尝试界定什么是通识教育的机构之一。著名的《耶鲁报告》认为古典语言是训练心智的有效途径,大学生心智还不成熟,不能给他们选课的自由,因而对学院提供忽视古典课程而支持更加实用和个性化课程的努力进行了谴责。[2]

19 世纪中期美国社会的许多变革促进了美国高等教育改革,特别是工业革命引起的对职业培训与教育的需求越来越大。美国高校更加重视开设实用性或应用性课程,同时通过开设选修课给学生以选课的自由,从而使得课程个性化的趋势也更加明显。其中,19 世纪 60 年代发生的两个事件加速了高校课程从古典课程为基础向更加实用化和个性化方向转变。一是 1862 年《莫雷尔法案》的颁布成为由州立学院和大学提供负担得起的

---

[1] Kenneth Boning, "Coherence in General Education: A Historical Look," *The Journal of General al Education*, 56, Vol. 1, 2007, pp. 1 – 16.

[2] Susan M. Awbrey, "General Education Reform as Organizational Change: Integrating Cultural and Structural Change," *The Journal of General Education*, 54, Vol. 1, 2005, pp. 1 – 21.

实用高等教育的开端。①《莫雷尔法案》规定为每个州提供资金以帮助各州至少建立一所学院，该学院的主要目标是将教授诸如与农业和机械工艺相关的学科知识，从而促进工人阶级的自由教育和实用教育。二是1869年查尔斯·艾略特（Charles Eliot）就任哈佛大学校长和他随后进行的选修制改革。选修制在许多方面影响了高等教育：学生获得了使学习适合他们自己需要的能力；选修制连同《莫雷尔法案》促进了美国人的社会流动；选修制还使得学术研究活动走向了繁荣，因为教师获得了从事他们自己感兴趣研究的自由。结果，专业化变得引人注目，学系在校园里变得更有影响力，学术研究作为一种专业活动得到了认可。②

19世纪末，随着美国研究型大学的兴起，美国高等教育的主要目的已经从培养未来的领导人转变为促进知识的进步。随着大学教师把更多的时间用于他们感兴趣的研究，专业化在高等教育中占据了主导地位。对研究和专业化的重视直接导致了大学对通识教育的兴趣减弱，必修课的数量在大多数院校都减少了。与此同时，随着选修制被美国高校广泛采用，不仅大学中通识教育和专业教育之间的矛盾日益突出，而且选修制所暴露出的问题也日益引起关注。对学生而言，选修制在某种意义上只是他们获取学位过程中选择想要学习的任何课程的一个手段，学生完全可以不管他们所学习的知识是多么分裂和不连贯。有时候学生选修的课程是如此不同，以至于他们在同一所院校获得相同的学位却可能没有选修任何相同的课程，甚至那些没有做好学术准备的学生也有和其他学生一样拥有相同的选课自由。为了获得学位，学校也没有要求那些缺少学术准备的学生选修弥补他们缺陷的课程，以至于人们对学士学位的价值都产生了质疑。③ 至此，美国大学课程数量急剧增加，课程范围和种类明显扩大，美国大学通识教育课程的一致性已经不复存在，课程的一致性问题开始引起人们关注。

---

① ［美］约翰·塞林：《美国高等教育史》（第二版），孙益等译，北京大学出版社2014年版，第72页。

② Kenneth Boning, "Coherence in General Education: A Historical Look," *The Journal of General al Education*, 56, Vol.1, 2007, pp.1-16.

③ Ibid..

二 美国大学加强通识教育课程一致性的努力

20世纪初美国大学针对通识教育出现的课程一致性问题进行了广泛的争论和改革。对艾略特选修制所带来的教育结果的不满成为20世纪早期通识教育改革的最初动力。[①] 许多教育家对选修制的弊端进行了猛烈的批判,甚至有人主张废除选修制。芝加哥大学校长威廉·雷尼·哈珀(William Rainey Harper)为学校设计了一种在大学的前两年限制选修课数量的课程。在增加课程一致性的努力中,耶鲁大学把其本科生课程调整为一种包括专业课程和分配必修课程的结构。其他院校慢慢开始接受这一做法。艾伯特·劳伦斯·洛威尔(Abbot Lawrence Lowell)校长在哈佛大学为学生增加一致性的思想也以一种分配必修课结构的形式出现。这种课程由四个学科领域组成的,它们是生物科学、物理科学、社会科学和人文学科。为了产生具有关联性的知识和由此给一个"知识混乱"的时期带来秩序,其他一些院校同样压缩了它们的选修课程。

在20世纪二三十年代通识教育改革中,亚历山大·米克尔约翰(Alexander Meiklejohn)和罗伯特·赫钦斯(Robert Hutchins)所领导的课程改革影响最大。[②] 他们都对艾略特倡导的选修制持批评态度,他们领导的课程改革走向是与艾略特相反的方向。米克尔·约翰是阿姆赫斯特学院校长,1922年他批评艾略特由于是学化学出身,因而这一背景阻碍了他实现知识之间存在的联系,尤其是人文学科之间存在的联系。米克尔·约翰反对把通识教育看作为专业学习做好准备,支持对通识教育采取一种整合的方法,即依赖于传统观念和主题以提高学生问题解决的能力。而芝加哥大学校长赫钦斯拥有另一种关于如何最好整合通识教育的观点。他不但批评高等教育中的职业主义,而且也批评以牺牲本科生教育为代价所从事的研究活动。针对本科教育中存在的杂乱无章、参差不齐的问题,赫钦斯将

---

① Richard M. Freeland, *Academia's Golden Age: Universities in Massachusetts, 1945 - 1970*, New York and Oxford: Oxford University Press, 1992, p. 110.

② Kenneth Boning, "Coherence in General Education: A Historical Look," *The Journal of General Education*, 56, Vol. 1, 2007, pp. 1 - 16.

"伟大著作"课程作为本科生学习经验的核心。他认为关注"伟大著作"共同的、一致的通识教育可以发展学生的智力,不管他们是否继续从事专业学习。[①] 20 世纪 30 年代在通识教育中对同一性的要求,使得人们关注那些把不同课程结合在一起以形成一个整体的各种关系。随着大多数院校把它们的分配必修课程组织为人文学科、自然科学、社会科学、数学和艺术四个领域,这些努力导致了在整个高等教育中采用更多严格组织的分配必修课程制度。

第二次世界大战结束后,随着 1945 年《自由社会中的通识教育》报告(俗称哈佛《红皮书》)的发表,有关通识教育改革的兴趣重新兴起。《红皮书》强调发展对每个学生而言都是共同的、一致的和有目的的通识教育,认为这种通识教育将能够帮助保护美国自由社会免遭像那些导致第二次世界大战的极权政治制度的影响。《红皮书》还强调通识教育和专业教育在自由社会中都是非常重要的,通识教育应该占到本科生学位课程的 1/3。此外,《红皮书》谈到了需要一个"统一的目的和思想",因为当前的教育状况加剧了对共同的教育基础和任何社会以此为基础的前景的破坏。该报告提出建议,要求通过为哈佛大学建立一个核心课程以增加一致性和减少知识的分裂。[②] 虽然这一建议没有得到哈佛大学的支持,但是这一报告在其后几年中却大大影响了许多其他院校的本科生学位计划。这些院校努力建立一种更有目的性和一致性课程的通识教育。加强通识教育课程的一致性成为第二次世界大战后美国高等教育改革的一个重要目标。通过众多高校的努力,通识教育课程逐渐成为第二次世界大战后美国大学本科生课程的核心。高校为主要的必修课程如"英语文学作品和写作""外语""科学和数学""社会科学与历史"规定了必须达到了标准;主修和辅修课程在课程门数和学时方面作了明确要求;规定任何学科领域的课程安排顺序都不许违反。美国大学本科生课程以文理学科等通识教育课程为基础,这一状况一直延续到 20 世

[①] [美]约翰·塞林:《美国高等教育史》(第二版),孙益等译,北京大学出版社 2014 年版,第 224 页。

[②] Kenneth Boning, "Coherence in General Education: A Historical Look," *The Journal of General Education*, 56, Vol. 1, 2007, pp. 1–16.

纪50年代和60年代初。①

三 美国大学通识教育课程一致性问题的加剧

20世纪60—70年代美国社会和高等教育的环境经历了剧烈的变化。学生人口的异质化、社会价值观念的多元化、新的科学技术革命导致知识的分裂加剧，引发了包括通识教育在内的高等教育改革。20世纪六七十年代，多数与学生有关的改革影响了通识教育及其一致性。伴随着民权运动和高等教育的改革，学生对自身的权利更加关注。一些学生认为把更多的结构课程纳入通识教育所进行的改革限制了他们的个人权利。一些学生开始质疑分配在必修课程中的某些课程的合理性，他们认为许多课程与当代社会和学生生活不相适应。许多社会经济背景较低的学生往往反对传统的通识教育，因为他们认为通识教育没有包含妇女和少数民族的观点。而对于大多数只希望接受职业教育的学生而言，他们认为传统的通识教育是无用的或者不适当的。在这些因素的共同影响下，在1967—1974年美国有近3/4的学院和大学减少了它们的通识教育课程，同时增加了学生在选择课程方面的自由。学生可以选择的选修课数量占整个学位课程的数量从27%上升到52%，增加了近2倍。研究型大学建立了许多只有特定专业可以选修的课程，而其他一些院校使它们的培养计划适应"非传统学生"或成人学生。这些变化使得本科生教育又回到了某种程度的不连贯和导致了缺少共同性，美国大学通识教育的一致性问题加剧了。②

这一时期哈佛大学通识教育计划的发展较典型地反映了上述现象。1949年哈佛大学为本科一年级和二年级学生开设了属于自然科学、社会科学和人文学科三个广泛领域的12门通识教育课程，其中学生必须从每个知识领域选修一门课程。到1955年，哈佛大学文理学院开设的概论性选修课略微增加，由12门到17门。但是到20世纪60年代初，通过审核

---

① John Hardin Best, "The Revolution of Markets and Management: Toward a History of American Higher Education since 1945," *History of Education Society*, 28, Vol. 2, 1988, pp. 177-189.

② Kenneth Boning, "Coherence in General Education: A Historical Look," *The Journal of General Education*, 56, Vol. 1, 2007, pp. 1-16.

的通识教育基础课程数量急剧增加；到 1963 年得到批准的课程有 55 门，到 1969 年被批准的课程有 101 门。哈佛大学文理学院院长亨利·罗索夫斯基（Henry Rosovsky）在 20 世纪 70 年代初评价这种现象，文理学院在允许充分的自由选课和最大限度地限制选课两个极端之间很难取得妥协。这种趋向自由选课制度的做法逐渐地损害了"通识教育的合法性"。①1977 年由卡内基教学促进基金会发表的《学院课程的使命》报告认为，美国通识教育处于一个"灾难的时代"，并批评通识教育缺少共同的学生经验，导致了学士学位的贬值。②

在 20 世纪 70 年代末之后的 20 年中，由于美国在经济领域面临日本等国的挑战、美国中学生和大学生在国际考试排名中不如人意等，美国社会特别是工商界对美国教育进行了广泛的批评。一些关于美国高等教育，特别是通识教育质量的报告出台。其中 1984—1993 年，美国就发表了 12 个批评本科生教育的全国性报告，还有另外 8 个建议直接增强通识教育效果的专门改革报告。③ 这些报告批评美国高校无效的通识教育计划导致了低劣的学术质量，证据就是美国大学生的考试分数不断下降。一个普遍的观点认为美国大学生过于关注职业准备，对科学、数学、历史和文化了解太少，缺少有效思考和交流的能力。许多作者呼吁通过通识教育改革在学生经验中增加一致性和共同性，认为解决通识教育中的一致性问题将提高整个本科生经验的质量。还有一些改革者认为，高等院校应该通过运用真正的核心计划为学生提供在不同学科之间具有更多整体性的知识，通过强调知识的宽度和深度以促进学生的职业发展。例如，美国学院协会的报告《学术课程的完整性：给学术界的报告》认为，美国教育的失败正在成为20 世纪 80 年代人们关心的一个重要的问题。大量的报告诊断和描述了美国的中学和大学情况。这些报告认为，有令人信服的证据表明，美国的中

---

① Richard M. Freeland, *Academia's Golden Age: Universities in Massachusetts, 1945—1970*, New York and Oxford: Oxford University Press, 1992, p. 109.

② Carnegie Foundation for the Advancement of Teaching, *Missions of the College Curriculum: A Contemporary Review with Suggestions*, SanFrancisco: Jossey-Bass, 1977, p. 11.

③ D. Kent Johnson, James L. Ratcliff, "Creating Coherence: The Unfinished Agenda," in *New Directions for Higher Education*, ed. J. L. Ratcliff, D. K. Johnson, and J. G. Gaff, San Francisco: Jossey-Bass, 2004, p. 86.

学和大学处于深刻的危机之中。美国高等教育卓越状况研究小组的报告《参与学习：实现美国高等教育的潜力》认为，大学的课程变得过度职业化，学士学位失去了其促进形成共同的价值观和认识，从而把人们凝聚在一起构成一个完整社会的潜力的意义。[①] 总之，由于对美国高等教育的批评和对大学通识教育改革的关注，本科生教育成为美国学院和大学这一时期更加优先考虑的事项。美国的一些教育家们努力尝试再次统一通识教育课程，但是通识教育课程已经无法恢复到以前的状态了。

四 关于美国大学通识教育课程一致性问题的思考

如前所述，美国大学通识教育课程一致性问题的产生和发展经历了一个从课程的高度统一到课程的分裂，进而在通识教育改革中强调加强课程的一致性和通识教育课程一致性问题加剧的过程。美国大学通识教育的一致性问题与美国社会和高等教育的发展日益复杂化和多样性高度相关。在19世纪中期之前，美国大学主要以古典教育为主，此时的古典教育在一个标准之内提供的内容是统一的、一致的，因而通识教育的一致性尚未成为一个突出的问题。19世纪中期之后，随着工业革命的推进、科学的兴起、研究型大学的出现导致了专业化和各个学科的发展，大学的古典教育逐渐让位于现代科学教育，以学科为基础的通识教育模式形成。从学科的角度来看，通识教育常常被看作一套由不同的学系传授的服务性课程或一套具有不同目的的课程。知识的分化导致教师从各自教授的课程角度去看待通识教育的改革，而不是以整体地评价作为一套课程的通识教育。不同的学科有它们自己的探究过程、学科标准和学习模式，因此在这种通识教育模式的背景下要达成课程的一致性往往是困难的。[②]

第二次世界大战之后，随着社会和高等教育的发展，美国大学与社会之间的关系越来越密切，大学本身在类型、目标、功能、学生和课程等方

[①] Martin Trow, "The National Reports on Higher Education: A Skeptical View," *Sage Social Science Collections*, 1986, pp. 411–427.

[②] Susan M. Awbrey, "General Education Reform as Organizational Change: Integrating Cultural and Structural Change," *The Journal of General Education*, Vol. 54, 2005 (1), pp. 1–21.

面也越来越多样化和异质化。曾经提供古典课程基础的同质性文化已经不复存在，通识教育的一致性问题的不断加剧在所难免。特别是20世纪70年代末以来，随着美国在国际经济竞争中压力不断增大和国内劳动力市场的严重紧缩，美国大学中的通识教育与专业教育之间的张力不断上升，通识教育课程的一致性问题也随之加剧。正如美国高等教育家马丁·特罗（Martin Trow）所分析的，在知识价值观方面缺少广泛共识的情况下课程的不一致是课程日益复杂化和不断分化不可避免的结果。社会和接受高等教育人口的高度异质性使得过去的通识教育观念不可能实现。如果不考虑或不承认环境多样性的现实，仅仅反复劝说大学不要以职业为导向是毫无意义的，因为实际上以职业为导向正是大学的重要使命和学生接受高等教育的原因。这些院校的任务不是减少职业导向，而是找到合适的方法提供职业教育和实用教育，因为在最好的意义上不断扩大的职业教育和实用教育也是人道的和自由的。① 在马丁·特罗看来，环境的多样性使得改革的单位是高校而不是整个高校系统。即使人们继续在张力和困境中试图改进本科生课程，他们也应该记住课程改革必须深植于具体高校特定的历史、特性和结构。改革活动必须接受现有的专业课程、院校的目标和不同的学术部门。改革本科生课程的活动必须在必修课程和选修课程、能力与知识以及教学、科研和服务之间找到某种平衡。人们反复探求的对本科生教育的改进必须像美国的学院和大学一样多样化。②

从美国高等教育系统本身的特点来看，其显著特点之一表现为它是一个具有竞争性的流动系统。竞争迫使高等教育更多地关注社会需求并作出相应的反应。美国高等教育的目的之一是要培养学生在社会职位竞争中进行有效的竞争。这意味着这一系统将通过为学生提供获得最广泛的职业机会的教育以使他们保持最大的灵活性。因而美国高等教育在本科阶段对通识教育的重视往往超过了对专业教育的重视，这种情况甚至在最高级的教育和专业培训计划中也是如此。③ 不过，美国高等教育系统与竞争性流动

---

① Martin Trow, "The National Reports on Higher Education: A Skeptical View", *Sage Social Science Collections*, 1986, pp. 411–427.

② Ibid..

③ Ralph Turner, "Modes of Social Ascent through Education: Sponsored and Contest Mobility," *American Sociological Review*, Vol. 25, 1960, pp. 855–867.

相关的另一个显著特点是它的分层。位于美国高等教育系统顶层的是研究型大学，这些院校是美国最有声望、招生最具选择性和在学术上最可靠的院校。这些院校的资金往往也最为充足，提供通识教育课程最多，而招收的大学生却最少。位于中间层次的是四年制州立大学和学院，它们招收了美国多数大学生。位于底层的是社区学院，它们的使命主要是进行职业教育，培养学生获得低于四年制院校毕业生寻找的工作。美国的大学和学院在学术等级中的地位在事实上影响了高校的目标、功能、招生和课程设置等一切方面。大学之间差异的一个重要方面是它们在职业教育与通识教育区间所处的位置。位于学术等级底层的社区学院，被认为主要是为各种职业岗位提供实用的职业教育场所。位于学术等级顶层的一流研究型大学，被认为主要是提供基本理论和通识教育的场所。在顶层与底层之间的是一系列比顶层院校更加强调实用，比底层院校更加强调理论的大学和学院。美国高等教育的分层意味着在通识教育与专业教育之间的动态平衡一直是随着院校在学术阶梯中的地位而变动。[1] 由于不同层次高校的通识教育客观地存在着差别，因而寻求通识教育一致性问题的解决并没有一种最好的通识教育计划，一所大学既不应该也无法把另一所大学的通识教育计划原封不动地进行移植。换句话说，增强美国大学通识教育课程的一致性，必须对美国高等教育系统的多样性这一影响因素给予足够的重视，对不同类型和层次的高校的通识教育做出应有的区分。

[作者简介] 於荣（1970— ），浙江师范大学教育科学研究院教授，教育学博士，主要研究方向为外国教育史和比较高等教育。

---

[1] David F. Labaree, "Mutual Subversion: A Short History of the Liberal and the Professional in American Higher Education", *History of Education Quarterly*, Vol. 46, 1, 2006 (1), pp. 1 – 15.

美国大学海外分校全球扩张的历史和战略研究[*]

王 璞

自 20 世纪下半叶以来,高等教育国际化已成不可逆转的趋势,作为高等教育国际化重要内容的跨国高等教育蓬勃兴起,全球范围内的跨国高等教育活动有授权办学、海外分校、姊妹计划、学分转移、项目合作等多种形式,开办海外分校是最新,也是发展最为迅速的形式之一。仅 2006—2013 年,全世界海外分校的数量就增长了 43%,2006 年只有大约 82 所海外分校,到 2013 年就有约 188 所。最为热门的海外分校兴建地有阿联酋、中国、新加坡和卡塔尔,最大的海外分校输出国依次是美国、英国和澳大利亚。[①]

现阶段,不同的研究机构和学者对海外分校的界定不太一致,但对海外分校应该满足的基本条件有共识,即海外分校必须是一个有形的附属教育机构,该教育机构必须属于或者至少部分属于外国母体教育机构,而不能完全脱离外国母体教育机构而建立;海外分校必须以所属的外国教育机构的名称运营,且在教学方面必须有传统的面对面授课形式,而不能完全被网络教学所取代;海外分校能为学生提供完整的学术课程,并可以获得

---

[*] 本文系全国教育科学规划教育部重点项目"美国现代大学制度的形成和发展研究"(项目编号:DOA130362)的研究成果。

[①] Rosa Becker, "International Branch Campus", *International Higher Education*, 2010, Winter (58), pp. 14 – 15.

由所属的外国教育机构颁发的文凭。① 这些条件也得到了长期追踪跨国高等教育发展的两个研究机构——美国跨境教育研究小组（Cross-Border Education Research Team，C-BERT）和英国无边界高等教育观察组织（Observatory on Borderless Higher Education，OBHE）的认可。②

一　全球最大的海外分校输出国：美国

美国一直是全球跨国高等教育的主要输出国之一，其在20世纪90年代的教育出口贸易额及留学生数量都位居世界第一，如1994年美国的教育出口贸易额为70亿美元，比排在第二、三位的英国和澳大利亚的总和还要多。③ 1999—2000年，美国约有50多万国际学生，仅此一项就为美国带来了120亿美元的经济利益。④ 与此同时，美国也是最大的海外分校输出国。据C-BERT统计，截至2016年，全球共有32个国家的大学在海外建立分校。按海外分校的数量计算，美国排名第一，有82所海外分校，其他排名前五名的国家依次是：英国38所，俄罗斯20所，法国16所，澳大利亚15所。⑤ 正如OBHE副主任莱恩·维比克（Line Verbik）所说，"全球各国大学都有在海外设立分校，但显然美国的高等院校在开设海外分校这种教育输出类型中占有绝对的优势，而且越来越多的国家开始青睐海外分校这种教育输出形式。"⑥

美国的海外办学可以追溯到19世纪下半叶传教士到各殖民地国家进行的传教和办学活动，这可以视为美国进行教育输出的初步实践，但这并

---

① Stephen Wilkins, Jeroen Huisman, "The International Branch Campus as Transnational Strategy in Higher Education," *Higher Education*, 2012 (5), pp. 627 – 645.

② C-BERT's definition of International Branch Campus [EB/OL]. http://www.globalhighered.org/?page_id=34. 2016 – 9 – 2.

③ 王剑波、姜伟宏：《跨国高等教育及其质量监管的比较研究——以跨国高等教育提供国比较的视角》，《东岳论丛》2009年第8期，第167—171页。

④ 王剑波：《跨国高等教育与中外合作办学》，山东教育出版社2012年版，第88页。

⑤ Cross-Border Education Research Team, Research and News About Transnatioanl Higher Education [EB/OL]. http://www.globalhighered.org. 2016 – 09 – 02.

⑥ Line Verbik, "The International Branch Campus: Models and Trends", *International Higher Education*, 2007, Winter (46), pp. 14 – 15.

不是今天高等教育国际化语境下的海外分校。自 20 世纪 50 年代起，很多美国大学自发地在海外设立分支机构。如斯坦福大学海外研究中心，其主要目的是为本国学生提供在海外学习、研修的机会①，同时也为提高美国大学的声誉和收益。至 20 世纪七八十年代，符合现代定义的美国大学海外分校开始大量产生。目前，美国大学在全球建立 82 所海外分校范围遍及五大洲，其中欧洲 29 所、东南亚 24 所、中东地区 16 所、美洲 10 所、非洲 2 所、大洋洲 1 所。② 这些海外分校的设立与美国的经济利益和政治意图紧密相连。而且在不同的历史时期和地区，美国大学海外分校的设立还呈现出不同的兴趣倾向和扩张重点。

二 美国大学在欧洲的海外分校：文化交流和政治意图驱动

美国大学最先选择在欧洲建立海外分校，从 20 世纪 50 年代至今热情不减，而且这些分校多数长盛不衰，欧洲现存有 29 所美国大学海外分校。一开始美国大学在欧洲设立分校主要是为学生提供短期的国外学习机会，开阔学生眼界，扩大文化交流。随着高等教育国际化的不断深入，这些分校也开始招收欧洲本地的适龄学生和成人学生。③ 第二次世界大战后，世界经济和政治格局产生剧变。美国开始制定各项政策加快高等教育国际化进程，美国大学的跨国教育活动从松散的国际合作项目演变为海外分校的设置和运行，此时的海外分校不可避免地裹挟着美国的全球战略意图。

在不同的时期，欧洲的不同区域受美国重视的程度不同。冷战时期，西欧是美苏对峙的前沿，服从于美国的政治和外交需求，这一区域海外分校的设置和运作受到异常的重视。④ 正如富布莱特指出的，美国出台的教育援助不仅是为穷困国家设计的一般性教育计划，而且也是通过教育援助

---

① 赵丽：《跨国办学的理论与实践研究》，华东师范大学 2005 年版，第 25 页。
② Branch Campus Listing [EB/OL]. http：//www.globalhighered.org/？page_id = 34. 2016 – 11 – 2.
③ 顾建新：《跨国高等教育发展理念与策略》，学林出版社 2008 年版，第 179 页。
④ 菲利普·阿尔特巴赫、郭勉成：《跨越国界的高等教育》，《比较教育研究》2005 年第 1 期，第 5—10 页。

来加强国际交流与合作，并透过国家的重要知识领袖阶层来影响国际政治事务。[1] 冷战后，美国开始在转型后的东欧国家大量设立海外分校，到今天还留存 9 所（见表 1）。这是美国对重回资本主义怀抱的国家的重视，以便推广西方民主及自由市场经济体系，赢得这些国家对美国的支持和政治认同。相应地，这些国家从 20 世纪 90 年代后才开始准许美国大学海外分校的建立。

表 1 美国大学在原东欧社会主义国家的海外分校

分校输入国	分校数目	分校建立时间	分校名称
阿尔巴尼亚	1	2002	帝国州立学院地拉那（Empire State College Program in Tirana）
德国	2	1991	杜鲁大学（Touro College in Berlin）
		不详	席勒国际大学（Schiller International University）
匈牙利	1	1994	麦克丹尼尔学院（McDaniel College in Budapest）
斯洛伐克	1	1991	西雅图城市大学（City University of Seattle）
波兰	1	2004	克拉克大学（Clark University）
捷克	1	1998	帝国州立学院（Empire State College）
俄罗斯	1	1991	莫斯科杜鲁大学（Moscow University Touro）
克罗地亚	1	1995	克罗地亚罗切斯特理工学院（Rochester Institute of Technology, Croatia）

资料来源：C-BERT 和 OBHE 统计数据和各大分校主页以及网络资源整理。

美国大学在欧洲建立的海外分校存活率最高。有学者通过对开办海外分校的风险规避策略的研究，认为美国的高等教育机构在欧洲，尤其是在西欧开办的分校，可以完全移植美国母校的结构和运作模式而不用做大的改变，成为风险最低的海外分校拓展。[2] 但即便如此，由于欧洲各国的教育法规和具体情况不同，欧洲各国对海外分校的准入门槛和认可度也不

---

[1] About Senator J. William Fulbright. http：//www.cies.org/about-us/about-senator-j-william-fulbright. 2016 - 9 - 2.

[2] Egle Girdzijauskaite, Asta Radzeviciene, "International Branch Campus: Framework and Strategy", *Procedia-Socail and Behavioral Sciences*, 2014 (110), p. 306.

一样。

意大利对外国大学在意设立分校持开放和鼓励的政策,准入条件相当宽松。意大利1989年的法律规定,外国大学在意大利从事教育活动,免征增值税。1994年签发的第389号总统令规定,欧盟国家和非欧盟国家的高校在意大利建立分校,由教育部和文化财产部负责对这些机构进行日常监督。因此,外国大学在意大利设立分校只要提供文件证明自己是所在国高等教育系统的真实学校就可以。[1] 西班牙同样支持外国大学在意设立分校,但准入门槛就要高得多。其相关的教育法令明确指出,在西班牙建立海外分校需要符合国家质量保障和认证机构(ANECA),或者其他合法的外部质量保障团体的要求。[2] 保加利亚则规定,外国大学不能在保加利亚单独办学,只能与本国的国立高等教育机构一起合作才能够建立分校,而且这一合作还需要依据政府间的合作协议。也就是说,没有政府间的合作协议,禁止在保加利亚设立海外分校。当然还有欧洲国家对海外分校有明确的限制条款。例如,希腊最早的法律是不承认海外分校地位的,虽然后来在欧盟的压力下,不得不修改相关的法令,但是海外分校的学术地位还是没有得到保证。[3]

三 美国大学在东南亚地区的海外分校:经济利益驱动

亚洲发展中国家大多需要依靠国际高等教育资源来提高本国的高等教育水平,满足本国经济社会的发展。较早的方法是鼓励出国留学,亚洲也因此成为最主要的留学生输出地区。20世纪80年代的经济危机,以及1997年的亚洲金融风暴,让许多亚洲国家无法承担出国留学带来的巨额

---

[1] Line Verbik, Lisa Jokivirta, "National Regulatory Approaches to Transnational Higher Education", *International Higher Educaiton*, 2005, Fall (41), pp. 6 – 7.

[2] Stephen Adam, Carolyn Campbell, "The Recognition, Treatment, Experience and Implications of Transnational Education in Central and Eastern Europe 2002 – 2003", *Report for the Högskoleverket-Swedish National Agency for Higher Education*, 2003, p. 7, 21.

[3] Sergio Machado dos Santos, *Introduction to the Theme of Transnational Education*, Paper presented at the Conference of the Directors General for Higher Education and the Heads of the Rectors' Conference of the European Union, 2000, p. 4, 12.

外汇损失。为了减少对出国留学的依赖，亚洲各国重视发展低成本高质量的跨国教育。而随着亚洲各国的经济和社会发展以及庞大的教育需求，从20世纪80年代开始，亚洲逐渐成为美国大学设立海外分校最为集中的地区。亚洲（除去中东地区）现存24岁海外分校，其中日本2所、泰国1所、新加坡5所、中国（包括港澳台）13所、韩国3所。当然，在不同的时期，美国大学在亚洲开办海外分校的重点地区也不相同。

20世纪80年代初，为了消除贸易摩擦，美日两国联手推动美国大学在日设立分校。美国大学在日本设立的海外分校发展迅速，其数量一度达到30余所。1982年，美国天普大学（Temple University）在日本设立了第一所海外分校，随后美国多所大学在日本相继建立分校，这被认为是80年代美国兴建海外校园热潮的起点。① 之后，日本政府不承认海外分校的大学身份，导致海外分校税收负担沉重，经营难以为继，加之对海外分校疏于监督，以至于大多数分校质量堪忧、声誉扫地。到现在仅剩下两所分校：一所是1982年建立的天普大学日本校区，一所是1993年在东京建立的湖滨大学日本校区（Lakeland College）。在经历了美国大学海外分校关闭浪潮之后，日本政府曾一度禁止外国大学在日建立分校，直到近期才解除对开办海外分校的立法限制。

从20世纪90年代开始，尤其是1997年亚洲金融风暴之后，东南亚各国成了美国大学海外分校的扩张重点。与此同时，东南亚各国也积极制订相关政策迎接挑战。由政府主导积极发展海外分校的新加坡，在1997年亚洲金融风暴后，新加坡贸易工业部下属的经济发展局，于1998年提出了一方面积极引进世界顶尖大学，另一方面发展国际教育服务贸易的"双翼发展"构想。② 新加坡政府明确规定，除政府允许引进的实施合作办学的外国大学之外，不允许外国其他大学擅自在新加坡建立分校，必须由经济发展局专门负责选择和引进国外一流大学，制定教育服务贸易的长远规划。新加坡对引进大学的资质和质量进行了严格控制，经过短短几年

---

① 叶林：《美国大学在日分校的历史、现状和将来》，《清华大学教育研究》2005年第1期，第27—33页。

② 张民选：《新加坡案例：拓展国际教育建设世界校园》，《高等教育研究》2004年第2期，第89—93页。

的努力，新加坡已经吸引了 5 所美国大学在新加坡建立了海外分校，它们是内华达大学拉斯维加斯分校（University of Nevada, Las Vegas）、纽约大学蒂施艺术学院（New York University Tisch School of Arts）、美国烹饪研究院（The Culinary Institute of America）、迪吉佩恩理工学院（Digipen Institute of Technology）和纽约城市大学巴鲁克学院（Baruch College, City University of New York）。这些分校具有明显的专业倾向，主要以工程、商科、医学等为主，都是与新加坡重点培育的产业紧密相关，近期还引入了电影制作、游戏开发等独特专业。①

东南亚各国的政治、经济和文化差异很大。因此，各国政府和高等教育系统对美国大学海外分校的接纳也呈现出复杂多样的形式。② 如马来西亚的跨国合作教育成果也极为突出，但我们在 C-BERT 的统计中却没有发现美国大学在马来西亚建立分校。这主要是因为 1997 年亚洲金融风暴后，为了避免海外人才和金融资本的流失以保证国家的经济实力，马来西亚政府采取了比较稳健的高等教育发展战略，更倾向于鼓励联合课程的开发。因此，其跨国合作主要集中在项目合作、学分转移等风险较低的合作项目，③ 而这些合作项目都不在 C-BERT 海外分校的统计范围内。

美国大学在华设立的海外分校数量居于亚洲首位。截至 2016 年，美国大学在华海外分校有 13 所（见表 2），其中 10 所设在中国内地，2 所设于香港，1 所设于台湾。美国在华的海外分校大部分都是 2000 年之后建立，起步虽晚，但发展迅速。这与中国作为亚洲的一支强劲的发展力量是分不开的，当然美国大学在中国设立分校也契合了中国对高等教育的强烈需求。美国大学不仅获得了丰厚的经济回报，还直接传播了美国的文化和价值理念。

---

① Christopher Ziguras, "The Impact of the GATS on Transnational Tertiary Education: Comparing Experiences of New Zealand, Australia, Singapore and Malaysia", *Australian Educational Researcher*, 2003, 30 (3), pp. 89 – 109.

② OECD Secretariat, *Internationalisation and Trade in Higher Education: Opportunities and Challenges*, OECD Publishing, 2004, p. 9, 147.

③ 王璞、傅慧慧:《马来西亚跨国合作教育质量保证的政策法规综述》，《重庆高教研究》2015 年第 3 期，第 105—111 页。

表2　　　　美国大学在华（包含港澳台）的海外分校

区域	分校建立时间	分校名称
中国大陆	1986	南京大学－约翰斯·霍普金斯大学中美文化研究中心（Hopkins-Nanjing Center for Chinese and American Studies）
	2001	交大密西根联合学院（Shanghai Jiao Tong University SJTU-UM Joint Institute）
	2003	沈阳师范大学国际商学院（Fort Hays State University, Liaoning）
	2004	辽宁师大国际商学院（LNU-MSU College of International Business）
	2009	中国传媒大学国际传媒教育学院（Faculty of International Media, Communication University of China）
	2011	上海纽约大学（New York University Shanghai）
	2011	温州肯恩大学（Wenzhou-Kean University）
	2011	中山大学—卡内基梅隆大学联合工程学院（Sun Yat-sen University-Carnegie Mellon University Joint Institute of Engineering at Sun Yat-sen University）
	2012	昆山杜克大学（Duke Kunshan University）
	2013	四川大学－匹兹堡学院（Sichuan University-Pittsburgh Institute）
中国香港	2010	萨凡纳艺术设计学院香港校区（Savannah College of Art Design-Hong Kong）
	不详	芝加哥大学布思商学院香港校区（The University of Chicago Booth School of Business-Hong Kong Campus）
中国台湾	不详	纽约州立大学巴鲁克学院台湾校区（Baruch College, City University of New York）

资料来源：C-BERT 和 OBHE 统计数据和各大分校主页以及网络资源整理。

　　韩国一开始是完全禁止外国大学在韩开办海外分校的，后鉴于高等教育国际化的压力，才在某些地区放松管制，允许建立海外分校，因此，直到 2012 年纽约州立大学石溪分校（State University of New York-Stony Brook）才在韩国建立了第一所美国大学海外分校。2014 年，乔治·梅森大学仁川校区和犹他大学亚洲校区相继在韩国建立。

四 美国大学在中东地区的海外分校：国家安全和优厚条件驱动

美国大学在中东地区海外分校数量的激增有着明显的时间节点，即 2001 年的"9.11"事件。据统计，美国大学在中东地区开办的海外分校数量最多，约占所有外国大学海外分校的 40%。[①] 美国大学在中东现存 16 所分校，除了黎巴嫩、以色列、土耳其各一所分校外，其他 13 所分校都集中在卡塔尔和阿联酋（见表3）。

表3　　美国大学在卡塔尔和阿联酋的海外分校

分校输入国	分校数目	分校建立时间	分校名称
卡塔尔	7	1998	弗吉尼亚邦联大学（Virginia Commonwealth University）
		2001	康奈尔大学威尔医学院（Weill Cornell Medical College in Qatar）
		2003	德克萨斯农工大学（Texas A&M University）
		2005	乔治城大学外事学院（Georgetown University School of Foreign Service）
		2008	西北大学（Northwestern University）
		2010	休斯敦社区学院（Houston Community College）
		不详	卡内基梅隆大学（Carnegie Mellon University）
阿拉伯联合酋长国	6	2005	纽约理工学院（New York Institute of Technology, Abu Dhabi）
		2007	纽约电影学院（New York Film Academy, Abu Dhabi）
		2010	纽约大学（New York University, Abu Dhabi）
		2007	密歇根州立大学（Michigan State University, Dubai）
		2008	罗彻斯特理工学院（Rochester Institute of Technology, Dubai）
		2012	霍特国际商学院（Hult International Business School, Dubai）

资料来源：C-BERT 和 OBHE 统计数据和各大分校主页以及网络资源整理。

[①] Cynthia Miller-Idriss, Elizabeth Hanauer, "Transnational Higher Education: Offshore Campuses in the Middle East", *Comparative Education*, Vol. 47 (2), 2011, p. 187, 193.

中东地区一直都是美国全球战略部署的核心区域。"9.11"事件之后，出于反恐和保障国家安全的需要，美国对中东地区的关注迅速升级。美国为了缓解与中东的紧张局势，亟须扩大与该地区的交流和对话，美国大学海外分校在中东地区的快速增长符合美国的战略布局。这些分校间接地充当了美国政府和中东地区的调解者，同时还担负着深入了解当地文化、迅速觉察当地政治意图、及时调解当地种族矛盾、为美国的外交策略提供合理建议的任务。与此同时，美国当局出于安全考虑，加强了对签证申请的管理，严格控制恐怖事件多发地带的签证通过率，中东地区的国际签证通过率大幅度降低，导致中东地区的学生只能在当地上学。然而当地的教育资源有限，无法满足他们求学的需求，因此美国大学海外分校为该地区创造了一个替代留学美国的教育市场。这不仅让该地区学生不用出国就享受到高质量的高等教育，也吸引了海湾地区甚至世界其他地区的学生前来就学。

当然，中东地区外国大学海外分校的激增，也离不开中东各国自身的发展需求和强力支持。由于中东国家国内的高等资源非常有限，为了寻求快速发展现代高等教育体系，它们非常重视引入国外优质教育资源。中东国家普遍立法，允许私立高等教育机构运营，为国外教育机构的进入创造了条件。为了鼓励海外名校来当地建立分校，中东各国相继出台了特殊的引进政策。海湾国家凭借其积累的巨大石油财富，明确提出将会给世界一流大学海外分校提供优厚的条件，或承诺帮助其在该地区建立教学与科研体系。如阿联酋和卡塔尔为了吸引世界一流大学来此建立海外分校，专门规划出专属区域，作为各海外分校的校园园区，并承诺提供一应教学设施设备，且明确规定著名大学海外分校在当地可以享受充分的办学自主权，学费收入全免税，且收入可直接转回母校。对国外学生和教职员工办理签证予以协助，另外还额外给予进驻大学城的海外分校提供丰厚的经费支持。

中东地区女性高等教育发展的迫切需求也是中东国家开出优厚条件、大力引进国外高等教育资源的重要原因。在世界留学大军中，来自中东地区的留学生数量不断增长，但女性留学生数量极少。中东地区愿意送男子去海外著名大学就读，却不愿意让女性去西方读书。由于中东地区的伊斯兰传统文化要求女性恪守穆斯林教条和传统的种族习俗，女性很难获得家族许可到国外求学，所以在当地求学成为她们唯一的选择。这也促使中东各国不得不采取相应措施缓解女性高等教育发展的矛盾。

另外，虽然中东国家积极出台了各项特殊的引进政策，海外分校可以实行与本国其他地区不同的准入制度，但中东地区政府或是相关的跨国教育管理部门对美国大学海外分校的引进具有严格的遴选标准和审查制度。只有那些具备良好教学和科研声望的大学，并且具备中东国家希望发展的高水平学科和专业，才能获准进入中东地区办学，并享受各项特殊政策。[1]

五 结语

从上文可知，美国大学海外分校的发展呈现一定的规律性。虽然在不同阶段和地区，美国大学海外分校发展的主要驱动力不同，但都与美国的经济利益和全球战略密切相关。不仅如此，在不同的地区美国大学海外分校所采用的投资形式，以及与输入国的合作方式也是不同的。这不仅与美国的国家战略有关，也更多地取决于海外分校所在国的国情和教育体制。其类型大体分为三种：

第一种是海外分校由美国大学全额投资创建，产权完全归美国大学所有。如1983年在荷兰开办的韦伯斯特大学荷兰校区（Webster University, Netherlands），以及1970年在墨西哥开办的阿莱恩特国际大学墨西哥城校区（Alliant International University-Mexico City Campus）。这种类型的海外分校需要花费巨额资金，而且要对所有的损失负责，所以这种类型逐渐被抛弃。

第二种是海外分校采取美国大学与分校所在地政府、企业或个人的共同投资创建的方式。共同投资的方式由于更低的风险性而被广泛采纳，分校所在地的投资方也因为投资而获得了海外分校的部分所有权和经营权，如大洋洲唯一的一所美国大学海外分校卡内基梅隆大学澳大利亚校区（Carnegie Mellon University, Australia）。为了分担成本、共同获益，分校

---

[1] Jane Knight, Education Hubs, "A Fad, a Brand, an Innovation?" *Journal of Studies in International Education*, 2001, 15 (3), pp. 221–240.

所在地的投资方也越来越多元化。美国大学在华的海外分校，如昆山杜克大学由杜克大学、昆山市政府、武汉大学合作创立；温州肯恩大学由温州大学、温州市政府、美国肯恩大学合作创立①。

第三种是海外分校所在地的政府或企业提供所有投资和校园设施以吸引美国大学前来办学，如迪拜的智慧村（Knowledge Village in Dubai）和卡塔尔的教育城（Education City in Qatar）。这也说明国家的经济支持能刺激产生更高水准的海外分校。

美国海外分校的实践在高等教育国际化进程中扮演了举足轻重的角色，海外分校作为高等教育国际化的新形式，其作用不容小觑。理解美国大学海外分校的发展战略，显然有益于我们深刻理解当前高等教育国际化的环境，有益于我们在相对薄弱的高等教育基础上，引入优质高等教育资源，助力本国的经济发展和人才培养，同时也为我国高等教育的输出提供参考。

[作者简介] 王璞，湖北武汉人，厦门大学教育研究院副教授、教育学博士，主要从事西方大学史、比较高等教育研究。

---

① Tim Mazzarol, Geoffrey Norman Soutar, Michael S. Y. Seng, "The Third Wave: Future Trends in International Education", *International Journal of Educational Management*, 2003, 17 (3), pp. 90 – 99.

"二战"后美国高校学术休假制度的新动向*

李子江　王玲令

学术休假初创于1870年美国哈佛大学。经过100多年的发展，该制度已经成为美国高校普遍实行的高校教师专业发展制度。据统计，在美国大约3400所公立和私立大学中，大约有2500所大学建立了学术休假制度，比例达到了74%。[1] 从学校类型来看，经历战前大约半个世纪的发展，"学术休假制度已经成为研究型大学教师专业发展的常规制度之一。"[2] 第二次世界大战后，社区学院等非研究型院校也开始实施学术休假制度。学术休假制度也从最初高校吸引教授的一种特殊福利，演变成为美国高校教师专业发展的一项常规制度。尽管学术休假制度在不同类型的学校和不同历史时期存在差异，但总体来说也存在一些共同的做法。

一　学术休假目标：研究还是教学？

学术休假的目标在不同类型学校有不同的规定，但都服务于学术本

---

* 本文为全国教育科学"十二五"规划2015年度教育部重点课题"美国研究型大学章程研究"（课题批准号：DOA150220）研究成果。

[1] Bai, Kang, Michael T., Miller, *An Overview of the Sabbatical Leave in Higher Education: A Synopsis of the Literature.* Base. [DB/OL]. http://files.eric.ed.gov/fulltext/ED430471.pdf. 2015-8-3.

[2] John R. Thelin, *A History of American Higher Education*, Baltimore: The Johns Hopkins University Press, 2004, p. 280.

身。休假目标可分为提高专业素养和身体上的休息两大类。1974年乔根森（Jorgensen, Vern F.）对23所加利福尼亚社区学院进行的调查样本表明，学术休假目标主要分为三类：进修深造（advanced study）、研究（research）和旅行（travel）。① 在进修深造方面，有些休假者选择利用休假去获得学位。莱昂纳德·斯怀特（Leonard Stright）回顾自己的学术休假时，提到"学术休假政策的重心通常在于给予年轻教师一个完成博士学位的机会……"② 在研究方面，休假者通常的研究成果包括书籍出版、文章发表以及其他学术性成果。而对于旅行，有17%的学校要求对旅行日期和地点进行详细说明。并且被调查的很多学校表示，在此方面有一定的限制，例如旅行必须是出于研究或进修的需要，是"附属品"。

20世纪80年代以后，美国高校的教学与科研的矛盾进一步受到大众的关注。公众希望教师能够在教学上投入更多时间，因此在学术休假目标上更加强调教学的突出地位。查尔斯·J. 安德森（Andersen, Charles J.）和弗兰克·J. 阿特塞克（Atelsek, Frank J.）进行的调查结果表明，有96%的学校学术休假目标为教师发展，其次为研究（78%）和学术工作（72%）。③ 1998年康柏（Bai Kang, M. A.）和米勒（Miller T. M.）对62所大学中的100名熟悉学术休假政策的高级教务管理人员进行了问卷调查。其结果显示：30%的学校将以改进教学作为休假主要目标，其次是获取学位（进修深造）（29%）和进行研究（19%）。同时，康柏和米勒在进行学术休假效果测评时，大多数（68%）被访问者认为学术休假的主要成果在于教学方面的进步和提高。④ 显然，进修深造和研究仍是休假的重要目标，但教学的目标性已经极大地提高。同时，偏向职业技术等实用类人才培养的学校更加强调教学效果的快速达成，而研究型大学学术休假仍然以研究等方面为主要目标。琳达·R. 奥托（Linda R. Otto）和迈克

---

① Vern F. Jorgensen., *Aspects of Existing Sabbatical Leave Policy within California Community Colleges*, Davie: Nova Universtiy, 1974.

② Leonard Stright, "Sabbatical Leave: A Critique", *The Journal of Higher Education*, 1964, 35（7）, pp. 388 – 390.

③ Charles J., Andersen, Frank J., Atelsek, *Sabbatical and Research Leaves in Colleges and Universities*, Washington, D. C.: American Council on Education, 1982.

④ Bai, Kang, Michael T., Miller, "Sabbatical as a Form of Faculty Renewal in the Community College", *Green Pastures or Fallow Fields*, Tusaloosa: Alabama University, 1998.

尔·克罗特（Michael Kroth）对普通高等教育和职业技术教育的学术休假政策进行比较研究后，认为"普通高等教育学术休假目标更倾向于研究的需求，而职业技术教育的学术休假目标更倾向于提高专业技术，有利于更好的技术教学。"[1] 除此之外，第二次世界大战之后，随着科技在教学和研究领域的广泛应用（尤其在一些理工学领域），熟练使用和掌握新科技和新设备成为高校教师的一个重要任务。因此，很多教师选择在学术休假期间对自己学术领域的前沿性科技进行学习。学术休假的目标从专注研究到强调教学，缓解了教学与科研的价值冲突，这也是学术休假制度不断调整、完善的体现。

学术休假目标向来存在着"以个人利益为导向的学术休假哲学和以机构利益为导向的学术休假哲学"[2]，即学术休假究竟是以教师的利益还是以学校的利益为上。尽管教师和学校二者的利益是相辅相成、互为一体的，但学术休假的目的从第二次世界大战之后初期强调教师的身心发展，例如旅行属于休假目标的内容之一，到20世纪80年代之后几乎没有学校再明确将旅行作为休假目标。再加上返校义务的规定，都意味着高校更加在乎的是教师对学校的回报。实质上，学术休假目标还是不可避免地倾向了机构利益。

二 学术休假资格：谁能够享受学术休假？

（一）职称要求

学术休假制度初始建立的原因之一就是吸引教授接受聘任。因此，早期授予对象几乎只限于教授和副教授。随着制度的发展，学术休假的职称覆盖范围有越来越宽广的趋势。首先从教授和副教授扩展到助理教授，再到全体教师。从20世纪60年代开始，学术休假逐渐覆盖大学全体教职工（包括行政人员）。1962年，沃尔特·克罗斯比·埃利斯（Walter Crosby

---

[1] Linda Rotto, Michael Kroth, "An Examination of the Benefits and Costs of Sabbatical Leave for General Higher Education, Industry, and Professional-Technical/Community College Environments", *Journal of Stem Teaching Education*, 2011, 48 (3), p. 37.

[2] 李红惠：《美国高校的学术休假制度透视》，《当代教育科学》2014年，第13页。

Eells）和欧内斯特·V. 霍利斯（Ernest V. Hollis）对美国最先建立学术休假制度的 48 所大学当时的学术休假情况进行了调查，用数据化的形式呈现如图 1 所示。大多数学校的学术休假政策惠及范围为教授、副教授和助理教授（43%），一些学校将学术休假推及至所有教师（34%），少数学校仍然将学术休假仅授予教授和副教授（11%）甚至仅授予教授（4%），还有 2% 的学校只为有博士学位的教职工提供学术休假。①

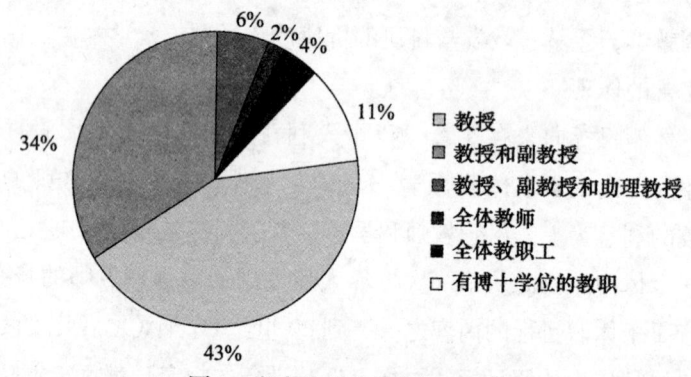

图 1　学术休假主体职位覆盖②

资料来源：http：//eric.ed.gov/? q = sabbatical + Walter + Crosby + Eells&id = ED544008。

20 世纪 60 年代以后，人们开始思考学术休假政策是否应该推广至大学行政人员。1970 年，马里恩·K. 班德勒（Marion K. Bandley）针对加利福尼亚社区学院的行政人员学术休假情况的调查结果显示，虽然有大约超过 2/3 的学校在理论上已将行政人员纳入学术休假的授予对象，③ 但真正实行的学校并不多。其最大的原因在于行政人员的流动较小，工作任务难以安排和衔接。加利福尼亚南部的一所初级学院在调查报告中表示："我们通常不会雇佣他人来替代某个行政职位的工作，而是对工作进行划

---

① Walter Crosby Eells, Ernest V. Hollis, *Sabbatical Leave in American Higher Education*：*Origin*, *Early History*, *and Current Practices*, U. S. Office of Education Bulletin, 1962, p. 17.

② 根据沃尔特·克罗斯比·埃利斯（Walter Crosby Eells）和欧内斯特·V. 霍利斯（Ernest V. Hollis）在 1962 年发表在 *AAUP Bulletin* 上的调查结果整理而成。

③ Bandley Marion K., *A Report on the Status of Sabbatical Leaves for Administrators in California Junior Colleges*, California：San Joaquin Delta, 1972.

分，由他人协助完成日常行政工作。"① 因此，为行政人员安排两三个月的短期休假（可以和年假连在一起），成为一个呼声较高的方式。报告中指出，一所旧金山港湾区附近的学院表示："为了解决行政人员一个学期或一年休假的困难，我们正在努力为行政人员制定一个新的'三月全薪'的休假政策。"② 在实践上，该调查样本中有十所学院已经制定这样的政策。实际上，在这之前已经有学校开始实行类似的休假。1964年，蒙特圣安东尼奥大学为行政人员提供了一种特殊的全薪制式、为期两个月的休假以及一个月的度假来代替学术休假。由此，行政人员享受学术休假在20世纪60年代以后逐步实现。

（二）教学年限要求

获得学术休假的一个必要条件是教师或行政人员必须在本校教学或服务达到一定年限。根据学术休假的历史渊源，一般要求教师连续服务7年。如1963年的《加利福尼亚州教育法规》中第13458条规定，学术休假不得授予对本地区未提供满七年连续服务的教职工。③ 这意味着如果某位教师中间"跳槽"到另一所学校，只要在本地区之内，之前的服务年限可以继续累积。而在1972年出版的《有关休假的原则声明》中指出，教师在其他院校的服务时间都应计算在内，④ 这意味着跨学校工作服务在学术休假计算服务年限资格时已经没有了地域的限制。古老的七年并不是唯一的准则，在不同的学校有不同的规定。在埃利斯和埃尔斯的调查中，大部分学校采用七年或六年的规定，也有极少数学校规定可以三年、五年甚至十年。同时还有一些特别的服务期要求，如伯里亚学院以学期计算，满20个学期可进行学术休假。肯塔基大学在教职工服务期满四年以后，可休一个学期半薪的假期；六年以后，可休全年半薪的假期；十年以后，

---

① Bandley Marion K., A Report on the Status of Sabbatical Leaves for Administrators in California Junior Colleges, California: San Joaquin Delta, 1972.
② Ibid..
③ Dulcie LeGrand, Herbertt L., A Study of Sabbatical Leave Practices in California Public Junior Colleges, Torrance: El Camino College, 1964.
④ Committee of the Association of American Colleges and the American Association of University Professors (CAACAAUP), Statement of Principle on Leaves of Absence, AAUP Bulletin, 1971, 57 (4), pp. 522–523.

可享受一学期全薪的假期。

三 学术休假申请程序：谁负责评估和批准？

一般来说，学术休假的申请过程遵循从院系到评估部门再到董事会的程序。每一个环节都需要得到主管的批准。评估环节是主要的权力部门，其主要任务在于筛选学术休假申请，提供优先推荐名单。评估部门在不同的学校有不同的类型：一种是专门成立的学术休假委员会，如雷德赛尔大学的学术休假委员会隶属教授评议会下的学术事务委员会；另一种是利用学校已有的委员会，如研究委员会（Research Committee）、专业人事委员会（Certificated Personnel Committee）、专业关系委员会（Professional Relations Committee）、专业标准委员会（Professional Standars Committee）以及薪资和评估委员会（Salary and Evaluation Committee）等。委员会的成员组成也各不相同，一般来说，包括教师、副校长、校长、董事会成员等。

1974年乔根森调查显示，加利福尼亚州的阿兰·汉考克社区学院学术休假委员会由3名教师成员、校长以及教务长组成；格罗斯芒特学院学术休假委员会成员包括2名行政人员和5名教师成员。雷德赛尔大学的学术休假委员会对成员做出了更加详细的规定，包括一名由学术评议会选举出的学院教授，且必须为已获得任职两年以上四年以下的终身教授，委员会主任由学术事务委员会每年选举一人担任。教务长作为协助人员参与休假计划评估。就成员组成来看，教师成员所占比例较大，并且要求学术休假委员会主任应当由教师成员担任。当然，休假申请过程也与学校规模大小有关，在小型的学校申请者可以省略和减少中间的环节或直接向校长申请。以西玛·M. 塞莱纳（Celina M. Sima）和威廉·E. 丹顿（William E. Denton）在1995年对193所已建立学术休假制度的大学进行的研究为例，学术休假申请过程主要包括以下几个步骤：首先，申请者准备申请表和详细的学术研究计划；其次，申请者将材料提交给院系主任（有的学校要求院系主任对申请者的休假计划做出价值说明），院系主任将材料上报给学院院长和掌管学术事务的副校长；副校长将申请提交至学校研究委员会进行评估；最后将评估和推荐结果提交董事会批准，董事会有权因经费等问题否决申请。

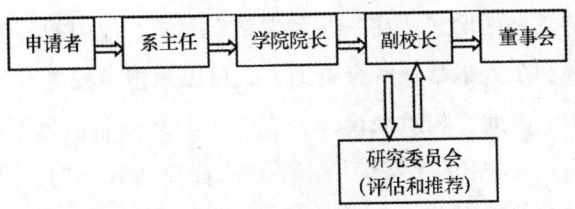

图 2　学术休假申请过程①

资料来源：Celina M. Sima, William E. Denton, "Reasons for and Products of Faculty Sabbatical Leaves", *ASHE Annual Meeting Paper*, November, 1995。

从图 2 中可以看中，学术休假申请过程中的一个重要环节在于研究委员会的评估，由此涉及休假申请评估标准问题：假如在同样的时间申请休假，因名额的限制，需要根据什么样的价值标准来确定休假的通过与否。1971 年华盛顿州出版的《学术休假指南》在此方面的规定值得借鉴：首先，要考虑休假项目或计划对教师教学的意义；其次，从学术背景和已有经验判断申请者是否有能力完成休假项目或计划；再次，要考虑该学术领域是否有必要进行新的拓展；复次，考虑替代申请人的教师人选能否胜任工作；最后，考虑资金支持以及其他相关人的推荐情况。因此，休假项目或计划本身的价值应是最优先考虑的因素。申请者自身的情况（资历、先前休假情况）、人事安排（休假名额和工作分配问题）以及资金等问题是评估学术休假时必须全面衡量的因素。

四　学术休假指标分配：多少教师能享受学术休假？

学校每年允许多少名教职工进行休假？每个学院每年允许多少名教职工进行休假？学术休假的名额分配比例问题对于学术休假制度的运行至关重要。良好的休假分配不仅可以促进学术休假制度有序运行，还是促进学校行政工作平等性、公平性的体现。但是，资金是否到位直接关系着休假名额多少，尤其涉及必须雇用其他教师。因此，学术休假每年的名额并没

---

① 根据西玛·M. 塞莱纳（Celina M. Sima）和威廉·E. 丹顿（William E. Denton）在 1995 年发表在阿西娅年会论文上的调查结果整理而成。

有随着制度的发展而增多。在一些名牌私立大学,他们的筹款方式更加多样化,基金会和个人捐赠等资金资助方式可以承担学校更多的教师享受学术休假的负担。因此,相对来说,公立学校的休假名额远不如私立大学。在社区学院面对3.8%的名额愤愤不平要求提高到10%时,斯沃斯莫尔学院享受着每年20%的休假名额。[①] 有些学校每年只给予每个院系一个学术休假名额,还有些学校依照当年财政状况来决定休假人数。

五 学术休假权利和待遇:如何确定休假时长和薪资水平?

学术休假时长和薪资存在几种固定形式,最为普遍的是全年半薪和半年全薪这两种形式。大部分学校采取这两种方式并存的政策,但有少部分学校只允许其中一种方式存在。埃利斯和埃尔斯的调查显示,除了上述两种常用形式之外,还有少数学校采取"全年3/5薪水,半年全薪""全年2/3薪水,半年全薪""全年3/4薪水,半年全薪"甚至"全年全薪"的休假方式。美国主要有"学期制"和"学季制"两种不同的学年形式。学期制基本采用上述最普遍的两种休假形式,而学季制则会相应地采取"一季度全薪,三季度半薪"或至少保证一个季度全薪的方式。此外,《加利福尼亚州教育法规》中规定可采取"三年之内修两个学期或三个季度"的方式进行休假,这两个学期或三个季度可以分开。从原则上说,享受学术休假的教职工不得寻求有报酬的工作。在《学术休假指南》和《有关休假的原则声明》等权威文件中都明令禁止教职工在休假期间进行其他有报酬的工作。但在实践中,一般会允许特殊情况的发生。奥古斯特·W. 埃伯利(August W. Eberle)和罗伯特·E. 汤普森(Robert E. Thompaon)在1972年对386所高校进行调查的数据报告中指出,有52%的高校允许享受学术休假的教职工参加有报酬的工作,并且这一比例在公

[①] Celina M. Sima, "The role and benefits of the sabbatical leave in faculty development and satisfaction", *New Directions for Institutional Research*, 2000, 27 (6), pp. 67–75.

立学校中要高出私立学校。① 另外，教师在享受学术休假的过程中各种待遇不变。《有关休假的原则声明》中指出，院校不应该因为休假等影响教师的职务晋升或者薪水增长；在教师休假期间，应照常发放各种保险金，个人和学校应继续缴纳养老金。

六 学术休假的责任和义务：如何规定休假计划与返校义务？

递交学术休假计划并不是强制性的要求，不同学校有不同的规定。例如，科罗拉多州立大学要求没有博士学位的申请者才需要递交休假计划，迈阿密大学要求要详细地说明休假计划的价值所在。一般来说，在申请学术休假时，对休假计划项目的说明应包括：项目的现状说明，预计开始研究时间，研究进展过程，预期完成和出版目标；项目研究地点和主要执行人；研究项目的资助情况；申请者为项目已做的准备；项目本身的价值；项目对申请者专业发展的价值所在。如果学术休假计划与学校或地区规定的休假目的不甚吻合，可以给予两周左右的时间进行改进。为了防止学术休假计划在休假期间无法完成，准许在休假申请时准备计划。

大部分学校都会要求教职工在学术休假结束之后必须返校。1964年，达尔西·勒格朗（Dulcie LeGrand）和赫伯特·斯旺森（Herbertt L.）在对弗吉尼亚州的73所公立初级学院所进行的研究调查中发现，有58%的学校要求休假者必须返校服务两年，有25%的学校要求必须有公证人公证过的书面担保，② 以免在休假之后不履行返校的义务。但如果在休假期间发生意外受伤等事故，教职工可以不履行或延迟履行返校义务。休假返校之后，教职工的职位级别保持不变，而返校报告的要求则要相对较高。有63%的学校要求休假者在返校后要提交书面报告，③ 主要陈述休假者认为休假对自己和学校带来了什么利益。部分学校对书面报告的字数作出要

---

① Celina M. Sima, "The role and benefits of the sabbatical leave in faculty development and satisfaction", *New Directions for Institutional Research*, 2000, 27 (6), pp. 67 – 75.

② Dulcie LeGrand, Herbertt L., *A Study of Sabbatical Leave Practices in California Public Junior Colleges*, Torrance: El Camino College, 1964.

③ Ibid..

求,并且报告要按照可以出版的标准进行撰写,并将报告的质量作为下次休假和职位晋升以及提薪时的参考。有极少数的学校要求休假者在返校时进行口头报告。值得一提的是,根据美国的国内税收法规(Internal Revenue Code)中"日常且必要"的相关原则,如果想要减免休假过程中旅行费用的税收,休假者必须证明这样的旅行"并不是为了个人利益去获得教育"[1]。1954年,在美国大学教授协会(AAUP)的帮助下,印第安纳大学通过学校的学术休假计划以及返校报告证明了休假者的旅行是其单位授予的,且与工作相关的旅行,并不是为了个人利益,因此获得了税收减免。由此可见,学术休假计划和返校报告是校方利益的重要体现,也是休假者的责任和义务。

七 学术休假经费支持:谁来为学术休假埋单?

学术休假期间产生的资金花费实际上是由教职工和学校共同承担的。首先,毫无疑问,教职工在休假期间的工资和福利是由学校和学院承担的,这包括继续为教职工上缴退休保险金,同时还包括雇佣兼职教师的费用。但学校往往会依据"收支相抵"的原则,"为休假教师支付的薪资绝不超过教师正常工作的薪资"[2]。因此,为了"收支相抵",学校尽量不会雇佣外校教师来完成休假教师的工作,而是选择利用工作年限不长、薪资较低的青年教师来工作。在达尔西·勒格朗和赫伯特·斯旺森的调查中,只有一所学院表示会为教师支付在社区外的旅行和生活费用。在这样的条件下,要进行研究,教师就必须寻求外部资助。而且学校为减轻财政负担,也鼓励教师寻求资助。尽管从原则上说,在进行学术休假计划价值评估时,不得将外部资助看作评估标准之一,但在实际操作中,显然获得外部资金资助的休假计划更具优势。鲍宁(Boening, C. H.)对阿拉巴马大学在1986—1996年的学术休假申请与批准数据的研究中发现,有97%获

---

[1] William W. Oliver, "Sabbatical Leave Travel Expenses and the Federal Income Tax", *AAUP Bulletin*, 1957, 43 (3), pp. 507–511.

[2] Dulcie LeGrand, Herbertt L., *A Study of Sabbatical Leave Practices in California Public Junior Colleges*, Torrance: El Camino College, 1964.

得外部资助的学术休假申请得到了批准。① 因此，教职工往往会采取申请个人基金、补助金、奖学金以及贷款等方式去支付研究费用。在私立大学，基金会的资助是学术休假资金主要来源之一，例如哈佛大学公共卫生学院就是直接使用资助人陈曾熙基金来资助学院的教授进行学术休假。

20世纪80年代，美国国家财政紧缩，大学财政日益感到吃力，"高校能够自主决定用途的资金越来越少。"② 学术休假制度的资金资助也在一定程度上受到影响。面对这样的情况，北卡罗来纳大学和英国斯特林大学的教师提出一种替代性休假方式，即可以在两国学校之间建立一种合作关系，教师可互换至对方学校进行交流、执教，如此可以在人事和资金方面节省大量资源，同时也为教师和学生提供了不同的思维碰撞和交流机会。

八 结语

第二次世界大战之后，美国学术休假制度无论是应用范围，还是制度本身的完善和规范，都获得了较大的发展。首先，学术休假主体逐渐多元化，学术休假形式多样。第二次世界大战之前，学术休假主体已经开始由终身教授扩展到副教授、助理教授等职位。到20世纪60年代开始应用于行政人员，虽然仍具有一定的限制，在实践上也没有得到很好的贯彻，但休假申请的职位条件放宽已经是一种不可逆转的趋势。学术休假的形式因院校类型等因素的不同而多种多样。有些学校为了缓解休假人数过多，将休假资格中的服务年限延长至10年；有些学校根据当年的财政状况来灵活决定学术休假人数等。其次，学术休假规范程度不断提高。学术休假规范的主体是一个自下而上的发展过程，它的法律效力在发展过程中逐渐增强。学术休假规范最初是由学校相关委员会制定。第二次世界大战之后，美国各个州开始高度重视高等教育的总体规划，并据此将学术休假规范纳

---

① C. H., Boening, *Who Gets a Sabbatical? A Ten Year Study of Sabbatical Applicationpatterns at the University of Alabama, 1986-1996*, Tuscaloosa, University of Alabama, 1996.

② [美]亚瑟·科恩：《美国高等教育通史》，李子江译，北京大学出版社2010年版，第347页。

入州一级的教育法规之中。加利福尼亚州在 1963 年出版的《加利福尼亚州教育法规》中第 13457—13461 条中，对学术休假的资格限制、休假薪酬等方面作了详细的规定。1970 年，华盛顿州立法预算委员会向高等教育委员会提交了一封倡议书，呼吁"为州内所有的高等教育机构建立统一、全面、公正的休假制度"。很快，高等教育委员会组织了对学术休假的讨论，并在第二年通过了《学术休假指南》。学术休假制度逐渐从校内规定上升为州一级的统一规定。1972 年，美国大学教授协会（AAUP）和美国大学协会（AAU）联合发表了《学术休假的原则声明》，学术休假有了全国性可供借鉴的规范标准。

[作者简介] 李子江（1968—　），男，湖北十堰人，北京师范大学教育历史与文化学院教授，博士生导师，研究方向为高等教育史、外国教育史；王玲令（1989—　），女，内蒙古人，北京师范大学教育历史与文化学院硕士研究生。

19 世纪美国的大学生联谊会与校园生活的转变*

林 伟

在如今美国的学院与大学中，学生的课外生活可谓丰富多彩，以文艺、社交、体育、社会服务等为宗旨的各式学生组织遍布校园。其中，通常被称作"希腊生活"（Greek Life）的大学生联谊会（fraternity and sorority）可以说是一种独具美国特色的学生组织。虽然目前只有不到一成的大学生参加联谊会，但是这些学生往往在校园生活的各项活动中扮演关键的领导者角色。此外，根据相关统计数据，有相当多的美国政界和商界精英人物都曾经是联谊会成员，其中包括 18 位总统，76% 的国会参议员，以及 85% 的财富世界五百强公司主管等。[1] 然而，在美国的媒体与公共舆论界，与这些由希腊字母所组成的联谊会名字相联系的并不只有耀眼的成就，同时还有联谊会成员较高的饮酒率和违纪率，以及不断发生的人身伤害与性侵犯事件，甚至还有因极端欺辱仪式而导致的死亡案例。

在很长一段时间里，学生群体在美国的高等教育史研究领域中都是"被遗忘的人"[2]。相较而言，历史学家们更加重视校长、董事会成员、知

---

* 本文为中央高校基本科研业务费专项资金资助重大项目"美国高等教育史"研究成果。原载《高等教育研究》2014 年第 10 期。

[1] Desantis A. D., *Inside Greek U: Fraternities, Sororities, and the Pursuit of Pleasure, Power, and Prestige*, Lexington: The University Press of Kentucky, 2007, p.7.

[2] Rudolph F., "Neglect of Students as a Historical Tradition", in Dennis L. and Kauffman J., *The College and the Student*, Washington, D.C.: American Council on Education, 1966, p.47.

名教授等高等教育的领导者们在美国学院与大学演进过程中所发挥的作用。这种情况从 20 世纪 60 年代开始发生了改变。声势浩大的校园反叛运动使得美国社会与学术界认识到，学生从来都是塑造和影响复杂美国高等教育系统的重要因素之一。如何理解大学生群体所形成的独特生活方式和校园文化成为近几十年来美国高等教育史研究的一个重要课题。[1] 反观我国学界有关美国高等教育史的研究，长期以来一直存在重视制度变迁与精英人物的教育思想、轻视学生生活与大学校园文化的倾向。鉴于此，本文将选取 19 世纪的美国大学生联谊会为研究对象，通过初步的梳理和探讨呈现出美国大学校园生活的一个重要维度及其特点。

一　大学生联谊会的兴起与扩张

学生组织的历史与大学一样久远。早在北美殖民地时期，哈佛学院、耶鲁学院、新泽西学院（College of New Jersey，今普林斯顿大学）等学院的校园里已经产生了一批学生组织，例如辩论社（debating club）与文学社（literary society）。其中，文学社一般被认为是希腊字母联谊会的前身。在 19 世纪中期以前，文学社在美国大学生的校园生活中占据着"毫无争议的支配地位"。[2] 一般来说，每个学院中都会有两三个相互竞争的文学社。学生们在文学社里记诵欣赏经典作品，也会朗读自己的诗作，相互讨论切磋。文学社普遍设有专门的图书馆，其藏书量甚至超过所在学院的图书馆。此外，有的文学社还拥有固定的活动室、会堂和宿舍楼，供会员食宿或开展活动。简言之，文学社在很大程度上是对学院正规课程教学的一种补充，其功能主要在于知识和教育方面，其次才是社交。正是因为这个原因，历史学家詹姆斯·麦克拉克伦（James McLachlan）指出，文学社实际上是青年学生通过自治的方式和精心的管理实现教育的目的，它们是

---

[1] Orgen C. Sites, "Students, Scholarship, and Structures: The Historiography of American Higher Education in the Post-Revisionist Era", in Reese W. and Rury J. *Rethinking the History of American Education*, New York: Palgrave MacMillan, 2008, pp. 196–203.

[2] Brubacher J. and Rudy W., *Higher Education in Transition: An American History, 1636—1956*, New York: Harper & Brothers Publisher, 1958, p. 47.

"学院中的学院。"①

一般认为，ΦBK（Phi Beta Kappa）是美国学院与大学中第一个希腊字母联谊会。它由威廉玛丽学院的 5 个学生在 1776 年美国独立战争期间创建。在最初的发展阶段，ΦBK 与一般的文学社并没有显著的差别。之所以采用希腊字母来命名学生组织，这当然与传统美国学院重视古典语言教学有关。这些希腊字母通常是一句希腊格言的首字母缩写，不仅代表了该学生组织的使命，同时也可以赋予其组织一种庄严神圣的意蕴。例如，ΦBK 是希腊语 Φιλοσοφία Βίου Κυβερνήτης 的首字母缩写，意思是"爱知识是人生的向导"。ΦBK 可以说是目前仍很活跃的最为知名的希腊字母联谊会之一。它已经扩展到全美 280 多所学院和大学，拥有超过 50 万会员的规模。不过，ΦBK 后来发展成为全美大学优等生联谊会，在性质上属于荣誉协会（honor society）。正是这个原因，ΦBK 与现代意义上的美国大学生联谊会存在很大差别。

从 19 世纪 20 年代到内战爆发期间，一场"希腊字母联谊会运动"（Greek-letter fraternity movement）席卷了美国东北部地区的学院。② 这是联谊会在美国学院与大学中大量创建并迅速发展的第一个高峰期。一般认为，1825 年在纽约州联合学院（Union College）创建的 KA（Kappa Alpha）是第一个现代意义上的美国大学生联谊会。随后，ΘΔ（Theta Delta）、ΣΦ（Sigma Phi）、ΔΦ（Delta Phi）、ΧΨ（Chi Psi）、ΨΥ（Psi Upsilon）也都在联合学院的学生群体中建立起来。正是因为 19 世纪二三十年代的联合学院在联谊会创建过程中的关键作用，它被后来的历史学家誉为"联谊会之母"。除此以外，汉密尔顿学院（Hamilton College）、俄亥俄州的迈阿密大学（Miami University）、威廉姆斯学院（Williams College）等校的学生也差不多在这个时期建立了类似的组织。

联谊会从一开始便重视向外扩张，通过学生之间的口耳相传，在其他学院和大学建立分部。参加联谊会的学生会向在其他学院就读的亲戚或朋

---

① Mclachlan J., "The Choice of Hercules: American Student Societies in the Early 19th Century, in STONE L," *The University in Society*, Vol. II, Princeton: Princeton University Press, 1974, p. 472.

② Rudolph F., *The American College and University: A History*, Athens: The University of Georgia Press, 1990, p. 144.

友介绍推荐，有学生在转学之后也会致力于在新校拓展分部。分部建立的程序并不复杂，除了得到内部人士的推荐以外，一般需要派遣代表到联谊会总部获得许可证，并学习和了解相关的规程。此外，一些学生在申请加入某个联谊会失败之后，也经常会发起组建新的联谊会。根据有关统计，截至美国内战爆发，有 22 个不同的联谊会在 25 个州的 71 所学院开设了 299 个分部。[①] 可以说，经过初期的创建与扩张，联谊会在 19 世纪中期已经构建起了跨地区的校际网络，成为当时美国大学生校园生活中占据主导地位的学生组织。

美国内战的爆发打断了联谊会的规模增长和对外扩张的过程。有些起源于美国北方的联谊会原本在内战前已在南方的大学中设置了分部，然而它们在战后却对恢复分部有所顾虑。南方的大学生们遂开始自行组建新的联谊会。这在客观上增加了美国学院与大学中的联谊会数量。此外，尤其值得注意的是，19 世纪后期美国大学生群体的结构性变化对联谊会的发展起到了关键的推动作用。随着越来越多的青年人进入大学学习，大学生群体在性别、种族、社会经济地位等方面也越发变得多元。在 19 世纪 70 年代以前，大部分的联谊会都被来自社会中上层的白人男性学生所主导。这些处于社会优势地位的学生群体一方面继续在大学中创建更多的联谊会，另一方面则采取排斥性措施巩固和强化自身在校园中的支配地位，使得联谊会逐渐演变成为"富裕男性学生的堡垒"[②]。在这种情况下，姐妹会（sorority）、非裔美国学生联谊会等专属于某个群体的大学生联谊会组织在 19 世纪后期开始蓬勃发展起来。

一般认为，1851 年创建于佐治亚州威斯利安女子学院（Wesleyan Female College）的阿德菲恩协会（Adelphean Society）是美国学院与大学中的第一个姐妹会。该组织在创建之初并没有采用希腊字母命名，直到 20 世纪初才更名为 AΔΠ（Alpha Delta Pi）。姐妹会的历史虽然可以上溯至美国内战之前，但是直到 19 世纪 70 年代才迎来创建与扩张的关键期。这个时期除了女子学院以外，还有不少学院与大学推行男女合校教育。女性虽

[①] Syrett N., *The Company He Keeps: A History of White College Fraternities*, Chapel Hill: The University of North Carolina Press, 2009, p. 26, 122, 151.

[②] Ibid..

然得到了进入大学的机会,却往往在校园生活中被由男生把持的联谊会拒之门外。因此,女生们不得不在校园中创建一批属于自己的联谊会组织。例如,第一个以希腊字母命名的姐妹会——1870年在印第安纳州阿斯伯里学院(Asbury College,现为德堡大学〈DePauw University〉)建立的 KAΘ(Kappa Alpha Theta)便是由该校最初的几名女学生在遭遇诸多反对和排斥的情况下建立起来的。[①] 与此相似的是,非裔美国学生联谊会的起源也是因为直接受到校园内白人学生联谊会排斥。由于从19世纪后期开始,美国社会奉行"隔离但平等"的种族政策。一些学院和大学虽然已经开始招收黑人学生,但是在课堂内外仍采取措施将他们与白人学生隔离开来。正是因为被排除在已有的联谊会之外,康奈尔大学的七名黑人学生在1906年12月发起,成立了美国大学校园中的第一个非裔美国学生联谊会 AΦA(Alpha Phi Alpha)。

根据相关研究数据,大约有60%的全美性联谊会在20世纪30年代以前建立。其中大部分是白人男性学生组成的兄弟会,另外也有相当多的姐妹会、少数族裔学生联谊会,还有一些致力于法学、医学等某个专业领域或者某个宗教教派的联谊会。[②] 1902年5月,七个姐妹会的代表齐聚芝加哥,共同发起成立了姐妹会联合会(Inter-Sorority Conference,后更名为全美姐妹会联合会〈National Panhellenic Conference〉)。1909年,北美兄弟会联合会(North-American Interfraternity Conference)也宣告成立。联谊会组织之间的联合标志着其在19世纪末20世纪初的美国大学校园中已经具备了十分稳固的规模和强大的影响力。

二 联谊会的组织与功能

19世纪中期以前,美国学院教育的目标主要是培养牧师和服务本地社区的公职人员。学院的学生规模一般都比较小,教学则以记诵古典学科

[①] Turk D., *Bound by a Mighty Vow: Sisterhood and Women's Fraternities, 1870—1920*, New York: New York University Press, 2004, p. 13.

[②] Torbenson C., "The Origin and Evolution of College Fraternities and Sororities", in Brown T. Parks G., Phillips C., *African American Fraternities and Sororities: The Legacy and the Visions*, Lexington: The University Press of Kentucky, 2005, p. 47.

知识为主。在课程学习之外,学生几乎每天都要参加祷告等宗教活动。校长和教师对学生采取严格的管控措施,一旦学生有违纪行为往往遭到相应的惩罚。在校园生活中,学生们主要是以年级(class)为单位组织和团结在一起。不同年级之间通常处于竞争与作对的状态。此外,虽然美国的大学生们早已建立起了诸如文学社、俱乐部一类的学生组织,但是这些组织大多比较单调枯燥,并无太多社交的乐趣可言。

从 18 世纪后期开始,随着大学生群体的多样化发展,学院教育的目标与内容越来越跟学生在知识与生活方面的需求相冲突。在这个时期,很多美国学院都爆发了大大小小的学生骚乱。历史学家海伦·霍洛维茨(Helen L. Horowitz)指出:"所谓特殊的美国式的校园生活正是在美国革命之后教师与学生之间的冲突中产生的。"[1] 在校方管控与学生抵制的背景下,19 世纪初的美国大学生们试图通过组建联谊会进一步达到保护自己的目的。与校园里已经存在的学生组织相比,联谊会通过秘密性和专属性的组织制度,营造出更高的忠诚感和内聚力,在一小群精心选拔的学生中间发展亲密的兄弟情谊。这种独特的组织制度正是联谊会能够在 19 世纪初的美国学院与大学校园中迅速兴起与扩张的关键原因之一。

19 世纪二三十年代最早建立的一批联谊会在章程、仪式、象征物、组织结构等方面都明显地以共济会(Freemasonry)为榜样。共济会是 18 世纪初期起源于英国的秘密兄弟会社,在西方社会许多领域都有十分强大的影响力。第一个现代意义上的美国大学生联谊会以及随后建立的一批联谊会都是以共济会组织制度为模板构建起来的。每一位联谊会会员都需要先通过一套严格的招募和选拔程序,然后参加入会宣誓仪式,在日常活动中也会采取一些具有象征意义的特定行为方式,例如某种特别的握手方式、口号或暗语。每个联谊会都会设计制作用于确认会员身份的徽章,通常上面刻有该联谊会的希腊字母名称,有的还会镶嵌珠宝。大学生联谊会还会定期发行刊登有各分会成员的名册。对于全国性的联谊会组织来说,设立分会的模式也与共济会相似,一些联谊会甚至直接借鉴共济会模式将分会命名为"庐"(lodge)。

---

[1] Horowitz H. L., *Campus Life: Undergraduate Cultures from the End of the Eighteenth Century to the Present*, New York: Alfred A. Knopf, 1987, pp. 24, 38–39.

联谊会的会员资格并不限于身处校园中的在读大学生,这是一种终生性质的身份。出于高度的组织忠诚感,联谊会校友像对待亲弟兄一样关照在读会员。正是这个原因,校友在联谊会的组织和发展过程中往往发挥十分重要的作用。他们是联谊会的坚定支持者和庇护者,同时也是慷慨的捐助者。很多大学生之所以加入联谊会,一个重要的原因便是他们看重校友网络对于毕业之后职业前途的支持作用。作为捐助者,校友的慷慨解囊使得联谊会能够保持良好的财务状况,进而一方面可以在校园生活中保持独立稳固的地位,另一方面也有能力向其他学院发展更多分部。具体而言,会所的创建可以视为校友影响联谊会的典型现象。在美国内战之前,已经有许多大学的联谊会在校友的资助下,通过购买、租赁或新建的方式在校园里面或周边获得了专门的会所。不过,在最初阶段,会所一般仅用于举办联谊会的活动。从19世纪70年代开始,许多联谊会会所开始承担学生宿舍的功能。这个时期的美国学院与大学大多难以为日益增多的学生群体提供充足的食宿条件。住在会所的联谊会成员朝夕相处,形成一个与其他学生群体区隔开来的小圈子,这对于强化会员之间的兄弟情谊无疑具有重要的作用。

从功能方面来看,联谊会适时地回应和满足了美国大学生群体多方面的需求。首先,联谊会为青年学生提供了类似家庭的亲密环境,会员们以兄弟、姐妹相称,彼此之间多有密切的照顾。这有助于他们在由同学和校友所组成的联谊会同伴网络中找到归属感。特别是对于越来越多负笈异乡的大学生来说,联谊会无疑为他们尽快适应新环境提供了帮助。其次,联谊会让19世纪的美国大学生们从枯燥的学业中解脱出来,他们得以在丰富的社交活动中享受更多快乐时光。与传统清教徒式的学生生活不同,联谊会组织的丰富社交聚会让学院与大学校园不再只是埋头苦读之处,而是逐渐转变为青年人向往的轻松愉快的乐园。这在某种程度上丰富了美国大学的定义,对于塑造美国公众有关大学的看法和期待也有显著的提升作用。再次,联谊会不仅可以满足大学生们的社交需求,还能让他们通过结社与自治的方式,在对抗校方管控的过程中起到相互保护的作用。时至今日,美国大学生校园生活的一个显著特点正是学生自治,这种传统在联谊会的发展过程中无疑得到了延续和加强。最后,从外部关系角度来说,联谊会等级分明的组织结构以及富有竞争性的活动让成员们在大学校园里得以"提前社会化"①，以便在将来步入社会之后能够迅速适应19世纪中后期美国的城市化与工业化进程。联谊会教给成员们一套有关竞争、成就与社会地位的价值观和行为准则，并且将他们与校友网络联系起来，让他们在现代商业与城市的职业和生活环境中有更多获取向上层社会流动的机会和能力。

三 联谊会引发的批评与争议

以秘密性和排外性为特征的联谊会自创建以来一直就是美国高等教育内部以及公共舆论争议的焦点。由于在19世纪二三十年代建立起来的第一批现代意义上的联谊会很大程度上正是学生们联合起来抵制校方管制的组织，因此联谊会在发展之初遭到了学院官方的严厉压制。学院的校长和教师们不允许学生以秘密的方式组成小圈子，挑战自己在校园中的权威地位。在被誉为"联谊会之母"的联合学院，校长伊利法莱特·诺特（Eliphalet Nott）在课程改革方面颇为开明，但是一开始却打算解散所有的联谊会。他曾威胁要将加入联谊会的学生从学院中开除出去。不过，诺特后来被 ΔΦ 的一名成员说服，转而对联谊会采取认可的立场。威廉姆斯学院的校长曾提议取消联谊会，但是这项动议却被董事会否决。阿默斯特学院（Amherst College）的校长试图联合多所学院共同限制联谊会的发展，然而却难以积聚足够的力量。密歇根大学开除了一些联谊会的成员，随即便遭到所在城镇居民的强烈抵制。②

联谊会的迅速崛起和扩张，让原本在美国大学生校园生活中占据主导地位的文学社和年级组织都受到了明显的冲击。联谊会在成员群体中间创造出了一种更加紧密和崇高的忠诚感。这让联谊会成员往往在"校园政治"的运作中取得优势和最终的胜利。例如，在选举颇具影响力的校刊主编时，某个联谊会的成员们往往团结一致，采取各种拉票和攻击对手的

---

① Demartini J., "Student Culture as a Change Agent in American Higher Education: An Illustration from the Nineteenth Century", *Journal of Social History*, Vol. 9, No. 4, 1976, p. 531.

② Horowitz H. L., *Campus Life: Undergraduate Cultures from the End of the Eighteenth Century to the Present*, New York: Alfred A. Knopf, 1987, pp. 24, 38–39.

手段，挫败来自其他联谊会或非联谊会成员的竞选对手。正是通过积极参与和介入校园内的各种活动，一些联谊会主导和控制了校园生活中几乎所有的重要事件，例如体育比赛、舞会、音乐与戏剧演出等。此外，在19世纪后期，来自社会中上阶层的学生逐渐把持联谊会，他们采取的一系列排外措施在一定程度上造成了学生群体的分裂，甚至引发不同背景的学生之间发生直接冲突。在一些联谊会的支持者看来，联谊会成员之间的相互庇护与支持正好可以历练年轻的大学生们，让他们熟知校园以外的社会法则，以便为将来的生活做好准备。但是，在一些批评者眼里，联谊会却是拉帮结派与党群倾轧的邪恶势力，会对青年人的成长产生不良的影响。

联谊会组织的一些活动和仪式也时常遭到其他学生和校方的批评和反对。通常情况下，联谊会成员比非会员有更多违反学校纪律的行为，比如酗酒、抽烟等。对于那些有意加入联谊会的学生来说，很多联谊会制定的入会程序都包含苛刻的要求，他们需要经受一定的"考验"方能被接纳。在这些程序中最常被诟病的便是老会员对新人采取的"欺辱"（hazing）行为。一般来说，欺辱要求新成员忍耐相当强度的体罚或捉弄，或者在一些公开场合出丑。一些欺辱搞过了头，造成严重的后果。例如，在1873年，一名希望加入 KA 的康奈尔大学新生在入会仪式上被蒙上眼罩，结果跌入山谷丧生。这个不幸的事件立即在整个美国社会引发了一场有关联谊会的争论。[①] 然而，联谊会的一些过激行为却并没有因为校园内外的批评声而有所收敛，在此后的美国媒体上时常都会曝光一些因联谊会活动造成人身伤害的事件。

针对联谊会采取的一些争议性规定和做法，以及它们在校园中造成的消极影响，19世纪中后期的不少学院与大学仍试图从官方层面约束和限制联谊会的发展。不少学院在学生入学的时候就要求他们签署协议，或者宣誓不会参与联谊会的活动。一些具有全国声望的知名高校也在这个时期对联谊会采取强硬的处置措施。例如，哈佛学院校方曾在1857年下令取

[①] Syrett N., *The Company He Keeps: A History of White College Fraternities*, Chapel Hill: The University of North Carolina Press, 2009, p. 26, 122, 151.

消联谊会。① 加州大学与普林斯顿大学等校也在这个时期有过废止联谊会的动议或举措。面对来自大学管理层和教师的打压，联谊会通常都不会被禁绝，而是越发强化其秘密特性，转入更为隐蔽的地下活动，而且与校方之间的冲突也可能会更加尖锐。此外，对联谊会采取约束措施往往还会激起校友群体的愤怒，他们声称会切断对大学的捐助。再者，强硬的措施还可能造成学生人数的减少。这些后果对学院的管理者和教师来说都是难以承受的重大损失，他们往往不得不转而对联谊会采取妥协甚至接受的策略。

在大学校园里，并不是所有的学生都支持联谊会。总体而言，联谊会在美国东部地区一些规模较小的男子学院里发展得最为壮大。在这些联谊会发展的鼎盛时期，差不多能有过半数的学生加入联谊会，一般情况下则有1/4到1/3的学生是联谊会成员。在联谊会兴起不久，一些不赞成联谊会秘密性质的学生便另行建立了奉行公开原则的组织。1834年，在联谊会活动相当活跃的学院与大学之一——威廉姆斯学院，一群明确反对秘密会社的学生们创建了社交联谊会（Social Fraternity）。与此同时，在其他多所学院中也成立了与此类似的学生组织。1847年，它们共同发起成立了"反秘密联谊会联盟"（Anti-Secret Confederation）。1858年，该联盟更名为ΔΥ（Delta Upsilon）。从名称上来看，这也是一个以希腊字母命名的学生组织，但是其章程中却明确规定它的组织原则是公开的，而非秘密的。② 除此以外，还有相当数量的学生不加入任何联谊会，他们被称作独立学生（the independent）或者中立学生（the neutral）。

四 结语：联谊会与美国大学校园生活方式

1869年毕业于耶鲁学院的莱曼·巴格（Lyman H. Bagg）在其回忆录中花费大量篇幅详细记录了学生社团的方方面面。他写道："秘密会社制

---

① Morison S. E., *Three Centuries of Harvard, 1636 – 1936*, Cambridge: Harvard University Press, 1936, p. 310.

② Baird W., *American College Fraternities: A Descriptive Analysis of the Society System in the Colleges of the United States*, Philadelphia: J. B. Lippincott & Co, 1879, p. 67.

度已经成为耶鲁本科学生生活中如此重要的一个部分，以至于完全认识前者是恰当理解后者的必要前提。"① 实际上，不只是耶鲁，在美国19世纪后期大多数学院与大学的校园中，以希腊字母联谊会为主体的秘密会社早已发展成为最具吸引力和影响力的学生组织。尽管联谊会始终面对来自校园内外的许多批评和争议，一些联谊会不得不转入地下，甚至因学校的压制而终止，然而大多数联谊会通过适时调整目标与组织原则，时至今日仍在美国大学生校园生活中发挥着极为重要的作用。

作为美国高等教育历史上最重要的转型时期之一，19世纪中后期至20世纪初不仅见证了美国高等教育在目标、组织、课程等制度因素方面的深刻变革，同时也经历了学生生活面貌的巨大改观。美国大学生群体通过自由结社的方式成立了多种多样的校园组织，并由此创造出了一个由学生群体掌控与运作的课外生活世界。以联谊会和校际体育运动为代表的新式校园生活方式逐渐确立起了一种反智倾向（anti-intellectual）的成功标准：在大学生群体自身看来，刻苦用功、钻研学业的往往都是被嘲笑和讽刺的书呆子，那些相貌英俊、身强体壮、擅长社交、在联谊会活动和体育比赛中大出风头的人物才是受到追捧的翘楚。在美国高等教育从精英走向大众化的过程中，这种独具特色的美国大学校园生活方式也成为越来越多青年人向往和珍视的上大学的经验。

[作者简介] 林伟（1982—　），男，四川成都人，首都师范大学教育学院讲师，教育学博士，从事西方高等教育史和教育史学理论研究。

---

① L. H. Bagg, *Four Years at Yale*, New Haven: Charles C. Chatfield & Co., 1871, p. 51.

第二编

思想与观念

杜威与现代教育

——几个基本问题的探讨[*]

郭法奇

毋庸置疑，在20世纪，杜威是对现代教育理论和实践影响最大的教育家之一。他的一些教育著作：《我的教育信条》（*My Pedagogic Creed*，1897）、《学校与社会》（*The School and Society*，1899）、《儿童与课程》（*The Child and Curriculum*，1902）、《民主主义与教育》（*Democracy and Education*，1916）和《经验与教育》（*Experience and Education*，1938）等，不仅记录了探索现代教育的轨迹，也成为人们研究现代教育的经典。

当然，在20世纪的教育中，杜威是一个极富争议的教育家。他的教育思想既有被高度赞誉的，也有被激烈批评的。如何认识这些问题，不仅需要把杜威的教育思想与他生活的时代和他的教育活动联系起来，也需要把他的教育思想与20世纪现代教育的发展联系起来。

20世纪的现代教育是一个在各个方面致力于批判、改革、探索和创新的教育。受科学主义、实验主义的影响，各种教育思想展开争鸣，各类教育实验尝试创新，积累了大量的、丰富的可观察、可研究的资料。杜威的教育思想反映了20世纪前期现代教育发展的进程，也反映了现代教育发展的多样性和复杂性。因此，研究杜威与现代教育关系问题不仅有利于解读杜威的教育思想，更有利于认识现代教育发展的逻辑。

---

[*] 本文原载于《教育研究》2014年第1期。

一 问题的提出

关于杜威与"现代教育"关系问题，单中惠教授曾较早进行了研究。他在《现代教育的探索：杜威与实用主义教育思想》一书中指出，杜威的一生是对现代教育探索的一生。① 他把杜威探索现代教育的过程划分为几个时期：1884 年，在密执安大学把教育学、心理学与哲学结合进行研究，是杜威探索"现代教育"的肇端；1894 年，在芝加哥大学进行八年教育实验活动是杜威探索"现代教育"的深入阶段，产生许多重要研究成果；1904 年，在哥伦比亚大学工作，并于 1916 年出版《民主主义与教育》，是杜威实用主义教育思想体系的构建阶段；甚至到 1952 年杜威去世的那一年，杜威仍在探索"现代教育"，发表《〈教育资源的使用〉一书的引言》。单中惠教授的基本观点是：杜威探索"现代教育"是对赫尔巴特为代表的"传统教育"理论进行批判和理性思考的过程，这种批判和思考是探索"现代教育"和构建实用主义教育思想体系的出发点，杜威在教育方面的革新和学校教育的变革是探索"现代教育"的目的所在，这一时期美国社会出现的重大转折、进步主义教育兴起等，使得杜威对现代教育的探索具有社会和时代的特征。② 单中惠教授的这些观点对于认识和研究杜威与现代教育的关系问题具有重要的价值。不过，有几个问题还需要进一步的探讨。

一是关于现代教育的"核心"问题。单中惠教授认为，杜威探索现代教育涉及众多方面，"如果没有教育实验活动，没有对'传统教育'的批判，没有美国进步教育的运动，没有对大转折年代美国社会生活变化的思索，那么杜威也就不可能构建他的实用主义教育思想体系"③。构建实用主义教育思想体系是杜威探索现代教育的中心内容。这一分析概括了杜威的贡献，但需要进一步研究的是，现代教育的"核心"问题是什么，

---

① 单中惠：《现代教育的探索：杜威与实用主义教育思想》，人民教育出版社 2002 年版，第 2—3 页。
② 同上书，第 198 页。
③ 同上书，第 3 页。

杜威实用主义教育思想体系是否抓住了现代教育的"核心"问题。

二是关于"新教育"和"旧教育"的关系问题。单中惠教授指出，在构建实用主义教育体系的过程中，杜威既批判"旧教育"的缺点，也提醒人们注意"新教育"的危险。他认为"旧教育"是在未成熟的儿童与成熟的成人之间做了极不合理的比较，把儿童看成尽快送走的东西；而"新教育"的危险是把儿童现在的能力和兴趣看作决定性的和重要的东西。[①] 这一分析击中了"旧教育"和"新教育"的要害，但也有要进一步研究的问题是，"新教育"与"旧教育"是否是完全对立的，"新教育"与"旧教育"可否相容。

三是与前两个问题相关，关于现代教育发展的"逻辑"问题。杜威的实用主义教育思想体系是20世纪美国教育改革的产物，也是现代教育发展的内容之一。现代教育发展"逻辑"是什么，如何认识和评价杜威实用主义教育思想体系与现代教育发展"逻辑"的关系。

下面分别对这三个问题进行探讨，为深入研究杜威与现代教育关系问题奠定基础。

二 什么是现代教育的"核心"问题

关于杜威对现代教育的探索，需要结合"现代教育"的概念以及杜威实用主义教育思想体系一起分析。

一般来说，关于"现代教育"的含义主要有两种解释。一种是狭义的解释，主要指由杜威所倡导的，有别于赫尔巴特的"传统教育"（或称"旧教育""保守教育"）的一种新的教育，也称"进步教育"（或称"新教育""现代教育"）。另一种是广义的解释，主要指在现代时期形成的教育。它既包含杜威所倡导的、与传统教育不同的"进步教育"，也包含与杜威的"进步教育"不同的或者有一些联系的处于现代时期的教育。在这里，现代时期是"现代教育"发生的时间和空间。现代时期的教育既包含种种对"现代教育"的理性认知和具体实践，也包含着符合"现代

---

① 单中惠：《现代教育的探索：杜威与实用主义教育思想》，人民教育出版社2002年版，第197页。

教育"特质，与传统教育有密切联系的教育思想和教育活动。例如，20世纪初期美国的一些学校仍然存在坚守教育的基本传统，坚持课堂教学模式等。从这个意义上说，杜威所倡导的"进步教育"并不等于现代时期所发生的教育的全部，"现代教育"是在批判和继承"传统教育"的基础上形成的。因此，研究"现代教育"，使用广义的解释是比较合适的。

如果说实用主义教育思想体系是杜威教育思想的基本内容的话，那么，这种实用主义教育思想体系只是杜威在探索和解决现代教育过程中形成的一种结果，或者是杜威探讨现代教育的产物，而不是要解决的问题，更不是要解决的"核心"问题。因为，杜威要解决的现代教育问题非常多，包括传统教育与现代教育的关系、社会与人的发展、知识与经验、民主与教育、学校与社会、学校与创造性培养、创造性培养与问题解决、直接经验与活动课程等问题，但现代教育的"核心"问题应该是这些问题中的关键。

概括地讲，现代教育的"核心"问题是"如何继承前现代教育遗产和培养现代社会新人"。现代教育的形成与前现代教育联系密切，前者不可能完全脱离后者存在。探索现代教育需要批判前现代教育弊端，但也需要继承其中已经为历史证明有效的东西。正确地对待前现代教育遗产是现代教育形成和发展的重要前提。当然，这个大问题可以分为两个小问题，即如何"继承遗产"和"培养新人"。杜威所要解决的现代教育的"核心"问题可能是这个大问题的后一个小问题。

是不是"培养新人"就一定比"继承遗产"重要呢？不见得。首先，从现代教育形成和发展来看，它需要利用一定的传统教育资源，完全割裂与传统教育的联系，不利于现代教育的发展。其次，杜威实用主义教育思想体系重点显然是在批判赫尔巴特"传统教育"，虽然他的批判有一定理性思考，对传统教育的一些做法也给予肯定，但还是有限的。[1] 杜威之所以把重点放在"培养新人"的方面，一个重要原因可能是他对"旧教育"

---

[1] 单中惠教授在《现代教育的探索：杜威与实用主义教育思想》一书中专门研究了杜威"对'传统教育'的理性思考"问题，但篇幅有限，只有2页；而关于杜威对"传统教育"批判的内容则多达14页。参见该书第182—198页。关于杜威与传统教育的关系问题，仍有进一步研究的必要。

弊端的深恶痛绝和对"新教育"的渴望，力图建立一种与"旧教育"完全不同的教育。这正是他的实用主义教育思想体系的核心。那么，"新教育"与"旧教育"完全对立吗？二者是否可以相容？

三 "新教育"与"旧教育"能否相容？

"新教育"与"旧教育"的关系问题实际上是"现代教育"和"传统教育"的关系问题。当然，"新教育"不完全等同于"现代教育"，"旧教育"也不完全等于"传统教育"，虽然它们反映了现代教育和传统教育的某些方面或者局限。"新教育"与"旧教育"能否相容，关键是看如何对待"旧教育"，即如何对待"传统教育"的问题。传统教育中哪些是需要批判的，哪些是应当保留的，应该有一定的分析，否则把"传统教育"与"现代教育"完全对立起来，彻底否定传统教育，也不利于现代教育的发展。

这里有必要对"传统""教育传统""传统教育"和"现代教育"的含义及其关系进行分析。按照美国社会学家爱德华·希尔斯在《论传统》中的观点，所谓"传统"是指"代代相传的事物"，即任何从过去延传至今的东西。对于传统，人们可能不知道是谁创造了它，但是它与人的存在联系密切。传统是一种经过长期检验，被人们接受、赞同、实施或者吸收的东西。[1] 也有学者指出，传统主要是一种精神实体。这种观点有一定道理，但它忽略了传统中的物质成分。实际上，传统不仅是精神实体，还包括物质实体；传统是精神实体和物质实体的统一。

需要指出的是，虽然传统是过去的东西，但过去的东西不一定都是传统。与历史中存在的其他事物相比，传统是一种人为形成的、与人的存在密切相关的、经过长期检验的、属于常态的东西。例如，传统中的道德、秩序、法律等，无论你是否喜欢，没有它就很难生存。

与"传统"相联系，"教育传统"就是指在教育历史和实践中那些属于教育常态的东西。它是指那些经受了教育实践检验、比较稳定、被人们认同和接受的东西，它包括一定的教育理论与观念、内容与方法、惯例与

---

[1] [美]爱德华·希尔斯：《论传统》，上海人民出版社1991年版，第15页。

制度以及器物或者实物等。

与其他传统一样,教育传统具有一定相对性。不同时期的教育具有属于那个时期的常态,如古代教育有古典教育传统、近代教育有科学教育传统、现代教育有民主教育传统。不过,教育传统经过长期的发展和检验,已经形成了许多比较稳定、属于教育常态的东西,如设置学校机构、开设学科课程、教师主导教学、采取班级授课、坚持考试制度、强调自由与约束结合等,都已经成为教育传统的重要内容,并一直影响着今天的教育。

"传统教育"与"教育传统"不同。"传统教育"是一个与"现代教育"对应的概念,也是一个时间概念。例如,古代教育的某些内容相对于近代教育来说,可能是传统教育;近代教育的某些内容相对于现代教育来说,也可能是传统教育。但无论是"传统教育",还是"现代教育",都有一定的"教育传统"在里面。也就是说,"教育传统"是各个时期教育发展中比较稳定的、经过检验的、最基本的东西。无论是"传统教育"还是"现代教育",都有"教育传统"的存在。"教育传统"是连接"传统教育"和"现代教育"的关键因素。

从这个意义上说,把"新教育"与"旧教育"或者"传统教育"与"现代教育"对立起来,对其进行彻底切割是不恰当的。因为它摒弃了属于教育内核的"教育传统"的东西,使教育成为一种断裂式的教育。出现这种情况的一个重要原因在于,研究者往往把"过去"与"现在"对立起来,只肯定"现在"的一切都"是",否定"过去"的一切都"不是",导致教育上的绝对主义和虚无主义。

需要指出的是,虽然杜威对"传统教育"的批判揭示了传统教育的弊端,但关键是要找到这一弊端形成的原因以及提出恰当的解决方法,而不是简单地加以否定,尤其是其合理的方面。美国教育当时的问题主要在两个方面:学校教育与儿童生活的分离、学校教育与社会生活的分离。但如果把解决这一问题仅仅理解成是为了关注儿童的和社会的生活,或学校教育可以降低教师的主导作用,以及可以取消学科课程等,实际上并不利于问题的解决。

总之,"新教育"与"旧教育"能否相容,不仅是如何对待"传统教育"的问题,更是如何对待"教育传统"的问题。是否可以这样说,在如何处理"传统教育"和"现代教育"关系上,杜威虽然发现了"传统教育"的问题所在,但在解决问题时可能开错了药方,轻视了"教育传统"的存在。

四 如何认识现代教育发展的"逻辑"

现代教育的发展是否有一定的"逻辑"？如果有,这个"逻辑"是什么？杜威实用主义教育思想体系与现代教育发展的"逻辑"是否一致？这些问题也需要进行研究。

应当肯定,现代教育的发展有其内在"逻辑"。现代教育发展的"逻辑"是指：现代教育的发展是建立在前现代教育基础上的。现代教育在适应现代社会的同时,需坚持教育传统,处理好传统与现代、继承与创新的关系,使教育能够有一个持续的和常态的发展。认识现代教育发展的"逻辑"问题,需要把握20世纪教育发展特点和基本假设,并结合杜威的教育理论及教育实验进行分析。20世纪教育发展主要有以下几个特点。

一是前现代教育走出封闭,面向社会开放,进行多方面改革,向现代教育转型。在欧美工业化、城市化以及欧洲新教育运动与美国进步教育运动影响下,欧美新的学校形式和教学实验不断推出,传统教育观念和实践遭到重大挑战,传统教育经历被批判、被改造的时期。传统教育与现代教育既有博弈也有借鉴和修正,传统教育的一些观念或实践被批判和否定,传统教育的一些常态做法也得到一定的继承和保留。现代社会尊重儿童兴趣、尊重儿童差异的价值观开始影响现代教育理论和实践,成为现代教育传统的重要组成部分。

二是科学主义、实验主义影响教育领域,教育研究出现科学化。在欧美出现的儿童研究运动、学校调查运动以及教育研究运动,提出了许多前现代教育很少研究的问题。心理学家和教育家共同领军,吸收社会各界人士参与,各种教育机构、研究协会纷纷建立,展开大范围的教育调查活动和多层次对话交流,从观念和实践上对教育,包括学校教育进行全方位的研究和改革。儿童健康和智力发展、学校管理与效率、学校改革与社会进步以及儿童创造性培养等问题成为教育界广泛研究和讨论的主题,教育研究出现了专业化的趋势。

三是教育多元发展,各种观念、思潮不断涌现。不仅有代表人类发展趋势的民主的、人性化的教育主流，也有反民主的、反人性的法西斯主义的教育逆流；不仅有受社会政治、经济影响形成的教育思潮，也有在科学、哲学、心理、文化、宗教等影响下形成的具有多样形态的教育思想流派。特别是20世纪60年代以后，多元文化主义、后现代主义、新自由主义、新保守主义等思潮的出现，对现代教育的发展产生了深远影响。

20世纪现代教育的发展为认识现代教育的"核心"问题和发展"逻辑"提供了有利条件，形成了现代教育的一些基本假设。第一，现代社会的转型和民主化进程使得现代教育成为追求民主化的教育。民主化教育是重视人人共享的"统一性"的教育，要求取消人为设置的不平等的教育，打破社会和教育对人的流动和发展的限制，给每个人以同样的接受教育的机会。第二，现代社会对个体发展和教育的重视，也使得现代教育成为尊重个性和差异的"多样性"的教育。尊重个性和差异的教育要求尊重儿童的天赋、潜能、兴趣和需要，在保证儿童教育机会均等的基础上尊重儿童的个人选择和个性，使每个儿童得到"多样性"的发展。第三，在现代社会中，学校机构是实施教育"统一性"和"多样性"的重要场所之一。强调教育"统一性"和"多样性"，学校教育不仅要尊重儿童的教育机会均等，为儿童提供统一的课程，也要关注儿童个性发展和教育，提供个性化和多样化的课程。学校教育的"统一性"和"多样性"是以促进儿童的全面发展为宗旨的。第四，在现代社会，教育不仅要尊重儿童的选择和"多样性"发展，更应对儿童的发展和教育有"统一性"的约束性要求。通过学校纪律和规范约束儿童的行为，儿童能够适应现代社会生活，得到更好的发展。

需要指出的是，尽管20世纪的现代教育有反民主和反人性的法西斯主义教育"逆流"，有"学校消亡论"以及教育上"反智主义"思潮的出现，但这些并没有改变现代教育的基本假设。目前来看，这些教育假设仍然是有效的。坚持教育"统一性"和"多样性"，加强学校教育的地位等，仍然成为各国教育政策和实践的基本选择。尽管学校教育存在诸多问题，但学校教育并没有取消。教育改革的任务是如何使学校教育继续保持活力，使其更好适应21世纪社会需要。

通过对现代教育特点和假设的分析来观察杜威与现代教育的关系可以看到，杜威教育思想在许多方面是符合现代教育发展"逻辑"的，如强调教育中对学生个性的尊重,注重学生参与学校民主生活,注重学校教育与现代社会联系等。这些思想对于促进民主社会中的学校教育,培养学生的现代观念和创造性是具有积极意义的。但也有些偏离的方面,主要表现在以下几个方面。

从杜威的实验学校设计看,虽然学校实验体现了他对现代教育的思考,但在设计上还存在一定不足。如杜威在芝加哥创办的实验学校没有采取分班和分年级教学,而是按学生兴趣分组进行教学;实验学校也没有安排学生考试,学生主要按照自己兴趣进行选择性学习。从教育的发展来看,自学校产生以来,采取分科分班学习、坚持全面教学和考试制度逐步成为教育的一种常态,而取消考试、取消分班教学和完全让儿童自由学习是与教育常态相背离的。这一做法的后果在杜威学校解散时显现出来。例如,一位曾经在杜威学校学习的学生回忆说到,由于有儿童没有参加全部的课程学习,当他离开杜威学校到别的学校时已经不能适应新学校的学习了。[1]

从实验学校的教育特色看,杜威的实验学校也有乡村时代学校教育的怀旧情结的反映。例如,他的芝加哥实验学校采取不分年级、无考试、松散式教育等,与当时美国城市化时期乡村学校教育的特点是一致的。[2] 它虽然可以使人唤起对乡村田园式教育的美好记忆,或者说是对城市学校"读书教育"的一种反叛,但在强调教育分科化、规范化的时代,在关注儿童发展差异化的教育心理学思潮面前,这一实验的影响是有限的,最终被批评可能是这种教育的结果。杜威离开芝加哥大学以后再也没有进行过类似的教育实验。除了其他因素外,是否也与这一实验本身的局限有关?

从杜威教育研究的方法上看,杜威在教育研究中比较注重教育哲学与教育研究的结合。这样的研究虽然比较深刻,但是完全倚重哲学方法也是存在局限的。因为,当20世纪科学发展的专业化成为研究范式的主流时,教育研究仅仅通过哲学思考已显现不足,更需要心理学和教育测量的支

---

[1] [美]凯瑟琳·坎普·梅休等:《杜威学校》,王承绪等译,教育科学出版社2007年版,第349页。

[2] [美]戴维·B.泰亚克:《一种最佳体制:美国城市教育史》,赵立玮译,上海人民出版社2010年版,第14—24页。

持。当然,杜威早期也在心理学方面有过探索并进行了一定的实验,但是他的重心更多是在哲学思考和理论的检验方面。尤其当杜威离开芝加哥实验学校以后,这些研究基本都中断了。这样就可能使得他逐渐远离了美国教育研究的主流。有资料显示,当1925年教育心理学家桑代克获得哥伦比亚大学"巴特勒金质奖章"(Butler Medal),以表彰他在心理测量及其在教育应用中所做出的突出贡献时,桑代克只有41岁;而杜威则是在1935年才获得此殊荣,这时的他已76岁高龄,比桑代克获奖晚了10年。[1] 这是否在一定程度上表明,杜威的获奖可能更具有荣誉的意义呢?

五 结语

现代教育是人类教育发展的高级阶段,它对人的全面发展教育提出了较高要求。人类自形成以来,为了生存,形成了竞争和防御的策略。这决定了知识、技能和智力的重要性,也决定了人在适应环境中不断创新的重要性。杜威的实用主义教育思想体系在反映现代教育的创新方面是有突出贡献的。

把杜威教育思想与现代教育结合起来进行研究,其目的就是更好认识现代教育中的杜威和其研究的现代教育。杜威研究现代教育的特点是,把教育放在一个大的解释框架内,即在教育与现代社会的关系中进行考察,通过对传统教育的批判、改造,探索现代教育与社会、政治、经济、文化等方面的关系,形成了独特的研究问题、维度,以及方法论的特征。杜威的解释框架体现了从教育哲学的视角来思考教育问题的特征,并且使教育实践成为检验理论思考的实验室。这使得他对教育理论的研究重于对教育实践的探索,教育理论的思考更具有哲学思辨特征。

当然,从教育史上看,任何一种教育思想体系都是存在不足的,任何一种教育思想体系都需要经受实践检验的。作为现代教育思想体系的组成部分,杜威的教育思想体系也需要接受检验。在检验中只需找到其不足的部分进行修补,使其教育思想体系得以更新和发展。

---

[1] 康绍芳:《转型时期美国教育学术界的精英群体(1890—1920)》,北京师范大学2012年版,第151页。

总之,现代教育是在批判、继承传统教育的基础上发展的。现代教育不可能完全脱离和否定过去。在适应现代社会新的需要基础上,坚持教育传统,处理好传统与现代、继承与创新的关系,使教育能够有一个持续的和常态的发展,这正是现代教育发展的"逻辑"。

[作者简介] 郭法奇(1955—),吉林省公主岭市人,北京师范大学教育历史与文化研究院教授,研究方向为现代西方教育史和教育史学。

杜威的"探究与创新"教育思想及其现代检视[*]

郭法奇

杜威（John Dewey，1859—1952）是20世纪美国著名的教育家，他将实用主义哲学与美国教育实践相结合，创立了独具特色的教育理论，对美国以及世界上许多其他国家的教育改革产生了重要影响。杜威的"探究与创新"思想是杜威教育思想的核心。对此，笔者曾于2004年在《比较教育研究》第3期中发表了《探究与创新：杜威教育思想的精髓》一文，距今已有10多年了。今天结合教育实际再次阅读杜威的著作，又有了一些新的思考：如何深入认识杜威"探究与创新"教育思想与实用主义哲学的关系？如何解读"探究与创新"的含义及在教育上的运用？如何评价和检视杜威"探究与创新"教育思想的现代价值及其不足？等等。本文试图对这些问题作进一步的分析。

一 杜威"探究与创新"教育思想的哲学基础：实用主义哲学

杜威"探究与创新"教育思想的形成主要是以实用主义哲学为基础的。实用主义哲学是美国社会变革和科学发展的产物。杜威曾经指出，自工业革命以来不到一百年时间里，人类社会发生了迅速、广泛和深刻的变化。工业化和城市化的迅速推进，不仅改变了政治疆界，扩大了生产的规

---

[*] 本文原载《中国人民大学教育学刊》2015年第3期。

模,加速了人口的流动,也使得人们的各种生活习惯、道德以及观念和爱好都发生了深刻的变化。这种社会变革的重要结果就是促进了科学的发展。在19世纪的欧美社会,随着生理学以及与生理学相关联的心理学的进展、进化论思想的出现、科学实验方法的使用等,强调发展及变化和重视探究及实验成为科学发展的基本特征。杜威的"探究与创新"思想反映了这一时期受科学探索精神广泛影响的特征。

社会变化和科学的发展促进了美国实用主义哲学的产生。从历史上看,美国早期没有自己的哲学。法国的历史学家托克维尔在1835年曾指出:"在文明世界里没有一个国家像美国那样最不注重哲学了。美国人没有自己的哲学派别,对欧洲的互相对立的一切学派也漠不关心,甚至连它们的称呼都一无所知。"[1] 直到19世纪70年代以后才产生了美国的实用主义哲学。实用主义哲学最初产生于美国的哈佛大学。19世纪70年代,在哲学家查理·皮尔斯(Charles. S. Peirce,1839—1914)主持的"形而上学俱乐部"里,一些学者共同研究和探讨,形成了"实用主义"的基本思想。皮尔斯据此写了两篇文章,一篇是《信仰的确定》(The Fixation of Belief),一篇是《我们怎样使观念明确》(How to Make our Ideas Clear),分别发表于1877年和1878年的《通俗科学月刊》(Popular Science Monthly)杂志上,首次提出了实用主义的基本思想。[2] 皮尔斯认为,任何一个观念的最本质的意义就在于它能引起人的有效的行动。他说,我们思考事物时,如要把它完全弄明白,只需考虑它会有什么样可能的实际效果。这就是说,事物不产生实际效果,不能形成对它的明确的概念。例如说"这块黄油是软的",就意味着"如果刮这块黄油,可以很容易地刮出明显的凹处"。[3] 在皮尔斯看来,人的具体活动与可证实结果之间的联系是非常重要的。从这个意义上说,实用主义就是实证主义。

1898年8月26日,美国哲学、心理学和生理学教授詹姆士(William James,1842—1910)在伯克利大学作了《哲学概念和实际效果》的演讲,宣布了实用主义作为一个哲学运动的开始。1907年,詹姆士出版了

---

[1] [法]托克维尔:《论美国的民主》(下),董国良译,商务印书馆1997年版,第518页。
[2] 庄锡昌主编:《西方文化史》,高等教育出版社1999年版,第287页。
[3] 赵敦华:《现代西方哲学新编》,北京大学出版社2001年版,第46页。

《实用主义》一书，系统地阐述了实用主义思想。在他看来，实用主义（Pragmatism）这一名词是从希腊的"πράγμα"一词派生出来的，意思是"行动"。"实践"（practice）和"实践的"（practical）这两个词就是从这一词演变来的。① 詹姆士的观点是，要弄清一个观念或者原则的意义，只需断定它会引起什么行动。在他看来，实用主义主要是一种方法，它在本质上"和许多古代的哲学倾向是协调的。比如在注重特殊事实方面，实用主义与唯名主义是一致的；在着重实践方面，它和功利主义是一致的；在鄙弃一切字面的解决，无用的问题和形而上学的抽象方面，它与实证主义是一致的"。② "实用主义的方法，不是什么特别的结果，只不过是一种确定方向的态度。这个态度不是去看最先的事物、原则、范畴和假定是必需的东西；而是去看最后的事物、收获、效果和事实。"③ 从注重观念、原则、假定的实证的结果看，詹姆士的观点与皮尔斯是一致的，他们都关心"知和行"的关系问题。

从知和行的关系看，"真理观"和"经验论"是实用主义哲学的基本内容。当然，实用主义的"真理观"不同于传统哲学。传统哲学认为，真理是我们某些观念的一种性质，它意味着观念和实在的"符合"；"虚假"则意味着与"实在"不符合。实用主义与传统哲学的"真理观"在这一点上是一致的。如果说有区别，主要是其对"符合"含义的不同解读。詹姆士举例说，墙上挂着一个钟，我们看它一眼，就会有一个图像，以后在记忆中会有一个印象；但是这种静态的印象，不是"符合"的本意。因为我们对挂钟的内部运转毫无所知，而挂钟如何工作对人们的生活极为重要。如果观念仅仅符合挂钟的外表，而不是它的工作过程，那不能算是真理。在这里，詹姆士提出一个重要的问题，即观念、概念等不是用来记住表面的东西；如果这些观念没有解释力，没能成为人们行动的工具，是没有用的。詹姆士说，"掌握真实的思想就意味着随便到什么地方都具有极其宝贵的行动工具。"④ 他举例说，一个人在森林里迷了路，如

---

① ［美］詹姆士：《实用主义》，孙瑞禾译，商务印书馆1979年版，第26页。
② 同上书，第30页。
③ 同上书，第31页。
④ 同上书，第103—104页。

果他发现了小路上好像有牛走过痕迹，他可能会想到小路的尽头一定有住家。于是他就随着这一痕迹走，如果他的假设是真的，他就得救了，否则他就会饿死在森林里。在詹姆士看来，真理不是静止的观念，而是在实践上已被证实了的观念。詹姆士进一步指出，思想、观念的真否，主要看其含义的效果，看其能否适用到应用的地方。能够发生应用效果的是真的，否则是假的。詹姆士认为，观念为真的过程是一个证实的过程。这一过程有开始和结束。"它是有用的，因为它是真的"，或者说，"它是真的，因为它是有用的"。这两句话的意思是一样的，即这里有一个观念实现了，而且被证实了。"真"是任何开始证实过程的观念的名称；这里"有用"是在经验里完成了作用的名称。① 从这里可以看出，詹姆士更强调观念的工具性和可操作性。

当然，把观念的真假与是否有用联系起来，容易使实用主义的"真理观"成为庸俗化的东西。正因为如此，实用主义的"真理观"曾一度被简化为"有用即真理"，甚至有研究者把实用主义看作"为达到目的，可以不择手段"的一种思维方法。在他们看来，实用主义的"真理观"只注重实际效果，毫无理智可言。如何认识实用主义的"真理观"？美国学者 H. S. 康马杰指出："真理是在实际效果中发现的，如果把这个原则转述为任何有效果的事物都必然是真理，那也未免太容易，也太危险了。"② 杜威也提出了自己的看法，他说："所谓真理即效用，就是把思想或学说认为可行的拿来贡献于经验改造的那种效用。道路的用处不以便利于山贼劫掠的程度来测定。它的用处决定于它是否实际尽了道路的功能，是否做了公众运输和交通的便利而有效的手段。观念或假设的效用之所以成为那个假设所含真理的尺度也是如此。"③ 从杜威的观点可以看出，实用主义的"真理观"并不是以个人的好恶作为判断的标准，而更多的是强调真理的有效性和检验真理的实践标准和社会标准。在杜威看来，把实用主义的"真理观"仅仅看作个人好恶的"有用即真理"，这是对实用主

---

① [美] 詹姆士：《实用主义》，孙瑞禾译，商务印书馆1979年版，第104—105页。
② [美] H. S. 康马杰：《美国精神》，南木等译，光明日报出版社1988年版，第147页。
③ [美] 杜威：《哲学的改造》，许崇清译，商务印书馆1958年版，第85页。

义的"浅薄的误解"。①

关于"经验论",詹姆士认为,经验不是把外面的东西硬印到人的被动的心上,经验是活动的、冒险的、变迁的、进取的。杜威也提出了关于"经验"的两方面的理解。一是从本体论的角度出发,杜威认为经验是思想和事物的统一。它反对经验与自然、主体与客体、精神与物质的二元对立。哲学的本体既不是物质和存在,也不是观念和精神,而是它们的统一体:经验。二是从个体与环境关系的角度出发,认为经验是个体尝试和所经受的结果之间的联结。在《民主主义与教育》一书里,杜威指出:"经验包含一个主动的因素和一个被动的因素,这两个因素以特有的形式结合着。……在主动的方面,经验就是尝试……在被动的方面,经验就是承受结果。我们对事物有所作为,然后它回过来对我们有影响,这就是一种特殊的结合。经验对这两个方面的联结,可以测定经验的效果。"② 他进一步举例说:"一个孩子仅仅把手指伸进火焰,这不是经验;当这个行动和他所遭受的疼痛联系起来的时候,才是经验。从此以后,他知道手指伸进火焰意味着灼伤。"③ 在"经验"的问题上,杜威更重视人的主动性。他说,"经验变成首先是做(doing)的事情。有机体决不徒然站着,一事不做……等着什么事情发生,它并不默守、弛懈,等候外界有什么东西逼到它的身上去。它按照自己机体构造的繁简向着环境动作。结果,环境所产生的变化又反映到这个有机体和它的活动上去。这个生物经历和感受它自己的行动的结果。这个动作和感受的密切关系就形成了我们所谓的经验。不相关联的动作和不相关联的感受都不能成为经验。"④ 总之,杜威的实用主义"经验论"是一种重视行动、崇尚实践,以及人主体性的理论。

在"真理观"上,杜威反对永恒的"真理观"。永恒的"真理观"主张,真理是涉及永恒和普遍的知识,特殊的事物都是从普遍的知识中推论出来的;普遍的知识为其本身而存在,与具体和实用无关;普遍的知识来源于纯粹的非物质的心灵。⑤ 杜威认为,这种"真理观"把经验与知识

---

① [美] 詹姆士:《实用主义》,孙瑞禾译,商务印书馆1979年版,第26页。
② [美] 杜威:《民主主义与教育》,王承绪译,人民教育出版社1990年版,第148页。
③ 同上。
④ [美] 杜威:《哲学的改造》,许崇清译,商务印书馆1958年版,第46页。
⑤ [美] 杜威:《民主主义与教育》,王承绪译,人民教育出版社1990年版,第277页。

对立起来，割裂了二者的联系。杜威指出，随着现代社会和科学的进步，知识的获得既不是古代对经验的绝对排斥，也不是近代的唯经验论至上，而是注重以经验为基础的实验的知识，知识是经过经验和验证获得的。①

在"经验论"上，杜威重视"经验"的联结功能。在他看来，经验是主体与客体的联结，是主体作用于事物以后事物又对主体产生影响的特殊结合。通过这种联结和结合，可以测定经验的效果和价值。杜威指出，并不是所有的活动都具有经验；单纯的、缺乏把活动产生的变化与结果之间联系起来的活动不构成经验。这样的活动是盲目的、冲动的，丝毫没有生长的积累，经验也没有生命力。在教育上，经验是一种主动和被动的事情，不单是认识的事情；评价一个经验的价值的标准在于能否认识经验所引起的种种关联和连续性。当经验具有价值和意义时，经验才具有认识的作用。在这里，经验的联结、结合等都需要个体的思维或者反思。杜威认为，思维就是有意识地努力去发现所做的事和所造成的结果之间的特定的联结，并使两者连接起来。没有反思的因素就不能产生有意义的经验。对事物的经验和反思是不能割裂的。②

与重视经验的反思相关，杜威非常关心知识与实践的分离和割裂问题，主张通过知识的连续性和运用知识的关联性来解决这一问题。在杜威看来，西方传统哲学最明显的特点是分离、对立的二元思维模式，这是现代科学和技术以及前民主时代的产物。在所有二元对立的范畴中，最重要的是知识和实践的对立。杜威认为，这一起源于古希腊哲学范畴的对立的社会根源是奴隶主和奴隶的等级差别，其社会学意义是闲暇和劳动的对立。之后在历史上又派生出本体与现象、永恒与变化、先天与后天、富人与穷人的哲学的对立等。在这些对立中，前者总是高于后者。因为发明这些"对立"的理论家认为他们思考的对象是高于实际工作的对象的。杜威指出，现代生理学和与其相关联的心理学的进展、进化论思想的出现、科学实验的使用等，为知识的连续性和去分离化提供了条件。知识是不能脱离实践的，它是个体主动参与的结果，"经验即实验"。③

---

① ［美］杜威：《民主主义与教育》，王承绪译，人民教育出版社1990年版，第291页。
② 同上书，第154页。
③ 同上书，第286页。

总之，杜威的实用主义哲学是一种强调行动和实验的哲学。它反对只强调观念或者知识的孤立或独处状态，主张将观念与行动统一起来，并在二者的结合中对观念进行检验，把观念能否产生效果放在第一位。因此，在这一基础上形成的"探究和创新"精神，可以说是杜威实用主义的"真理观"和"经验论"相结合的产物。杜威把"探究和创新"思想引入教育，对教育的许多问题进行全新的思考，使得其教育思想形成了与传统教育明显不同的特征，为认识现代教育及本质提供了新的视角。

二　科学的"探究"与教育的"探究"

由上面的分析可知，杜威关于"探究和创新"的思考是建立在实用主义哲学基础上的，特别是与他的"真理观"和"经验论"联系在一起的，体现了一种对待知识的新的态度和方法。这个新的态度和方法涉及科学的"探究"问题。在杜威看来，如果"真理"是探究的结果，那么"经验"就是探究、尝试的过程和对探究结果的修正。"探究"就是个体通过反思、尝试，发现和揭示事物结果的过程。

杜威非常重视科学"探究"过程与人的思维或者反思的联系。杜威在《民主主义与教育》的第十一章"经验与思维"中专门论述了这个问题。杜威指出，思维或者反思可以用来识别所尝试的事情和所发生的结果之间的关系。反思是经验形成的基础，没有反思的因素就不可能产生有意义的经验。[1] 杜威认为，思维或者反思就是一个探究的过程，是一个观察事物、调查研究的过程。在这个过程中，获得结果是次要的，探究活动是重要的。在杜威看来，一切思维或者探究活动都包含着冒险。由于事物的确定性不能在事前担保，研究未知的事物具有冒险的性质，不能预先肯定，因此思维的结论在事实证明以前，多少属于试验性的，或者是假设性的不能确定。杜威指出，针对这个问题，古希腊人曾经提出过一个看似"悖论"的问题，"我们怎样能够学习？"（笔者在这里把它概括为"学习是不可能的"，或者"研究是不可能的"问题）因为，要么我们已经知道所寻求的是什么，要么我们就是一无所知。在这两种情况下，学习都是不

---

[1] ［美］杜威：《民主主义与教育》，王承绪译，人民教育出版社1990年版，第153页。

可能的。在第一种情况下,因为我们已经知道寻找什么,再进行学习就没必要了;在第二种情况下,因为我们不知道寻找什么,即使我们在学习中碰巧找到,我们也不知道这就是我们要找的东西,所以也无法学习。① 杜威认为,这种进退两难的困境,对认识和学习都没有什么帮助;它假定我们要么有完全的知识,要么毫无知识。杜威指出,这个"悖论"实际上是不存在的,因为在完全的知识和毫无知识之间存在一个探究和思维的空间。在这个空间里,人们可以依据已知的知识或者部分的知识进行推论而采取行动。

从这个意义上说,科学"探究"就是在"有知"与"无知"之间,根据已有的或者部分知识所进行的一种尝试或者试验,通过试验提出和论证假设获得对所要探究事物的认识的过程。② 在杜威看来,古希腊人存在的问题是,他们忽略了这个空间的假设性的结论和实验性结果的事实。杜威指出,如果人们认识到,为了探究的目的利用已知的事实进行怀疑构成假设,进行试验性的探索,指导行动,这种试验的探索能证实这个起主导作用的假设、推翻或者修改这个假设,科学发明和发展就有了系统的进步。

为了更好地理解,杜威举出一个例子加以说明。他说:"一个统帅军队的将军,他的行动不能根据绝对的确定,也不能根据绝对的无知。他手边有一定的情报,这些情报我们可以假定是相当可靠的。他根据这些情报推论出某种未来的行动,从而赋予所处情况的事实的一定意义。他的推论多是可以怀疑的、假设性的。但是,他就根据这个推论采取行动。他制定了一个行动计划和应付情境的方法。他这样而不是那样行动,从此直接产生的结果,检验并发现他的反思的价值所在。他所已知的东西起了作用,他所学习的东西具有价值。但是以上这种说法,是否适用于一个非常关心战争进行的中立国的人呢?从形式上说,可以适用;但是从内容上说,当然并不适用。他根据当前事实对未来做出种种推测,并利用这些推测,试图对许多不相联系的事实赋予意义。但是这种推测显然不能作为应在战役中产生实际影响的方法的基础。那并不是他的问题。但是,他并不是单纯

---

① [美]杜威:《民主主义与教育》,王承绪译,人民教育出版社 1990 年版,第 158 页。
② 同上。

消极地注意事态的发展,而是主动地进行思考。就在这样的程度上,他的试验性的推论将在和他的情境相适合的行动方法中产生实际的影响。他将预期某些未来的行动,并将保持警觉,注意是否会发生这些行动。只要他在思想上关心、善于思考,他就会主动地注意,采取必要的步骤。尽管这些步骤不影响战争,也会在某种程度上改变他后来的行动。"① 在杜威看来,根据一定事实或者已知进行假设、实验以及推论就是探究的基本含义。尽管每个人面对的环境或者内容不同,但都可以运用它。

那么,引发和推动科学"探究"的动因是什么呢?在杜威看来,主要是存在的不确定性和要解决的问题。杜威指出,思维发生在仍在进行之中而且还不完全的情境中,是在事物还不确定或者可疑,或者有问题时发生的。哪里有反思,哪里就有悬而未决的事情。思维的目的就是帮助达到一个结论,根据已知的情况,设计一个可能的结局。② 科学探究所包含的步骤是:感觉到问题的所在,观察各方面的情况,提出假定的结论并进行推理,积极地进行实验的检验。这里探究活动所提出的问题,是探究主体主动参与和解决的问题,它贯穿于整个活动的过程中。因而重新认识知识的价值,以及知识与认知的关系是必要的。杜威认为,尽管一切思维的结果都可以归结为知识,但是知识的价值最终还是要服从它在思维中的应用。知识不是学习的目的,而是学习的手段,是作为发现和探究的手段。③ 因为已有的知识都是确定了的东西,它们不能提供所缺乏的东西,它们能解释、阐明、确定问题的所在,但是不能提供答案。要找到问题的答案,还要设计、发明、创造和筹划。④

杜威的这一思考与他对传统认识论的分析和批判有密切的联系。一般来说,认识论是关于知识以及认知的理论。但在杜威看来,认识论所关心的不只是知识的问题,更重要的是认知的问题。认知的问题主要是理论和方法的问题。杜威认为,传统的认识论在认知问题上是以"知识旁观者"的理论(spectator theory of knowledge)出现的。这种认识论主张,知识是

---

① [美]杜威:《民主主义与教育》,王承绪译,人民教育出版社1990年版,第159页。
② 同上书,第157页。
③ 同上书,第158页。
④ 同上书,第168页。

对实在的"静态"把握或关注。杜威指出，这种认识论在认知上存在两个缺陷：一是认知的主体与被认知的对象是分离的，认知者如同"旁观者"或"局外人"一样，以一种"静观"的状态来获取知识；二是认知过程被理解为一种认识"对象"呈现给认知者的事件的过程，认知者在认识中是被动的。同样，"在学校里，学生往往过分被人看作获取知识的理论的旁观者，他们通过直接的智慧力量占有知识。学生一词，几乎是指直接吸收知识而不从事获得有效经验的人"。[①] 杜威指出，"知识的旁观者"理论是一种形而上学的"二元论"，在现代科学面前是站不住脚的。现代科学的发展表明：知识不是某种孤立的和自我完善的东西，而是在生命的维持与进化中不断发展的东西。按照杜威的理解，知识的获得不是个体"旁观"的过程，而是"探究"的过程。"探究"是主体在与某种不确定的情境相联系时所产生的解决问题的行动。在行动中，知识不是存在于旁观者的被动的理解中，而是表现为主体对不确定情境的积极反应。知识不仅是个体主动探究、解决问题的结果，更是进一步解决问题的手段和工具。

从这个思想出发，杜威认为所有成功的探究都遵循一般的模式。这种模式既可以是科学家的科学探究模式，也是教育中的教学模式和学习模式。在教育中"教学法的要素与思维的要素是相同的。这些要素是：第一，学生要有一个真实的、经验的情境，要有一个对活动本身感兴趣的、连续的活动；第二，在这个情境中产生一个真实问题，作为思维的刺激物；第三，他要占有资料，从事必要的观察，对付这个问题；第四，他必须有条不紊地展开他所想出的解决问题的办法；第五，他要有机会和需要通过应用检验他的观念，使这些观念意义明确并且让他自己发现它们是否有效。"[②]

总之，在杜威看来，依据已有知识提出问题，并对资料进行搜集和分析，提出假设或者对观念进行说明，实验应用和检验假设，最后形成结论或者判断，这就是科学探究的基本含义，也是教育探究的基本过程。它反映了一种对待知识和认知的新的态度，是对传统认识论的批判和突破。这

---

① ［美］杜威：《民主主义与教育》，王承绪译，人民教育出版社1990年版，第149页。
② 同上书，第174页。

一认知模式突出了探究主体在认识活动中的重要性,为现代教育重新认识教学的作用和学生个体的活动提供了重要的思想基础。如果说教育的探究有自己特点的话,那就是教育的探究更注重教育者对探究环境及解决问题的精心设计,引导学生积极参与到这一探究环境中,认真收集资料和对付所遇到的问题,获取解决问题的办法。

三 方法的"创新"与教育的"创新"

受实用主义哲学强调"探究"精神的影响,在对"创新"与教育上的创新问题的理解上,杜威也提出了新的解释。

关于"创新"的理解,杜威指出:"创新以及有发明意义的筹划,乃是用新的眼光看这种事物,用不同的方法来运用这种事物。当牛顿想到他的地球引力原理时,他的思想的创造性的一面并不在所用材料上。这些材料是人所共知的;其中许多是平凡的——如太阳、月亮、行星、重量、举例、质量、数的平方。这些都不是有独创性的观念;它们是既定的事实。牛顿的创造性在于利用这些人所共知的材料,把它们引导到未知的前后关系中去。世界上每一个惊人的科学发现,每一种重大的发明,每一件令人羡慕的艺术作品,也都是如此。……衡量创造性的方法,就是用别人没有想到的方法,利用日常习见的事物。新奇的是操作,而不是所用的材料。"① 在杜威看来,方法的"创新"就是采用新的视角、眼光,以及运用新的方法来解决问题的,是利用既定的、已有的和众所周知的事实,并且把它们放进一个未知的新的关系中重新进行思考。在创新的过程中,运用新的视角和方法是重要的,知识和材料都是为它服务的。按照科学哲学家库恩的观点,杜威这里提出的新的关系也可以看作一个新的范式或者解释框架。

那么,"创新"是否是少数人的事情呢?如何理解一般人的"创新"呢?在杜威看来,"创新"不是少数人的专利,它是与每一个人的思维、探究密切联系的,是每个人的权利。杜威指出:"我们有时说起'独创性的科学研究',似乎这是科学家的特权,或者至少也是研究生的特权。但

---

① [美]杜威:《民主主义与教育》,王承绪译,人民教育出版社1990年版,第169页。

是一切思维都是科研,一切研究即使在旁人看来,已经知道他在寻求什么,但是对于从事研究的人来说都是独创性的。"① 在这里,杜威关于"创新"的理解实际上是一种广义的"创新"观。这一观点至少包括两个方面的含义。首先,创新不是某一类人的特权,而是每一个人的权利;其次,创新更重视个体自己的发现。在杜威看来,只要研究者发现了自己过去没有发现和知道的,就是具有"创新"性的。由此可见,杜威的"创新"观更重视的是人的思维方法,而不是思维的对象。从教育实践来看,杜威关于"创新"的解释有利于认识教育上的"创新"问题,有利于鼓励学生进行更多的想象、思考和在新的方法上的尝试。

关于教育上的"创新"的理解,杜威是把它建立在批评学校教学中存在的教学目标分离和过于轻视经验与思维关系的基础上的。杜威指出,传统学校把教学目标分成三个部分,即知识的掌握、技能的获得,以及思维的训练。杜威认为,这种做法使教学的三个目的都不能有效地达到。在杜威看来,如果思维不能和提高行动的效率联系起来,不和增加关于我们自己和我们生活的世界的知识联系起来,这种思维就是有毛病的。也就是说,知识的掌握、技能的获得都离不开思维。如果所获得的技能没有经过思维,就不了解使用技能的目的。同样,脱离深思熟虑的行动的知识是死的知识,是毁坏心智的沉重负担。② 在这里,杜威从教育创新的角度论述了经验与思维的关系问题。

第一,教育的创新需要思维与经验的合作,为学生提供解决问题的资料。在杜威看来,经验需要思维,思维是经验形成的基础。同时,思维也需要经验,思维的过程离不开经验。杜威认为,在教育中思维不是与经验隔绝的和孤立培养的,思维的开始阶段就是经验。例如,一个人尝试去做一件事情,这件事情反过来又作用于这个人。在这个过程中,一个人就要注意他的力量与所使用材料力量之间的相互作用。在这方面,一个玩积木的幼儿与一个做实验的科学家,尽管他们做事情的对象不同,但在行为上都是相同的。杜威指出,有效教学的特征是:给学生一些事情做,不是给

---

① [美]杜威:《民主主义与教育》,王承绪译,人民教育出版社1990年版,第157页。
② 同上书,第162页。

他们一些东西去学；而做事要求进行思维或者有意识的注意事物的联系。① 当然，做事情是与要解决的问题相联系的。但需要区分两种问题，一种是真正的问题，一种是模拟的或者虚幻的问题。前者是学生个人通过做事获得经验，并能导致推论和检验推论的问题；后者是外部强加给学生，为了满足于外部需求要解决的问题。为了克服学校教学的不足，要为学生提供更多的实际材料、资料、教具以及更多做事情的机会。杜威指出，凡是儿童忙着做事情，并且讨论做事过程中所发生问题的地方，即使教学的方式比较一般，问题也是儿童自动提出的。他们提出的问题是多种多样的，是具有独创性的。②

第二，在为学生提供解决问题资料的同时，还要提供学生解决问题和对付困难的方法。这里所谓的方法的问题，主要是如何处理已有的知识与新发现知识的关系问题。杜威指出，让学生做事情，并不是让学生独自解决问题。解决问题需要材料，但材料不是思想，而是各种行动、事实、事件和事物的种种联系。要让学生解决问题，就必须让他们具有一定的经验，并为他们提供解决困难的方法。解决问题是需要面对困难的，困难是引起思维的刺激物。但并不是所有的困难都引起思维，有时困难可能使学生不知所措，或者被困难吓倒。教学的艺术在于，要使新问题的困难程度大到足以激发学生的思想，小到足以使学生得到一些富于启发性的立足点，产生有助于解决问题的建议。杜威指出，关于提供资料的方法，记忆、观察、阅读和传达等都是提供资料的途径，至于每种途径获得资料的比例，要视解决问题的特点来定。③ 杜威认为，学习或者做事情需要经验的方法，但不要完全依赖感官。如果学生对某些事物已经很熟悉，或者能够独立回忆事实，教师还要学生坚持通过感官进行观察，这是愚蠢的。这种做法可能使人过分依赖感官提示，丧失活动能力。没有人能把一个收藏丰富的博物馆带在身边，利用收藏的东西帮助思考。杜威指出，教学的艺术在于：一个经过良好训练的大脑，有极其丰富的资料做它的后盾，同时习惯于追忆以往的种种经验，看它能产生什么结果。直接观察和阅读学习

---

① ［美］杜威：《民主主义与教育》，王承绪译，人民教育出版社 1990 年版，第 164 页。
② 同上书，第 166 页。
③ 同上书，第 167 页。

的方法是不可分的。即使是一个熟悉的事物，它的性质或者关系可能过去被忽略，现在却可以帮助我们对付所遇到的问题。在这种情况下，就需要进行直接的观察。另一方面，要运用阅读和讲述。直接观察自然比较生动活泼，但是也有局限性。无论如何，一个人应该利用别人的经验，以弥补个人直接经验的狭隘性，这是教育的必要的组成部分。当然，过分依靠别人获得资料（无论是阅读得来的，或是听来的）的方法是不足取的。尤其要反对的是，别人、书本或者教师，很可能提供学生一些现成的答案，而不是给他材料，让他自己去加以整理，以解决手头的问题。杜威指出，传统学校的方法是过分重视学生的知识积累及获得知识资料，以便在课堂回答和考试时照搬，结果使得知识被视为教育目的本身。在这种情况下，学生学习的目标就是堆积知识，需要时炫耀一番。这种静止的、冷藏库式的知识累积的方法有碍学生的发展。这种教育不仅会放过思维的机会不加利用，而且还扼杀学生的思维的能力。由于学生"脑子"里装满了各种从来不用的材料，当他们需要思考时，必然受到障碍。[1]

第三，教育的创新不仅需要为学生提供解决问题的资料，更需要培养学生想象、猜测、假设和推论的能力。在杜威看来，在思维中与已知的事实、资料和知识相关联的是推论、猜测和假说等，前者是教育创新的基础，后者是教育创新的关键。杜威指出，在教学中需要记忆已知的和已有的东西，但是这些东西是确定了的。"它们不能提供所缺乏的东西。它们能解释、阐明、确定问题的所在，但不能提供答案。要找到问题的答案，还要进行设计、发明、创造和筹划。资料能激发暗示，只有通过参照特别的资料，我们才能判断这些暗示是否适当，但是暗示的意义却超越当时经验中实际已知的东西。暗示预示着将来可能的结果，要去做的事情，而不是事实本身（已经做好的事情）。推论总是进入未知的东西，是从已知的东西产生的一个飞跃。"[2] 在杜威看来，教育的创新就是利用已知的材料，通过对这些资料的设计、猜测和假设，提出解决问题的方法，获得关于问题的答案。重要的是方法，而不是所用的材料。

第四，解决问题需要的猜测、假设、推论等都是可能的观念，观念的

---

[1] [美]杜威：《民主主义与教育》，王承绪译，人民教育出版社1990年版，第168页。
[2] 同上。

效果和应用还需要通过行动来检验。① 杜威指出，在解决问题中提出的任何观念都是可能的解决方法，或者是预料一个活动的尚未显示出来的结果。观念是不完全的，它们只是暗示和迹象，是对付经验中情境的观点和方法。观念或者思想在实际的运用以前，缺乏充分的意义和现实性。只有应用才能检验观念或者思想，只有通过检验才能使思想或观念具有意义和现实性。

通过上述几个方面的分析，杜威指出："在教育上可以得出的一个结论就是：一切能考虑到从前没有被认识的事物的思维，都是有创造性的。一个三岁的儿童，发现他能利用积木做什么事情；或者一个六岁的儿童，发现他能把五分钱加起来成为什么结果，即使世界上人人都知道这种事情，他也是个发现者。他的经验真正有了增长；不是机械地增加了另一个项目，而是一种新的性质丰富了经验……如果创造性一词不被误解的话，儿童自己体验到的快乐，就是理智的创造性带来的快乐。"② 在这里，杜威提出了如何认识教育的创新和儿童创造性的问题。在杜威看来，教育的创新最重要的是对儿童创造性的认识；对儿童创造性的认识不应以传统的成人的观点为标准。评价儿童的创造性应当以儿童的自我发展水平为基础，即在儿童的发展中，他们的成长只能是自己的成长，他们的发现只能是自己的发现，别人是不能替代的。儿童过去没有发现而现在能够自我发现或使用的所有的方法和结果都是具有创造性的。

与对儿童的创造性的认识相联系，杜威批评了传统教育强调"只有少数人具有创造性"的观点。杜威指出，传统教育认为平常学生和天才学生之间的区别，在于平常的学生缺乏创造性。这种关于一般心智的概念纯属虚构。"一个人的能力怎样和另一个人的能力在数量上进行比较，并不是教师的事。这种比较和教师的工作无关。教师所要做的事，是使每一个学生有机会在有意义的活动中使用他自己的力量。心智，个人的方法，创造性表示有目的的或有指导的活动的性质。如果我们照这个信念去做，即使按传统的标准，我们也将获得更多的创造性。如果我们把一个所谓统

---

① [美]杜威：《民主主义与教育》，王承绪译，人民教育出版社1990年版，第170—171页。

② 同上书，第169页。

一的一般的方法强加给每一个人,那么除了最杰出的人以外,所有的人都要成为碌碌庸才。"①

总之,教育的探究与方法上的创新是密切联系的,教育创新的各个方面或者各个部分也是密切联系的。无论是探究,还是创新,都需要考虑学生的现实需求和发展特点。正如杜威所指出的,既然在教育中每个学生的能力、特点、性向是不同的,那么儿童之间就不宜进行比较;教育也不应该只放在少数天才学生身上,而忽视大多数学生创造力的发展。在现代教育中,应当看到每个学生都是独特的,都是有发展能力的。教育应当根据每个学生自己特点和方式促进他们的发展。

四 杜威"探究与创新"教育思想的现代意蕴

杜威关于"探究与创新"教育思想是杜威实用主义教育思想的重要内容之一,也是现代教育的重要组成部分。"探究"与"创新"是什么关系?从对杜威的思考和论述来看,探究是创新的基础,是创新的手段;而创新不仅体现在探究的每个阶段,是探究的结果,更是方法的创新;探究与创新之间有密切的联系,它们主要通过经验、反思、尝试、实验、假设,以及解决问题等方面联系起来。今天来看,杜威的"探究与创新"教育思想具有重要的现代价值。

第一,杜威重视学生经验的积累和基于经验的反思的做法,有利于教育教学中学生主动性的发挥。杜威的实用主义哲学是一种强调基于经验的对知识、观念进行实验和检验的哲学,也是一种重视人的活动及反思的哲学。它反对知识与人的行动分离的状态,主张与人的行动的联系和统一。这一思想不仅提供了批判传统教育的有力武器,也形成了现代教育发展的基本内涵,即:现代教育注重人的主体性的发展,强调教育不仅要面向每一个人,也要关注个体的差异化、个性化和主动性发展;而学校教育和教学所提供的一切都是为学生的差异化、个性化和主动性发展服务的。一般来说,在教学中,教师主要面对的是学生和教材。过于强调学生的作用,

---

① [美]杜威:《民主主义与教育》,王承绪译,人民教育出版社1990年版,第183—184页。

则可能忽视教材的系统学习；过于强调教材的作用，也可能使学生的学习负担过重。因此，如何处理好二者的关系是教学的重要任务之一。在杜威看来，教学仅仅靠教师单向的传入式教学是不够的，它可能导致知识的灌输和学生的被动发展。在这种教学中，学生虽然能够记住许多知识，但是由于缺乏知识的运用，学生可能成为知识记忆的仓库。杜威认为，教学必须以学生的经验为基础，重视学生经验的积累，并且让学生主动参与学习过程，为其进一步的发展打下基础。当然，在教学中仅仅强调学生的经验积累还不够，必须在基于经验的基础上引起学生对经验的反思。这种对经验的反思活动也就是探究活动。它可以帮助学生认识所做事情与其结果之间的关系，关注在做事情的过程中，做事情的力量与所使用材料力量之间的相互作用。这就是单纯的知识学习和通过做事情来学习的主要区别。在杜威看来，学生通过做事情，可以激发他们有意识地注意人与事物之间以及事物与事物之间的联系，使学生对所面对的问题有更多的思考和更好地解决问题。

第二，杜威所强调的基于问题解决和试验的教学，也有利于学生形成对待知识的科学态度和获取知识的科学方法。杜威的基于经验反思的教学也是解决问题的教学。在这种教学中，杜威十分重视通过探究和解决问题的方法让学生获得知识。杜威指出，由于学校教育中所传授的东西，都是已有的事实、材料和知识，是已经确定的东西。这些东西可以解释和确定问题的所在，但不能提供解决问题所需要的答案。要找到答案，还要进行设计和提出假设等。因此，学校教育需在教学方法上进行创新，帮助学生掌握发现解决问题、获取答案的方法，形成探究、发明、管理、指挥自然界的能力。杜威指出，这种帮助学生找到答案的方法，并不是学校教育中每一科目具体的方法，而是无论哪一科目都可以使用的方法，这种方法就是科学的、试验的方法。在杜威看来，这种科学的方法就是用人的动作（Action），将人的思考所形成的想法与要试验（Experiment）的事物联系起来，形成一种有创造的关系。他举例说，有一种金属，人们不知道是什么东西。旧的方法不过是看它的颜色或重量，而科学的方法则通过人的动作先给它加点酸，看它有什么反应；没有反应，再加酸，看是否有变化；加酸不够，再加热，看其会变成什么样子。杜威认为，这种通过人的动作引起事物变化的方法，可以使事物的性质和作用变得比较清楚。按照杜威的解释，知识或者答案只有行动以后才可以知道，没有动作便不能发现新的知识。在科学方法上，杜威还特别重视"假设"（Hypothesis）的作用。杜威认为，科学的试验不是武断的、一成不变的，一切试验都具有假设的性质，都有待于证明或别人来改变它。杜威指出，试验方法和假设思想的提出，对于形成科学的态度具有重要的意义。以往人们对于一种观点的提出，只有两种态度，或者是对，或者是错；对的就承认它，错的就否认它。而试验的思想提出以后，第三种态度开始形成，就是对于一种主张，或真或假，只是把它看成一种假设，具有试验的价值，结果如何都要通过试验来决定。[①] 在杜威看来，试验方法在教育上的意义在于，无论对于新思想还是旧思想都不要一概推翻或者否定，也不把它看作最后的真理，只是以试验的态度视为其存在的理由。

杜威强调教育上的"试验"和"假设"思想，不仅反映了杜威探究思想在教学实践上的具体化，而且也反映了杜威对学校教育、教学形成科学精神的期盼。在他看来，强调试验方法可以使学校充满探究的气氛，打破传统武断的态度和教条的东西，形成教育的科学精神的统一。

第三，重新解释"创造"的含义，有利于保护学生的创造性的发展。杜威教育思想的一个重要贡献之一，就是对儿童创造性的新的认识。杜威强调，对儿童创造性的认识不应以传统的成人的观点为标准；评价儿童的创造性应当以儿童的自我发展水平为基础；儿童过去没有发现而现在能够自我发现或使用的、所有的方法和结果都是具有创造性的。在现代教育中，每个学生都是具有创造性的，教育应当发展每个学生的创造性。

为了保护学生创造性的发展，杜威主张学校应该是一个实验室，学生可以在学校里按照科学的方法检验他们的思想。同时，在教学上应把学生的学习与行动联合起来，进行科学的安排，给他们以充分的反思时间，让学生根据自己的认识做出决定。学校建设的目标应该强调，学生在学校里可以自由地表达和检验各种思想、信念和价值；人类社会的任何文化遗产都可以成为学生个体批判、探索、研究和改造的对象；学校的任何设施、用具都为每一个学生开放和使用。

为了保护学生创造性的发展，杜威认为，在教学中要很好地使用教材

[①] ［美］杜威：《杜威五大演讲》，胡适口译，安徽教育出版社1999年版，第137—140页。

和各种教学手段,要允许学生犯错误,给他们更多的成长的机会。如果教学中"太热心选择不准有发生错误机会的材料和工具,就要限制学生的首创精神,使学生的判断力减少到最低限度,并强迫学生使用远离复杂的生活情境的方法,以致使学生所获得的能力毫无用处"。[1] 杜威强调指出,在教学上,"使学生形成创造和建设的态度,较之使他从事太细小和规定太严的活动,以求得外表上的完备更为重要"。[2] 总之,在杜威看来,肯定所有学生的创造性是学校教育教学的基本任务,学校教育和教学应当创造条件,把对学生创造性的培养放在重要的位置上。

第四,关注儿童的创造性培养,有利于把培养好奇心、好问心和探索心等习惯作为初等教育阶段教学的主要任务,为儿童以后的发展打下基础。与强调探究和创新的思想相一致,杜威十分重视初等教育阶段在培养儿童好的习惯的重要作用。杜威认为,初等教育的建立基于两个重要的事实,一是儿童期是人最初接受学校教育的时期。在这一时期,儿童的吸收力最大,伸缩力最强,变好变坏都是可能的;二是这一时期是一个打基础的时期,不但是中学、大学的基础,还是人一生事业、习惯和爱好的基础。因此,初等教育是人一生发展的重要时期。但是由于初等教育受传统观念的影响,只注重知识的学习,不重视儿童良好习惯的养成,反而束缚了儿童的发展。在杜威看来,初等教育阶段是儿童好奇心、好问心和探索心等好品质形成的重要时期,这些品质正是儿童探究能力和创造性形成和发展的基础。杜威指出,在这一时期,儿童有好奇的心理,冒险的心理,可以养成他探究的态度和勇敢的品质;如果不去鼓励它、利用它,使它形成试验和创新的态度,只是压抑它,儿童的心理就会变得麻木。杜威指出,这一时期,儿童所求的知识很少,但好奇心、好问心和探究心等好的品质养成是非常重要的。因此,初等教育的目的不在于使儿童读许多书,掌握许多知识,而在于养成将来应用的能力、技能和习惯。当然,杜威也认为在这一时期,知识学习是不能放弃的,但学习的目的不是为求知而求知;知识应当从形成活动的能力、技能和习惯中得来,寓知识于养成习惯之中。

---

[1] [美]杜威:《民主主义与教育》,王承绪译,人民教育出版社1990年版,第210页。
[2] 同上。

总之，杜威关于探究和创新的教育思想虽然是 20 世纪初期的产物，但从今天来看，其核心价值仍然值得我们关注。一般来说，教育与学校教育有一定区别的。教育主要面对的是诸多的不确定性，学校教育主要面对的是确定性。因为学校教育需要把确定的知识交给学生，这种知识多是人类初期积累并被实践已经证明的知识。但是随着社会和教育快速发展，学校教育所传授的知识也会被更新、修正和淘汰，学校教育仅仅教会学生记忆知识是不够的。智利拉塞雷纳大学教育系的教授卡洛索·卡沃（CarlosCalvo）也曾经指出，教育是创造可能的关系的过程，学校教育则是重复已经建立的关系的过程。不确定性是教育的基本特征，而学校教育拒绝教育过程的不确定性。他主张，提升学校教育的教育性，促进儿童的发展，是学校教育改革的关键。① 在现代社会，如何提升学校教育的教育性，实际上是对传统学校教育观念的重大挑战。现代教育是一个不断发展和变化的过程，传统的、一成不变的思想是不适应现代教育发展的。如果现代学校教育仍然延续单一的强调知识教育的传统，忽视儿童的动手能力、割裂知识与行动的联系、远离儿童的生活，只会限制儿童的发展，而最终会阻碍现代社会和现代教育的发展。

五 杜威"探究与创新"教育思想的现代检视

杜威"探究与创新"的教育思想是其整个教育思想体系的重要组成部分，也是他的实用主义哲学在教育上的反映。受实用主义哲学的影响，杜威"探究与创新"教育思想的核心是强调"行动""经验"基础上的"反思"和获得知识。他的教育"探究与创新"基本内容主要是从这一思想推论出来的。在现代教育发展的今天，认识和检视杜威"探究与创新"教育思想的基础和基本观点，以及根据这些基本观点所做出的推论，仍然是必要的。

这里，首先分析杜威的实用主义哲学的"知行"关系问题。杜威"探究与创新"的思想基础是实用主义哲学。由于实用主义哲学特别重视

---

① ［智利］卡洛索·卡沃：《论学校教育与教育的关系》，王秀萍译，《幼儿教育》（教育科学）2008 年第 3 期。

"行"和"经验"的作用，因此杜威教育思想的许多方面，包括他的"探究与创新"教育思想等是建立在这个认识基础上的。但是这一思想也遇到了一个问题，即在探究和发现真理的过程中，是否每个人对每一事情都要亲自行动和经验呢？举一个现实的例子，如果要获得关于武汉长江大桥的认识，就要证明武汉长江大桥的存在，但是否每个人都要去湖北武汉亲自证实长江大桥的存在呢？如果不去的话，又如何相信别人讲的就是事实？只听或者只看广播或者传媒的报道，不经过自己亲自证实的事实的可信吗？

按照杜威的理解，在"知与行"的关系上，应该行在前知在后，知是行的结果，也就是"行先知后"。"行先知后"，不仅可以验证以往的知识，也可以产生和检验新的知识。也正是这个原因，据说中国教育家陶行知早期赴美国留学受杜威教育思想影响以后，把原来的"陶知行"的名字改为"陶行知"。显然，陶知行的名字的含义与中国古代王阳明"知为行之始，行为知之成"的思想有密切的联系。也就是说，中国古人是比较强调"知先行后"观点的。按照杜威的理解，"知先行后"是存在问题的，因为它忽略了知识的可检验性，忽略了人的能动参与性。我国学者也对这一问题提出了质疑，认为杜威讲探究、思维要以知识为基础、为前提，那么这里的知识从何而来呢？杜威讲可以通过别人讲授、自己阅读得来。如果是这样，杜威就违背了自己反对向学生讲述系统知识的要求，陷入自相矛盾之中。杜威正是为了反对传统的教学方式才提出'从做中学''从经验中学'的。他认为，知识的获得若不以儿童的经验为基础，就失去价值。然而，杜威同时又认为，做和经验要取得成效，却又必须以儿童具有的一定知识为前提。到底是知识在先还是经验的过程在先？杜威没有明白这个问题。"[1]

在知识的获得上，是不是一定要"行先知后"呢？是不是所有事物学习或者知识的获得都要依靠"行动"呢？其实，对于这个问题，詹姆斯早就提出过自己的看法。他认为真理（包括知识）不仅与行动密切联系，还具有"兑换价值"的特点，即真理是可以交换的。这种交换的功能使得真理具有公共性，即人们可以通过建立类似金融业的信用体系来相

---

[1] 吴式颖主编：《外国教育史教程》，人民教育出版社1999年版，第525页。

互交换被证实为有用的观念。因此，人们无须对所有的真理都加以亲身验证。不过，真理的最后基础是总有一些人具有证实真理的切身经历。[①] 詹姆斯的这一解释很有意思。按照他的逻辑，如果真理或者知识不要求每一个体都亲自经验或者证实，那么就应该注重间接经验或者知识的作用，并建立一个知识交换的信用体系。在这方面，杜威也曾经提出类似的观点。认为不是所有事情或者学习都要经过感官活动的。他指出，如果学生对某些事物已经很熟悉，或者能够独立回忆事实，教师还要学生坚持通过感官活动进行观察，这是愚蠢的。没有人能把一个收藏丰富的博物馆带在身边，利用收藏的东西帮助思考。

杜威关于任何知识都要通过"行动"或者"做"来获得的观点，反映了实用主义教育思想的基本特征，如果运用在低幼儿童的学习上还是可以的。不过，杜威的这一思想可能更多是强调知识的获得与经验实证的关系。杜威强调教育理论依赖于经验，教育探究过程中的猜想、假设等都在强调经验检验和知识实证的重要性，这是有意义的。

其次，从上面的分析看，杜威的实用主义教育在一定程度上也可以说是实证主义教育。这一认识对于理解教育研究的性质及特点具有重要的价值。我们知道，教育研究的主要目的是通过研究提出新的观点，新的思想和假设，以增进新的、客观的知识。因为只有客观的知识是可以检验和实证的。客观的知识是指那些建立在一个合理的基点之上，运用正确的逻辑思维方式组织起来的概念体系。为了增加新的、客观的知识和发现真理，教育研究需要不断追求、挑战和超越已有的知识。

在教育研究中，强调一个观点是可以证实或者证伪的，就意味着这个陈述必须是内容丰富的和具体的。因为只有内容丰富和具体的陈述，才可以进行验证或者证伪，才有可能增加新的知识。例如"将来某一天会下雨"，这句话不能够证伪，因为"将来某一天"缺乏具体的内容和具体的时间。但如果说"明天上午10点会下雨"，这句话就可以证伪。因为到了明天上午10点看看是不是下雨，就可以验证这句话了。当然，要严格检验按照逻辑推演产生的推论是否与所要观察到的事实相一致。如果一个观点在逻辑上挑不出毛病，其理论的推论也没有被事实所推翻，就可以暂

---

① 赵敦华：《现代西方哲学新编》，北京大学出版社 2001 年版，第 50 页。

时接受它。

　　当然，有人会说，教育研究也不完全是实证的研究，还可能包括一些价值研究，价值研究不需要事实进行实证。这里需要认识价值与事实的关系问题。美国哈佛大学在其编写的《哈佛通识教育红皮书》中指出，无论是社会科学还是自然科学，都必须认真对待价值与事实的关系问题。"价值根植于事实，人类的理想无论如何都是自然的一部分。"[1] 教育研究也是一样，无论是事实研究还是价值研究，都是根植于事实，都是一种科学的陈述。这种科学的陈述必须能够被观察到事实所证实或者证伪，可以进行逻辑分析。英国哲学家斯蒂文森指出："假如一个陈述既不能被观察证实，也不能被逻辑本身推证，那么它在根本上就是无意义的。它不能对所涉及的情形做出任何断定，最多是一种语言的诗意运用，是一种态度和情感的表达。"[2] 可见，在教育的实证研究中需要避免"语言的诗意运用"和"态度和情感的表达"。当然，如果对事实证实和逻辑推理进行比较，事实的证实更重要，因为它是检验逻辑推理的最后尺度。可能有人会说，一些陈述现在不能证实，不等于以后不能证实。例如，在人死后的生活中，我们可以通过某种类似观察的方法，证实以前不能被证实的陈述。斯蒂文森对此反驳道，这不过是通过提出另外一个不可证实的问题来面对一个不可证实的问题。因为，我们何以现在能够证实死后生活的实在性或者为它找到证据。任何事实的或者科学的陈述必定是可证伪的。

　　在教育研究中，需要注意的是一些可能没有增加新知识的情况。例如，为了研究某个教育家的主张，研究者常常需要收集大量的材料。研究中发现关于对这个教育家的主张的理解有 A、B、C、D 四种解释。研究者分析后认为，其中 D 的解释比其他三种解释得要好，然后就花许多时间，收集大量的资料来论证 D。这种研究会增加新的知识吗？显然，这种研究与一个人为了证实"水在 100 摄氏度沸腾"的道理而在各地收集大量的例子进行论证的情况是一样的。这种研究不会增加新的知识，因为这些例子都不会超过这一认识。要想超过这一认识，那就要看是否有与研究

---

　　[1] 哈佛委员会：《哈佛通识教育红皮书》，李曼丽译，北京大学出版社 2010 年版，第 57 页。
　　[2] ［英］斯蒂文森：《人和人的世界》，杨帆等编译，中国工人出版社 1988 年版，第 35 页。

对象的认识不一致的地方。如果存在这种情况，那就可能有新的发现，有可能产生新的知识。知识的增长是在发现与原有的解释不一致并在尝试进行新的解释中实现的。当然，在教育研究中，发现或者提出新的知识是比较难的。在很多情况下，如果原有的解释没有被证伪、没有过时就仍然是比较好的解释，可以作为可接受的知识。

在教育研究中，为了获得新的解释或者新的知识，关于"假设"观点的提出就很有价值。假设主要是指建立在观察与思考的基础上，依据已有的知识对所要研究对象的未知部分或者事件的总体的基本判断。如何判断某个观点是一种新假设，那就要看前人是否已经有了相关的研究或者提出了相关的假设。在教育研究中，别人的假设或者结论只是进一步研究的基础。只有在别人研究的基础上提出新的结论或者观点，才是真正的研究。当然，如果提出的假设解释不了要解决的问题，就需要对这个假设与问题的关系重新进行分析，看二者到底是什么关系，是提出的问题不明确，还是假设本身有问题。如果是后者，就需要对假设重新进行思考，或者修改假设，或者提出一个新的假设。总之，在教育研究中，所要研究的问题是不会消失的，而提出的假设是可以改变的，假设是为研究问题服务的。

最后，与教育研究的获取新的知识相联系，还需要对教育上的创新问题作进一步的分析。在这个问题上，杜威关于已有知识与新的知识关系的观点很有价值。杜威认为，在解决问题的过程中，已有的知识都是已经确定了的东西。它们能够解释、阐明、确定问题的所在，但是不能提供所缺乏的东西，不能提供解决问题的答案。要找到问题的答案，还需要猜想、设计、发明、提出假设等。从这个角度看，成人的创新与儿童的创新是完全不同的。那么，杜威要关注学生创新的哪个方面呢？在很多时候，杜威都强调儿童创新与科学家创新的一致性，并通过对成人创新的认识来解释儿童的创新问题。但这里存在的问题是：如果说教育研究的目的是获取新的知识的话，儿童或者学生的创新的任务还是要发现新的知识吗？如果不是，那么儿童或者学生的创新的特点体现在哪里呢？其实，从杜威关于创新的观点来看，杜威更重视的是儿童关于创新的方法，而不是对象和结果。在杜威看来，即使一件事情，哪怕别人都知道，但只要是这个儿童或者这个学生亲自发现的，是他自己过去没有发现或者不知道的，那就是具有创新性。在这里，儿童或者学生的创新的任务就不是增加新的知识，而是发现了新的方法，或者从一个新的视角看待已有的问题。也就是说，不能以成人发现新的知识的做法作为衡量儿童或者学生是否具有创新性的标准。儿童创新的标准只能是他与自己以前的发展水平。只要他比以前有进步，有了一个自己提出的新方法，就具有创新性，就值得鼓励。这个理解与杜威一直所强调的培养儿童的好奇心、好问心和探索心的观点是一致的。在儿童创新的问题上，杜威还特别强调，创新不是某一类人的特权，而是每一个人的权利；不仅包括成人，也包括儿童。从教育历史和实践来看，杜威关于"创新"的解释有利于认识教育上儿童的"创新"问题，有利于学校和教师鼓励学生进行更多的想象和思考，在提出解决问题的方法进行大胆的尝试。

现代教育是人类教育发展的高级阶段，它对人的自由发展和教育提出了较高要求。在现代社会，个体的生存不仅需要传承已有的知识，更需要解决问题的手段和创新的能力。杜威以实用主义哲学为基础的"探究与创新"教育思想在揭示和反映现代教育的规律和趋势方面做出了突出的贡献。杜威的"探究与创新"教育思想的特点是，把对教育的理解建立在一个哲学视野下和框架内，来考察已有知识与新的知识的关系问题。通过对传统教学思想的批判、改造，探索基于经验基础上的探究、反思、设计、假设问题的解决之道，形成了以个体为主体的独特的研究问题的维度和方法论。杜威的教育研究注重从哲学的高度来思考教育问题，这使得他的教育思考更具有综合、思辨的特征。当然，杜威的教育思想也存在一定的不足，还需要不断接受发展着的现代教育实践检验的。通过检验克服或者修补其不足的部分，使其教育思想体系得以更新和发展。

[作者简介]郭法奇（1955— ），吉林省公主岭市人，北京师范大学教育历史与文化研究院教授，研究方向为现代西方教育史和教育史学。

托马斯·杰斐逊教育观中的精英话语释义

陈露茜

谈起托马斯·杰斐逊的教育观，国内学界一般认为他是美国最早、最完整地提出美国公共教育制度设计的最重要的人物之一。① 他主张要培养"天然的贵族"，建构了一个"民主"的、"现代"的"人人参与"的教育蓝图，创办了被布鲁贝克誉为美国第一所州立大学的弗吉尼亚大学，这一切都代表了18世纪启蒙思想家们对于教育美好的期许，代表了现代教育制度的萌芽，代表了启蒙时代"进步"的教育理想。但是我们在杰斐逊的表述中也会发现一些互相矛盾而又联系紧密的概念，比如——"人民"：他既勾勒出作为一个道德整体的"人民"——这是一切权力的来源；又描绘出现实的政治世界之中的"人民"——愚昧、轻率的"废物"；他既勾勒出作为一个自由的、独立的"人民"——这是上帝完美的"选民"；又描绘出现实世界中"没有头脑的乌合之众"——这是"垃圾堆"中的"暴民"；他既用"我亲爱的人民"来称呼这一"天赋权利"的群体，又用"牲口""妖魔""白痴""群氓"来表示对下层大众的厌弃。② 因此，我们不禁要问：他在他的教育观念和教育实践中真实地表达

---

① 参见滕大春《美国教育史》，人民教育出版社2001年版；赵祥麟《外国教育家评传》，上海教育出版社2003年版；滕大春《外国教育通史》（第三卷），山东教育出版社2005年版；朱旭东《杰斐逊的现代化教育制度思想》，《比较教育研究》2000年增刊；张友伦《美国通史：美国的独立和初步繁荣，1775—1860》，人民出版社2002年版。

② 参见梅利尔·彼得森《杰斐逊集》（上下），刘祚昌译，生活·读书·新知三联书店1999年版。

了什么？我们非常熟悉的由杰斐逊起草的《关于进一步普及知识的法案》，我们非常熟悉的杰斐逊对于"天然的贵族"的培养与选拔，我们非常熟悉的、连杰斐逊自己都认为是其一生中最重要的功绩之一的弗吉尼亚大学的筹建，在诸如此类的美好表述与实践中，"人民"究竟指称什么？什么是"自由"？什么是"平等"？什么是"天赋权利"？什么是"天然的贵族"？这些美好的抽象概念的实际落脚点在哪里？建构一个完整的教育系统对于杰斐逊而言，究竟意味着什么？是目的还是手段？是未雨绸缪的政治先贤的理想主义情结还是精英权力的巩固？是为了在真正意义上实现"全民参与""共同建构"的民主情怀，还是为了抵消来自下层精英的挑战的上层策略？而回答这一切都需要我们回到真实的历史情境之中。

一

几乎从杰斐逊的第一代职业传记作家开始，人们大多这样评价：杰斐逊是美国历史上神话般的存在，他代表了美国民主的传统、美国民主的希望；甚至可以说，他就是美国的化身——正如詹姆斯·帕顿（James Parton，1822—1891）在1874年赞叹的那样："如果杰斐逊错了，那么美国就错了。如果美国是对的，那么杰斐逊就是对的。"[1] 而这一形象从美国史学的奠基人班克罗夫特（George Bancroft，1800—1891）开始——班克罗夫特在其巨著《美国史》中盛赞杰斐逊的民主思想，认为这是美国之精神核心——一直到条顿学派——杰斐逊在美洲确立了"盎格鲁—撒克逊"世界"自由"政治的发展，给世界树立了一个楷模；而毫无疑问，杰斐逊对未来国家美好前途的自信满满的阐释，也是极具感染力的，从而赢得了众多心怀感激之情的政治信仰追随者——不断得以强化，并被普遍接受：杰斐逊是一位对高尚人性有着崇高理想的民主革命家，他反对贪婪、虚伪、狡诈的腐朽资本家，倡导农业立国；以摧枯拉朽之势摧毁了殖民地原有的社会结构，实践了"1776年精神"；斩草除根般地瓦解了联邦

---

[1] James Parton, *Life of Thomas Jefferson*, 1874, 转引自：Merrill Peterson, *The Jeffersonian Image in the American Mind*, New York: Oxford University Press, 1960, p. 234。

党人对政府的操纵,完成了"1800 年革命"。① 在教育学中,我们也这么认为:可以说,在美国革命时代,杰斐逊是"最富有想象力"②的思想家之一,他发出了"人人普及教育"的呐喊,要求实现"现代"的"民主"教育,培养"天然的贵族",鼓励由政府来资助、管理教育,让教育成为"公共的事业","没有任何人比我更真诚地希望在人类中间传播知识,没有人比我更相信它对与支持自由和良好的政府的作用"③。

但随着杰斐逊神话的流传,对他的质疑也悄然出现,20 世纪初期冷静的知识分子们开始发现这位一再强调自己的父亲彼得·杰斐逊(Peter Jefferson)靠自己的奋斗起家的美国总统,似乎不愿意提及他的母亲简·伦道夫(Jane Randolph)出身于弗吉尼亚的名门望族,而他和他的父亲却正是通过母亲的家族而获得牢固的社会地位的事实④;开始发现这

---

① 关于托马斯·杰斐逊的经典传记最有代表性的包括:Henry S. Randall, *The Life of Thomas Jefferson*, 3vols(New York: J. B. Lippincott and Company, 1858);Claude Bowers, *Jefferson and Hamilton: The Struggle for Democracy in America*(New York: Houghton Mifflin company, 1925);Albert Jay Nock, *Jefferson*(National Home Library, 1926);Gilbert Chinard, *Thomas Jefferson, the Apostle of Americanism*(Boston: Little Brown and Company, 1929);Marie Kimball, *Jefferson, the Road to Glory*(New York: Coward-McCann, Inc., 1943);Dumas Malone, *Jefferson the Virginian*(Boston: Little Brown and Company, 1948)。国内学界关于杰斐逊传记的代表作品为:刘祚昌《杰斐逊全传》,齐鲁书社 2004 年版。关于杰斐逊的专著,最具代表性的包括:Charles Beard, *Economic Origins of Jeffersonian Democracy*(New York: Macmillan Co., 1915);Claude Bowers, *Jefferson and Hamilton*(Boston and New York: Houghton Mifflin, 1933);Claude Bowers, *Jefferson in Power*(Boston: Houghton, 1936);Charles Wiltse, *The Jeffersonian Tradition in American Democracy*(Chapel Hill: Hill & Wang Pub, 1935);Adrienne Koch, *The Philosophy of Thomas Jefferson*(New York: Times Books, 1943);Roy Honeywell, *The Educational Work of Thomas Jefferson*(Cambridge: Nabu Press, 1931),Frank L. Mott, *Jefferson and the Press*(Baton Rouge: Louisiana State University Press, 1943);Henry Steele Commager, *Majortiy Rule and Minority Rights*(New York: Peter Smith, 1943);Daniel Boorstin, *The Lost World of Thomas Jefferson*(Chicago: University Of Chicago Press, 1948);Merrill Peterson, *The Jeffersonian Image in the American Mind*(New York: Oxford University Press, 1960);Merrill Peterson, *Thomas Jefferson and the New Nation*(New York: Oxford University Press, 1970);等等。

② 朱旭东:《杰斐逊的现代化教育制度思想》,《比较教育研究》2000 年增刊,第 30 页。

③ Thomas Jefferson, *Writing*, New York: The library of American, 1984, p. 1222.

④ 杰斐逊在其《自传》中对母亲的家族轻描淡写般地一带而过,使得后人对其真正的出身颇有怀疑。参见梅利尔·彼得森《杰斐逊集》(上下),刘祚昌译,生活·读书·新知三联书店 1999 年版,第 3—4 页;丹尼尔·布尔斯廷《美国人:民主的历程》,谢廷光译,上海世纪出版社(集团)2009 年版,第 107—108 页;亨利·蔡尔兹·默文《美国国父列传:托马斯·杰斐逊》,钟琦译,北京大学出版社 2014 年版,第 7 页;理查德·霍夫斯塔特《美国政治传统及其缔造者》,商务印书馆 2012 年版,第 31 页。

位之所以能够有闲暇并能自由地撰写关于人类自由、平等、博爱的最伟大作品的启蒙思想家,似乎得益于供养他的一万英亩土地以及一两百名的黑人奴隶[①];开始发现这位一再表明自己将永远忠诚于早亡的爱妻的理想鳏夫,事实上在爱妻去世后不久就在蒙蒂塞洛(Monticello)藏匿了一位名叫萨莉·海明斯(Sally Hemings)的黑人女奴,并与她产下了私生子[②]……对于长期以来业已形成的对杰斐逊的理想主义想象与他那不太光彩、不太体面,或者不那么高尚的事实行为之间的断裂,使得新一代职业史家们断定这位来自弗吉尼亚的大种植园主其实是一个道貌岸然的大伪君子。这一观点事实上得到了起源于 20 世纪初期以弗雷得里克·特纳(Frederick J. Turner,1861—1932)、查尔斯·比尔德(Charles Beard,1874—1948)和沃侬·帕灵顿(Vernon L. Parrington,1871—1929)为代表的进步学派的有力支持。他们在讨论杰斐逊的时候,反对空谈所谓的"人人平等""一般福利的增进"或者"自由""正义"之类的空洞模糊的暧昧概念,而强调这些抽象事物背后的决定性因素——"利益"——也就是说,这些政治词汇构成的美好理想并非"全民"的产物,而只不过是希望从中获利的经济利益集团的诉求;也就是说,杰斐逊笔下的"自由""民主"与人类理想无关,而只同"财产"相关。因此,理解政治家的精英词汇,要从挖掘政治家们"谋生"的手段开始;从挖掘他们关于"家规"以及"谁来当家做主"的种种斗争开始。[③] 他们依托经济文献,使用经济分析的观点,从其社会立场、所属的社会阶级、所拥有的财产的性质以及依靠何种手段能够更好地通过推翻旧制度来获得直接或者长远的利益来讨论杰斐逊的语言与行为。但是进步学派所宣扬的"政治的经济决定论"实际上是将社会的进化简单地划分出两个互相竞争的利

---

① [美] 理查德·霍夫斯塔特:《美国政治传统及其缔造者》,崔永禄、王忠和译,商务印书馆 2012 年版,第 25 页。

② 有关 DNA 研究对我们理解托马斯·杰斐逊、奴隶制和种族关系的讨论,可见:Jan. Lewis,Peter Onuf,*Sally Hemings and Thomas Jefferson*:*History*,*Memory*,*and Civic Culture*,1999,转引自 [美] 彼得·奥鲁夫《杰斐逊的帝国:美国国家的语言》,余华川译,华东师范大学出版社 2011 年版,第 3 页。

③ 参见 [美] 查尔斯·比尔德《美国宪法的经济观》,何希齐译,商务印书馆 2012 年版;Carl Becker,*The History of Political Parties in the Province of New York*,Madison:University of Wisconsin Press,1909。

益集团——一方面拥护变革，而另一方面反对变革；或者说精英上层和劳苦大众对抗冲突——的结果，但这种过分简单的强调差别的论调却不能有效地解释杰斐逊的世界主义情怀——他指明了社会应发展的方向，寄望于社会的进步，寄望于某一伟大时刻人类终将实现他的理想；也不能使人信服地相信这位在晚年能为弗吉尼亚大学倾其所有的耄耋老者实际上是一个唯利是图的政治掮客。① 因此，到了20世纪50年代，进步学派便偃旗息鼓，取而代之的是"和谐学派"（又称之为"共识派"，或者"一致论派"）②。

以霍夫斯塔特（Richard Hofstadter，1916—1970）和布尔斯廷（Daniel Boorstin，1914—2004）为代表的和谐学派在杰斐逊的问题上虽然并不完全反对经济解释的观点，但是他们反对过分简单地强调冲突、对抗和差别，认为在革命时期，与其说存在着因激烈的意识形态斗争而引发的阵营分化，不如说存在着一个牢固的"辉格"中心——共同的政治与社会信念贯穿并连接着整个美国意识③：他们都强烈地信奉"土地"，都有家族利益需要维护，都试图将英国式的乡绅文化移植到新大陆；而杰斐逊这位来自弗吉尼亚的"英国乡绅"只能尝试从地方利益的平衡中来寻求政治办法，传统主义——古典主义情节的贵族式道德观、惯习、品位、生活态度，与地方主义——忠实于弗吉尼亚的种植业，在实质上贯穿着杰斐逊一生的政治诉求，而这位弗吉尼亚人的"力量"与"软肋"实际上都来自他"甘受其支配"④——这在1785年杰斐逊劝导他侄子小彼得·卡尔的一封信中得到了很好的体现："个人抱负应当是自身利益和关心公益的缜密的掺和。"⑤ "一旦你的头脑很好地用科学武装起来，那么，只要你能本着最正直无私的精神以最光明正大的方式去为你的国家、你的朋友和你自

---

① [美]理查德·霍夫斯塔特：《美国政治传统及其缔造者》，崔永禄、王忠和译，商务印书馆2012年版，第29页。
② 同上书，第3页；胡锦山：《20世纪美国史学流派》，《厦门大学学报》（哲学社会科学版）2000年第3期，第77页。
③ [美]理查德·霍夫斯塔特：《美国政治传统及其缔造者》，崔永禄、王忠和译，商务印书馆2012年版，第3页。
④ [美]丹尼尔·布尔斯廷：《美国人：民主的历程》，谢廷光译，上海世纪出版社（集团）2009年版，第150—153页。
⑤ 同上书，第151页。

己谋利益，你就不愁不能高瞻远瞩了。"① 这实在是太容易看出他所服务的利益，因此，杰斐逊并非不食人间烟火的国家"先贤"，而仅仅是一个"出身高贵"的、"仁慈"的奴隶主："他对养活了自己而又不得不依附于他的下人有一种惯有的关切之心"②，"他始终远离民众，如果说他要求人人平等，并非由于他认为人人生而平等，而是由于他推想人人必须平等"③，他所主张的"平等"与"民主"显然是一种"弗吉尼亚王朝"贵族式的恩赐。

可以说，凡是历史学家都无法回避关于杰斐逊的种种争议。正如当代研究杰斐逊问题最重要的一位历史学家梅利尔·彼得森（Merrill Peterson）"遗憾地承认"，"托马斯·杰斐逊对我来说，最终仍然是一个看不透的人"④。其实无论对杰斐逊是夸大或是贬损，或许正好说明杰斐逊是一位值得我们深思的复杂人物；其思想深处的种种矛盾或者前后不一致的语言行为，或许正好全面地说明了这位伟人面对蓄势待发的社会冲突、面对风云变化的革命历程、面对个人宦海沉浮的时候始终如一的矛盾心理，以及由此所做出的种种挣扎。戈登·伍德说得好："我们可以把罗伯斯庇尔、列宁看成革命者，但是绝不会认为乔治·华盛顿、托马斯·杰斐逊和约翰·亚当斯也会闹革命……我们几乎难以想象革命者会是头发扑满香粉、身穿宫廷及膝短裤的样子。美国的革命者似乎总是出入于客厅或立法大厅，而不是活动在地下室或大街上。他们作演讲，却不做炸弹；撰写博学的文章，而不是各种宣言。他们既不是抽象的理论家，也不是社会平等主义者。他们不消灭他人，也不毁灭自己。"⑤ 因此，在尝试理解杰斐逊的教育观的过程中，任何单因素的分析都是站不住脚的。我们必须既分析他

---

① ［美］梅利尔·彼得森：《杰斐逊集》（上下），刘祚昌译，生活·读书·新知三联书店1999年版，第901—905页。

② ［美］理查德·霍夫斯塔特：《美国政治传统及其缔造者》，崔永禄、王忠和译，商务印书馆2012年版，第25页。

③ Charles Wiltse, *The Jeffersonian Tradition in American Democracy*, North Carolina: Chapel Hill, 1935.

④ Merrill Peterson, *Thomas Jefferson and the New Nation*, New York: Oxford University Press, 1970.

⑤ Gordon S. Wood, *The Radicalism of the American Revolution*, New York: Alfred A. Knopf, 1993, p. 3.

的思想，又分析他的行为；必须既看到他对于古典主义崇高道德的向往，又要看到这一崇高道德所要粉饰的利益集团；必须既分析他在政治语言中飞扬的文采，又要对其在美好概念中隐藏着的真实意图有清醒准确的认识。

二

"历史是继往开来的哲学"，而不是"用拼凑法则、法令、政治演讲、报纸文章、私人信札、会议录和外交照会的办法写成的"[①]。查尔斯·比尔德一语中的地指明：历史应该是"一辆飞奔直指终点的高速列车"，而非"一辆停在栅栏围得很严密的贮木场旁轨道上货车里的朽木"[②]。也就是说，历史书写的无意识时代早已终结。"'历史'是经过历史学家头脑过滤后形成的对过去的想象，就像光线透过窗户一样。窗户玻璃有时被弄脏了，但在更多的情况下，它是不透明的。"[③] 虽然拉尔夫·加布里埃尔（Ralph H. Gabriel, 1890—1987）有关历史的论断过于悲观，但是他道明了历史研究所面对的实际情况，即历史的研究者们往往面对的"不透明的窗户"，是"无法看见和无法面对的处于黑暗之中的某种东西"[④]。这一方面是由于随着时间的流逝，那些年代久远的"历史事实"早已无迹可寻；另一方面则是由于"那位叫作克奥莱的缪斯女神早已被出卖成为宣传家的觍着脸扭曲事实的走狗"[⑤]。因此，历史是建构的过程，为了揭开这些"不透明的窗户"，为了黑暗之中寻找到"某种东西"，历史研究者们就必须用"思想之光"[⑥] 来照亮它们。

[①] Charles Beard, Mary Beard, *The Rise of American Civilization*, New York: The MacMillan Co., 1947, p. xiv.

[②] Ibid., p. xv.

[③] [美] 彼得·诺维克：《那高尚的梦想："客观性问题"与美国历史学界》，杨豫译，生活·读书·新知三联书店2009年版，第366页。

[④] 同上书，第354页。

[⑤] Wecter, D., "How to Write History", 转引自 Webb, L. Dean, *The History of American Education: A Great American Experiment*, Upper Saddle River, N. J.: Pearson Education, Inc., 2006, p. iii.

[⑥] [美] 彼得·诺维克：《那高尚的梦想："客观性问题"与美国历史学界》，杨豫译，生活·读书·新知三联书店2009年版，第354页。

我们对于历史人物的探究,也是如此。一方面,对杰斐逊教育观的讨论,所展现出来不仅仅是他一个人的行为与思想,更是整体社会的特征。这是一个多因素复杂互动的过程,受他所处的时代、所属的阶级、当时的社会思潮,以及社会与经济的互动紧张关系而形成的有意识或者无意识的完整网络①;而不仅是理想主义的政治概念、经济动机或者地方主义的保护行为简单堆砌而成。另一方面,对于杰斐逊在其教育态度、教育观念的表述以及对教育系统和教育制度的设计过程中所使用的精英话语系统,我们也需要有足够清醒的认识。实际上,在精英话语系统的建构过程中,词语在读者想象之中的含义与其在政治精英实际运作之中的意义存在着巨大的鸿沟。②正如维特根斯坦(Ludwig Wittgenstein,1889—1951)提醒我们的那样:"文字的含义蕴含在它的运用之中。"③这就意味着,文字的意义只能在实现其目的的过程中才会产生。同样的文字在不同的社会背景中、在不同的权力运作机制中有着不同的意义。"语言是人们能力和价值水平背景假设的感受指示器和有力的创造者。正如任何单一的数字会唤起我们头脑中的整个数字系统一样,一个术语、一个语法形式或一个有政治含义的隐喻都能在使用权力体制的个人和对其做出反应的群体中激起它并为之辩护。"④"在……符号世界中,推测和被证实的事实很容易被互相融合在一起。语言消除了推测中的不确定性,改变了事实以使它们用于区别地位和强化意识形态。……它们中的每个在诊断、推测和复原性治疗的处方方面通常都有高度的不可靠性;……另一方面,在诊断和预测中的霸道和推测转化为清楚而又精确的对控制(通过'帮助群体')需要的感知。……他们的政治效用是显然的。他们给职业判断以大众化的支持,把公众的注意力引向过程并预先使过程的任何失败理性化以达到他们

---

① Merle Curti, *The Social Ideas of American Educators*, New Jersey: Pageant Books, INC., 1959, pp. xiii – xv.

② Bernard Bailyn, *The Ideological Origins of the American Revolution*, Harvard: Harvard University Press, 1967.

③ L. Wittgenstein, *Philosophical Investigations: the German Text*, New Jersey: Wiley-Blackwell, 2001, p. 3e.

④ 莫瑞·艾德尔曼:《帮助性职业的政治语言》,转引自[美]迈克尔·阿普尔《意识形态与课程》,黄忠敬译,华东师范大学出版社2003年版,第164页。

正规的目标。"①

这很好地解释了杰斐逊政治文字作品中所出现的概念准则与其事实行为之间相脱节的现象；而实质上，这就是现代政治的"两面性"：第一是以追求实体利益为目标的"斗争政治"，它指明了以实体利益为目标的、理性的政治动机；第二是以利益分配正当化为目标、以象征为媒介的"秩序政治"，它指明了以政治合法化为目标的、以人的感性认识为基础的象征政治。"斗争政治"的达成离不开"秩序政治"的胜利。"政治只是一连串抽象的符号"②，"个人对公共问题的立场是不固定的、可以随时改变的、政府的活动及政府自身政治态度变化和动员，对民众个人具有潜在的影响力。政治活动的重要产出，不是被贴上政治目标这个标签的特定公共政策，而是创造对于政治的顺从和支持"③。这就意味着，之所以不平等能够被接纳和认同，是因为政治精英操纵着社会舆论的缘故。在政治精英构建"秩序政治"的过程中，所使用的词语多半是带有强烈的感情色彩与象征意味的，例如"民主""自由""平等"等，大众在舆论宣传中不知不觉地接受和容纳了政治精英通过象征词语所传达的意义。因此，这些用政治语言表述的"政治神话"，便成了社会的"优势符号"或者"主流象征"。由于政治精英或者主流社会控制着意义的解释权，使得这些"优势符号"或者"主流象征"能够帮助建立、转移或维持权力的实行。事实上，我们也有证据相信，作为"开国元勋"的杰斐逊深谙现代政治之道：他明白"西塞罗式的雄辩"为的不是辩明分歧，而是为了达成"和解"与"妥协"；他明白"向大众呼吁"为的不是民主参与，而是为了刺激"代表"；他明白鼓励"选民"为的不是让选民们按照自己的本意进行投票，而是为了让选民们按照代表们的意愿投票。④ 而这便是我们理解杰斐逊教育观的"思想之光"。

---

① 莫瑞·艾德尔曼：《帮助性职业的政治语言》，转引自［美］迈克尔·阿普尔《意识形态与课程》，黄忠敬译，华东师范大学出版社 2003 年版，第 165 页。

② Murray Edelman, *The Symbolic Use of Politics*, Urbana: University of Illinois Press, 1964, p.5.

③ Murray Edelman, *Politics as Symbolic Action: Mass Arousal and Quiescence*, New York: Academic Press, 1971, p.2.

④ Charles Beard, Mary Beard, *The Rise of American Civilization*, New York: The MacMillan Co., 1947; Charles Beard, *An Economic Interpretation of the Constitution of the United States*, New York: MacMillan Co., 1947.

三

　　1743年4月13日,托马斯·杰斐逊出生于弗吉尼亚的阿尔伯马尔的一户人家。他的父亲彼得·杰斐逊(Peter Jefferson)是威尔士人的后裔,没有贵族血统,属于"自耕农"阶层——这是一个来自英国的用语,但却与当时英国目不识丁、粗野鄙陋的"自耕农"以及"巴黎的下层人"截然不同,在18世纪初期的弗吉尼亚,这指的是有文化的、有一定教养的、有一定知识技能的小土地的所有者①;和华盛顿(George Washington,1732—1799)一样,他是一名勘测员。虽然没有受过什么教育,但却有很强的学习能力和旺盛的精力,遵守英国式的风俗礼仪,向往英国式的生活方式,酷爱莎士比亚的作品。②他因在土地勘测方面的杰出才能而得到了当地的名门望族——伦道夫家族——在18世纪初期的弗吉尼亚,伦道夫家族(Randolph family)是当地的"头等"大族,起源于英格兰中部的一个贵族家庭,与英国许多贵族有着血缘或者姻亲关系③——的赏识,很快就成了威廉·伦道夫(William Randolph)的好友。1735年,彼得·杰斐逊也因此获得了1000英亩的土地,成了一名种植园主;与威廉·伦道夫的土地正好相邻。由于彼得·杰斐逊的土地不适宜盖房子,因此威廉·伦道夫又将自己名下的400英亩土地以"一大碗潘趣酒"④的价格转让给了彼得·杰斐逊,供其盖房,该契约至今仍可见。1738年,彼得·杰斐逊迎娶了伦道夫家族的一位新娘——简·伦道夫(Jane Randolph),她是当时弗吉尼亚副将艾沙姆·伦道夫(Isham Randolph)的大女儿,出生于伦敦。就这样,彼得·杰斐逊

---

　　① Charles Beard, Mary Beard, *The Rise of American Civilization*, New York: The MacMillan Co., 1947, pp. 150–151;[美]丹尼尔·布尔斯廷:《美国人:民主的历程》,谢廷光译,上海世纪出版社(集团)2009年版,第104、304页;[美]理查德·霍夫斯塔特:《美国政治传统及其缔造者》,商务印书馆2012年版,第28页。

　　② [美]亨利·蔡尔兹·默文:《美国国父列传:托马斯·杰斐逊》,钟琦译,北京大学出版社2014年版,第2页。

　　③ [美]梅利尔·彼得森:《杰斐逊集》(上下),刘祚昌译,生活·读书·新知三联书店1999年版,第4页。

　　④ [美]亨利·蔡尔兹·默文:《美国国父列传:托马斯·杰斐逊》,钟琦译,北京大学出版社2014年版,第3页。

这个小人物通过自己的奋斗，与弗吉尼亚最显赫的贵族紧紧联系在了一起。

彼得·杰斐逊向上流动的过程在早期的北美殖民地并不是一种偶然巧合，而是一种较为普遍的流动模式，与欧洲相比，殖民地是一个相对开放的社会，是一个社会等级相对宽松的社会；与欧洲将社会等级与血缘、财产、门阀紧紧捆绑在一起相比，早期殖民地的人们可以，也有可能更多地依靠个人奋斗，进而获得精英集团的赏识，而实现向上流动。可以说，几乎我们能数得出的殖民地与革命时期最重要的人物几乎都是通过这种"能力+扶持"路径实现向上流动的。例如，年轻的约翰·亚当斯（John Adams，1735—1826）在1756年对一位朋友说，要想在法律界出人头地，人们不仅需要知识、时间和大量的藏书，最重要的是需要"这一行当里大人物的友谊和提携"。乔治·华盛顿是通过弗吉尼亚北岭镇的费尔法克斯和他的家族的帮助，开始担任测量员和民兵军官的。富兰克林（Benjamin Franklin，1706—1790）的升迁也是如此，在他向上流动的每一个步骤中，依靠的不仅仅是他的勤奋、睿智和人品，更重要的是他有足够的智慧和能力来吸引有权有势的人来注意他；在庇护他的"头面人物"中有宾夕法尼亚的总督威廉·斯基、詹姆斯·洛根、安德鲁·汉密尔顿等；连富兰克林自己都说："他（汉密尔顿）对我产生了强烈的兴趣，对我的庇护一直到他去世为止。"[1] 老詹姆斯·奥蒂斯（James Otis）[2] 在短短四年间就在马萨诸塞政界平步青云也是依仗了亲朋好友的支持；而像加斯珀·叶芝（Jasper Yeates，1745—1817）[3] 这样既有良好出身又有大学文凭的人，也完全是依靠与名门希彭家族（the Shippens of Pennsylvania）的联姻而"扶摇直上"。[4] 弗吉尼亚的本杰明·沃勒（Benjamin Waller）的例子

---

[1] J. A. Leo Lemay, Paul Zall (eds.), *Benjamin Franklin's Autobiography*, New York: W. W. Norton, 1986, p. 23, 26, 45, 51, 75.

[2] 他的儿子就是著名的詹姆士·奥蒂斯（James Otis，1725—1783），是美国独立战争前准备阶段的政治家，他系统的阐述了18世纪60年代殖民地居民在英国统治下的苦难。

[3] 宾夕法尼亚著名的律师和法官，1791—1817年任宾夕法尼亚州最高法院法官，任期曾调停"威士忌叛乱"（the Whiskey Rebellion）。

[4] *Papers of Adams*, Vol. 1, p. 20; James Thomas Flexner: *George Washington: The Forge of Experience* (1732—1775), p. 41, 52; Waters: *Otis Family*, pp. 91–92; Klein: *Shippens of Pennsylvania*, p. 143。转引自：Gordon S. Wood, *The Radicalism of the American Revolution*, New York: Alfred A. Knopf, 1993, p. 74.

也说明了这一点：1720 年的一个晚上，殖民地官员约翰·卡特和一位"富豪"因为河流涨水而滞留在一户"农民"约翰·沃勒家中。卡特注意到沃勒 10 岁的儿子本杰明"机智伶俐""与众不同"。他说服了父亲让他把他的儿子带走，日后保证让他有出息。卡特实际上收养了小沃勒，并且送他去威廉·玛丽读书，后又在法律界栽培他，最终使得沃勒得了总督的赏识，后来官至弗吉尼亚议会的议员，并担任各种皇家官职，成了一个"大人物"。[1] 早期殖民地的这种庇护制与欧洲的门阀贵族是有区别的，因为它的确是要求个人依靠自己的"才华与能力"去吸引"大人物"的注意，进而助其一臂之力。而之所以会出现这样的现象，其原因在于：与欧洲相比，在 18 世纪早期的殖民地，"土地"还不是一个十分稀缺的物品；广袤的殖民地空间与"唾手可得"的"良田"稀释了这一切[2]，较为松散而非僵化的社会结构使得有才能的人，的确可以通过学识才干而实现向上流动。同时，也正是因为这样，教育是值得重视的。托马斯·杰斐逊也是如此。

彼得·杰斐逊于 1757 年染病身亡，他与他的妻子一共养育了 10 个孩子，托马斯·杰斐逊是活下来的第一男孩，是长子，除他之外，还有一个男孩，但幼年不幸夭折。[3] 关于托马斯·杰斐逊母亲的情况，由于杰斐逊自己不愿过多地提及，因此后人了解得不多。但仍可知托马斯·杰斐逊拥有伦道夫家族优良的基因，他身形修长[4]、纤瘦，很结实，身手敏捷，在母亲的影响下酷爱音乐，感性、优雅。在杰斐逊 5 岁的时候，就进入英语学校学习，9 岁进入拉丁文法学校，师从一位粗通拉丁语、"希腊语更差"

---

[1] Linda Rees Heaton, "This Excellent Man': Littleton Waller Tazewell's Sketch of Benjamin Waller", *Virginia Magazine of History and Biography*, Vol. 89, 1981, pp. 147 – 150.

[2] 在早期的弗吉尼亚，弗吉尼亚公司向每一个愿意亲自去弗吉尼亚承担风险的冒险家提供 100 英亩的土地。从 17 世纪 70 年代开始，弗吉尼亚开始效法英国，确定财产的资格限制；但是实际上"限定继承权"等仿英国的措施没有在弗吉尼亚发挥实际上的作用。弗吉尼亚土地情况的变化与社会结构的真正"冻结"大致发生在 18 世纪的中后期，也就是在美国革命前后。参见 Charles Beard, Mary Beard, *The Rise of American Civilization*, New York: The MacMillan Co., 1947, pp. 55 – 57。

[3] [美] 梅利尔·彼得森：《杰斐逊集》（上下），刘祚昌译，生活·读书·新知三联书店 1999 年版，第 4 页。

[4] 杰斐逊的身高大致在 189 厘米。

的苏格兰牧师道格拉斯先生。① 在父亲去世后，杰斐逊毅然决然地转学向一位精通拉丁语与希腊语的古典主义学者莫里牧师求教，并在两年后进入了威廉·玛丽学院（1760 年）。②

威廉·玛丽学院位于弗吉尼亚的威廉斯堡。威廉斯堡在英语中的意思是"品位、时尚、优雅中心"③，是殖民地总督府邸的所在地，聚集着十几个贵族家庭。正是在这里，杰斐逊既接受了英国式的传统贵族精英主义教育，又接受了"合乎理性与科学"的教育；杰斐逊结交了当地的三位显贵——斯莫尔（威廉·玛丽学院的数学教授）④、弗朗西斯·福基尔（王室任命的代理总督）和乔治·威思（威廉·玛丽学院的第一位法律教授，是弗吉尼亚的大法官），形成了一个有莫逆之交的"四人集团"。⑤ 而当地的其他贵族和种植园主们也因为与杰斐逊母亲家族的关系，慷慨地为杰斐逊打开了上流社会的大门。青年时代的杰斐逊过着"上流社会"的生活，他频繁地出入福基尔总督所举办的音乐聚会——他是一位出色的小提琴手，技术娴熟、富有激情；对服装、马车装备非常挑剔并乐此不疲——他所使用的马车一直都有血统最优良的马驹，事实上，从其青年时代开始，他就拥有了一批狄俄墨得斯血统的小雄驹。⑥ 在杰斐逊的社交活

---

① ［美］梅利尔·彼得森：《杰斐逊集》（上下），刘祚昌译，生活·读书·新知三联书店 1999 年版，第 4 页。

② 同上。

③ ［美］亨利·蔡尔兹·默文：《美国国父列传：托马斯·杰斐逊》，钟琦译，北京大学出版社 2014 年版，第 5 页。

④ 杰斐逊曾说斯莫尔确定了他一生的命运。梅利尔·彼得森：《杰斐逊集》（上下），刘祚昌译，生活·读书·新知三联书店 1999 年版，第 1791 页。

⑤ ［美］梅利尔·彼得森：《杰斐逊集》（上下），刘祚昌译，生活·读书·新知三联书店 1999 年版，第 5 页。

⑥ 这实际上与杰斐逊晚年衣着随便、不修边幅的记载是相矛盾的。"通常，他会懒洋洋地歪坐着"，据参议员威廉·麦克雷观察，"一边肩膀比另一边高"。他不注意外表，怎么舒适怎么穿，时常将不同时期的穿衣风格混合在一起。当英国驻美公使安东尼·梅里拜访杰斐逊的时候，曾大吃一惊，看到这位最高行政长官"身着便服，脚穿拖鞋，肥大的马裤、外套和内衣看起来邋里邋遢"。但彼得森认为，杰斐逊不修边幅，看似疏于打扮而实际上是故意的，因为他像鸟儿爱惜自己的羽毛一样，珍惜自己长期经营的"高贵品德"的名声。这实际上也从另一个侧面说明了杰斐逊的古典贵族情怀。参见 Merrill Peterson, *Thomas Jefferson and the New Nation*, New York: Oxford University Press, 1970, p.173。

动中出现的几乎都是弗吉尼亚的名人。① 他的第一个情人丽贝卡·柏伟尔出身于那个五十年前主宰总督参事会的名门望族。在杰斐逊的书信中,我们也可以看到类似的蛛丝马迹:"亲爱的韦尔,我想到了一项有生所能想到的最聪明的生活计划。你用你的地换取埃奇希尔庄园,我用我的地换取费尔菲尔茨庄园,你娶莎姬·波特为妻,我娶丽贝卡·柏伟尔为妻,(合)搞一辆车,配上两匹骏马,在同一个法院当律师,还一起驾车去参加乡间所有的舞会。你喜欢不喜欢?"②

杰斐逊24岁的时候加入律师协会,26岁被选为州议员,任职长达6年之久。29岁时已经是咨询律师了。1772年1月,杰斐逊与一位年轻的寡妇玛撒·斯克尔顿(Martha Wayles Skelton)结婚。杰斐逊夫人身材高挑、年轻貌美、仪态优雅,她受过良好的教育,热爱文学,能娴熟地弹奏古钢琴,她的父亲是一位富裕的律师。这次婚姻为杰斐逊的财产增添了一大笔地产——11000英亩的土地和135名奴隶,杰斐逊自己也说:"在清偿很大数目的债务后,大体上与我自己所继承的遗产相等,因而使我们的富裕程度倍增。"③

正是这样的生活,将贵族精英情节深深地植入杰斐逊的骨髓,他接受了上流社会的价值观——语言、习惯、爱好、生活方式,以及对贵族式的精英主义"高尚道德"的认可。这一点可以从1770年杰斐逊所居住的沙德威尔的房子所遭遇的火灾中看出——此后,杰斐逊修建了著名的蒙蒂塞洛宅邸。据记载,当时一位黑奴来向杰斐逊报告火灾的损失,杰斐逊问:"我的书救出来了吗?"奴隶说:"主人,没有,不过我们把小提琴救出来了。"后来杰斐逊自己写道:"我估计了一下,烧毁的书(价值)有200镑。要是烧的是钱就好了,我就不会那么心疼了!"④ 后世的许多批评家认为这是杰斐逊的矫揉造作,但如果将这一细节放入杰斐逊当时的生活情

---

① 当时杰斐逊交往亲密的人物还包括佩奇、曼、卡特、纳尔逊、李、布兰德、耶茨等重要的姓氏,这些姓氏都是弗吉尼亚名人录上最重要的姓氏家族。
② [美] 丹尼尔·布尔斯廷:《美国人:民主的历程》,谢廷光译,上海世纪出版社(集团)2009年版,第114页。
③ [美] 梅利尔·彼得森:《杰斐逊集》(上下),刘祚昌译,生活·读书·新知三联书店1999年版,第6页。
④ [美] 亨利·蔡尔兹·默文:《美国国父列传:托马斯·杰斐逊》,钟琦译,北京大学出版社2014年版,第21页。

境之中的话，我们就会发现，杰斐逊当时已经是弗吉尼亚的社会名流了——1769年杰斐逊当选为立法机关的议员——他没必要如此，而且将一位初出茅庐、血气方刚的年轻人描绘成一个老谋深算的政客，似乎也不合逻辑；与其说这是杰斐逊的惺惺之态，不如说这是他发自内心的想法，也就是说，他已经从骨子里接受了上流社会的观念——"钱"是腌臜之物，总是提"钱"是粗俗、不体面的行为；要有"品位"地、"讲究"地、"高尚"地生活，要有合乎体统的行为举止；或者说，他的身体里流淌的就是贵族的血液——又或者说杰斐逊与真正的贵族之间只差一个世袭的头衔、名分和身份而已。这在杰斐逊晚年的行为中也得到了很好的证明：杰斐逊对自己自幼养成的品位、格调以及开明的修养是非常自豪的，而他在蒙蒂塞洛的生活"从园林到美酒，从绘画到诗歌，样样都养追求英国或者欧洲的最近款式和风格"。①

四

可以说，杰斐逊的贵族情怀既得益于他母亲高贵的出身，又源自弗吉尼亚"英国式的乡村"。弗吉尼亚属于南部殖民地，起源于英国国教徒的聚居地；如果说马萨诸塞为的是以"山巅之城"来荣耀世界，而说宾夕法尼亚为的是以兄弟手足般的宗教宽容来激励世界的话，那么弗吉尼亚则是希望能够在新大陆实现英国式的开明贵族社会。弗吉尼亚是一个酷似英国的社会，它向往英国式的生活方式、热衷于英国式的传统道德，甚至可以说，18世纪早期弗吉尼亚的社会面貌就是一个杂糅了17、18世纪英国，特别是英国农村的风尚而成的。正如当时一位旅行的英国官员所描述的那样，威廉斯堡完全就是"地道的英格兰城镇"，"从英国来的人大多把殖民地居民看成他们的乡下表亲，他们可能更土气……他们仍旧是英国人。他们同约克郡或诺里奇的居民或英国其他乡村小镇的外省居民一样，没有什么本质上的区别"，18世纪早期的新大陆"在行为、道德和娱乐方式同母国的一样……只是在程度

---

① Gordon S. Wood, *The Radicalism of the American Revolution*, New York: Alfred A. Knopf, 1993, p. 203.

上……稍逊一筹而已"①。关于这一点,我们也可以从华盛顿的生活中也可窥见一二:华盛顿爱好最讲究的服装、精纺的红布、金色花边、带有褶皱的衬衫和银扣子。他曾写信给他在伦敦的代理人说:"不管你给我送来什么样的商品,都要时髦的才好。"②

弗吉尼亚人不仅移植来了英国式的时尚与风貌,更移植来了英国式的社会结构,只不过在18世纪这种社会结构是较为松散的。关于当时社会阶层的构成,实际上是有不同表述的:第一种表述认为,当时的弗吉尼亚可以分为"富人""中层"和"穷人"三大群体;所谓的"富人"大致等同于种植园主;所谓的"中层"大致包括了自耕农、技工等小财产的所有者;所谓的"穷人"则是不明确的,有的时候把社会上层以外的人都包括进去,有时候又仅指社会的最下层,还有时候用来指称可以投票的人。第二种表述认为,在当时存在4个阶层:大土地的所有者、律师和法官、商人、农夫与工匠;并认为最后一个阶层构成了殖民地的主体,是殖民地的力量所在,是"最有用和最有道德的人"。第三种表述认为,弗吉尼亚存在着三个层次:一是上层阶级,他们是来自英国的门阀贵族,受过良好的教育,风度翩翩;二是中等阶级,既高雅又粗俗,他们中有人很有钱,但由于家系不够古老,所以仍属于中等;第三是下层,这一阶层人数很少。杰斐逊对弗吉尼亚的社会结构也有自己的判断,他认为弗吉尼亚存在着五大社会阶层:大土地的所有者、没有继承家族遗产的贵族家庭的次子和次女、暴发户、自耕农以及堕落和不守规矩的人。③

我们发现,实际上无论哪种表述,奴隶、契约奴、妇女以及没有到达各地法律规定的财产标准而无投票资格的男性实际上都被排斥在

---

① Adam Gordon, "Journal of an Officer Who Traveled in America and the West Indies in 1764 and 1765", New ton D. Mereness (ed.), *Travels in the American Colonies*, New York,: 1916, p. 403; Virginia Harrington, The New York Merchant on the Eve of the Revolution, New York: 1935, p. 21.

② Charles Beard, Mary Beard, *The Rise of American Civilization*, New York: The MacMillan Co., 1947, pp. 141 – 142.

③ [美]加里·纳什:《美国早期的阶级和社会》,第23页;[美]格林:《从定居地到社会》,第299—300页;[美]布朗:《1705—1706年的弗吉尼亚:民主制还是贵族制》,第32—33页;转引自李剑鸣《美国通史:美国的奠基时代,1585—1775》,人民出版社2002年版,第392—393页。

社会系统之外；也就是说，他们所关注的"人民"都是"自由"人口。而"自由"源自"财产""独立"源于"土地"，殖民地不动产的拥有者实际上成为未来共和国的领导者，而没有土地财产也有没有其他任何形式财产的人都是"干坏事的帮手，全面破坏国家自由的工具"①，是群氓，是暴民，是不足为道的。这是因为，在 18 世纪的殖民地，体力劳动不是财富的源泉；与宗教道德观所宣传的勤勉工作恰恰相反的是，劳作是辛劳，是痛苦，是强迫，是不具有道德价值的；也正是这一观念带来了对劳动人民的鄙视，而革命的领袖们所珍视的"自由"，"是不必为温饱而劳作的自由"②。同时，按照同时代的英国标准来看，在殖民地真正意义上的贵族也几近凤毛麟角，"没有什么公爵，没有侯爵，没有宫廷"，殖民地的贵族和英国的贵族都是些"小字辈"，顶多是个中小地主，"在任何一处殖民地，几乎没有哪个富人能够名副其实堪称英国的富人的那种'富'字"，例如：华盛顿的庄园在 18 世纪 70 年代的收入，"根据弗吉尼亚的时价，每年仅有 300 英镑"，在一个来访的英国人看来，这种经济状况使得华盛顿"只相当于英国富裕的自耕农"。③ 当时波士顿的一位大富翁托马斯·汉考克（Thomas Hancock）在身后留下了将近 10 万英镑的遗产，可是这笔在殖民地的巨额财富还不到英国商人亨利·拉斯卡莱斯（Henry Lascalles）1753 年留下遗产的 1/3。④ 当时弗吉尼亚大富豪威廉·伯德（William Byrd）的私宅是当时殖民地人人称道的琼楼玉宇——共有 65 英尺（约合 19.812 米）长，这个规模还不到当时英国的罗金厄姆侯爵（Marquess of Charles Watson Wentworth Rockingham）房屋的十分之一——他的华屋的长度要比

---

① ［美］理查德·霍夫斯塔特：《美国政治传统及其缔造者》，崔永禄、王忠和译，商务印书馆 2012 年版，第 37—38 页；［美］查尔斯·比尔德：《美国宪法的经济观》，何希齐译，商务印书馆 2012 年版，第 31 页。

② Gordon S. Wood, *The Radicalism of the American Revolution*, New York: Alfred A. Knopf, 1993, pp. 33 – 34.

③ Alan Gowans, *Images of American Living: Four Centuries of Architecture and Furniture as Cultural Expression*, Philadelphia: Lippincott, 1964, p. 141, 142, 149.

④ William Baxter, *The House of Hancock: Business in Boston, 1724 – 1775*, Cambridge: Harvard University Press, 1945, p. 75, 224.

两个足球场还要长。①

因此，可以说，在18世纪早期的弗吉尼亚，事实上存在着三个社会等级：最高等级是源于英国高贵姓氏的小贵族，他们是英国在殖民地统治的代理人，独立战争或是驱逐或是转变改造了这一批人②；最低等级是没有任何形式的财产的、没有自由和人身独立的"大众"，他们是被杰斐逊等革命领袖唾弃的"无赖"与"猪猡"③，这些人是"每个国家的苦力"，"当我们衡量一个国家的国民性时，他们这些人是绝不应加以考虑的"④；中间最核心的一个等级就是拥有土地的"自耕农"，他们在整个殖民地年代从贫困的处境不断奋力上进，坚决谋求舒适、安全的生活和权势；他们借助殖民地丰富的自然资源，获得了比旧大陆更快的向上流动的路径，并通过这个过程，成为美国革命的核心力量——"如果说一位地位颇高的弗吉尼亚绅士统率了军队，加入了行伍，扛起了步枪的正是刚扔下了犁的自耕农"⑤。无怪乎，霍夫斯塔德和查尔斯·比尔德都曾感叹，美利坚天生就是一个"中产阶级"社会。这才是杰斐逊所谓的"人民"的真正含义——拥有小土地的"自耕农"——"在土地上劳动的人们是上帝的选民，如果他曾有过选民的话，上帝有意使这样的选民的胸怀成为特别贮藏他那丰富而纯真的道德的地方。这里才是上帝保持神圣之火旺盛地燃烧的中心，否则这个神圣之火就会从地球上消失。耕种土地的广大群众道德腐

---

① Fiske Kimball, *Domestic Architecture of the American Colonials, and of the Early Republic*, New York: Metropolitan Museum of Art, 1922, p. 70.

② 据统计，美国革命之前的殖民地中，亲英分子有接近50万人，约占当时白人人口总数的20%；他们中有8万人在革命中离开了13个殖民地。亲英分子的离开消解了殖民地的身份网络与当时上流社会的利益集团，一些"显赫"的家族——如佩恩家族、艾伦家族、丘家族、汉密尔顿家族、希彭家族、欧文家族、温斯洛家族、克拉克家族、劳埃德家族都在一夜间灰飞烟灭。Charles Beard, Mary Beard, *The Rise of American Civilization*, New York: The MacMillan Co., 1947, pp. 292-293.

③ [美]理查德·霍夫斯塔特：《美国政治传统及其缔造者》，崔永禄、王忠和译，商务印书馆2012年版，第35页。

④ "Jefferson's Hints to Americans Traveling in Europe", Julian P. Boyd (ed.), *The Papers of Thomas Jefferson* (Vol. 13), Princeton: 1954-1955, p. 268.

⑤ Charles Beard, Mary Beard, *The Rise of American Civilization*, New York: The MacMillan Co., 1947, p. 131.

化的例子在任何时代任何国家都没有过……"①　正是如此,杰斐逊断言,"国家将是有产者的国家,未来也就建立在这个国家的有产阶级基础上","一个有教养、有知识并且有自由的体制的农民的国家是最适合的民主共和国"。②

实际上,以托马斯·杰斐逊为代表的美国革命领袖大多属于"自耕农"阶层。他们是他们的家族中第一代或者是第二代实现了向上流动的人——据研究,在美国99名建国领袖中,即那些签署了《独立宣言》的人或者是参加了"制宪会议"的人中,只有8个人的父亲上过大学。③ 例如,杰斐逊是杰斐逊家族中第一个接受过高等教育的人;亚当斯也是一个殷实的农场主和鞋匠的儿子,是亚当斯家族中第一个进入上流社会的人;富兰克林、华盛顿、纳撒尼尔·格林都没有上过大学,都要是通过刻苦的自学来弥补教育上的不足——这种不足甚至使得华盛顿无法亲自写下一本美国革命的回忆录,还有人说华盛顿在战争期间最重要的几封信都是他的助手写的;使得华盛顿屡次说他知道自己受教不足,因此只能在文思敏捷的人物面前沉默寡言,为自己不懂任何一门外语而感到羞愧;这一切使得华盛顿谨小慎微地过活,甚至在与友人写信的时候他都要誊抄多遍,生怕有涂改和错误的地方出卖了他的真实水准。④ 正是由于这种"天生"的遗憾,使得这些拥有经济上独立地位的"自耕农"们缺少文化上的独立性和自信心。"寒微的出身"使得他们对英国式的古典主义贵族精英文化可以说是"既爱又恨":他们"心比天高",可偏偏"身为下贱";他们无法从家族和亲属那里世袭获得身份、地位与头衔,因此他们醉心于证明贵族的身份与品格不是"生来就有"的;他们既艳羡、模仿贵族们的举手投足、文质彬彬,又对年少攀附上流社会的时候所遭受到的"富人们"的冷眼与排挤耿耿于怀,因此对他们的养尊

---

① [美]梅利尔·彼得森:《杰斐逊集》(上下),刘祚昌译,生活·读书·新知三联书店1999年版,第311—312页。

② [美]理查德·霍夫斯塔特:《美国政治传统及其缔造者》,崔永禄、王忠和译,商务印书馆2012年版,第38页。

③ Richard Brown, "The Founding Fathers of 1776 and 1787: A Collective View", *William and Mary Quarterly*, Vol. 33, No. 3 (July, 1976), pp. 465–480.

④ James Thomas Flexner, *George Washington: Anguish and Farewell, 1793—1799*, Vol. 4, Boston: Little Brown, 1969, p. 488.

处优、不劳而获与奢靡铺张深恶痛绝。所以，他们热衷于证明他们也是贵族，是"天然的贵族"，是有才德的人；他们"优雅而不浮华，彬彬有礼而不孤芳自赏，有品位而不自以为是，品德高尚而不装腔作势，天然质朴而不粗鄙庸俗"[①]；他们是洛克（John Locke）笔下身披灵光的"绅士"——礼貌、优雅、趣味和有学识，深信洛克所言"最应得到重视的应该是绅士阶层，因为这个等级的人在教育上一旦走入正轨，他们很快就会带领其余的人做到井然有序"[②]；他们既痛恨"迷信"与"顽固不化"，又唾弃"懒惰"和"奴役"，他们要向"愚昧"和"野蛮"宣战，要把"文学和科学请到我们中间来……让我们鼓励赞许一切使得我们的品德变得高尚的事物"。[③]

因此，可以说，以杰斐逊为代表的美国革命领袖们实际上并不指望那些穷困、没有社会地位的人，如农民、工匠或小商贩们能够通过教育获得到较高的社会地位；他们眼中的教育不是目的，而是手段；不是为了任何抽象意义上的社会整体的公平与正义，而是希望如果这些人的孩子们有才能的话，可以像他们一样进入威廉·玛丽或者哈佛读书，学习拉丁文、希腊文，学习古典作品，接受开明的绅士教育，并由此进入上层社会；他们所希冀的教育是一种"自我复制"的方式，复制出和他们一样的人，通过教育的灌输创造出属于他们自身的"绅士文化"，铸造一个"知识的共和国"——在这个"共和国"中只有知识、才能和道德发挥着作用，并将他们的精神与情怀一代又一代地"世袭"下去，要"把天才的火花变成夺目的火焰，这些天才的火花属于像他们一样的人，即共和方式的竞争和竞赛使他们从'无名之辈'变成杰出的人物，他们的名字将会闪烁着光芒，炫耀全世界。荣誉、利益和爱国主义精神激励他们去完善自己和后代，取得'法院、军队、各种专业和所有政府部门的职位'。他们将会成为'天然的贵族'——受过开明教育、有知识、有性格的绅士。对于许

---

① Gordon S. Wood, *The Radicalism of the American Revolution*, New York: Alfred A. Knopf, 1993, p. 196.
② 参见约翰·洛克《教育漫话》，傅任敢译，教育科学出版社 1999 年版。
③ William Livingston, *Independent Reflector*, 1735; Julian Boyd, *The Papers of Thomas Jefferson*, Vol. 7, Princeton: Princeton University Press, 1950, p. 600; John Clement Fitzpatrick, *Writing of Washington*, Vol. 28, Montana: Kessinger Publishing, 2010, p. 504.

多革命领导人来说，这就是共和思想的精神意义，这是备受折磨的才能战胜出身和血统论的证明"。①

五

美国革命使得新大陆的"自耕农"们的社会等级得到了前所未有的实质上的提升②——"包括总督、军官、法官和形形色色随从人员在内的英国官僚阶级遭到驱逐或自行逃亡，使得美国社会的第二个阶层即商人、自由农民、种植园主和农场主上升到一个比较得意的地位……华盛顿不能在英国军队里得到重要的职位，但他成了大陆军队的最高统帅。约翰·亚当斯年轻的时候在马萨诸塞种植玉米，成年时期收到波士顿英国官僚集团上层的冷遇，后来却成为美国派驻英王乔治宫廷的公使。托马斯·杰斐逊也从弗吉尼亚一名默默无闻的农夫之子，被提升到州长的职位，担任过驻法公使，又以总统的身份指导国家大事达 8 年之久"③，因此，革命成功之后维持社会秩序和点拨民族命运的重大任务就落到这些"手握实权"的人们手中。但杰斐逊这位来自弗吉尼亚的"假"贵族已经长期习惯于英国国王君临天下所恩赐的"高度自治"，却对未来社会的走向惴惴不安，因为"没有人感断定何时纪律变成了独裁，何时自由又滑向了无法无天"。④

幸运的是，杰斐逊是一位"恰逢其时"的政治家。源自 15 世纪的"进步"火种，到了 18 世纪初期已经燃烧成最富有生气的熊熊烈焰——"人类由于增进了知识和使物质世界服从人类福利的要求而不断改善其人

---

① Gordon S. Wood, *The Radicalism of the American Revolution*, New York: Alfred A. Knopf, 1993, pp. 180-181.

② 1779 年詹姆斯·沃伦（James Warren，马萨诸塞州州长）曾经抱怨，在波士顿"一个 5 年前可能是给我刷皮鞋的家伙，现在已经家道丰厚，出入有漂亮的马车了"。Robert East, *Business Enterprise in the American Revolutionary Era*, Gloucester: Columbia University Press, 1938, p. 220, 227, 232.

③ Charles Beard, Mary Beard, *The Rise of American Civilization*, New York: The MacMillan Co., 1947, p. 462.

④ Ibid., p. 440.

世间的命运"①——"自耕农"们"珍视"劳动与勤勉等平凡之事务；新大陆的广袤领土不仅"净化"与"消散"了浓烈的宗教精神②，刚刚崛起的"新贵"们不仅不需要再盲从信奉欧洲"教父"们的哲学，而且还使得他们对自然科学产生了浓厚的兴趣③；而来自17世纪英国的、开

---

① Charles Beard, Mary Beard, *The Rise of American Civilization*, New York: The MacMillan Co., 1947, p. 444.

② 在18世纪"正统的"国教徒们聚居的弗吉尼亚，宗教气氛实际上是很疏离的，当时有一位牧师曾经抱怨道："这些教区面积之大，不仅造成对宗教节日活动的懈怠，而且我经常发现向他们布道是劳而无功的。我长途跋涉五十英里到一幢私宅去讲道，但有时在聚会那会恰恰天气不好，来的人寥寥无几甚或一个人也不来，要不然就是由于大雨使河流沼泽无法通行，我只好白跑一趟，于人无益，于己扫兴。"还有牧师说："牧师刚讲道完毕，在场的男子便各个掏出烟斗，吸上一斗烟。""由于教区地域太大……许多尸体不能送到教堂来安葬，因此习惯于埋在自家的花园或果园里，列祖列宗都埋在那儿。目的周围一般种上万年青，十分雅致，墓冢保持体面。殡葬仪式为此同样在家里举行，邻里亲友济济一堂，听取安魂布道；如果你一定要他们在教堂举行殡葬仪式，他们就会说，若不按他们的习俗办，那就宁可不办。在家里还可以为孩子和女教徒举行洗礼仪式，这有时是出于兴致或风俗，最经常的是由于非这样做不可，否则有的人就不搞洗礼仪式了。婚礼大都也在家里举行而不讲究季节和日子。"可以说，在弗吉尼亚没有统一的宗教仪式，礼拜用品很少，人们又往往对教义一无所知，这些实际上都有违正统英国国教的精神。因此，布尔斯廷断言，辽阔的殖民地完成了在欧洲需要上百年才能完成的神学论战。因此，从这个意义上，杰斐逊在弗吉尼亚推行的《宗教自由法案》实际上是一纸空文，因为在当地仅存形式上的"正统"宗教，而非实质上的；因此杰斐逊的《宗教自由法案》与其说是具有划时代的革命意义，不如说是政治"秀"。参见［美］梅利尔·彼得森《杰斐逊集》（上下），刘祚昌译，生活·读书·新知三联书店1999年版；［美］丹尼尔·布尔斯廷《美国人：民主的历程》，谢廷光译，上海世纪出版社（集团）2009年版。

③ 与其说杰斐逊是一个"不切合实际"的空想家和"重理论的幻想家"，不如说他是一个非常讲求实用的人。他可以撰写一本百科全书式的《弗吉尼亚纪事》，可以写一本供参议院使用的议会手册，却从未写过一本系统的政治理论著作。他既对认识论感兴趣，但仅仅是兴趣；他又热爱机械、观测、测量、计算，因为这些能在他的种植园中发挥实际的作用。他曾写信给他的女儿，宣称"每一簇嫩草都会引起我的兴趣"，又说"对国家的最大贡献莫过于在其文化土壤里添植一棵有益的树木"。杰斐逊自己动手设计了蒙蒂塞洛宅邸，对其手下奴隶的工作效率进行了有益的研究，并在一段时期内使其农场达到了自给自足。他发明了大麻纤维拍打器，算出了一种阻力最小的铸板犁结构程式，为此获得了法国塞纳—瓦兹省法兰西农学院的奖励；设计了一种皮制轻马车车篷、一种转椅以及一种旋转碗碟架。他一丝不漏地记录下他所到之处的人文风光与自然现象，"对于西欧的一草一木，只要有用，他都研究，并且还要研究其配栽培的情况"。他长期坚持每天记录温度以及气压数据，不断研究新的犁耙、蒸汽机、节拍器、温度计、升降机以及诸如此类的器具，此外还研究黄油和奶酪的加工工艺。他为国会撰写了一份美国度量衡器具的论文以及相关统计报告中数据收集问题的报告。他为美国设计的十进制币种，显然要比当时的金融学家罗伯特·莫里斯更高明。从这个意义上说，超验主义、实用主义、工具主义等一系列思潮等在美国生根发芽也非无本之木、无源之水。参见［美］理查德·霍夫斯塔特《美国政治传统及其缔造者》，崔永禄、王忠和译，商务印书馆2012年版，第29—30页。

明的、洛克学说也为重新定义"权威"奠定了新的智力基础[1]——"家长们不要把他们的权威建立在孩子的畏惧的基础之上";家长的权利不是绝对的,孩子既有权利也有义务;家长要赢得孩子们的尊重,也要信任他们;洛克所建构的"父慈子孝"的原型从根本上刺激了一个"反对家长制的美国革命"[2]。如果包括上帝在内的统治者在弗吉尼亚都失去了统治的合法性的话,那么世俗世界中统治者的合法性与合理性更是不消提及。1776 年,杰斐逊在《独立宣言》中写下了现代政治的千古绝唱:"人人生而平等,他们被造物主赋予他们所固有的(某些)不可转让的权利,其中有生命权、自由权以及追求幸福的权利;为了保障这些权利,才在人们中间成立政府,而政府的正当权力,则得自被统治者的同意;如果遇到有任何形式的政府成为损害这些目的时,人民就有权利改变或者废除它,以成立新的政府,而新成立的政府,要奠基于这样的原则上,以这样的形式组织其权力,以期唯有这样才能保障人民的安全和幸福。"[3]

在推翻了旧制度之后,杰斐逊们认为按照古典主义的传统,可以采用的政体一共有三种:君主制、共和制[4]和民主制[5]。对于刚刚获得独立的

---

[1] 参见克雷明《美国教育史:殖民地时期的历程,1607—1783》,周玉军、洪成文等译,北京师范大学出版社 2003 年版。

[2] 目前大多数主流的美国史研究认为,杰斐逊的政治观来源于英国的洛克,而非法国的孟德斯鸠;而洛克的学说尤其是他的《教育漫话》,而非《论政府》,在殖民地发挥了实质上的作用。而洛克的《教育漫话》实际上采用隐喻式的写法,用家庭权威影射君主权威,用家长与孩子之间正确关系的讨论来影射君臣关系,要求实行开明君主。洛克的《教育漫话》实际上成了摧毁菲尔默式的父权制的理论基础。参见 Jay Fliegelman, *Prodigals and Pilgrims*: *The American Revolution against Patriarchal Authority*, *1750—1800*, Cambridge: Cambridge University Press, 1982, pp. 12 - 15;丹尼尔·布尔斯廷《美国人:民主的历程》,谢廷光译,上海世纪出版社(集团)2009 年版;伯纳德·贝林:《美国革命的思想意识渊源》,涂永前译,中国政法大学出版社 2003 年版。

[3] [美]梅利尔·彼得森:《杰斐逊集》(上下),刘祚昌译,生活·读书·新知三联书店 1999 年版,第 22 页。

[4] 共和制(respublica),在古典主义时代侧重政治权力的公共属性,把政府视为一种为了公共利益而设立的公共机构,需要公共参与来使之运作,通常在公共场所举行公开会议来进行决策。在制度上具有混合性,执行官员虽由选举产生,但权力很大,并拥有一定的独立性;人民大学虽然行使选举官员和表决政策的权力,但起核心作用的是贵族元老院,在特定情况下还可实行独裁。参见李剑鸣《"共和"与"民主"的趋同:美国革命时期对"共和政体"的重新界定》,《史学集刊》2009 年第 5 期,第 25 页。

[5] 民主制(demokratia),在古典主义时代指的是公民直接掌握政治权力,亲身参与国家治理,通过"平等发言权"来对公共决策进行公开的辩论,在达成共识后交由公民选择的官员执行。它在体制上是一种单纯的政体,不仅与世袭权力水火不容,而且对任何长期占有权力的行为和具有强大社会声望的人物都要时时加以提防,以免对政治平等造成危害。参见李剑鸣《"共和"与"民主"的趋同:美国革命时期对"共和政体"的重新界定》,《史学集刊》2009 年第 5 期,第 25 页。

"人民"而言，重新建立一个君主制政府，无论从理智还是从情感上都是不可能接受的①；而民主制对于杰斐逊而言，也是万万不妥的：因为无产者是危险的，是不值得信任的，是叛乱和社会动乱的根源——因为无产者没有土地财产，而没有土地财产就意味着没有经济上的独立，没有经济上的独立就意味着人身上的依附关系，而"依附产生奴性，容易被收买，扼杀美德，而且是他人实现野心的得心应手的工具"②——人性如何可以脱离田园耕种和不动产的"天然"滋养呢？所以那些"被无知、贫穷和压迫所折磨的人"是不安全的，"15 人中必有 14 人是无赖"，城市里的无产者是国家"肌体"上的"脓疮、罪恶的教唆者和革命的制造者"，"如果人民拥挤在城市靠变幻莫测的商业谋生，美国的自由制度必然会完结"。③ 由此看来，既然"人民"是反复无常的城市群氓，像"一头巨兽"，那么"共和"政体是一种微妙地加以平衡的传统安排。④ 当然，共和制也是更符合古典主义贵族情怀的选择，是贵族政治的基础。

在抽象的共和制传统中，人在本质上是一个政治的人，是一个通过参与自治的共和国的活动来实现极大程度的自我完善和自我道德的公民；即参政议政的政治自由是实现个人自由、权利、道德的全部基础，反之亦然，个人的自由、权力和道德也保障了政治自由。共和制要求公民有高尚的道德，因为共和制从本质上说就是"最好的道德的政治"，它强调公共属性、公共利益，以及为公共利益而牺牲个人私利的公共道德。在共和制政体中，独立与道德的丧失就是腐败的根源。因此，共和制是十分脆弱的，它对公民的道德水平的要求要远远高于君主制和民主制；要真正实现"共和"，就要保持公民的独立和提高其道德修养是最重要的两条路径。在现实世界中，这是一条"虚无缥缈"的"不归路"，正如

---

① Gordon S. Wood, *The Radicalism of the American Revolution*, New York: Alfred A. Knopf, 1993, p. 177.

② 参见 [美] 梅利尔·彼得森《杰斐逊集》（上下），刘祚昌译，生活·读书·新知三联书店 1999 年版。

③ 参见 [美] 理查德·霍夫斯塔特《美国政治传统及其缔造者》，崔永禄、王忠和译，商务印书馆 2012 年版，第 35 页；Charles Beard, Mary Beard, *The Rise of American Civilization*, New York: The MacMillan Co., 1947, pp. 339–401.

④ [美] 丹尼尔·布尔斯廷：《美国人：民主的历程》，谢廷光译，上海世纪出版社（集团）2009 年版，第 122 页。

亚当斯和汉密尔顿批评的那样,共和制被"五花八门地加以利用","从不清楚共和制到底是什么","过去没有人知道,将来也不会有人知道",共和制"可以是指任何事物,所有的事物,或者是一无所指"。① 但对政治词语的使用已炉火纯青的杰斐逊,却为美好的共和制想象找到了一个完美的落脚点。

而理解这一落脚点我们又必须回到杰斐逊对于"人民"的定义中去。在杰斐逊的政治话语中,所谓"人民"即不动产的拥有者,"拥有一定财产为思想充分独立的必需而主张有产者方有选举权",美国就应该也必须是一个农场主的国家,"耕者有其田"使得他们独立、有知识、有道德,"既不会盲动,又不会堕落"②;因此,殷实的"自耕农"是可靠的"善良之辈"——杰斐逊深深地信任着"自耕农",就如同相信他自己一样——"向一个农夫和一位教授陈述一个道德事例。前者也能判断,而且时常比后者更好,因为他没有被人为的准则引入歧途"③。而这种直接将抽象政治与土地财产等同起来的做法,使得"如果说普通选民被要求去投票,那么拥有巨额财产的人则被期望肩负更大的责任。"④ 实际上,弗吉尼亚一直是由"富人"治理的,"凡是殷实富裕的家族,都有人在总督参事会、民众代表院、县政府或其他统治机构里当官,殖民地的统治机构也没有一个不是由富人控制的";而土地是所有统治家族和弗吉尼亚财富的基础。⑤ 早在1776年,杰斐逊为弗吉尼亚起草宪法的时候,就尝试规定选举人的财产资格——"选举人须为在农村完全拥有24英亩地产者,或在城市拥有1/4亩地产者,或必须是在选举的两年内均完税者"⑥;

---

① Gerald Stourzh, *Alexander Hamilton and the Idea of Republican Government*, Stanford, CA: Stanford University Press, 1970, p.44, 53; Franco Venturi, *Utopia and Reform in the Enlightenment*, Cambridge University Press, 1971, p.62, 71.

② [美]理查德·霍夫斯塔特:《美国政治传统及其缔造者》,崔永禄、王忠和译,商务印书馆2012年版,第38页。

③ [美]梅利尔·彼得森:《杰斐逊集》(上下),刘祚昌译,生活·读书·新知三联书店1999年版,第1009页。

④ [美]丹尼尔·布尔斯廷:《美国人:民主的历程》,谢廷光译,上海世纪出版社(集团)2009年版,第115页。

⑤ 同上书,第125页。

⑥ 参见[美]梅利尔·彼得森《杰斐逊集》(上下),刘祚昌译,生活·读书·新知三联书店1999年版,第358—368页。

而我们想象之中作为美国"民主"代言人的杰斐逊在实质上从未在任何时间、任何地方考虑过推行政治的普选权问题。因此，在杰斐逊的"共和制"假设中，作为共和制基础的"独立"与"道德"在实际上为"财产"和"土地"所取代；"土地"不仅仅成了一种财物，更是个人独立和个人权威的标识，是人格的标志；高官显职要由"最有道德的人"——即"最有利害关系"的、财物最多的人来担任，重大问题的决策显然也要以他们的意志为转移①；可见，杰斐逊苦苦经营的是有产者的利益，而非抽象的共和或者民主的政治理论，这是因为杰斐逊深知，"要驾驶国家这艘巨舟，靠的是地头畦界，而不是遥远的恒星"②。

在弗吉尼亚，"要满足获取土地的渴望，只有强壮的体格还不够，还要有敏锐的政治嗅觉。觅取地产富源的途径不仅要穿过茫茫荒野，而且要穿过威廉斯堡政府大楼的走廊过道。这是弗吉尼亚头面人物走熟了的通向荒无人烟的南部和西部浩瀚沃土的'捷径'"。③ 这很好地诠释了杰斐逊的、强烈的政治现实主义，使得抽象政治与实体经济紧密地杂糅在一起，成了"一个硬币的两面"。而这种紧密的联系，使得经历革命的血洗而完全实现了向上流动的"开国元勋"们"一朝得道，鸡犬升天"，而那些想借由革命来解除枷锁的、处于社会底层的白人以及迫切渴望摆脱被奴役地

---

① [美] 丹尼尔·布尔斯廷：《美国人：民主的历程》，谢廷光译，上海世纪出版社（集团）2009年版，第116页。

② Charles Beard, Mary Beard, *The Rise of American Civilization*, New York: The MacMillan Co., 1947, p. 387.

③ 例如，华盛顿早年在弗吉尼亚议会供职时所热心的诸项"公事"中，最积极从事的莫过于为他自己和他那些同在1754年退伍的伙伴们谋取土地。据称，丁维迪总督1754年2月紧急公告已用"俄亥俄河畔二十万英亩英王土地"犒赏了这些退伍老兵，但18年后实际拨出数以万计的田亩却全靠华盛顿的活动……华盛顿主动请赏，指定地点，按职衔高低给不同的要求者分拨土地。他自己获赏24100英亩。其中18500英亩是他分给自己的份额，5600英亩则是他靠其特殊地位廉价买下别人的份额。他还具有直接了解别份土地的确切情况的便利，从而能保证酬劳他爱国主义精神的那些土地配得上他。在这种情况上，华盛顿没有理由觉得他不正当地肥了自己。他写道："我可以并非自吹自擂地说，要不是鄙人坚持不懈地审时度势、因势利导，那就一块土地也得不到。"1767年6月，华盛顿又奉劝他的朋友约翰·波西上尉："看看弗雷德里克、瞧海特家族和首批占有那些土地的人是怎样发财的。啊不，还是看看我们在这块殖民地上的特大地产是怎么得来的吧。按你不是通过占有和低价购买当初算不了什么的边远沃土吗？而今它们成了我们拥有的最有价值的土地。"参见 [美] 丹尼尔·布尔斯廷《美国人：民主的历程》，谢廷光译，上海世纪出版社（集团）2009年版，第126—127页。

位的黑人奴隶们却发现改变社会地位比登天还难。①

由此可见，在从"臣民到人民"的转变过程中，贵族政治的情怀与弗吉尼亚人对"土地"的渴望②再次在杰斐逊的政治经济设计中发挥了作用。而教育的必然性也由此而生：一方面，良好的"贵族政治"的目的不是要挫伤"人民"的积极性，而是要使"人民"避免犯错。因此，教育是至关重要的。革命摧毁了旧制度，而要完全建立起一个新社会，对"人民"进行启蒙就显得至关重要。洛克告诉他们，人的心灵是一块白板，人的感觉可以改变人的性格及其一切；通过支配人的感知来塑造人是可行的。同时，"进步"的火花也让他们坚信"头脑一旦被启蒙之光照耀，就再也不可能回到无知蒙昧的状态"③，所以要驱逐"黑暗"与"野蛮"，传播"光明"与"知识"。因此，杰斐逊们十分关注教育，不仅仅是制度化的教育，还包括各类"高雅的"修养品位的达成，这是塑造新观念、铸造新文化的重要手段。而另一方面，经营土地和种植园，也必然要求"自耕农"们的知识要多样化，因为他们必须规划园圃，适时决定耕种收割、觅取制鞋缝衣的材料、照看奴隶等。因此，如何精明、谨慎、权威地经营种植园也要求种植园主们必须既要有聪明的头脑，又要有丰富的知识；既要将政治权术、法律条款了然于心，又要对自然发展史感兴趣，对医药和机械学有相当精深的知识，对气象学也必须十分内行。

最后让我们回到文章的开篇，我们从杰斐逊的真实出身、弗吉尼亚的社会环境以及在"进步"的洛克学说、贵族情节与弗吉尼亚地方主义等

---

① 罗伯特·夸里上校 1704 年向商务部诸大臣发回的报告称，弗吉尼亚四条大河两岸都有十至三十人"靠经商和勤奋挣得了非常可观的家产"。到了 18 世纪中期，这类人多了起来，还出现了一些暴发户，如其中的杰斐逊家族和华盛顿家族。参见 [美] 丹尼尔·布尔斯廷《美国人：民主的历程》，谢廷光译，上海世纪出版社（集团）2009 年版，第 113 页。

② 杰斐逊对"土地"的热情，在很长一段时间内，学界内这是与杰斐逊"农业立国"的理想紧密结合在一起的。（参见刘祚昌《杰斐逊的农业理想国》，《美国研究》1989 年第 3 期；张少华《汉密尔顿"工商立国"与杰斐逊"农业立国"之争》，《历史研究》1994 年第 6 期。）但实际上，我们会发现，弗吉尼亚的种植园中种植的是烟草——弗吉尼亚是"建立在烟雾缭绕之中的殖民地"，而非谷物；是经济作物，而非粮食作物。而种植经济的作物的目的是交易、交换与盈利，而非小农理想中的"自给自足"。从这个意义上说，杰斐逊所谓的"我们都是联邦党人，我们都是共和党人"是肺腑之言，在革命时期的确存在着这样一个围绕着经济利益而形成的政治联盟。因而也使得杰斐逊不仅代表了他自身，更代表了革命时期的"那一代人"。

③ Henry Dwight Sedgwick, *In Praise of Gentlemen*, Boston: Little, Brown, 1935, p. 130.

因素影响下的杰斐逊对美国革命后的政治经济学设计等方面来理解杰斐逊的教育设计。我们泄气地发现，在杰斐逊飞扬的文采之中，我们所想象的、由其诠释的美好社会政治理想与杰斐逊真实的意义有着巨大的差别。研究杰斐逊的另外一位重要学者奥鲁夫（Peter S. Onuf）认为，"杰斐逊从不怀疑'人民'到底是谁"①，即"人民"的真实含义对杰斐逊而言是确定，是拥有土地的"自耕农"，他们在整个殖民地年代从贫困的处境不断奋力上进，坚决谋求舒适、安全的生活和权势；他们借助殖民地丰富的自然资源，获得了比旧大陆更快的向上流动的路径；换句话说，"人民"就是以杰斐逊为代表的革命精英们的自称。他们的土地成为他们的"自由""平等"与"美德"的证明，使其成为"天然的贵族"，而教育的所有目的与意义，就是要将这样一代不依靠门阀血缘，而是依靠美德才能的"天然的贵族"一代一代地"世袭"下去。毫无疑问，杰斐逊是一个理想主义者，他的理想主义就在于他对斐然的文采运筹帷幄，引人入胜地让我们进入了一个纯粹的古典主义贵族美德的时代，在这里教育是万能的，通过受教育进而获得智慧与美德，"吃得苦中苦，方为人上人"；但杰斐逊也是一个现实主义者，强烈的政治经济上的现实感，使得他深深地明白，带领民众进入这样一个美好的古典主义时代，不是为了所有的人能够在这个"流着奶和蜜"的伊甸园中自由的发展，而是为了灌输与植入政治精英们希望民众了解与接受事物。这便是"秩序政治"与"斗争政治"的有机结合。从这个意义上说，教育不是未雨绸缪的理想主义，而是为了精英权力的巩固；教育不是为了实现"全民参与"的民主情怀，而是社会精英自我延续的上层策略。因此，杰斐逊所持有的教育观并非最"进步"的教育观，恰恰相反，与过往一切的利益集团一样，教育对杰斐逊而言，是一种灌输、教化和改造的工具；是一种由精英集团定义的意识形态，而非抽象意义上全民参与、共同建构的过程。

但在杰斐逊所设计的依托"知识""能力""扶持"而实现向上流动的教育系统中，的确使得有才能的个人有可能依靠自己的智慧和能力得到上层的赏识，进而获得社会地位的擢升；的确松开了血缘、氏族、身份在

---

① ［美］彼得·奥鲁夫：《杰斐逊的帝国：美国国家的语言》，余华川译，华东师范大学出版社2011年版，第15页。

社会结构与社会流动中的"紧箍咒",使得人类社会在经历了"血缘排斥""地位排斥""财产排斥"之后,进入了"教育排斥"的阶段,使得由教育而获得知识、能力、才干成为通过上层社会的"安全阀",在18世纪的美国社会中真实地诠释了"知识就是力量"、"知识+努力=成就",描绘了一幅"朝为田舍郎,暮登天子堂"的社会期许,进而开启了现代教育中"贤能主义"(Meritocracy)的信条。[1] 从杰斐逊所处的时代来看,毫无疑问,这是具有积极意义的。

[作者简介] 陈露茜(1981—),女,福建福州人,北京师范大学教育历史与文化研究院副教授,教育学博士,研究方向为美国教育史与教育政策分析。

---

[1] Michael Young, *The Rise of the Meritocracy*, *1870 - 2033*, Harmondsworth: Penguin Books, 1961.

威廉·哈里斯的黑格尔主义教育思想研究*

王 璞 石佳丽

威廉·托里·哈里斯（William Torrey Harris，1835—1909）是 19 世纪美国著名的教育家，是"美国南北战争后出现的一位具有个人独特风采的教育思想家"。① 南北战争后到 20 世纪初是马克·吐温笔下贪婪无比、肮脏腐败的"镀金时代"，此时也正是美国开疆拓土、经济迅速发展的变革时期，人们激情洋溢，渴望财富，追求自由民主。美国从农业社会极速向城市与工业社会过渡，传统的宗教、哲学、教育都受到前所未有的挑战，为适应新的社会发展，美国急需新哲学理念和教育模式。在这场教育探索和革新的过程中，公共教育作为民主精神的体现和改革社会的重要手段备受推崇，威廉·哈里斯高举着黑格尔主义的火炬亲赴这场盛宴。

哈里斯是黑格尔哲学的美国"布道者"，② 黑格尔哲学不仅是哈里斯所有社会和教育思想的基础，③ 而且使其教育思想和教育实践活动充满了乐观主义和理想主义的特征。可以说"他黑格尔式的对教育的热爱，支

---

* 本文为全国教育科学规划教育部重点课题"美国现代大学制度的形成和发展研究"（编号：DOA130362）和中央高校基本科研业务费"美国现代大学的形成史"（编号：20720151008）研究成果。

① 滕大春：《美国教育史》，人民教育出版社 1994 年版，第 507—508 页。
② W. S. Sutton, "Contributions of William Torrey Harris to the Development of Education", *America Educational Review*, Vol. 39, 1910, p. 77.
③ Merle Curti, *The Social Ideas of American Educators: With New Chapter on the Last Twenty-five Year*, Totowa, New Jersey: Littlefield, Adams & Co. , 1971, p. 312.

持他走过这条路的每一步"。① 如果说亨利·巴纳德（Henry Barnard）和贺拉斯·曼（Horace Mann）打下了美国公立学校体系的基础，那么哈里斯则完整建立了公立学校结构体系和哲学理念。② 正如哥伦比亚大学校长巴特勒（Nicholas M. Butler）所说，要了解美国教育史及美国人对哲学思想的贡献，一定要知悉威廉·哈里斯这个人。③ 本文试图沿着哈里斯的人生轨迹，分析其黑格尔式的教育思想，重新认识这位既善于思考教育理论问题，又长于教育实践改革的教育家。

一 时代精神的探索(1835—1857)：生平和教育背景

1835年，哈里斯出生在康涅狄格州东北角的北基灵利郡（North Killingly），此地离波士顿和哈特福德都不足100英里，这两个城市是"公立学校之父"贺拉斯·曼和"学校管理之父"亨利·巴纳德大力倡导公共教育的地方。无独有偶，哈里斯的祖辈④中有一位叫威廉·托里（William Torrey）的人，他曾是马萨诸塞州的议员，他于1659年签署了一份准许文件，支持美国第一所公立学校的发展⑤。这些与日后哈里斯对圣路易斯市公立学校系统的改革⑥及其对美国公共教育做出的巨大贡献有着某种使命式的联系。而成为一个笃信黑格尔哲学的教育家，则与哈里斯的幼年生活和在耶鲁的求学经历有着必然的联系，正如库尔特·莱德克尔（Kurt F. Leidecker）在哈里斯的传记中认为的一样，在耶鲁大学学习的时光是哈里斯美好一生的开始，正是哈里斯与众不同的求学经历和大学期间接触到的科学和超自然学科刺激了他对哲学问题的思考。⑦

---

① [美]劳伦斯·阿瑟·克雷明：《学校的变革》，单中惠、马晓斌译，山东教育出版社2009年版，第22页。
② N. C. McCluskey, Public Schools and Moral Education, New York: Columbia, 1958, p.15.
③ 林玉体：《美国教育思想史》，九州出版社2006年版，第277页。
④ 哈里斯的祖先是1631年乘坐"里昂号"（Lyon）的早期英国移民。
⑤ 1635年4月23日建立的波士顿拉丁学校，是仿照英国林肯顿波士顿文法学校建立的一所培养精英的公立文法学校。
⑥ 滕大春：《美国教育史》，人民教育出版社1994年版，第55页。
⑦ Kurt F. Leidecker, Yankee Teacher, The Life of William Torrey Harris, New York: The Philosophical Library, 1946, p.50.

哈里斯出生在一个殷实的农场主家庭，家庭有着虔诚的基督教信仰和极其重视文化教养的传统。哈里斯的母亲在家培养了九个子女良好的文学素养和阅读习惯，并尽一切可能送孩子们去受教育。还是孩童的哈里斯被送往当地的乡村小学，跟随担任乡村小学校长的姨妈学习文化知识，之后又辗转求学于新英格兰地区的多所拉丁语学校，包括著名的菲利普斯·安多弗学校[①]（Phillips Andover Academy）努力学习古典文法知识，为进入耶鲁大学做准备。

1854年，追随着兄长约翰（John Harris）的脚步，哈里斯如愿考入耶鲁大学。当时的耶鲁并没有固定的专业，学习的知识也多是围绕古典语言的课程。[②] 刚开始，哈里斯埋头于这些古典语言课程的学习，渐渐地，哈里斯不再满足于此，而开始对科学和超自然学科产生了浓厚的兴趣，还一度沉迷于地理学、通灵术、骨相学。这些学科开阔了哈里斯的视野，推动着哈里斯开始进行自我的心灵探索，他在给朋友的一封信中写道"最重要的知识就是可以进行自我探索的知识"，这种知识可以"帮助我们从高处俯看人生"。[③]

哲学作为最重要的知识进入了哈里斯的视野。由于对科学的浓厚兴趣，哈里斯一度非常欣赏斯宾塞的具有强烈科学取向的哲学，斯宾塞的《第一原则》（The First Principle）一书对哈里斯的影响最大。但随着哈里斯与一些德裔美国人的接触，这种情况得到了改变。[④] 彼时，由于德国1848年革命失败，许多不满现实的德国人移民到美国，大批德裔教师进入大学成为教授，他们为美国大学校园带来了德国古典哲学。哈里斯也开始从一些德裔教师的口中抑或他们推荐的书本中，接触到了黑格尔主义哲学。而耶鲁古老传统的课程，沉闷守旧的气氛，让哈里斯感到厌倦。

内战前的美国，整个国家都沉浸在西进运动的狂热情绪中，许多年轻

[①] 该学校创建于1778年，学校位于马萨诸塞州的安多佛市，是美国最古老和最优秀的私立中学之一。

[②] 王慧敏、张斌贤：《圣路易斯市公立学校改革：1865—1885年》，《河北师范大学学报》（教育科学版）2014年第1期，第50页。

[③] 同上书，第66页。

[④] Frank A. Fitzpatrick, "William Torrey Harris（ⅰ）", Journal of Eudcation, Vol. 10, 1910, p. 258.

人都憧憬着西部的广阔天地和大好的发展机会，哈里斯也不例外。当时，西部农业发展迅速，常常会有报纸报道西部农业的丰收景象，哈里斯特别希望到西部做一名远离都市生活的"隐士"（Anchorite），隐居山林发展农业。① 他认为这比他将来当教师或是牧师的收入要多，对社会发挥的作用要大，而且他的父亲也曾考虑在西部置业发展。想要到西部一试身手的哈里斯，实在等不及耶鲁毕业，他觉得耶鲁已经无法为他提供他想要的探索自我、俯看人生的知识了。

1857年，正在哈里斯对耶鲁极度失望的时候，阿莫斯·奥尔科特（Amos Broson Alcott，1799—1888）来耶鲁讲学，哈里斯是听课的学生。奥尔科特②是超验主义的代表人物之一，因喜爱玄思冥想而被称为"最为超验的超验主义者"，同时他又是个极度理想主义的教育改革家，早年开办过多所实验学校，并经常巡回演讲。奥尔科特这次讲学主要讲古希腊哲学家柏拉图（Plato）和普罗提诺（Plotinus）③的唯心主义哲学，此时的耶鲁是正统加尔文教的大本营，奥尔科宣讲的古希腊唯心主义哲学让他获得"新的哲学不信教者"这一头衔。哈里斯认为奥尔科特的"观念主义"与自己沉迷的"骨相学"是相通的，奥尔科特的宣讲让他转而接受了超验主义的唯心论，并由此开始了对德国唯心主义哲学的学习和研究。哈里斯对斯宾塞决定论和经验论的反对也在奥尔科特这里得到了支持和验证。奥尔科特是哈里斯哲学和教育生命中的第一个重要人物，他对哈里斯的影响异常深刻，后来哈里斯为奥尔科特的传记作序时，将他称作自己人生的启蒙师。④ 也是因为奥尔科特，哈里斯得以与新英格兰超验主义的核心圈子接触，例如与拉尔夫·艾默生（Ralph Waldo Emerson）、伊丽莎白·皮博迪⑤（Elizabeth Peabody）的交往，这些更是对哈里斯日后的教育思想

---

① Kurt F. Leidecker, Yankee Teacher, *The Life of William Torrey Harris*, New York: The Philosophical Library, 1946, p. 66.

② 奥尔科特的二女儿路易莎·梅·奥尔科特（Louisa May Alcott）也深受超验主义的影响，其经典之作《小妇人》便是明证。

③ 新柏拉图学派最著名的代表人物。

④ Franklin Benjamin Sanborn, *William Torrey Harris. A Boston Alcott*, Cambridge: John Wilson and Son, 1989, p. 15.

⑤ 美国教育家，19世纪末20世纪初美国幼儿园教育运动的奠基人，将福禄贝尔教育思想介绍并推广到全美国，对美国幼儿园运动产生了广泛而深远的影响。

和教育生涯产生了重大影响。

奥尔科特的到来应该说是促使哈里斯离开的最后一根稻草,经过一番思量后,哈里斯不顾父亲劝阻,在当年离开了耶鲁大学,结束了自己的学生生涯。可以说,离开耶鲁不仅是哈里斯的人生抉择,也折射出19世纪中叶的美国社会环境和思想观念的巨大转变。退学前哈里斯,其求学生涯沿袭了美国东北部正统的文化教育传统,如清教氛围浓厚的家庭教育,以文法为中心的学术训练等。退学后的哈里斯开始德国古典哲学的学习,探索新的生活方式和教育方式,当然日后的哈里斯最终选择了一条黑格尔主义教育者的道路。

二 美国黑格尔哲学的先锋(1857—1868)

——圣路易斯哲学运动的兴起

哈里斯离开耶鲁之后一路游历来到密苏里州的圣路易斯市,他做过布匹生意,生意失败后只好去当地一所公立文法中学当老师。未承想,这个教职成了哈里斯教育生涯的起点,而且哈里斯的教育和教育管理工作迅速取得了成功。成了老师的哈里斯,非常喜欢户外运动,重视历史和文法课程的教学,鼓励学生阅读,在日常的学习生活中对学生虽然严格,却非常受学生的欢迎。

几乎在同时,1858年,哈里斯遇见了他哲学和教育生命中的第二个重要人物——亨利·布罗克迈耶(Henry Conrad Brockmeyer,1826—1906),布罗克迈耶为躲避政治灾难从普鲁士来到美国,他是黑格尔的超级崇拜者。两个年轻人一见如故,相谈甚欢,据说他们经常通宵达旦地交谈,哲学史上所称的圣路易斯哲学运动从此拉开帷幕。[1] 哈里斯十分尊重布罗克迈耶,他甚至认为布罗克迈耶在思想层次上是与黑格尔一样重要的思想家,因为布罗克迈耶如此能深刻地理解黑格尔哲学,在阅读黑格尔的著作之前就已预先提出了黑格尔的基本思想。[2] 如果说与奥尔科特的相识

---

[1] [美] 劳伦斯·A. 克雷明:《美国教育史:城市化时期的历程1876—1980》,朱旭东等译,北京师范大学出版社2002版,第176页。

[2] 涂纪亮:《美国哲学史》,社会科学文献出版社2007年版,第324页。

让哈里斯离开耶鲁开始探索新的人生方向,那么与布罗克迈耶相识则让哈里斯笃信黑格尔主义哲学,并将其视为自己的人生信仰并为之奋斗终生,成为"前所未有的最忠诚的黑格尔主义宣传者"。

19世纪下半叶,圣路易斯市是一个"十足的条顿城市",① 大批的德国移民群居于此,德国移民为美国社会带来了德国古典哲学。哈里斯和一些年轻的美国学者常常去拜访布罗克迈耶。他们聚在一起会有一种清新而又神秘的氛围,不同于美国的老学究,这些年轻人不乐意探讨文法修辞等"过时"的东西,他们在康德"纯粹理性批判"的论断中探寻理性之光,黑格尔主义哲学思想就是他们探讨的主要思想之一。之后,他们成立了"康德俱乐部",系统阅读和讨论康德、费希特、谢林,特别是黑格尔的哲学著作。参加这个俱乐部的有豪伊森(G. H. Howieson)②、登顿·斯奈德(Denton J. Snider)③、约瑟夫·普利策(Joseph Pulitzer)④、卡尔·舒尔茨(Carl C. Schurz)⑤ 等。在俱乐部活动中,他们引经据典,远及苏格拉底、柏拉图、亚里士多德等雅典先贤的哲学思想,近至15世纪以来文艺复兴的思潮。正是在这一次次聚会上,哈里斯坚定了自己的黑格尔主义哲学思想,为其接下来在圣路易斯市展开的公共教育改革提供了思想动力和理论依据。⑥

很快,内战中断了这种宁静的冥思生活,布罗克迈耶从军去了,等到两人重逢后,他们立刻重整俱乐部活动,于1866年正式成立了圣路易斯哲学学会⑦(St. Louis Philosophical Society)。这个新成立的社团对美国人的生活及其想法影响极深,对美国教育的发展有不可估量的价值。而该学

---

① [美] 丹汉姆:《锁住的巨人》,何国贤等译,生活·读书·新知三联书店1965年版,第42页。

② 美国哲学家,人格主义哲学流派的创建者之一。

③ 美国哲学家,著有圣路易斯黑格尔学派的知识史,其最著名的作品是《圣路易斯的哲学、文学、教育和心理学运动》(The St. Louis Movement in Philosophy, Literature, Education, Psychology)。

④ 美国现代报业的奠基人,他捐款建立了哥伦比亚大学新闻学院,同时还捐款设立了"普利策奖",该奖现已成为美国新闻界的一项最高荣誉。

⑤ 德裔移民,参加过南北战争,任过国会参议员,他的一生常被作为"美国大熔炉"的典型例证。

⑥ Frank A. Fitzpatrick, "William Torrey Harris (ii)", Journal of Education, Vol. 12, 1910, p. 313.

⑦ 该学会又被称为是"圣路易斯学派",或者美国的黑格尔学派。

会又主导了曾经发生在美国思想舞台上最吸引人而又最异乎寻常的智力运动——圣路易斯哲学运动。① 虽然卷入者众多,但这场运动的中心人物是布罗克迈耶和哈里斯。布罗克迈耶翻译了黑格尔的《大逻辑》,哈里斯作为学会的秘书几乎是单枪匹马地在1867年创办了《思辨哲学杂志》(Journal of Speculative Philosophy),并连续编辑出版了22卷。这被认为是美国历史上第一本致力于纯粹哲学研究的杂志,对推动美国哲学的发展起了很大作用。由此,德国唯心主义哲学在美国普及开来,渗透进人们的精神和审美观念中,并被运用于现实问题的解决。

圣路易斯哲学学会在哈里斯的领导下成为盛行于美国19世纪60—80年代的主要哲学流派。对学会成员来说,与其说黑格尔哲学是一种理论,还不如说是一种宗教,② 是一种可以解决他们时代问题的绝佳工具。因为,黑格尔哲学是"一个与他们个人或群体生活中的一些最重要问题紧密相关的知识体系"。③ 在与布罗克迈耶等一众好友的不断探讨中,哈里斯认为黑格尔哲学是改造美国的利器,他希望把思辨哲学建成一种真正美国式的哲学,企图用黑格尔哲学的精神来解决美国的现实问题,企图用黑格尔辩证法的"正、反、合"公式来理解美国文化中的各种敌对思潮,解释南北战争的爆发和后果,还用于调节宗教与科学之间的矛盾和冲突。④ 对于个人而言,黑格尔的辩证法阐述了个人与正在形成的美国社会之间的关系问题。借由黑格尔哲学,可以提高自我的觉醒程度和自由程度,同时也提高了自我在与上帝关系中的地位。哈里斯的哲学思想从一个侧面反映了当时美国正在从自由资本主义向垄断资本主义过渡。在自由资本主义阶段,崇尚个人自由竞争,而在垄断资本主义阶段,国家的垄断上升到主导地位。哈利斯明确宣称,思辨哲学的兴起正是适应了美国社会发展的这一趋势,即由过去强调个人自由转到现在更加强调国家权力,由过

---

① Charles M. Perry, "William Torrey Harris and the St. Louis Movement in Philosophy", *British Journal of Education Studies*, Vol.1, 1956, p.65.

② [美]内奥米·扎克:《机敏回答·哲学》,李哲、高见主译,上海科学技术文献出版社2013年版,第229页。

③ G. W. F. Hegel, *Lectures on the Philosophy of History* (translated from the third German edition by J. Sibree), London: Henry G. Bohn, 1857, p.90.

④ 涂纪亮:《美国哲学史》,社会科学文献出版社2007年版,第323页。

去强调个人主义到现在强调国家、整体的权力和利益。

哈里斯在《思辨哲学杂志》创刊号上写道:"放弃传统的心灵承受力和只接受其本身证明为正当的心灵承受力的倾向,是富有活力的;其结果仅仅是要求理性,这种理性将找到并建立一种哲学基础……"[1] 此后,哈里斯的教育哲学将发展人的理性作为第一要务,而教育是最直接有效的手段。[2] 哈里斯将黑格尔绝对理性概念作为其学校组织及课程的哲学理论基础。这清楚地说明,哈里斯在黑格尔哲学中找到了教育信念。

哈里斯发起的哲学运动和所创办的哲学杂志,孕育了一大批有才华的青年哲学家,如皮尔士(Charles S. Peirce)、詹姆斯(William James)、杜威和豪伊森等实用主义和人格主义哲学家。美国著名的哲学家和教育家约翰·杜威(John Dewey)则明确表示,因为哈里斯采用了他的稿件,还认真回复了他的问题,使曾犹豫于不知如何打发阅读时间,也困扰于今生何去何从的他,从此下定决心研究哲学。[3]

三 社会秩序的重建(1868—1880)
——学校教育哲学的构建

圣路易斯市位于美国中部,工业发达,被称为美国的"第四大城市",面对内战后的工业化、城市化浪潮,此时全美国的国民意识发展到一个新的阶段,从过去强调个人主义进展到强调国家、集体的阶段,原有的传承自英国的传统社会秩序不能满足需求,需要重新构建一种新的社会秩序。哈里斯认为思辨哲学就是一种适应这种需要的新哲学:"需要对国民生活的这个新阶段进行消化和理解,这是思辨哲学之所以产生的一个原因。"[4] 黑格尔主义认为,教育既是塑造个体心灵的利器,也是建设整体

---

[1] [美]劳伦斯·阿瑟·克雷明:《学校的变革》,单中惠、马晓斌译,山东教育出版社2009年版。

[2] Kenneth Zimmerman, William Torrey Harris, "Forgotten Man in American Education", Journal of Thought, Vol. 20, 1985.

[3] 林玉体:《美国教育思想史》,九州出版社2006年版,第287页。

[4] G. W. F. Hegel, Lectures on the Philosophy of History (translated from the third German edition by J. Sibree), London: Henry G. Bohn, 1857, p. 324.

国家的国计民生之本。哈里斯将学校看成即将到的工业社会城市教育的核心，因此，为重新构建社会秩序，哈里斯在 1868—1880 年担任圣路易斯市公立学校的督学期间，对圣路易市的公立学校系统进行了改革，改革了公立学校监管体制，整合了公立学校系统，建立了标准的课程与教学方法。在哈里斯的领导下，经过十几年的改革和发展，圣路易斯市的公立学校系统成为当时美国公立学校中典范。

哈里斯的许多改革成果更是构成了美国公立学校的最初的完整形态，如哈里斯与苏珊·布洛（Susan E. Blow，1843—1916）于 1873 年共同创办了美国第一所公立幼儿园，[①] 之后，在哈里斯推动下，学前教育被纳入美国学校教育制度中。作为当时知名度最高的学校工作者，哈里斯在学校教育日益占据美国教育结构的中心地位的时候，以黑格尔主义为基础提出了一套自己的学校教育哲学，并矢志不渝地向世人推广。

（一）追求"具体"的教育目的

哈里斯理解中的黑格尔主义哲学是一种与个人主义对立的哲学，他认为在黑格尔哲学中"具体"是毫无保留地将所有东西考虑在内的、整体的，不同于"抽象"是一切分析的成果，与活生生的实在的东西分离和孤立的。"具体"在精神世界中表现为理性和上帝是最终诉求，在现实生活中国家就是整体的象征，形成黑格尔整体主义的国家观。国家成为黑格尔追求具体的、必然的实体，国家这个伦理高于个人，把人塑造成符合国家这个历史论题的、具有普遍精神的合格公民成为教育的最高目的。黑格尔主义哲学中教育的目的就在于培养合格的国家公民。

哈里斯认为此前美国的哲学思维，特别是社会和政治问题上的哲学思维，一直被英国传统功能，特别是穆勒和斯宾塞所统治着，过多地受英国经验论统治，其排他主义和个人主义已经产生恶果，哈里斯需要黑格尔关于社会和理性国家的观点，来抵制共和国的创始者所开创的倾向：当时他们把政府设想为仅仅是保护个人权利的工具。

哈里斯认为，教育是社会的一种职能，是一个促使个人在接受种族文

[①] 周采、杨汉麟：《外国学前教育史》，北京师范大学出版社 1999 年版，第 126 页。

化的基础上发展理性的构成。他说:"教育是用这种社会秩序代替人们的纯粹动物性的过程",是"为了永恒的自由而对短暂的自由的放弃"。[1] 从某种意义上讲,这是一个以社会理想取代个人愚昧的过程。因此,对于一个民主社会来说,教育则是民主社会的基础。哈里斯认为儿童在一开始是未开化的,对文化是无知的,每个人,不论男女、不论阶级、不论种族,都是有能力接受教育,每一个人都应该通过教育而成为一个天性发展的人。[2] 教育的本质在于把一个人引向自由而远离他的原始自我,把个人原始的或者本能的自我活动提升为高层次的自我活动,从而形成社会性的活动并养成社会性的习惯和行为。[3] 教育的目标在于通过人类的知识,即人类长期积累的人文财富和文明遗产的学习,培养一个在他所生活的文明社会里行使真正自由的有理性的人。[4] 用西方文明进程中积淀下来的古典课程训练学生的理想,就成为公立学校的首选。

(二) 国家主义教育理念指导下兴办公立学校

国家主义的教育观中,兴办教育是国家的责任,公立学校自然就成了最有效的工具。哈里斯将社会机构分为五类:家庭、学校、社会、国家、教会。哈里斯认为,一个人五六岁前在家庭中进行最初的教育;当他逐渐长大后就走出狭隘的家庭进入学校,由学校传授文化知识,并有步骤地引导其进入社会;在社会的陶冶下,学习职业技能并认识国家的法律和政治体制;最后由教会培养他的宗教信仰。

在这五种教育机构中,哈里斯指出,学校职责的重要性不容忽视。因为家庭、社会、国家和教会给人的训练往往是无意识的和凭借口头传播的方式,而学校作为一种有秩序的教育活动,不仅按照计划传授文化科学知识,而且培养学习钻研的独立判断的能力。因此,可以说,学校教育是一种符合人性发展的教育。"学校是让所有阶级的人去参与文明生活的伟大

---

[1] W. T. Harris, *Psychological Foundations of Education*, New York: D. Appleton and Company, 1898, p. 282.

[2] James Scott Johnston, "Rival readings of Hegel at the fin de siècle: the case of William Torrey Harris and John Dewey", *History of Eduaction*, Vol. 42, 2013, p. 425.

[3] 周采、杨汉麟:《外国学前教育史》,北京师范大学出版社1999年版,第32页。

[4] 吴式颖、任钟印:《外国教育思想通史》,湖南教育出版社2002年版,第47页。

工具。"① 在哈里斯看来，通过学校教育，每个人都能获得文化知识并提高精神修养，共同参与和享受一种有秩序的、自我约束的、公民对国家忠诚的，以及尊重个人权利的社会生活。

在其哲学观和教育理念的指导下，哈里斯积极地提倡和践行美国公共教育。哈里斯认为，在美国发展公共教育的最好方式就是建立公立学校。1871年，哈里斯曾这样写道："可以期望的是，在公立学校中比在其他任何地方更能体现出美国学校的精神。"② 他认为通过公立学校的教育模式可以为儿童提供普通的文化教育及符合人性发展的品格教育，"公立学校能帮助所有的儿童学习阅读、书写和计算的基础，使他们能成为报纸和杂志，最后是书本的阅读者"。③

（三）促进"自我活动"的教育内容

"自我活动"（self-activity）是哈里斯黑格尔主义哲学思想中的核心概念，三个层次的自我活动，④ 在人类这里达到理想状态。人的自我活动是自我个体性与外界反作用相互作用，充分发展个体性，并通过此不断增长自我的知识和智慧，趋向"具体"。作为最高层次的自我活动，人类的心灵是必要条件，整个过程中伦理道德、实践活动、经典文化等参与到心灵的建设和理性的发展中。

从教育的内容来看，教育是要培养人的伦理原则和纪律服从感，因为人的本质在伦理与教育中理论和实践要达到统一。提倡对儿童进行道德伦理教育、实践教育和理论教育。

黑格尔认为教育学就是让人符合伦理的艺术，首先要培养孩子去遵守纪律，除去自我意识进而达到理性的、普遍的、精神的自由状态。哈里斯的教育思想中非常重要的一部分就是道德教育，在学校教育中，哈里斯在儿童刚刚进入学校时就极力培养学生遵守规矩的习惯；在家庭生活的教育中，父母要尽量清除纯粹感性和本性的东西。但是，区别于黑格尔的是，

---

① W. T. Harris, "The Pedagogical Creed of William T. Harris", in O. H. Lang (ed.), *Educational Creeds of the Nineteenth Century*, New York: E. L. Kellogg& Co., 1898, p.43.
② 涂纪亮：《美国哲学史》，社会科学文献出版社2007年版，第19页。
③ 同上。
④ 三个层次的自我活动从低到高依次指：植物的、动物的以及人类的自我活动。

在对儿童进行道德教育时,哈里斯放弃了传统的严厉的教育方法,采取的方法更加柔和,也更利于儿童在自由的环境中习得良好的道德知识。儿童在获得道德知识形成意识以后,还需要不断的实践练习,才能养成习惯。

黑格尔看到了劳动和习惯在道德教育培养中的作用,哈里斯亦然。在哈里斯的学校教学内容中并不一味地用口头的方式教儿童遵守纪律。与当时盛行的绅士的文法教育内容不同,哈里斯认为学生应该进行手工训练、劳动实践,践行习得的知识。而同时,又与当时为培养工人而风行的实利主义手工训练学校不同,他认为所有的手工训练都只是手段,习得文化和道德知识才是最终目的。过渡的手工训练不具有任何智力价值,只会损害学校的固有职能。

黑格尔认为教育的本质自傲与使人逐步"疏远"(estrange)自然的或者动物的自我,进而成为真正的精神存在,在黑格尔理性至上的观念中,教育是帮助儿童发展理性的重要工具。哈里斯提倡智力训练,这作为人区别于动物的根本所在,成为他课程教学内容的重点。而最有利于智力训练的正是那些传承下来的经典著作,它们承载着人类的智慧,是人类文化的积淀。在学校的教学内容上表现为,数学、语言和古典著作,在小学教育阶段,它们分别是算术、地理、历史、文法、文学等五科,哈里斯认为这是儿童认识世界、接近理性心灵的"五扇窗户"。[①]

四 美国教育的领导者(1880—1909)

——教育哲学和教育改革的推广

19世纪初期是美国教育官僚体系的初建时期,哈里斯为这个体系的建设贡献了自己的力量。不仅如此,哈里斯在美国教育思想界、哲学界所取得重大成绩,拥有巨大影响力。此外,哈里斯本人极具领导风格的个性,推动着这位美国黑格尔主义哲学的系统化者、公立学校体系整合者耕耘不辍,成为这个时期美国名副其实的教育领导者。一些人甚至把哈里斯当作上帝派来的、要把人类从淹没整个信仰世界的物质主义和不可知论的

[①] 张斌贤:《社会转型与教育变革》,湖南教育出版社1998年版,第19页。

滔滔洪水中，拯救出来的另一个诺亚。①

美国作为欧洲文化在美洲大陆的殖民地，虽然在建国以后不断地追求独立自主的美国式文化，但19世纪的美国与欧洲文化相比还是缺少一定的文化底蕴。哈里斯在将黑格尔主义哲学思想运用到教育改革实践中深切地体会到了这一点，为此他希望可以多向欧洲学习，从而发展适合于美国国情的教育哲学思想。哈里斯于1880年卸任圣路易斯市公立学校督学一职后，前往欧洲国家参观学习。为此，他特意准备了一百多封介绍信，分别写给德国、奥地利、英国、法国、意大利、荷兰、丹麦等多个国家教育界和哲学界重要的人士。后来，事实证明哈里斯完全不需要这些介绍信也可以获得别人的信任，因为当时的欧洲各国教育界已经听说过圣路易斯市的大名，因为圣路易斯市已经成为美国公共教育改革的样板城市。而哈里斯作为此次改革的主导者自然声名远扬。哈里斯此次的欧洲之行不仅考察了比利时与英国学校的情况，还进一步了解了欧洲的教育哲学思想。

前文提到的奥尔科特移居康科德后，于1879年在改建的谷仓里创办了康科德哲学学校（Concord Summer School）。这个学校在夏天举行讲座和讨论会，是美国历史上第一个为培养专门的哲学人才而建立的学校。哈里斯从督学任上卸任的当年，就协助奥尔科特组建康科德哲学学校，他从欧洲归来之后，很快就成了学校的实际管理人。这个学校集聚了当时超验主义和圣路易斯市哲学运动的主要人物，正如莫里斯·科恩②（Morris R. Cohen）所认为的那样，这个学校的建立标志着"英格兰的先验论与德国的学识和唯心主义的联合"。③ 学校邀请名家为学生讲学，鼓励学生辩论，教学内容紧跟潮流。哈里斯在培养黑格尔主义教育哲学思想继承人上不断努力，事实证明，该学校的很多毕业学员成为哈里斯的黑格尔主义教育哲学思想坚定的拥护者。之后，学校日益兴旺，名声大振，在一众哲学家的共同努力下，康科德哲学学校成为日后美国哲学家的摇篮。除了用专

---

① ［美］阿瑟·艾夫兰：《西方艺术教育史》，邢莉、常宁生译，四川人民出版社2000年版，第169页。

② 美国哲学家、律师、法学家，在纽约城市学院、芝加哥大学等许多大学任教，将实用主义与逻辑实证主义和语言分析结合起来，美国现代哲学史上最具原创思想的哲学家。

③ G. W. F. Hegel, *Lectures on the Philosophy of History* (translated from the third German edition by J. Sibree), London: Henry G. Bohn, 1857, p.430.

门学院培养哲学人才，哈里斯受好友邀请前往华盛顿大学（Washington University in St. Louis）任教，他在该校担任讲座教授，讲授哲学历史课程，受到学生和老师的追捧。

1889年，哈里斯被本杰明·哈里森（Benjamin Harrison）总统任命为联邦内政部下属教育局的行政长官，即美国教育专员（U. S. Commissioner of Education），并先后在克利夫兰（Grover Cleveland）、麦金利（William McKinley）和罗斯福（Theodore Roosevelt）的几届政府内任职，直到1906年主动请辞卸任。

面对前一个时期美国社会遗留下来的过度教育、学生体育锻炼、普通学校手工作坊、学校监督系统、国家主义教育等多重问题，哈里斯从一个哲学家的角度重新审视教育局的工作，将它看作美国教育整体的一部分。当时，这个教育行政部门的职责权限非常小，仅限于对从全国各种教育统计机构汇总来的相关数据进行分析，为美国教育政策的制定提供意见。但是，哈里斯却从有限的工作中发掘无限的潜力，他认为数据处理并不是首要任务，对数据阐释并根据数据分析得出的政策建议才是有效的。哈里斯不满足于当时实行的教育行政管理体系，从公立学校、教师资格审核、大学文凭、预防儿童贫穷和犯罪等多方面入手改革，希望增加新功能提高该机构在全国教育界的影响力。比如说，鉴于在圣路易斯市管理实践的经验，他提议将图书馆纳入教育系统，增强了教育系统的专业性；1891年敦促国会通过布莱尔法案（Blair Bill）支持发展"普遍的教育"（Universal Education），由教育局牵头建立教育基金来资助某些州的公立学校，以此来发展国家民主政治；1900年推行全国教师资格考试（Civil Service Examinations to Teachers）；1905年，在哈里斯的努力下美国发布总统令，动议大学校长委员会起草针对医疗、牙医科学等领域存在的虚假文凭现象。

在长达17年的时间里，哈里斯不仅用充沛的精力料理了繁杂的教育行政事务，还利用各种机会和场合宣讲自己的教育观点，宣传公共学校教育和教育行政管理的重要性。他运用自己在当时美国国内的影响力，在很多教师组织和学术组织的形成和运作过程中发挥了重要作用，其中他与全国教育协会（National Education Association，NEA）的深远关系最具代表性。哈里斯自1870年加入全国教育协会后，共发表44篇演讲和文章，平均每年五篇，这一数量相当可观，因为排在第二位的学者仅有15篇。哈里斯对 NEA 的影响不仅体现在他在该组织发表的大量演讲和文章,更重要的是,哈里斯曾长期掌控它的决策走向。1874 年担任 NEA 督导委员主席,1875 年担任协会主席,还参与 NEA 组织的构建,在他的组织下建立了"基础教育"部门(Department of Elementary Education),制定全国教学改革指导方案。其中最著名,也最能体现哈里斯黑格尔主义教育哲学思想的是《十五人委员会报告》(Report of the Committee of Fifteen),该报告中关于基础教育课程改革的部分基本出自哈里斯之手,他为学生集中学习传统的学术性学科提供了哲学理由,真实地反映了当时美国教育改革的哲学理想主义的指导思想。哈里斯与 NEA 的关系,与其说 NEA 丰富了哈里斯的人生履历,不如说后者借助哈里斯在全国教育界的知名度和影响力扩大自身地位。

同时,哈里斯还负责编辑 58 卷本的《阿普尔顿国家教育丛书》(Appleton's International Education Series),并主编《韦伯斯特新国际辞典》(Webster's New International Dictionary)。1906 年辞职后,哈里斯更是全身心地投入文学和哲学中,直到 1909 年逝世。

五 结语

面对工业革命和城市化所带来的巨大财富和社会变迁,面对科学发展和战争创伤对传统和信仰的巨大挑战,哈里斯顺应时代,积极探寻解决美国现实问题的精神工具和实践路径,不背弃传统,也不墨守成规,他对于美国本土哲学发展和公共学校教育巩固的影响无论怎么肯定都不过分,可以说哈里斯是 19 世纪下半叶最具时代特色的公共学校教育家和黑格尔主义哲学家。

19 世纪下半叶,达尔文创立的科学的生物进化学说给基督教信仰造成了颠覆性的危机,南北战争爆发后所凸显的美国自由主义传统与联邦政治的巨大隔阂亟须弥合,由战争和工业革命带来的巨大社会变革急需秩序和规则的重建。美国思想界和教育界都必须对自由与联邦、宗教与科学之间的关系做出解释和回应,哈里斯就是其中最强有力的领导者。

哈里斯终身对黑格尔哲学笃信和笃行,这是因为他从黑格尔哲学中找到了时代所需的信仰和方法。以康德和黑格尔为代表的德国唯心主义哲学并未否认神的存在,哈里斯在唯心主义那里找到了一种为宗教情感辩护的东西,它足以成为支持社会改革事业的新的信仰,[①] 他在谈论自我活动时就明确声明,唯一最可信赖的自我活动就是上帝,上帝是理性的一种独立自足的生存,但他并不要求公立学校承担任何形式的宗教训练任务,而选择用黑格尔哲学指引的公立学校改革,鼓励精神成长和传授道德。由此,哈里斯对美国19世纪的宗教信仰危机做出有效反应。哈里斯所领导的圣路易斯哲学运动也极大地促进了唯心主义哲学在美国的传播和发展。

黑格尔哲学将历史视为是通过斗争而得到的自由的发展,哈里斯由此为联邦政治提供了强大的理论根据,调和了自由与联邦的关系。尽管哈里斯是一位十足的黑格尔主义者,但他却努力地将从康德和黑格尔那里所学到的东西本土化,他将黑格尔哲学作为一种思想工具,用于解决社会问题,适应美国的实际需求。哈里斯并没有放弃美国旧有的自助和放任的自由主义思想,这些思想将个体提高到一个新的高度。哈里斯从理想主义和乐观主义出发,证实现有社会秩序的合理性。通过证实真正的个人主义存在基础是个体从属于现存的组织,使国家主义、帝国主义和工业资本主义合理化。

哈里斯是一位典型的社会哲学家,黑格尔哲学对于他不仅是精神工具,更是行动指南。他将公共学校教育视为应对社会变革,重构社会秩序的利器,他以黑格尔主义为基础提出了一套自己的学校教育哲学,并矢志不渝地践行和传播。在其40多年活跃的职业生涯中,哈里斯不知疲倦地演讲和写作,尽心尽责地工作,不遗余力地参与各种与教育相关的组织和管理工作,他的职业活动和教育哲学思想对美国公立学校教师和公立学校系统的影响甚至超越了"公立学校之父"贺拉斯·曼。[②] 他的黑格尔主义教育哲学思想几乎成为19世纪美国官方的教育哲学思想[③],不仅深刻反映了19世纪处在改革关口的美国教育的情况,也是整个社会变革的助推

---

① [英]托马斯·鲍德温:《剑桥哲学史:1870—1945》(上),中国社会科学出版社2011年版,第42页。

② Merle Curti, *The Social Ideas of American Educators: With New Chapter on the Last Twenty-five Years*, Totowa, New Jersey: Littlefield, Adams & Co., 1971, p. 310.

③ Frank A. Fitzpatrick, "William Torrey Harris (ii)", *Journal of Education*, Vol. 12, 1910, p. 70.

器。哈里斯对美国公共学校教育所作出的贡献不可估量,在那个时代的教育家中"几乎获得了教皇的地位"。[1]

哈里斯的教育哲学思想在不完全否定旧秩序的基础上接受了新的秩序和规则,将教育改革的传统思想来源——哲学理想主义阐释到了极致,但也正因为如此,他的教育思想具有相当的保守性和不可避免的缺陷。例如,尽管哈里斯毕生致力于与公共学校教育有关的活动,但仍然认为与家庭、教会、城市社区和国家相比,学校的教育作用小得多。与同时代的贺拉斯·曼和紧随其后的约翰·杜威不同,哈里斯并不认为也不期望学校能创造新的社会秩序,他认为学校并不能指导变革,它仅仅是一个中介,保存过去的价值,并使个人适应社会。[2] 哈里斯假定儿童智力活动的自发活动能使他们朝着更高的思维水平发展,但他不能解释儿童是怎样做到的。在这个极速变动的时代,哈里斯为学校和教育改革提供的哲学解释太过抽象和不切实际,人们需要的是更为现实、更易操作的解释,哈里斯的热潮迅速衰退,但哈里斯关于教育是解决国家社会、政治以及技术问题的最有效途径的观点,却推动了更为审慎、更为科学的教育概念的出现,这些概念最终导致了进步主义思想的产生。[3]

[作者简介] 王璞(1978—),女,湖北武汉人,厦门大学教育研究院副教授、教育学博士,主要从事外国教育史研究;石佳丽(1991—),女,山西长治人,厦门大学教育研究院硕士研究生,主要从事外国教育史研究。

---

[1] [美]约瑟夫·沃特拉斯:《20世纪美国教育中的哲学冲突》,王璞、於荣译,安徽教育出版社2011年版,第23页。

[2] Merle Curti, *The Social Ideas of American Educators*: With New Chapter on the Last Twenty-five Years, Totowa, New Jersey: Littlefield, Adams & Co., 1971, p. 345.

[3] Franklin Benjamin Sanborn, *William Torrey Harris. A Boston Alcott*, Cambridge: John Wilson and Son, 1989, p. 183.

杜威晚年论教师的责任和自由[*]

涂诗万

杜威提倡"以学生为中心",但并没有忽视教师的重要作用。他早年在《我的教育信条》中将教师比作"真上帝的先知和真天国的引路人"。[①] 从这个颇有基督教色彩的隐喻可看出,杜威给予了教师巨大的责任。晚年(1929—1952年,即杜威70岁以后),由于美国经济危机和欧洲极权主义的兴起等因素,杜威对教师的责任和自由作了更详细的论述。[②] 杜威的教师责任观和自由观,除了有美国尊师重教传统的影响外,更具有他自己的鲜明特色。

一 杜威论教师的责任

1937年,杜威在一次演讲中说,教师职业"是全人类最高贵的职业。

---

[*] 本文系全国教育科学"十二五"规划2015年度教育部重点课题"结构化理论视野下杜威教师观的发展"(课题批准号:DOA150221)的研究成果。

[①] John Dewey, My Pedagogic Creed, Jo Ann Boydston, ed., *The Early Works of John Dewey*, Vol. 5, 1882—1898, Carbondale and Edwardsville: Southern Illinois University Press, 1972, p. 95.

[②] 晚年杜威论教师的责任与自由的经典文献包括:《人的问题》(1946年初版)、《我们怎样思维》(1933年修订版)、《教师职业的义务与责任》(晚期著作第5卷)、《工人教育中的自由》(晚期著作第5卷)、《作为公民的教师》(晚期著作第6卷)、《展望:自由社会的自由教师》(晚期著作第11卷)、《致有志于从事教师职业者》(晚期著作第13卷)等。

然而，这一高贵的职业给予我们的应该是责任感，而不是自满。"① 具体来说，杜威认为教师应担负起三大责任。

（一）促进社会变革，建设更公正、更人道的民主社会

杜威认为，现代教育的主要宗旨不是延续过去的社会，而是改造社会，推动社会进步，学校应当促进社会变革，教师是实现这一宗旨的主要责任人。

1934 年，杜威指出，建设一个更公正、更人道、更安全的社会秩序，应是师生的共同努力目标。②

1935 年，杜威指出："时代脱节了，教师无法逃避与大家一起把时代纠正过来的责任，即使他们想逃避也不行。"③

当代美国学者悉尼·拉特纳（Sidney Ratner）指出，杜威激励广大师生思考重大社会问题，而且杜威认为："教育者的首要社会责任不是延续现存社会秩序，而是要鼓励学生和教师拿出改进现存社会、经济和政治体制的规划，由此对社会的日益完善做出贡献。"④ 但是，杜威所倡导的对传统价值与信仰的质疑，尤其是对涉及宗教的价值与信仰的质疑，令许多家长、牧师与政客感到厌恶。"保守派坚决不接受杜威的如下建议：教育者应该考察并阐明价值，努力培养年轻人的新习惯，并促进社会变革。"⑤

然而，杜威坚定地强调：不要忘记，我们不仅是教师，我们也是公民，教师作为公民应该努力保护和扩展民主，应该积极参与当代社会的斗

---

① John Dewey, Acceptance Speech, Jo Ann Boydston, ed., *The Later Works of John Dewey, 1925—1953*, Vol. 11, Carbondale and Edwardsville: Southern Illinois University Press, 1987, p. 533.

② John Dewey, Education for a Changing Social Order. Jo Ann Boydston, ed., *The Later Works of John Dewey, 1925—1953*, Vol. 9, Carbondale and Edwardsville: Southern Illinois University Press, 1986, p. 167.

③ John Dewey, The Teacher and His World. Jo Ann Boydston, ed., *The Later Works of John Dewey, 1925—1953*, Vol. 11, Carbondale and Edwardsville: Southern Illinois University Press, 1987, p. 340.

④ S. Ratner, Introduction. Jo Ann Boydston, ed., *The Later Works of John Dewey, 1925—1953*, Vol. 6, Carbondale and Edwardsville: Southern Illinois University Press, 1985, xxiii.

⑤ P. Kurtz, Introduction. Jo Ann Boydston, ed., *The Later Works of John Dewey, 1925—1953*, Vol. 5, Carbondale and Edwardsville: Southern Illinois University Press, 1984, xiv.

争,为民主的胜利而奋斗。① 他说:"引导教育走向维护民主社会制度的道路,是一个巨大的任务,必须通过合作来完成。……首先,我认为,我们的教师培训机构(包括大学里的教育学院)在这方面具有战略地位。我们的教师培养工作需要改变一下方式,要比过去更强调教育与社会组织之间的联系。"② 美国教师联合会(American Federation of Teachers)也支持杜威的观点,它的章程明确写道:"我们相信教师是最具有生产力的工人,学校和人民的最高利益要求教师与社区中其他工人建立密切的联系和有效的合作——民主的未来必须依靠他们。"③

杜威强调教师在建设民主社会中的重要作用,一方面与当时的国际形势密切相关。当时,几个欧洲国家放弃了民主,走向了法西斯主义和极权主义,世界民主事业遭遇左和右的两种极权主义的威胁;同时,由于经济危机,美国民主制度也遇到了信誉危机。因此,当时的民主社会面临双重的急迫任务:维护民主和完善民主。在这个社会转型的关键时刻,作为知识阶层的教师自然被寄予厚望。首先,教师有责任培养学生对民主的忠诚。"我们必须比过去付出更多的精力和毅力来培育对民主的忠诚——从家庭和学校开始。"④ 进一步来说,教师有责任使学生形成民主的生活方式。1934 年,杜威指出:"许多民主政体的失败(批评者利用这种失败攻击整个民主事业),是由于成年人不能参与共同讨论和磋商社会问题和争端。……他们在早期学校教育中形成的习惯,不适合于从事民主事业,甚至还妨碍民主事业。"⑤ 杜威认为,民主社会必须从早期的学校教育中就

---

① John Dewey, "The Forward View: A Free Teacher in a Free Society", Jo Ann Boydston, ed. *The Later Works of John Dewey*, 1925—1953, Vol. 11, Carbondale and Edwardsville: Southern Illinois University Press, 1987, p. 547.

② John Dewey, "Panel Discussion: Education Today", Jo Ann Boydston, ed., *The Later Works of John Dewey*, 1925—1953, Vol. 11, Carbondale and Edwardsville: Southern Illinois University Press, 1987, pp. 579 – 580.

③ John Dewey, "The Teacher and the Public", Jo Ann Boydston, ed., *The Later Works of John Dewey*, 1925—1953, Vol. 11, Carbondale and Edwardsville: Southern Illinois University Press, 1987, p. 161。

④ [美]约翰·杜威:《民主的基本价值和忠诚》,《杜威全集·晚期著作:1925—1953·第14 卷》(1939—1941),马荣等译,华东师范大学出版社 2015 年版,第 201 页。

⑤ J. Dewey, "How We Think", Jo Ann Boydston, ed., *The Later Works of John Dewey*, 1925—1953, Vol. 8, Carbondale and Edwardsville: Southern Illinois University Press, 1986, p. 335.

开始培养未来公民的民主生活方式,只有这样才能使民主立于不败之地。这需要教师在平时的教育工作中多采用自由讨论的方式,更多地应用参与性教学方法,如此,学生们将潜移默化地形成自由地、理性地、有序地解决社会问题,促进社会进步的习惯。

另一方面,主张教师应积极参与社会改革事业,也是杜威的实用主义教育哲学的题中应有之义。"传统教育认为学校环境只要有课桌、黑板和小小的学校场地就足够了,教师不必深切地熟悉当地社会的自然、历史、经济、职业等方面的情况,以便用来作为教育的资源。相反地,以教育和经验必须联系起来为基础的教育制度,如果要忠实于自己的原则,就必须经常顾及上述种种情况。教育者肩负着的这种重担,再一次说明进步主义教育同以往的传统制度相比,实施起来也更加困难。"[1] 实用主义教育哲学主张,现代教育是基于经验、通过经验和为了经验的,因而必须与当前的社会密切结合起来。教师应该"明智地理解我们自己的时代的种种社会力量和运动,以及教育机构在其中所担负的职责","要明白我们所生活着的是一个什么样的世界;要考察它的各种力量;要看出在争夺领导中各种力量的对立现象;要决定哪些力量是从过去遗留下来的过时的东西,哪些力量会指向一个更好的和更幸福的未来。如果教师在这些方面已经作出了决定,那么他就能在正确的方向行动,就不难自己去发现所必须做的具体工作"。[2] 总之,不管是作为一个公民,还是作为一个教育者,教师都应该对自己所处的时代特点和主要任务了然于心,并且勇敢地担负起促进社会进步的责任。

(二)培养有批判精神的现代理性公民

杜威主张,教师的重要责任之一是培养学生的反思性思维(reflective

---

[1] [美]约翰·杜威:《经验与教育》,《我们怎样思维·经验与教育》,姜文闵译,人民教育出版社2005年版,第259—260页。译文参照原文略有订正。参见 J. Dewey, "Experience and Education", Jo Ann Boydston, ed., *The Later Works of John Dewey, 1925—1953*, Vol. 13, Carbondale and Edwardsville: Southern Illinois University Press, 1988, pp. 22–23。

[2] J. Dewey, "The Teacher and His World", Jo Ann Boydston, ed., *The Later Works of John Dewey, 1925—1953*, Vol. 11, Carbondale and Edwardsville: Southern Illinois University Press, 1987, pp. 340–341.

thinking)。

反思性思维反映在学生的素质结构中首先是独立思考能力和批判性的洞察力。杜威毕生都主张教师应该培养学生的这种理性能力，他反复强调："当且仅当在思想和判断的方法方面，我们应保留早先的个人主义的目标。……除非个人被训练成能够自己思考、独立地作出判断、有分析鉴定力、善于觉察微妙的宣传及其背后的动因，否则，民主将是一出闹剧。大规模生产和标准化团队作业的长足发展使个人的机会不断减少，我们应扭转这种趋势。'你要学会与他人共事、为他人工作，又要学会自己思考和判断。'这应当成为我们的座右铭。"① 现代工业生产的社会化，容易产生集体吞并个人的危险；而德、意法西斯和苏联以宣传代替教育的现象，更使杜威忧心忡忡。

而在学校教育中，"学生仍然把大量的时间和精力用在信息的单纯积累和机械技能的掌握上"。杜威明确反对这一点，他提出："每个人首先需要的是思考的能力、发现问题并把事实材料与问题联系起来的能力，以及运用和欣赏思想的能力。……但是，个人的思考能力被淹没在大量必须'学习'的东西中了。结果，我们的公民中有太多的人离开学校时没有批判的辨别能力，完全受特殊宣传的摆布，从一个计划和方案漂移到另一个，全凭当时谁的声音最大最热闹。"② 杜威深刻地认识到，没有理性的公民，民主将是一出闹剧，甚至会走向它的反面。正是在这个意义上，杜威非常赞同前辈教育家贺拉斯·曼（Horace Mann）的观点：教育是我们唯一的政治保险。③

杜威认为应改革教育制度，抛弃过去那种欢嚷吵闹的做法，代之以重视思考能力的培养。当时的美国学者泰勒·丹尼特（Tyler Dennett）赞同这一

---

① John Dewey, "American Education Past and Future", Jo Ann Boydston, ed., *The Later Works of John Dewey*, 1925—1953, Vol. 6, Carbondale and Edwardsville: Southern Illinois University Press, 1985, pp. 97 - 98.

② John Dewey, "The Need for Orientation", Jo Ann Boydston, ed., *The Later Works of John Dewey*, 1925—1953, Vol. 11, Carbondale and Edwardsville: Southern Illinois University Press, 1987, pp. 164 - 165.

③ John Dewey, "The Challenge of Democracy to Education", Jo Ann Boydston, ed., *The Later Works of John Dewey*, 1925—1953, Vol. 11, Carbondale and Edwardsville: Southern Illinois University Press, 1987, p. 181.

点，但认为，培养批判性思考能力的任务应主要放在大学阶段，小学和中学的任务主要是掌握基础知识和培养基本技能。他说："教育只能陪伴'成长'，不能引领'成长'。"① 但是，杜威不以为然，他坚决主张，从基础教育阶段开始，就应该大力培养学生的独立思考能力和批判性思维能力。1940 年，当拉格的《社会研究》课程受到众多批评时，杜威在《纽约时报》发表文章，大力支持拉格"培养有思想的、理智的以及具有批判精神的学生和公民"。② 杜威的一贯的观点是，在教学中，师生不但应该讨论社会问题，而且不能回避有争议的社会问题以及与主流意识形态不合拍的问题。他说："如果与有争议的社会问题相关的一切都严格地被排除在思考的范围以外，那么作为教育目标的独立思考能力和批判性思维能得到培养吗？"③

除了独立思考能力和批判性思维能力以外，反思性思维还有更高的要求，即要求学生具有现代科学的实验精神。因而，他有时又把反思性思维称为科学思维，它的对立面是经验思维。他指出，科学思维与经验思维相比，具有三个优点：其一是减少了错误倾向；其二是应付新情况的能力；其三是对未来的兴趣。"从信赖过去、常规和习惯的保守态度，转变为相信通过现有条件的理智控制所取得的进步，这种态度的改变，当然是实验的科学方法引起的反映。经验的方法不可避免地夸大过去的影响；实验的方法则重视未来的种种可能性。经验的方法说：'在没有充分数量的案例时要等待'；实验的方法说：'制造案例。'前者依靠自然界偶然呈现给我们的特定的情境联系；后者则有意识地、有目的地努力使这种联系显示出来。用这种方法，进步的观念便获得了科学的保证。"④ 简言之，实验方

---

① T. Dennett, "Education Cannot Lead", Jo Ann Boydston, ed., *The Later Works of John Dewey, 1925—1953*, Vol. 11, Carbondale and Edwardsville: Southern Illinois University Press, 1987, p. 589.

② ［美］约翰·杜威：《教育调查》，《杜威全集·晚期著作：1925—1953·第 14 卷》（1939—1941），马荣等译，华东师范大学出版社 2015 年版，第 278 页。

③ John Dewey, "The Duties and Responsibilities of the Teaching Profession", Jo Ann Boydston, ed., *The Later Works of John Dewey, 1925—1953*, Vol. 5, Carbondale and Edwardsville: Southern Illinois University Press, 1984, p. 329.

④ ［美］约翰·杜威：《我们怎样思维》，《我们怎样思维·经验与教育》，姜文闵译，人民教育出版社 2005 年版，第 166 页。译文参照原文略有订正。参见 J. Dewey, "How We Think", Jo Ann Boydston, ed., *The Later Works of John Dewey, 1925—1953*, Vol. 8, Carbondale and Edwardsville: Southern Illinois University Press, 1986, p. 275.

法即运用智慧，主动控制条件，对于没有定论的东西要去证实，对于已成定论的东西，要去证伪。因此反思性思维也可称为实验理性，它包含三个要素：怀疑精神、逻辑精神和实验精神。

杜威提倡的反思性思维是古希腊理性传统与现代科学实验方法的综合。古希腊哲人曾说："未经省察的生活是不值得过的生活。"杜威赞同这一点，且进一步认为，正因为有了实验理性，西方近代以来科学技术才得到加速度的发展，因而应将实验理性也应用到社会和道德领域中，促进社会和道德快速进步。这就要求，使实验理性成为现代人人性中的一个必要层次。学校教育是承担这一责任的主体，因此教师的重要责任之一就是培养这种现代理性公民。这是民主的基础，是社会进步的前提。

（三）传授丰富的知识，并激发学生的知识兴趣

曾经有一些人认为杜威重视活动，轻视知识，实际上这是对杜威的误解。

杜威明确指出，教师"应当有超量的丰富的知识。他的知识必须比教科书上的原理，或任何固定的教学计划更为广博。教师必须触类旁通，才能应付意想不到的问题或偶发事件。他必须对所教学科具有真正的热诚，并把这种热诚富有感染力地传导给学生。……教师不仅需要所教学科的知识，而且需要教育技术性的知识。……要熟悉心理学、教育史和各科教学法。"[①] 教师不仅应拥有丰富的知识，而且要热爱知识。杜威说："教师本身必须有真正的理智活动兴趣，必须热爱知识，这样，于无意中就会使其教学充满生机。"[②] "我并不认为，一个教师应该在他或她所教的所有领域中努力奋斗成为一个高级学者；但我认为，一个教师应该具有对某一学科非同寻常的热爱和才能，如对历史、数学、文学、科学、艺术或者其他任何学科。只有这样，教师才会对所有学科中的真知灼见有感觉；才不会沦为死板的、马虎的，只会照本宣科的人；才能把对学问的热爱，潜移

---

① ［美］约翰·杜威：《我们怎样思维》，《我们怎样思维·经验与教育》，姜文闵译，人民教育出版社2005年版，第224页。

② 同上书，第215页。

默化地传递给别人。"①

教师还应改造知识，使教育更人性化。"自由社会中的教师要成为课程的建设者，且不断去开发新的课程。"②"任何已定的知识，一经教育者的心、脑手，便是教育学的源泉，通过使用，这些知识使教育比过去更加开明、更加人性、更加真正地具有教育性。"③

教师还应善于激发学生的知识兴趣。杜威说："为了从实际生活中解放出来，使生活丰实而进步，就必须有为知识而知识，为自由思维而思维的兴趣。"④ 初看起来，"为知识而知识"好像不可能出自杜威之口。但在杜威的哲学中，教育即解放，知识兴趣是解放的一条重要途径。因而，杜威指出："给学生留下最持久的印象的教师，能够唤起学生新的理智兴趣，把自己对知识或艺术的热情传导给学生，使学生有探究的渴望，找到本身的动力。"⑤ 杜威进一步指出，好教师应具有布道者的素质，即乐于唤醒他人智力的兴趣和热情。"对于那些'天生的'教师来说，学问在没有共享之前是不完整的。……他们希望能用这些学问来点燃别人思想的火花；对于他们来说，没有什么比看到别人获得思想的火种并燃成燎原之火，更为快乐的了。"⑥

二　杜威论教师的自由

（一）教师自由的必要性

没有自由，就没有责任。杜威指出："没有自由，就不会有个人的责

---

① ［美］约翰·杜威：《致有志于从事教师职业者》，《杜威全集·晚期著作：1925—1953·第13卷》（1938—1939），冯平等译，华东师范大学出版社2015年版，第290页。

② J. Dewey, "The Forward View: A Free Teacher in a Free Society", Jo Ann Boydston, ed., *The Later Works of John Dewey*, 1925–1953, Vol. 11, Carbondale and Edwardsville: Southern Illinois University Press, 1987, p.544.

③ ［美］约翰·杜威：《教育科学的源泉，杜威全集·晚期著作：1925—1953·第5卷》（1929—1930），孙有中、战晓峰等译，华东师范大学出版社2015年版，第29页。

④ 参见J. Dewey, "How We Think", Jo Ann Boydston, ed., *The Later Works of John Dewey*, 1925—1953, Vol. 8, Carbondale and Edwardsville: Southern Illinois University Press, 1986, p.184.

⑤ ［美］约翰·杜威：《我们怎样思维》，《我们怎样思维·经验与教育》，姜文闵译，人民教育出版社2005年版，第215页。

⑥ ［美］约翰·杜威：《致有志于从事教师职业者》，《杜威全集·晚期著作：1925—1953·第13卷》（1938—1939），冯平等译，华东师范大学出版社2015年版，第290页。

任。当责任集中少数几个人手里，就夺走了其他人按自己的意愿承担的那种责任。"①

没有自由，就没有教育。1929年，由于美国劳工联合会（American Federation of Labor）干预布鲁克伍德工人学院（Brookwood Labor College）的教学自由，杜威非常愤怒，在《美国教师》杂志上发表文章指出："心灵的自由、思想的自由、探索的自由、讨论的自由，这些都是教育，离开这些自由的元素，就不会有教育，不会有真正的教育。攻击人们所说的学术自由就是攻击理智的完整性，因而也就是攻击教育这个观念本身，攻击教育实现其目的的可能性。没有精神的自由，你可以得到训练，但不能得到教育。"②

没有自由，就不会有民主。杜威指出："自由是民主的精髓，自由首先是发展智慧的自由。"③ 针对当时极权主义的威胁，杜威进一步强调自由是民主的保障，"珍视自己的自由的个体和珍视其他个体自由的个体，在思想上和行动上都是民主的个体，是民主制度存在和发展的唯一和最后的保障。"④

没有自由，就不会有社会的有序发展。杜威指出："自由是重要的，因为它既是个人潜能实现的条件，也是社会进步的条件。"⑤ 在学校教育方面，"没有研究的自由，教师和学生没有自由去探索在社会中发生作用的力量以及用来指导这些力量的手段，就不能培养有序地发展社会所必需的理智地行动的习惯。……每一种限制教育自由的力量都鼓动人们最后诉诸暴力来实现所需要的变革。每一种倾向于解放教育过程的力量都鼓励人

---

① [美]约翰·杜威：《作为公民的教师》，《杜威全集·晚期著作：1925—1953·第6卷》（1931—1932），马迅、薛平译，华东师范大学出版社2015年版，第369页。

② John Dewey, "Freedom in Workers' Education", Jo Ann Boydston, ed., *The Later Works of John Dewey*, 1925—1953, Vol. 5, Carbondale and Edwardsville: Southern Illinois University Press, 1984, p. 332.

③ John Dewey, "The Basic Values and Loyalties of Democracy", Jo Ann Boydston, ed., *The Later Works of John Dewey*, 1925—1953, Vol. 14, Carbondale and Edwardsville: Southern Illinois University Press, 1988, p. 276.

④ John Dewey, "I Believe", Jo Ann Boydston, ed., *The Later Works of John Dewey*, 1925—1953, Vol. 14, Carbondale and Edwardsville: Southern Illinois University Press, 1988, p. 92.

⑤ John Dewey, "Freedom", Jo Ann Boydston, ed., *The Later Works of John Dewey*, 1925—1953, Vol. 11, Carbondale and Edwardsville: Southern Illinois University Press, 1987, p. 254.

们采取理智的和有序的方法,引导正在进行的社会变革朝着一个更正义的、更公平的和更人道的目的前进"。①

(二) 教师自由的现状

教师的经济不安全。杜威指出:"现在的教师担心经济负担,忧心一旦与管理者意见不合即遭解聘",他希望改革现行的经济和社会制度,使得教师获得经济安全,使"公民们越来越不能容忍那些干扰、限制、羞辱教师和在教师中培养伪善的做法。因此,我们期待一个教师在其中相当安全且真正自由的社会。我们希望社会鼓励他们用创新的精神来解决专业问题"。②

命令式的行政管理压制教师的创造性。"如果任何制定出来的计划都能确保那些热爱孩子的教师们拥有个性和创造性,那么,我们也就别无奢求了。不幸的是,许多学校都在向军队或工厂之类的机构看齐,在后者中,那些被视作级别低的人要接受他们上司的命令。行政人员和教师之间几乎普遍树起了一道墙,因而教师很少表现出创造性。"③ "行政官员和任课教师之间几乎没有真正的合作,前者编制教学科目,准备教学大纲并制定教学方法;后者接受命令,执行命令,以致他们的专业创造力被钝化了,他们自己的工作变得程式化、机械化了。"④

政治专制限制教师的自由。"在这些麻烦的限制之外还有一种在目前特别危险的限制,那就是企图把学生和教师的心灵、嘴巴和耳朵都封闭起来,使他们不能接收一切与代表经济上和政治上既得利益的特权阶级的惯

---

① John Dewey, "The Social Significance of Academic Freedom", Jo Ann Boydston, ed., *The Later Works of John Dewey*, 1925—1953, Vol. 11, Carbondale and Edwardsville: Southern Illinois University Press, 1987, p. 379.

② John Dewey, "The Forward View: A Free Teacher in a Free Society", Jo Ann Boydston, ed., *The Later Works of John Dewey*, 1925—1953, Vol. 11, Carbondale and Edwardsville: Southern Illinois University Press, 1987, pp. 545 - 546.

③ John Dewey, "Teachers as Citizens", Jo Ann Boydston, ed., *The Later Works of John Dewey*, 1925—1953, Vol. 6, Carbondale and Edwardsville: Southern Illinois University Press, 1985, p. 433.

④ John Dewey, "The Need for Orientation", Jo Ann Boydston, ed., *The Later Works of John Dewey*, 1925—1953, Vol. 11, Carbondale and Edwardsville: Southern Illinois University Press, 1987, p. 165.

例与信条不一致的东西。"①

(三) 教师自由的三个层次

第一个层次是作为个体性的自由。从哲学上看,杜威认为:"个体永远是经验的中心和终点,但是个体在其生活经验中具体什么样取决于共同生活的性质和运转。""我对经验的信心以及对个体性是其中心和终点这个信念一直没有改变,只是侧重点有所不同。现在我比以前更愿意强调,个体最终决定共同生活的性质和运转。"② 杜威归根结底是一个个人主义者,个人主义是西方文明的精髓,也是杜威教师观的底蕴。因此,作为一个自由人,教师应"站稳自己的双脚,接受作为社会的一个有效成员所应有的责任和义务"。③

第二个层次是作为公民权利的自由。教师作为现代民主社会的公民,享有宪法赋予的自由权利,而且这种自由权利事关民主社会的自我改造和完善。"民主的原则要求每个教师都能通过某种有规则的和有组织的方式,直接地或通过民主选举出来的代表,参与决定他所在学校的管理目的、教育方法和内容。"④ 根据杜威的经验自然主义哲学观,他认为,作为公民权利的自由不是天赋的,而是争取来的。因此,杜威强调,"教师出于职业的自尊心一定不能颠倒黑白而在威胁面前躺下来。……如果教师不在前线为了理智的自由而坚定地进行战斗,争取理智自由的事业几乎是无望的"。⑤ 第三是作为专业权利的自由。杜威说:"教师的自由是学生学

---

① John Dewey, "The Social Significance of Academic Freedom", Jo Ann Boydston, ed., *The Later Works of John Dewey, 1925—1953*, Vol. 11, Carbondale and Edwardsville: Southern Illinois University Press, 1987, p. 377.

② [美] 约翰·杜威:《我相信》,《杜威全集·晚期著作: 1925—1953·第14卷》(1939—1941),马荣、王今一等译,华东师范大学出版社2015年版,第68页。

③ [美] 约翰·杜威:《今日世界中的民主与教育》,《人的问题》,傅统先、邱椿译,上海人民出版社1965年版,第25页。

④ John Dewey, "Democracy and Educational Administration", Jo Ann Boydston, ed., *The Later Works of John Dewey, 1925—1953*, Vol. 11, Carbondale and Edwardsville: Southern Illinois University Press, 1987, p. 222.

⑤ [美] 约翰·杜威:《教师和他的世界》,《人的问题》,傅统先、邱椿译,上海人民出版社1965年版,第64页。

习自由的一个必要条件。"① 如果教师不能享有教育自由，就不能卓有成效地开展培养人的工作。杜威指出，特别是在社会变革的关键时刻，在民主生死存亡的重要关头，需要教育能培养出大批理智的公民，参与有序的社会改造，此时"迫切需要教师和学生在教与学的方面的自由。……既然思想自由与表达自由是一切自由的根源，否认教育自由就是犯了反对民主的罪"。② "自由"不能止步于"解放"，杜威的教师自由观，既反映出他是现代自由主义民主的坚定支持者，也展现了他独具特色的积极自由理念。

三 几点评论

（一）杜威的教师责任观和自由观反映了美国三种传统的统一

杜威晚年和早年的教师责任观和自由观是一致的，只是侧重点不同。早年，针对极端个人主义的威胁，杜威侧重于强调教师的责任是在维护学生的个人自由的基础上，培养社会协作的精神，从而完善社会民主。此阶段，杜威很少论及教师的自由，更多谈的是教师的责任。晚年，由于极权主义的严重威胁，以及对灾难性的第一次世界大战和第二次世界大战的反思，杜威意识到启蒙现代性根基不牢，因而更强调教师在维护个人自由和捍卫民主中的社会责任，同时反复申述教师本身的自由和教育自由的重要性。

这种教师观与当时进步主义教育流派的主流教师观是一致的。③ 它继承的是美国的《圣经》传统（Biblical tradition）、共和主义传统（Republican tradition）和现代个人主义传统。《圣经》传统强调爱邻人如爱自己，提倡团结友爱的生活方式，共和主义传统尊崇公民美德、公共善和正义的

---

① John Dewey, "The Social Significance of Academic Freedom", Jo Ann Boydston, ed., *The Later Works of John Dewey*, 1925—1953, Vol. 11, Carbondale and Edwardsville: Southern Illinois University Press, 1987, p. 376.

② John Dewey, "The Social Significance of Academic Freedom", Jo Ann Boydston, ed., *The Later Works of John Dewey*, 1925—1953, Vol. 11, Carbondale and Edwardsville: Southern Illinois University Press, 1987, p. 378.

③ J. Brubacher, *Modern Philosophies of Education*. New Delhi: Tata Mcgraw-Hill Publishing Company Ltd., 1969, pp. 13 - 19.

实现，它们的共同语言是"责任"，这是美国的第二性语言。美国的第一性语言是以"个人尊严、自由权利和自我实现"为标志的个人主义语言。自 19 世纪中叶以来，美国的《圣经》传统和共和主义传统有衰微的趋势，而个人主义传统则向极端个人主义方向迅速演化，发展为功利型个人主义（Utilitarian individualism）和表现型个人主义（Expressive individualism）它们的结果是社会原子化。① 杜威同许多持续为公共利益工作的美国公民一样意识到了这个严重问题，他们想把《圣经》宗教和共和主义传统作为逆转个人主义极端化的资源。② 为此，杜威在 1929 年系统地提出了新个人主义（New individualism），尽管他对何为真正的新个人主义语焉不详，但是我们还是能清晰地看到他糅合美国的三种传统的热切期望和艰苦努力。在杜威眼中，学校教师正是这种新个人主义的助产士，同时也是它的实践者。20 世纪 30 年代，由于极权主义给世界带来的严重威胁，杜威的价值钟摆稍微偏向了个人主义传统，更加强调个人自由的重要性，但是仍然没有超出他的新个人主义框架。

（二）自由与责任的一致才是真正的尊师重教

美国人对教育有一种信仰。早期的北美拓荒者，每到一个地方定居后，必先建一座教堂和一所学校。因此，杜威赋予教师巨大责任，是美国尊师重教传统的一种延续，所不同的是，杜威在赋予教师责任的同时，也强烈要求给予教师相应的自由。杜威认识到，没有自由就没有责任，换言之，自由本身就是一种责任。③ 杜威认为，如果教育没有更大的自治权，如果教育者对自己参与社会领导的责任没有更充分的认识，并对社会有深入的了解，那么教师很难形成充满活力的职业精神。④ 也就是说，只有国家真正赋予了教师与其责任相匹配的自由权利时，教师才能形成充满活力

---

① ［美］罗伯特·N. 贝拉等：《心灵的习性：美国人生活中的个人主义和公共责任》，周穗明、翁寒松、翟宏彪译，中国社会科学出版社 2011 年版，第 412—416 页。

② 同上书，第 11 页。

③ J. Dewey, "For a New Education", Jo Ann Boydston, ed., *The Later Works of John Dewey*, 1925—1953, Vol. 14, Carbondale and Edwardsville: Southern Illinois University Press, 1988, p. 279.

④ J. Dewey, "The Duties and Responsibilities of the Teaching Profession", Jo Ann Boydston, ed., *The Later Works of John Dewey*, 1925—1953, Vol. 5, Carbondale and Edwardsville: Southern Illinois University Press, 1984, p. 328.

的职业精神，国家才真正做到了尊师重教。反之，无自由的责任，经济上无职业尊严，政治上无职业地位，只会导致教师产生职业倦怠，和尚撞钟，得过且过，随波逐流。当然无责任的自由也是可怕的，它会造成社会动荡。因此，杜威提出，"负责任的自由"应该成为我们时代的人文理想。①

（三）有必要中和杜威的教师责任观的某些激进偏向

教育家吴俊升曾说，杜威"格外加重了教师的责任"。② 辩证地看，杜威格外加重的是教师创造未来的责任，相对忽视的是教师敬重过去的责任。

现代世界日新月异，与此相呼应，在杜威的教育思想中，有一种不断适应变化，创造未来的紧迫感。杜威说："教师的工作仍然是、永远是前线。教师必须总是在生活的生成点上对待生活。过去和现在都只是原料，学生和教师必须从中创造出将来。教育仍然是社会前线的探险活动，在那里，每一代新人都在推动着它走向不断成长的美国梦想。"③

相反，杜威对待过去的态度则是工具主义的，他认为过去仅仅是创造未来的工具。他说："对过去的过分强调，容易产生封闭的、教条化的心灵。它倾向于使我们相信，所有的信息已在手上，所有的证据都已知道。过去是一个奇妙的东西，最奇妙的是：它是一个工具，帮助我们处理现在的问题。作为教育者，我们的任务是选择过去文化遗产中有意义的、可以帮助我们解释今天的经验的部分。"④

因此，他强调，"必须教育年轻人，使他们能成为未来的有效创造者——因为唯有通过创造性的行动，他们才可能成为守护者——这是一个

---

① S. Hook, "Introduction: The Relevance of John Dewey's Thought", Jo Ann Boydston, ed., *The Later Works of John Dewey, 1925—1953*, Vol. 17, Carbondale and Edwardsville: Southern Illinois University Press, 1990, p. xxxii.

② 吴俊升：《教育与文化论文选集》，台湾商务印书馆有限公司1972年版，第30页。

③ [美] 约翰·杜威：展望：《自由社会的自由教师》，《杜威全集·晚期著作：1925—1953·第11卷》（1935—1937），朱志方等译，华东师范大学出版社2015年版，第427页。

④ J. Dewey, "Panel Discussion: Education Today", Jo Ann Boydston, ed., *The Later Works of John Dewey, 1925—1953*, Vol. 11, Carbondale and Edwardsville: Southern Illinois University Press, 1987, p. 573.

极其艰难的问题"。①

　　杜威这种轻过去重未来的倾向，是他的积极自由观的表现，也与他的实用主义哲学是一致的。实用主义哲学的一个重要特色是有一种着眼于未来而不是过去的倾向。② 扩而言之，整个美国文化都是轻过去重未来的——"同过去决裂，是我们过去的一部分；抛下传统，更是贯穿于我们传统的始终"。③ 然而，人类的生存是历史性的和持续性的，轻过去重未来的生活方式无异于对人类生存的自我取消。特别是教育这种培养人的社会活动，必须适当保守，否则教育的意义将无所附丽。正如古典自由主义哲学家汉娜·阿伦特（Hannah Arendt）所说，"保守主义是教育活动的本质"，"教育的任务总是珍视和保护什么东西：保护孩子以防世界的伤害，保护世界以防孩子的伤害，抵御旧的来保护新的，抵御新的来保护旧的。因此对世界的全面责任理所当然地包含着保守主义态度"。④

　　从人性角度看，人之为人总有一些普遍的、恒常的东西，它是历千年万年而不变的。因此对过去应有一种珍视和敬重的态度，敬重过去包含着敬畏人性。"君子有三畏：畏天命，畏大人，畏圣人之言"，从教育上来看是有道理的。教育要培养有敬畏感的人，敬畏历史，敬畏人性的尊严，不能培养浅薄的、虚妄的或狂躁的人。机械唯物主义的教育观培养出的一些人，战天斗地，无丝毫敬畏感，随风俯仰，历史的教训证明是很可怕的。"杜威对变化、过程和生长的突出兴趣，导致他忽视了一些持久性思想和结构性信念的价值。"⑤ 杜威承认人性的恒常性，但他的经验自然主

---

① J. Dewey, "Between Two Worlds", Jo Ann Boydston, ed., *The Later Works of John Dewey, 1925—1953*, Vol. 17, Carbondale and Edwardsville: Southern Illinois University Press, 1990, p. 462.

② 孙咏：《美国实用主义：演变及其当代走向——苏珊·哈克教授访谈录》，《广东社会科学》2014 年第 2 期，第 64 页。

③ [美] 罗伯特·N. 贝拉等：《心灵的习性：美国人生活中的个人主义和公共责任》，周穗明、翁寒松、翟宏彪译，中国社会科学出版社 2011 年版，第 98—99 页。

④ [美] 汉娜·阿伦特：《过去与未来之间》，王寅丽、张立立译，译林出版社 2011 年版，第 178 页。译文参照英文原文略有改动。参见 Arendt, H., *Between Past and Future*, New York: Penguin Books, 1977, p. 188。

⑤ W. Brickman, & S. Lehrer, ed., *John Dewey: Master Educator*, New York: Atherton Press, 1965, p. 104.

义哲学观总是强调人性的某些层面是可变的，从而相对忽视了人性的永恒性和先验性。对杜威而言，过去不是不重要，但它只有工具价值，无本身的价值，这是利用的态度，不是敬重的态度，这样做的结果实质上是取消了过去。这种态度是许多杜威式悖论的思想根源之一，如杜威重视知识，但杜威式的教育实践往往忽视了知识；杜威重视教师的地位，但在许多进步主义学校中教师的作用被边缘化。

从教育方法角度看，现代教育中有一种对创新的崇拜，将培养学生的创新精神和创造能力作为重中之重（有的是口头上，有的是实际上）。但"创造性思维"现在已经被一些教育思想家庸俗化了。① 其实，创新并不神秘，人作为一种"诞生性的"存在，他的到来本身就是一种创新，是一种全新的开端。人的每一次"行动"，都意味着"去创新""去创始""去发动某件事"。"人不可避免地要把自身彰显为主体，彰显为与众不同、独一无二的人"，人本身就有"开启前所未有的过程的行动能力"。② 因此，只要不有意压制，创新自然而然会到来，它只是真教育的副产品。

总之，杜威的教师责任观中重未来轻过去的倾向，是他的教育思想的一个缺憾，但这种缺憾是一个思想家"所见愈大，所失也愈大"意义上的缺憾。从另一个角度看，在对待传统与未来的问题上，杜威的教育思想中明显存在一种张力，因为一方面杜威对公民责任和教师责任的强调，本身就是对《圣经》传统和古典共和主义传统的回归，另一方面他又将传统工具化且过于强调创造未来，这是现代性色彩很浓的积极自由观的表现。这种矛盾既是一种必要的张力，同时也反映了美国文化的困境，进而言之，它也是世界教育要反省的现代性"迷思"（myth）。现代教育看重技术，忽视传统，以至教育变成了"个人职业的工具"，"不再能告诉我们个人的意义或公民文化了"。因而，许多人"呼吁重新确认教育的古典作用，即把教育作为用共同的文化含义表达个人愿望的方法，以使得个人

---

① 万维钢：《别指望灵感，还是要靠汗水——"创造性思维"的三个迷信》，《南方周末》2016年3月10日。

② [美]汉娜·阿伦特：《人的境况》，王寅丽译，上海人民出版社2009年版，第139、140、144、180页。

能够同时成为充分发展的个人和自由社会的公民"。①

[作者简介] 涂诗万 (1972—), 湖北咸宁人, 教育学博士, 河南师范大学讲师, 主要研究方向为教育史和教育基本理论。

---

① [美] 罗伯特·N. 贝拉等:《心灵的习性:美国人生活中的个人主义和公共责任》, 周穗明、翁寒松、翟宏彪译, 中国社会科学出版社 2011 年版, 第 387 页。

赫钦斯的"理解"教育观与学习型社会建构

郑秀慧　王　晨

　　1968 年，赫钦斯在《学习型社会》中提出了学习型社会的理想，"学习社会不仅仅为处于人生任何阶段的每一个成年男女提供闲时的成人教育，而且还成功地实现了社会的价值转换。学习社会的目的是学习，是自我实现，是成其为人，而学习社会的所有机构或制度都以这一目的为指向"。[1] 这表明，不仅儿童需要教育，成人也一样需要终生不断地接受教育，以自我实现和重塑人性为目标，使个人得以发展，并最终实现社会价值的转换。然而在此书出版之时，该学习型社会思想并没有得到足够的认识，评论者更关注的是大学的重要地位。[2] 到了 21 世纪，随着学习型社会理念的深入人心，《学习型社会》这本书重新引起了学者的关注。台湾学者苏亚慧（Yahui Su）认为，学习型社会应以赫钦斯所说的学习型社会为理想，注重学习的内在价值。[3] 保加利亚学者波亚德耶瓦（Boyadjieva）认为，这一观点在当时也许还是一个预想，但是现在已经成为西方发达国家的真实写照。继续教育被认为是 21 世纪的最重要的概念之一，教育不再被认为是为生活做准备，而是一种生活方式，是一个人持

---

[1] Robert M. Hutchin, *The Learning Society*, New York: Encyclopaedia Britannica, 1968, p. 165.

[2] Clifton L. Hall, "The Learning Society by Robert M. Hutchins", *Peabody Journal of Education*, Vol. 46 (2), 1968, p. 26.

[3] Yahui Su, "The Non-instrumental Vision of the Learning Society", *International Review of Education*, Vol. 56, 2010, p. 527.

续终生的事业。① 显然，这一重新认识以及西方学习型社会的建设实践说明了赫钦斯学习型社会理论强大生命力。

在赫钦斯的学习型社会理论及其建构中，"理解"（understanding）教育的概念占据着重要位置。赫钦斯认为教育的目的在于理解，除此之外没有其他更加"实用"的目的。显然，赫钦斯将矛头直指杜威的"教育经验论"，以及当时美国社会盛行的教育实用化、专业化等现象。经验固然重要，却不能替代教育。教育的功能是使人们去理解那些从生活中获得的经验，并从中获得成长。仅仅具备经验并不代表我们可以理解它，我们只有利用自己的心智才能理解经验，而教育的目的就是训练心智。② 在此，显然与自由教育传统相联系的"理解"式教育观是理解赫钦斯学习型社会理论的核心。因此，本文将从赫钦斯的学习型社会的理想出发，重点考察他的"理解"的教育观的目的、内涵和实现途径，并探讨"理解"教育观如何促进学习型社会中的建设，从而为我国学习型社会建设提供一个可资探讨的方向。

一 "理解"教育观的目的：构建学习共和国

前文已提到，学习型社会应为每一个成人提供教育，并通过成人的自由教育实现社会的价值转换。赫钦斯以希腊城邦为典范，认为教育应蕴含在文化中，只有当我们的整个文化观念转变时，我们的教育观念才会随之转换。因为任何教育制度都无法脱离其所属的社会，只有当社会本身包含了变革的目的的时候，教育制度才有变革的可能。因此理想的社会是一个世界统一体，是学习的共和国。包含两个关键要素：世界学习共同体和世界政治共同体，并且两者互为支持。这可以看成对"教育的目的是改进人和社会"的另一种表述。

学习共同体体现了赫钦斯对于个人发展的关注。赫钦斯认为，教育必

---

① Pepka Boyadjieva, Kristina Petkova, "Towards a New Understanding of Education in the Globalizing World: Lifelong Learning", *Managerial Law*, Vol. 47 (3/4), 2005, p. 22.
② Robert Maynard Hutchins, "Hutchins Answers Hutchins", *The Saturday Evening Post*, Vol. 24, 1938, p. 36.

须是人性的,应该促进个人心智的发展,而当下流行的培养劳动力的教育目标是"无人性(inhuman)、非人性(nonhuman)和反人性(antihuman)的"。① 要实现人性的教育,教育人成为人,显然涉及对于"人是什么"的认识。赫钦斯认为,人是理性、道德和精神的存在,改进人就在于使这三者充分发展。并且每个人都有这种潜力,都应该充分发展。赫钦斯在关注个人发展的同时,也没有忽视对民主社会的责任。教育通过提升个人而改进社会,因此学习的共和国的公民应该不断学习,发挥自己的聪明才智,为实现和发展公正、和平、自由和秩序不懈努力。② 学习的共和国是世界性的,因为人口将会在全球范围内流动,不同文化间的交流与碰撞越发频繁,所以我们的教育应有助于人们能够在任何地方生活,促进人类之间的联合而不是分离。显然,要实现这一"世界性"的教育,无疑需要让教育回归学习、交流和联合的本真,从而促成社会的价值转换。

为了通过教育实现这一学习型社会,也为了让教育回归学习、交流和联合的本真,赫钦斯认为,应该将"理解"包含在教育目的之中,并最终使人的理智得到发展。因为教育受制于政治、文化,无法直接实现社会变革,"人类的教育制度在设计上很大程度上是维护已经存在的价值的"。③ 只有通过教育使人们增加对生活真相的理解,迫使人们重估价值并朝着新的价值观念调整教育的方向,进而实现社会价值的转换。在赫钦斯看来,虽然现代社会的科学、技术大大改善了我们的物质生活,却没有为人生问题提供答案,也没有增进我们对"何为好人、何为好的社会"的理解。我们只有通过探讨人类的永恒问题,培养个人对于生活真相的理解,才能塑造个人与社会的价值观。

因此,可以把赫钦斯的"理解"教育观归纳为是为了更好地实现教育的促进学习、发展理性、促进交流和联合的本真性质,从而为达成"学习的共和国",即更好地构建学习型社会而发挥作用。

---

① Robert M. Hutchins, *The Learning Society*, New York: Encyclopaedia Britannica, 1968, p. ii.

② [美]罗伯特·M. 赫钦斯:《美国高等教育》,汪利兵译,浙江教育出版社2001年版,第69页。

③ Robert M. Hutchins, *The Learning Society*, New York: Encyclopaedia Britannica, 1968, p. 93.

二 "理解"教育观的内涵——对话的能力

"理解"教育观的本质是一种对话的能力，这建基于人的社会性。人作为群居动物，沟通是本能的需要，也是情感交流的需要。人们互相沟通、互相了解，由共同的目的来共同维持社会。同时由于人具有政治属性，必然要学会在社会中生活，并且参与到政治生活中。因为民主政治要求任何事物都要经过讨论，这种体现逻各斯（Logos）的不断对话的教育是西方文明的核心，而学生就应该参与到这种自人类历史的黎明一直持续到现在的对话中来。[①]

因此，赫钦斯提出，教育应将人与人连接起来，将现在与过去连接起来，并提高整个人类的思想。也即教育需要促进自我的对话；自己与他人的对话；自己所处时代与历史的对话；经验与超验的对话。除了要教给年轻人普遍适用的教育，对将来的人生有用，同时也需要将他们与人类的过去联系起来，"懂得思考仍在继续和懂得以往进行了什么思考同样重要"。[②] 这样的教育才能使年轻人终其一生地教育自己。此外，为了促进人与人之间的联合，更为重要的是与他人、与历史、与超验之间的对话，以此达到理解与包容。随着专业的无限分化，任何人都不可能成为每个领域的专家。除非每个人都受到通识教育，也即具有同样的基本思想，受过共同的理智训练，否则他将必然其他领域断绝关系，知识越专业化反而学到的越少。正如赫钦斯所说"如果教授和学生们都有共同的基本思想，那么从事生理学研究的人和从事物理学研究的人就有可能相互沟通，甚至法学和神学也会开始发现相互之间的联系。"[③]

这种自我的对话及自我与他人的对话最终都指向永恒教育或自由教育，赫钦斯认为这种教育的目的即在于训练心智，使学生参与伟大的对话，并继承人类的共同遗产。这显然不同于当时社会流行的教育为生活做

[①] Robert M. Hutchins, *The Conflict in Education in a Democratic Society*, New York: Harper Brothers, 1953, p.81.

[②] [美] 罗伯特·M. 赫钦斯：《美国高等教育》，汪利兵译，浙江教育出版社2001年版，第44页。

[③] 同上书，第36页。

准备、教育是培养人力等观点，那样的教育无法实现社会价值的转化。赫钦斯认为我们应该教给所有人一种使他们感兴趣但同时又带有挑战的东西，仰赖所有人的努力实现社会的改进。如此我们就需秉持一种信念，相信人是理性的动物，需要通过教育发展智力，以获得智慧技巧。① 通过智力训练而培养理智，可以在任何领域都发挥作用。因此"培养理智方面优点的教育是最有用的教育"，② 也是获得智慧和德行的途径。

三 "理解"教育的实现途径：名著阅读

既然教育的目的是心智的训练，那么实现这种教育的最佳途径是什么呢？赫钦斯认为，"理解"的教育的实现途径在于名著阅读，也即是对话式的阅读。③

"霍金先生，这么说你同意苏格拉底的说法，认为修辞只是一种演说的艺术？"

"是的"

"并且和真理无关，因此是一项坏的艺术？"④

上述关于对修辞性质的对话是发生在一个成人名著讨论小组中的真实一幕（1946年）。成年人通过学习柏拉图的著作，并模仿柏拉图的对话体来探讨书中提出的问题。名著是帮助成人发展实践理性的最佳手段，因为名著正是对那些永恒的价值、人类存在的基本问题的讨论。当然，实践智慧也可以从经验中获得，但是教育机构并不能复制每个人的经验，并且技能和经验可以在其他机构或工作中获得，教育机构应致力于发展思维的正确性，进行理智的训练，而道德与精神力的发展则交给家庭与教会。

同时，这种理智的训练不是在基础学校教育阶段就可以完成的，因为

---

① 贾馥茗：《西方教育名著述要》，世界图书出版公司2011年版，第186页。
② ［美］罗伯特·M.赫钦斯：《美国高等教育》，汪利兵译，浙江教育出版社2001年版，第37页。
③ 贾馥茗：《西方教育名著述要》，世界图书出版公司2011年版，第194页。
④ Milton Mayer, "Great Books", *Life*, Vol. 10, 1946, pp. 2–10.

理解的培养依赖于实践智慧,而这种实践智慧只能借助经历来获得。

"如果一个谎言对人无害的话那就无所谓"。
"但是,基尔戈先生,苏格拉底说过,谎言对说谎者有害。"
"我不在乎苏格拉底说什么。当银行破产,赔进了我父亲所有的钱,我是永远不会告诉他的。他已经82岁了,我为什么要毁了他的晚年?"
"那你会向你的父亲撒谎吗,特伦蒂诺?"①

上述对话展现了生活的复杂和生存的困境,显然会激起对诚实和正义原则及其实践的探讨。儿童可以在学校获得书本知识,但是由于不成熟的状态,缺少相关的经历来充分理解和使用这些实践知识,因此实践理性的训练便成为成人教育的重要内容。赫钦斯甚至认为,教育不是儿童的事。他指出:"除了数学、形而上学、逻辑学、天文学和类似的理论性学科,理解显然只来源于经验……道德哲学、历史、政治学、经济学和文学只有成年人才能完全理解。"② 正如上述关于"谎言"的对话,成年人因为有了生活的经验,才得以展开深入的探讨。并且这种借助于名著的阅读讨论没有年龄、学历的限制(只要具备基本的读写能力),很难想象参与上述讨论小组的都是美国斯图华纳空调公司的普通员工,有些人甚至从没有上过中学,但是他们却能像哲学家一样思考。③

这也是为什么赫钦斯要倡导在大学和成人教育机构进行名著教育的原因。赫钦斯担任芝加哥大学校长期间为本科生设置的名著课程,以及后期在成人教学点开设的成人名著讨论小组,皆借鉴的是1919年哥伦比亚大学约翰·厄斯金教授开设的名著讨论课。成人讨论小组抛弃了以往的娱乐性活动以及传统的讲座,代之以苏格拉底讨论法,并借助于阅读名著。他们通常每两个星期聚一次,讨论的都是当下有代表性的或是人类社会永

---

① Milton Mayer, "Great Books", *Life*, Vol. 10, 1946, pp. 2–10.
② [美]罗伯特·M. 赫钦斯:《美国高等教育》,汪利兵译,浙江教育出版社2001年版,第70页。
③ Milton Mayer, "Great Books", *Life*, Vol. 10, 1946, pp. 2–10.

恒却现实的问题。因为成年人日常生活中的谈话大都很肤浅，而名著中讨论的主题通常比我们的思想要深刻得多、广泛得多，凭借其卓越的高度，对名著中话题的讨论可以使我们的思想跨越时空的界限，变得更为开阔，并通过对名著中所揭示的存在本身的理解来面对现实生活中的困境，寻求心灵和言行的指引。

四 "理解"教育与学习型社会建设

根据上述进路，培养"理解"的教育将提升人的自身修养和推动社会发展，并最终实现学习型社会。这主要体现在三方面。

首先，个人不断的自我学习依赖于理智的运用。理解教育观不是服务于国家经济发展，也并非为适应社会，而是为了提升智能，理解那些永恒的价值或思考人生的意义并以此指导人生的行动，帮助人应用心灵以"成为人"，而不是关注转瞬即逝的现象。只有这样的教育才能使年轻人应对一切可能发生的事情，面对纷繁复杂的世界做出恰当的人生抉择，它在任何环境下都具有价值。社会始终处于剧烈的、持续的变化中，教育若一味地追求适应社会，实则是永远无法到达适应社会的目的的。而只有每个人都受到自由的教育，才能完成社会价值的转换，通过学习促进良善共同体的形成。

其次，这种教育生自民主观念，也将服务于民主政治。在民主社会中，每个人都应该有机会变得聪明，这就意味着人人都应受到最好的教育。在古代，由于阶级、财富的限制，只有少数人才有机会获得教育。然而如今……理应人人享有这最好的教育，适合于最优秀的学生的最好教育也是适合于所有人的教育。[①] 换言之，这最好的教育意在为民主社会培养良好公民。赫胥黎说："培养好的工人固然不错，但培养心智发达的人则更为重要。除非每个人都能够享受教育，否则民主只能是一个十分幼稚的愿望，而人也将不得不放弃政治动物的称号。"[②] 人作为社会性动物，参

[①] Mortimer J. Adler, *Reforming Education: The Opening of the American Mind*, New York: Macmillan Publishing Company, 1988, p. xxvi.

[②] Robert M. Hutchins, *The Learning Society*, New York: Encyclopaedia Britannica, 1968, p. 112.

政权是公民必不可少的权利，若缺少则只能是被剥夺了政治自由的臣民，因此"一个真正的共和国，只有在心智聪明的人的手中才能够保持公正、和平、自由、有序"。①

最后，世界社会的形成离不开基于共同信念的世界公民的培养。赫钦斯考虑到世界社会正在形成，一个世界性的文明即将出现。进入21世纪，随着全球化的推进，不同人之间、不同文化之间的联系越来越紧密，为了使人们能够在复杂的、快速变化中的，以及充满不确定性的世界中生存，显然更需要一种对话式的教育。在2002年的欧洲全球教育大会上通过的全球教育宣言里提出，全球化学习的目的是实施"一种微观和宏观层面上人与人、不同文化以及宗教之间的合作模式，从而应对人类以及自然界面临的诸多挑战"。② 这与赫钦斯的理解教育观不谋而合，为了符合世界社会的需要，教育就应通过促进人类的联系而使得世界社会更加巩固，促进社会包容。教育必须培养学生理解人类共同的命运、理解人类共同的价值，这是实现世界社会的关键。

可见，学习型社会的建设，不仅在于每个人都能终身学习，更重要的是通过教育实现一个更公正的、更美好的世界。相比于成人大部分的毫无目的的娱乐活动，显然一种真正的教育更能促进生活品质。日常充斥在我们生活中的那些争议的话题，例如医疗保健、贫富差距、入学问题甚至环境污染，其背后隐藏的实则是关于正义、伦理等一直困扰人类的大问题。然而作为利益相关方和对话的参与者，如能在讨论这些切身利益的问题之时，通过对话和学习增进对这些问题背后困境及原则的理解，无疑将会有助于更好地解决这些问题和培养良好的公民，从而促进社会的价值转换、美好社会的实现。

基于此，赫钦斯等人在成人教育领域的名著阅读实践至少可以成为推动我国成人教育的更新发展（对于名著其实没有限定的范围，只要是那些深刻的讨论人类普遍的问题的书即可）的思路之一。与大学中的名著

---

① Robert M. Hutchins, *The Learning Society*, New York: Encyclopaedia Britannica, 1968, p. 93.

② Eddie O'Loughlin, Liam Wegimont, *Global Education in Europe to 2015*, Maastricht, 2002, p. 149.

课程类似，成人名著讨论小组也包含两项基本活动：一本书或是相关的阅读材料，以及讨论的主题。场地和书籍则大多利用图书馆的资源。进入21世纪，借助于网络的便利，完全可以不受纸质书籍的限制。场地也不再限于图书馆，可以是社区学院、各种社会组织等。

此外，赫钦斯倡导的成人名著讨论小组之所以能在20世纪40年代在美国迅速推展，除了其助手阿德勒等人的推动及图书馆的支持，显然离不开讨论小组简单的组成形式。因为它并非传统的讲座或班级教学，也并无教师的概念，只需要一个协调者或组织者，在一个问题之后进一步追问，正如苏格拉底，激发每个人的疑问，打开每个人的思维。而作为一个讨论课的组织者，则需要具备以下几项资格：（1）基本的听说读写能力；（2）热爱讨论的氛围；（3）熟知书中的内容；（4）具有发现和引导问题的能力；（5）具有实际的生活经验并持有开放和原则并存的心态。可见，一般的受过一定学校教育的成年人都可以经过一定的培训胜任这一角色。

虽然赫钦斯的名著阅读和学习型社会的理论扎根于西方文化，然而学习型社会的思想却已是21世纪全球关注的焦点。联合国教科文组织建设学习型城市2013北京宣言指出，终身学习将会提高人们的生活品质，进而建设更美好、更可持续发展的社会。① 而学习型社会的营造必须扎根于地区、城市和社区。因为社区是人类最基本的生活单元，不管是居民社区还是公司、社会组织，都存在着共同利益、共同问题和共同需求，追求生活品质的提升和对生活的多样理解也必然是大家共同的愿景。这些共同话题正是成人名著讨论小组提的主题。在此形式之外，我们则需要探讨如何立足于中国本土文化和经验，以中国文化中思考某些根本问题为核心的国学经典为阅读材料，通过社区和社会自组织促进个人自我提升，并以此为基础培养面对现实问题的理性良善的社会公民。从而在这一思路上，将成人名著阅读小组的形式与我国的文化观念等内容紧密联系起来，切实地推动我国学习型良善社会的建设。

[作者简介] 郑秀慧，女，山东威海人，华东师范大学职业技术教育

---

① 建设学习型城市北京宣言——全民终身学习：城市的包容、繁荣与可持续发展》，《高等继续教育学报》2014年第1期，第2页。

与成人教育研究所硕士研究生，研究方向为比较成人教育；王晨，男，浙江温岭人，北京师范大学教育历史与文化研究院教授，教育学博士，研究方向为西方教育思想史。

第三编

政治与社会

社会运动与19世纪末、20世纪前期美国公共教育变革[*]

张斌贤 高 玲 钱晓菲

19世纪末、20世纪前期不仅是美国政治、经济和社会全面变革的重要时期,也是美国公共教育制度发展的关键阶段。在这一时期,美国公共教育制度在各个方面、各个层面和各个重要领域都发生了整体的和剧烈的变化。在短短一代人的时间里,美国公共教育发生了全面的、急剧的和具有革命意义的变革。无论在何种意义上,这都是美国公共教育史上独一无二的大变革时期。

透过这些剧烈的变革,更令人感到惊奇的现象是,几乎所有的重要变革都是自发的、自下而上进行的,并且大多采取了教育运动的方式。从19世纪末至20世纪前期,相继出现了众多旨在改变美国公共教育的运动,这些运动在不同方面、以不同形式对美国公共教育改革发挥了不同程度的影响,共同促进了公共教育的全面变革。主要由民间力量发起的教育运动成为推进公共教育改革的主要动力和主要方式,这在美国公共教育史上也是绝无仅有的。

检索相关研究文献发现,关于这个时期某一特定的教育运动,国内外学界都有不同程度的研究,尤其是关于进步主义教育运动、职业教育运

---

[*] 本文系北京市社会科学基金重大项目"教育与美国社会改革(1890—1920年)"(项目编号15ZDA25)的阶段性研究成果。

动、儿童研究运动、美国化运动等方面的研究,更是成果丰硕。但将这个时期的教育运动作为一个整体所开展的研究尚属少见。聚焦于某一特定的教育运动,虽然有利于深度挖掘该运动的前因后果、来龙去脉,但如果缺乏广阔的视野,就事论事,也易于造成"只见树木,不见森林"的结果。如果在对特定教育运动研究的基础上,将这一时期的各种教育运动作为一个整体进行分析,将有助于更为充分地探讨不同教育运动之间的相互关系,全面把握这一时期教育运动的总体特征,从而深入理解该时期美国公共教育特有的变革路径和方式。

本文借鉴社会学关于社会运动的相关理论,以"进步主义教育运动"和"职业教育运动"这两个反映该时期公共教育改革基本价值取向("儿童中心论"与"社会效率论")的运动为主要个案,重点讨论这一时期相继出现的教育运动的共同特征,不同运动采取了哪些策略以达成自身的目的,以及为什么教育运动会成为这个时期美国公共教育改革的基本方式。

一 风起云涌的教育运动

19世纪后期、20世纪前期,美国相继出现的各种教育运动数不胜数,难以精确统计。得到普遍公认的教育运动包括手工训练运动、裴斯泰洛齐运动、赫尔巴特运动、福禄培尔运动、蒙台梭利运动、工业教育运动、职业教育运动、儿童研究运动、进步主义教育运动,等等。这些运动直接与公共教育改革相关联,除此之外,还有一些社会运动虽其宗旨与教育并无直接关联,但在客观上也对公共教育的改变产生了不同程度的影响,如美国化运动、禁酒运动、贫民安置运动,等等。在某种意义上,19世纪末、20世纪前期的美国公共教育史就是教育领域中各种社会运动蓬勃开展、相互交织、此消彼长的历史。

19世纪中期,德国社会学家斯坦因(Lorenz von Stein)首先将"社会运动"这一概念引入学术研究领域。此后,不同时期的学者相继从不同学科开展了对社会运动的研究,社会运动逐渐成为社会学、政治学和社会心理学等学科的重要研究领域,取得了非常丰富的研究成果。然而,尽管各种社会运动在兴起的背景、参与的主体、运动组织、运作方式等方面存在着显著不同,在运动所要达到的直接目的等方面也同样相去甚远,但是，正如大卫·斯诺（David A. Snow）和奥利佛（Pamela E. Oliver）所说，这些社会运动包含了如下基本要素：以改变为导向的目标、组织程度、时间的持续性、制度外（如游行抗议）与制度内（如政治游说）的活动，等等。①

参照社会运动的基本要素对19世纪末、20世纪前期出现的各种教育运动进行分析，可以看到，不论运动形成的契机是什么，不论运动所要达到的直接目的是什么，或者说运动是否达到了预期目的，这些运动的直接出发点都是对公共教育现状的不满以及由此产生的寻求改变的强烈动机。从19世纪七八十年代开始，对公共教育的批评就时有发生，但正如克雷明（Lawrence Cremin）所说，19世纪七八十年代的教育抗议是地区性的、间歇的，而且常常是无关痛痒的。② 从19世纪90年代开始，由于受记者报道和相关组织发表的调查报告的影响，情况发生了重大变化。

（一）赖斯对美国城市学校和教育行政当局的揭发

1892年1—6月，赖斯（Joseph Rice）先后访问了费城、芝加哥、巴尔的摩等36个城市，通过实地考察、调查以及与教师的交谈，获得了大量第一手材料。在此基础上，从1892年10月至1893年6月，赖斯在《论坛》（The Forum）杂志上连续撰文，揭露美国城市学校和教育行政当局中普遍存在的各种消极乃至腐败的现象。

赖斯揭露了美国一些城市政客和党魁对教育管理、教师聘任的控制。他认为，由于党派和政客的操纵，城市学校面临着毁灭。赖斯以大量的事实为基础，揭露学校中普遍存在的形式主义、机械训练、成人权威、忽视儿童的个性差异等弊端。他指出，在相当多的学校中，教师对学生的态度通常不友好甚至是充满敌意的，学生完全服从教师的意志，教室的气氛是压抑和令人恐惧的。在教育和教学过程中，教师通常不重视对儿童的个别

---

① David A. Snow, Pamela E. Oliver, "Social Movements and Collective Behavior: Social Psychological Dimensions and Considerations", Karen S. Cook, et al., *Sociological Perspectives on Social Psychology*, Boston: Allyn and Bacon 1995, p. 571.

② [美]克雷明：《学校的变革》，山东教育出版社2009年版，第22页。

教育，而强调整齐划一，因而使学生年复一年地处于被奴役的状态。① 赖斯认为，由于学校中存在的种种问题，因此，学校正成为一个最不人道的机构。由此出发，他呼吁对美国教育，尤其是教育管理进行全面改革。克雷明认为，从19世纪90年代开始，美国出现了"全国性的批评创新和发展的洪流，它们很快就具备了一场社会运动的所有特征。在这一点上，赖斯的文章似乎标志着一个开端。他在《论坛》发表的一系列文章最早把当时多方面的抗议编织成一个统一的改革计划，最早把教育问题真正看作全国范围的问题，最早把黑幕揭发的方法应用到抨击影响学校的政治腐败和职业僵化。教育中的进步主义运动之所以从赖斯开始，恰恰是因为他把它看作一场运动"。②

（二）一些组织发表调查报告

进入20世纪，一些组织发表的调查报告发挥了推波助澜的作用。1906年，马萨诸塞州工业和技术教育委员会（Massachusetts Commission-on Industrial and Technical Education）专门聘请专业调查员苏珊·金斯伯里（Miss Susan M. Kingsbury）对马萨诸塞州公立学校的教育状况进行调查。调查表明，在马萨诸塞州，有成千上万的14—16岁学生中途辍学。由于这些学生在学校并未接受职业训练，因此，辍学后，他们或是从事低薪、低级的工作，或者干脆整日游荡，从而对社会造成不良影响。金斯伯里将14—16岁称为"被浪费的两年"。在分析造成上述现象的原因时，她指出，关键在于学校对孩子毫无吸引力，"现行的学校制度实际上未能给14岁的孩子提供持续的学校教育"。③ 1908年，拉塞尔·塞奇基金会（Russel Sage Foundation）统计研究部主任埃尔斯（Leonard Ayres）所著的《我们学校的后进生》（Laggards in Our Schools）引起了公众的广泛关注。埃尔斯指出，在美国，几乎所有的学生都完成了五年级的学业，但是只有一半的学生能完成第八年级的学业。为此，全国16%的孩子都在因为无法

---

① Joseph Mayer Rice, *The Public-School System of the United States*, New York: The Century Co., 1893, pp. 29 – 33.

② ［美］克雷明:《学校的变革》，山东教育出版社2009年版，第22页。

③ "Commission on Industrial and Technical Education", *Report of the Commission on Industrial and Technical Education*, New York: Teachers College, Columbia University, 1906, p. 25.

进入更高阶段的学习而不停复读。这些复读的孩子每年需要花费 2700 万美元。[1] 他认为,造成学校这么高的失败率的主要原因是学校的课程设置超出了大多数学生的接受能力,从而使大多数学生感到沮丧和认为受到羞辱。埃尔斯指出,这是"对现行学校教育的严肃控诉"。[2]

各种报道和调查在一定程度上暴露了美国公共教育制度存在的种种问题,引起了社会各界对公立学校教育状况的关注,从而为即将到来的、席卷全美的教育改革创造了必要的条件,也为 19 世纪末、20 世纪前期各种教育运动的兴起进行了广泛和充分的社会动员。从社会学的角度看,社会问题的出现是社会运动得以形成的主要原因,社会运动正是为了解决这些社会问题而采取的旨在改变现状的集体行为。正如汉斯·托赫(Hans Toch)所说,社会运动是许多人集体解决他们共有问题的一种行为。[3] 只有当一定数量的社会成员(特别是精英成员)意识到问题的存在,这些问题才会真正成为社会问题。[4] 对公共教育现状和存在问题的指责、批评乃至抨击,实际上就是揭示问题的存在,并逐渐使问题公开化。尽管并非所有对公共教育现状的诟病最终都导致教育运动的出现,但"黑幕揭发"教育运动得以形成的基本条件之一,它客观上发挥了舆论动员的作用。

如同对其他社会运动一样,对教育运动而言,广泛的舆论动员是非常重要的。这是因为,由于教育运动通常都是在现行体制之外发起的,除了志同道合者的同情、理解和支持,没有别的资源可以依靠。舆论动员不仅使教育问题公开化,引起那些热心教育事务的社会人士和组织的关注,而且为进一步联合、积累必要的社会资源、采取有组织的行动提供了有利的基础。这几乎是 19 世纪末、20 世纪前期所有教育运动最初形成的共同逻辑,尽管每个运动酝酿的时间长短不同,舆论动员的方式也各异。

---

[1] Ayres, *Leonard M. Laggards in Our Schools*, New York: Russell Sage Foundation, 1909, p. 3.
[2] Ibid., p. 132.
[3] H. Toch, *The Social Psychology of Social Movements*, Indianapolis, IN: Bobbs-Merrill, 1965, p. 5.
[4] [美] 查尔斯·扎斯特罗:《社会问题:事件与解决方案》,中国人民大学出版社 2010 年版,第 13 页。

二 组织建立与运行

19世纪末、20世纪前期各种教育运动达成自身目的,从而对美国公共教育发挥影响的主要途径,就是通过社团开展各种各样的活动。通常情况下,这些活动都是在体制外进行的。但体制外的活动如果持续足够长时间,且产生了广泛影响,或早或晚会被体制所吸收,成为社会结构中持久的一部分。[1]

(一) 传播与交流信息

19世纪末、20世纪前期因应教育运动需要而建立的社团所从事的最为普遍的活动是传播与交流信息。例如,根据"工促会"章程,"工促会"建立的目的是使公众意识到工业教育对美国工业发展的重要性,提供机会讨论和研究工业教育的各种问题,推动国内外工业教育经验的应用推广,促进工业训练机构的建立[2],等等。因此,在早期,"工促会"主要扮演了信息交流场所的角色,印刷出版物成为它的重要活动,而印行《公报》是其最为重要的信息发布工作。从1907年起,"工促会"定期印行《公报》,及时报道"工促会"年会的讨论及其开展的相关工作,至1917年,协会先后印行了27期《公报》。1908年,"工促会"还为此成立"出版委员会",专门负责《公报》等协会出版物的编辑印行。为了使公众更全面地了解工业教育,1907年,"工促会"印行《工业教育文献选编》[3],搜集多种关于工业教育的文献,并按专题加以分类等。

同样,发起成立进步主义教育协会的初衷是推动一切教育革新,进步主义教育协会的组织目标不过是搭建一个不同教育实验探索进行交流的平台,"为正在全国不同地区进行的分散的和不一致的教育改革尝试提供一

---

[1] [美] 查尔斯·扎斯特罗:《社会问题:事件与解决方案》,中国人民大学出版社2010年版,第13页。

[2] National Society for the Promotion of the Industrial Education, *Bulletin*, No. 1: Proceedings of the Organization Meetings, 1907, p. 10.

[3] National Society for the Promotion of the Industrial Education, *Bulletin*, No. 2: A Selected Bibliography on Industrial Education, by Charles R. Richards, 1907.

个中心"①,并不承担更大的使命。这一点在进步主义教育协会1920年制定的章程中有具体反映。章程规定,协会的目标是宣传进步主义教育的原则;通过教育公众,引导公共教育走向进步主义;为外部人士和教师提供服务。② 为了实现这一目标,1924年,在孔利夫人(Queene Ferry Coonley,1874—1958)的资助下,协会创办了会刊《进步主义教育——最新教育趋势评论》,并组成了由孔利夫人、莫斯(Lucia Morse)和柯布组成的出版委员会,负责会刊的筹划和出版等工作。在前后几任主编哈曼(Gertrude Hartman)、弗罗利切、舒梅克(Ann Shumaker)、福斯特(Frances Foster)、克拉普(Elsie Clapp)和海姆斯(James L. Hymes, Jr.)的努力下,《进步主义教育》杂志逐渐成为协会的舆论阵地,对扩大协会的全国性影响发挥了重要作用。进步主义教育协会之所以在较短的时间内成为一个具有全国性影响的组织,《进步主义教育》杂志发挥了独特的作用。

　　传播和交流信息的另一个重要渠道是举办全国性的会议。几乎所有社团都曾以不同的方式和节奏举办过规模不一的全国性会议。在一定意义上,全国性会议举办的数量、频率和规模,反映了一个社团乃至社团所承载的教育运动的活力和影响力。在进步主义教育协会处于鼎盛时期的1920—1929年,除1924年因未知原因而未举办年会之外,协会先后在华盛顿、芝加哥、费城、波士顿和纽约等地召开了八次年会。而从1932年第十二届年会后,进步主义教育协会举办的年会就逐渐失去了稳定性,从1941年后,则再也没有举办过全国性的会议。

　　"工促会"的情况则有所不同。在1906—1911年历年举办的年会中,协会先后邀请了哈佛大学前任校长埃利奥特(Charles W. Eliot)、哥伦比亚大学校长巴特勒(Nicholas Murray Butler)、全国城市银行副行长范德里普(Frank A. Vanderlip)、全国制造商协会主席克里弗(James W. Van Cleave)、贫民安置运动的重要领导人简·亚当斯(Jane Addams)、美国电话电报公司总裁菲什(Frederick P. Fish)等各界知名人士以及劳工界代

---

① Cobb, "Stanwood Concerning Ourselves", *Progressive Education*, 1929, (1).
② Patricia A. Graham, *Progressive Education: From Arcady to Academe, A History of the Progressive Education Association*, New York: Teachers College Press, 1967, pp. 27–28.

表发表讲演，大力宣传工业教育的重要性，探讨开展工业教育的途径、内容和方法。从 1912 年起，由于协会的工作重点转向推动州与联邦的职业教育立法工作，年会的重要性逐渐下降。

除了发行出版物和举办会议之外，有的社团还运用其他方式开展信息交流与传播工作。例如，进步主义教育协会从 1929 年开始举办"暑期学院"（Summer Institute），在中小学教师中普及、传播进步主义教育原理和新的教育方法、手段。1930—1931 年，协会与"WOR"无线电公司广播电台合作，开办关于进步主义教育的广播讲座（每周一次，共 29 周），主讲人包括克伯屈（William H. Kilpatrick）、普拉特（Caroling Pratt）等。

（二）教育调查

除了信息交流与传播外，教育调查也是许多社团普遍采用的活动方式。但与运动酝酿阶段的调查不同，在运动过程中开展调查并不是为了揭露黑幕，而是为了清晰了解现状，发现问题，以便寻找解决的对策。在这方面，"工促会"同样是一个范例。1910 年，"工促会"对全国举办工业学校的现状进行了广泛调查，并发表了公报。[①] 公报较为全面地介绍了美国各地中等职业学校和工业学校的组织、管理、教学方法和课程。通过调查发现，由于各地实际情况和需求的不同，实施工业教育的机构在名称课程和招生的对象等方面存在着巨大的差异，呈现出丰富的多样性。这为"工促会"日后的工作奠定了重要的基础。

1910 年，"工促会"与美国劳工立法协会合作，对美国各州有关工业教育立法状况进行了调查。1912 年后，"工促会"加大了对调查研究的人力投入。1914 年和 1915 年，"工促会"先后在里士满和明尼阿波利斯开展了职业教育调查。这两次调查虽然是州和地区层面的，但是却具有全国性意义。通过这些调查，"工促会"广泛激发了公众对职业教育的热情，增进了公众对职业教育的理解和支持，促进了州和地方职业教育的有效开展，从而为在全国范围内推动职业教育发展营造有利的氛围。

[①] National Society for the Promotion of the Industrial Education, *Bulletin*, No. 11: A Descriptive List of Trade and Industrial Schools in the United States, by Edward H. Reisner, 1910.

(三) 教育实验

教育实验是难度更大、更为复杂但也是更为重要的活动。根据某些理论假设，开展长期和大规模的教育实验，不仅有助于验证理论假设的合理性，而且有利于运动的深入推进。与19世纪末、20世纪前期其他教育运动不同，进步主义教育运动既是以教育实验为前提兴起的，也以"八年研究"实验而著名。

1930年10月，进步主义教育协会成立大学入学和中学委员会（后更名为学校与学院关系委员会）。委员会共有26名成员，主席是曾任约翰·巴勒斯中学校长后任俄亥俄大学教授的艾金（Wilford M. Aikin），委员会的重要成员包括福勒（Burton P. Fowler）、史斯（EugeneR. Smith）、拉格（Harold Rugg）、瑞安（W. C. Ryan）、舒梅克（Ann Schumaker）等。委员会的主要任务是探讨通过中学与大学的合作，改革中学的课程和教学。

针对美国中学当时存在的普遍问题，委员会确定了实验的如下指导思想：更好地掌握知识；学习更有连贯性；发展学生的创造力；对现代文明的问题有清晰的认识；更好地对学生进行个别指导；有更好的教材和更有效的教学方法。委员会发表的《关于学校与大学工作更好地合作的建议》进一步指出："我们将努力培养学生把教育看作对人生意义的一种持久的探索，而不是积累学分。使学生喜欢学习，勇于探索新的思想领域，在学习中不断进取；使学生懂得如何安排时间，如何更好地读书，如何更有效地运用知识的原理，对所必须履行的义务更有经验。"[1]

与此同时，委员会确定了30所参加实验的中学，并与300所学院和大学签订合作协议。根据协议，参与实验的学院和大学（即"合作学院"）在实验期间，对参加实验的中学（即"合作中学"）毕业生不进行入学考试。合作中学的毕业生申请进入合作学院时，须持校长的推荐书。以上述各项工作为基础，在学校与学院关系委员会的指导下，合作中学结合所在社区和本校的具体情况，各自制订新的教学计划、课程结构和教学程序，并于1933年秋季开始实验。学校和学院关系委员会最初计划将实

---

[1] Aikin, W. *The Story of Eight-Year Study*, New York: Harper & Brothers, 1942, p.144.

验进行五年,以后延长至八年,到 1941 年结束。这就是著名的"八年研究"。"八年研究"不仅是进步主义教育协会最为重要、最具影响力的工作,也是美国教育史上为数不多的全国性的重要教育实验。

(四)推动各州职业教育立法,促成联邦立法

与这一时期绝大多数教育运动不同,"工促会"成立后,职业教育运动的重心就是致力于推动各州的职业教育立法。1907—1908 年,"工促会"及其分支机构先后在威斯康星、俄亥俄、新泽西等地积极游说州议会议员,试图说服议会采取措施支持职业教育。1912 年,在"工促会"等组织的推动下,印第安纳、宾夕法尼亚、新泽西、密歇根和华盛顿五个州通过职业教育立法;马萨诸塞、康涅狄格和纽约三个州对原有的职业教育立法进行修改,加大了对职业教育的资助。[1]

为解决各州职业教育立法中概念表述的混乱局面,更好地推进州职业教育立法工作,在 1912 年第六届年会上,"工促会"形成了关于《州职业教育立法的原则和政策》(Principles and Policies That Should Underly State Legislation for a State System of Vocational Education)的决议,并于1913 年 2 月由协会管理委员会通过。推进各州职业教育立法只是"工促会"的直接目标,其最终目的是促成联邦立法。从 1911 年起,"工促会"开始进行游说国会议员的活动。从《佩奇议案》到《威尔逊议案》的提出,直到《史密斯—休斯法》的制定,"工促会"开展了大量卓有成效的院外游说活动。

三 作为教育改革动力的教育运动

不同的教育运动之所以能够在 19 世纪末、20 世纪前期这个特定的历史时期"呼风唤雨",对美国公共教育的变革发挥如此重要的作用,既有特殊的历史因素,也有特定的社会条件。

---

[1] National Society for the Promotion of the Industrial Education, *Bulletin*, No. 16: Proceedings of Sixth Annual Meeting. Philadephia, Pa., Edited by William T. Bawden, 1913, pp. 300–301.

(一) 特殊的历史因素

所谓特殊的历史因素,主要指由于殖民地时期所形成的分散、分权的教育管理体制,也由于美国宪法第十条修正案将包括教育事务在内的权利赋予各州和各州人民。因此,在美国形成了高度分权的教育管理体制,既不存在全国性的教育管理机构,也没有专门的全国教育决策部门。此时存在的教育局①(the Bureau of Education)虽然是联邦政府的教育机构,但仅是内政部下属的一个机构,其职能仅限于搜集和发布相关教育信息和统计数据,并无实际的教育管理权限。

作为美国的最高立法机构,美国国会自然有权通过颁布相关的法律对全国的教育事务发挥影响作用。但是,与第二次世界大战后的情形截然不同,在19世纪末、20世纪前期,美国国会的教育立法工作不仅数量非常有限,而且极为艰难、曲折。在这一时期,国会议员先后提交了众多有关教育的议案,但仅有极少数议案最终成为法律。即便如此,有幸成为法律的议案也是历经坎坷。例如,《史密斯—休斯法》被公认为奠定了美国职业教育法的基础,但就是这样一部具有深远意义的重要法律,也没有摆脱磨难的命运。该法从最初创意到最终通过,经历三任美国总统(西奥多·罗斯福、威廉·霍华德·塔夫脱和伍德罗·威尔逊),前后长达十年之久。②

此外,即便是国会通过的教育法,也主要与农业教育、农业科学研究和农业技术推广相关,如《哈奇法》(Hatch Act of 1887)等。直到1917年《史密斯—休斯法》颁布,国会立法才开始涉及包括工业、职业、家政等农业领域之外的教育事务。之所以如此,与当时美国的社会结构具有直接关系。19世纪末20世纪初,尽管美国已经基本实现了工业化,在工业生产部门就业的人口快速增长,但2/3的美国人仍然生活在

---

① 1867年3月2日,联邦教育局成立,当时的名称是"the Department of Education",是联邦政府的一个独立机构。1869年6月30日,成为内政部下属的机构,称为教育办公室(the Office of Education)。1870—1929年,改称教育局(the Bureau of Education)。

② 张斌贤、高玲:《艰难历程:〈史密斯—休斯法〉的创制》,《华中师范大学学报》(人文社会科学版) 2015年第2期。

农场。① 农村和农场主对全国的影响不可小觑。诸多有关教育的议案之所以历经磨难，仍无果而终，与农业利益集团的反对有着直接关系。

全国性的教育决策和管理权力机构的缺失和国会在教育事务中的"无为而治"，实际上为民间人士、民间团体和专业组织在解决全国性的教育问题上发挥作用提供了巨大的空间。这也是为什么这一时期各种教育社团如雨后春笋般出现的重要原因。而且，在这一时期，还不存在具有很大权势足以影响甚至左右教育政策话语权的民间社团或专业组织。全国教育协会（National Education Association）虽然日后成为美国教育界最大的院外集团之一，但在这一时期，它不过是无数美国社团中的一个，既无专职秘书，也无专门的办公场所，会员不过几千人（直到1907年，全国教育协会会员才首次突破五千人，达到5044人），充其量还只是教育界人士交流信息的一个场所，难以对全国性的教育问题产生重大的实际影响。这也就为包括"工促会"、进步主义教育协会等新成立的，规模和影响等很有限的民间团体或专业组织拓展影响空间提供了有利条件。

（二）特定的社会条件

所谓特定的社会条件，是指19世纪末、20世纪前期美国所发生的巨大变化对公共教育提出的巨大挑战和复杂多样的需求。南北战争结束后，美国进入一个全新的发展时期，经济、政治、社会、人口、文化和教育等社会生活的所有重要领域几乎都发生了前所未有的巨大变化。工业化造成了社会财富的急剧增长，带动了人口快速向城市集中，并逐步实现了城市化。城市化不仅改变了人们的生活空间，引起生活方式和消费方式的重大变化，而且从根本上改变了美国的社会结构和国家特质，美国由一个乡村—农业国家转变成为城市—工业国家。工业化和城市化为美国公共教育的发展创造了良好的社会条件。正是在这一时期，美国公共教育迎来了前所未有的发展良机。以中学教育为例，从19世纪末20世纪初开始，美国中学入学人数呈持续增长的趋势，1890年，全美共有202963名中学生，1900年为519251人，1912年突破100万人，到1920年增至220万人，

---

① D. B. Danborn, *The Resisted Revolution: Urban America and the Industrialization of Agriculture, 1900—1930*, Ames, IA.: The Iowa State University Press, 1976, p. 3.

14—17岁适龄青少年的入学率为28%。1930年达到430多万人，14—17岁适龄青少年的入学率为47%。①

工业化和城市化及其所引发的社会变革在为教育发展提供丰富的社会资源的同时，也对正在形成中的美国公共教育（尤其是中等教育）制度产生了全面和深刻的影响。19世纪末、20世纪前期，美国的公立小学教育制度已经基本确立，公立中等教育制度正在形成过程中。② 但不论是小学教育还是中等教育，都是建立在前工业化时期美国社会的基础之上的，小学教育具有浓厚的欧洲传统"3R"学校的印记，课程设置范围狭窄，机械训练盛行。由于在较短时间内急剧扩张，中学教育存在着辍学率高、质量低下、体制混乱和课程设置无章可循等问题。更为重要的是，由于中学的主要目的是为升入学院做准备，大学入学考试科目和要求成为制约中学教育的杠杆，包括希腊语、拉丁语等古典语言在内的传统课程占据着重要地位。这与社会需要的多样性、复杂性明显冲突。19世纪末20世纪初出现的对公共教育制度的排山倒海般的批评、指责，有力说明美国公共教育正面临着深刻、全面和严峻的挑战。这在美国公共教育史上是第一次。

公共教育制度的全面变革势在必行。早在1899年，杜威就指出："首先引人注意的变化是，笼罩一切、甚至支配一切的'工业'变化——科学的应用导致大规模廉价地使用各种自然力的重大发明：作为产品目标的世界市场的增长，供应这一市场广大制造业中心的发展，廉价且迅速的交通和分配方式的发展……人们难以相信在历史上竟有这样迅速、广泛、彻底的革命……因此，认为这个革命对于教育只有形式上的和表面上的影响，那是难以想象的。"③ "我们的社会生活正在经历一个彻底的和根本上的变化。如果我们的教育对于生活必须具有任何意义的话，那么它就必须来一个相应的完全的变革。"④ 克伯莱（Ellwood P. Cubberley）则认为，

---

① [美] 乔尔·斯普林：《美国学校——教育传统与变革》，人民教育出版社2010年版，第325页。
② Edward A. Krug, *The Shaping of the American High School, 1880—1920*, Madison: The University of Wisconsin Press, 1964, p. XI.
③ John Dewey, *The School and Society*, Chicago: University of Chicago Press, 1900, pp. 21-22.
④ John Dewey, *The School and Society*, Chicago: University of Chicago Press, 1900, p. 43.

"有充分的理由认为,我们的学校制度现在正处于一个变化和发展时期的中心,我们正站在教育进步新时代的门槛上"①。

如果少数精英人物寻求改变的愿望仅仅局限在一个很小的人群,那么就很难形成某一个社会运动,也很难产生全国性的影响。从建国之初开始,美国就先后围绕着是否建立国立大学,是否建立以税收维持的公立学校,是否以联邦土地资助各州开展工农业教育(即《莫里尔法》)等展开了程度不同、范围各异的争论,但这些争论或者只发生在某一群体(如围绕建立国立大学的争论主要发生在国会议员和政治家之间),或者只发生在局部地区(如建立公立学校的争论主要发生在马萨诸塞、康涅狄格等州),很少有全国性的共同话题,因而也就不会产生普遍的共识,从而形成全国性的社会运动。只有当社会精英人物的认知和价值为公众所知,并引起广泛的赞同和支持,才有可能产生全国性的社会运动。这就需要有某些媒介将精英人物的思想观念迅速传播到一个更大的空间,以引起更大人群的关注和认同。19世纪末20世纪初美国社会的各方面发展,为新的思想观念的快速传播提供了充分的保证。

南北战争结束后,特别是1869年第一条横跨美国大陆的铁路贯通后,美国进入了"铁路统治时期"②。铁路超越公路和水运,成为主要的交通运输工具,人们生活和交往的空间不断扩大。而汽车工业的快速发展进一步改变了人们的出行方式。与此同时,由于电话的发明,通信变得更为便利。收音机的出现为接受来自更为广大空间的信息提供了充分的条件。此外,印刷、排版和造纸等方面的技术改进,极大提高了报纸杂志的生产效率,同时大幅降低了生产成本,出现了10—15美分的廉价杂志。这使得信息的传播更为便利、迅捷和更为广泛。

所有这一切都为各种思想观念在全国范围的传播、交流创造了前所未有的良好条件,为形成广泛的共识和寻求改变的共同意愿奠定了基础。19世纪末、20世纪前期之所以在美国历史上第一次集中出现如此众多的教

---

① Ellwood P. Cubberley, *Changing Conceptions of Education*, Boston: Houghton Mifflin Company, 1909, p. 52.
② [美]斯坦利·L. 恩格尔曼、罗伯特·E. 高尔曼:《剑桥美国经济史》(第二卷),王珏、李淑清译,中国人民大学出版社2008年版,第411页。

育运动,既是因为社会存在基础的根本改变使公共教育潜在的各种问题集中爆发,从而引发全面变革的广泛需要,也是由于交通和通信的快速发展为教育运动所必需的全国性的社会动员提供了充分的保障。

四 结语

19世纪末、20世纪前期相继出现的教育运动都在不同方面、不同程度上对美国教育的变革产生了影响。例如,由于福禄倍尔运动,美国建立了新型的幼儿教育机构,并由此成为美国公共教育制度的重要组成部分。由于儿童研究运动,传统的清教儿童观被摒弃,现代的儿童观逐步形成,并引发了儿童福利运动等一系列旨在保护儿童权益、促进儿童发展的行动。进步主义教育运动重新确立了学生在教育世界的重要地位,从而促进了对学校、教学、课程等方面的科学研究。职业教育运动促使"社会效率"的观念成为现代美国学校的核心价值,从而塑造了20世纪美国公共教育的基本特性。初级中学和综合中学运动直接导致公共学校制度的改革,奠定了6—3—3学制的基础,等等。简言之,在推动美国公共教育全面向现代转型的过程中,教育运动发挥了难以替代的重要作用,从而在美国教育史上写下了厚重的篇章。

从更为广大的时间和空间来看,由社会运动发起并推动公共教育的全面变革,不仅在现代世界各国是罕见的,在美国教育史上也是非常独特的现象。这其实说明这种现象是不可复制的。尽管如此,由于社会运动的特殊性,其在推进一国教育改革过程中所发挥的特殊作用也是值得关注的。这是因为,在现代社会,作为最大的公共事业,教育与社会各个阶层的切身利益都具有密切的联系。教育系统中所发生的任何重要改变都可能因顾及某个或几个阶层的利益而损害了其他阶层的利益,在这种情况下,任何教育改革进程都有可能因为特定阶层的抵制而受到阻碍。富兰(Michael Fullan)指出:"教育变革是一种技术简单性和社会复杂性的变革"[①]。产生社会复杂性的一个重要原因就是参与和介入教育变革的人群有着不同的利益诉求,而这些诉求常常是相互冲突的。

[①] [美]迈克尔·富兰:《教育变革新意义》,教育科学出版社2005年版,第71页。

任何一种重要的教育变革要达到预期的目的，兼顾各主要方面的重大利益是其明智的决策。无论是社会运动本身的长处还是其局限性，都有利于不同利益的表达、博弈和协调，最终得到相对的妥协。这是成功的教育运动之所以成功的最大奥秘。在职业教育运动中，来自工业界、商业界、农业界、劳工届、教育界和政界的人士围绕着同一个教育问题展开了激烈的思想争论和利益角逐。尤为重要的是，参与职业教育运动并试图影响职业教育走向的并不是个人，而是不同利益集团的有组织的参与。这使得职业教育运动成了一个利益博弈的大舞台，代表工商业界利益的"工促会"、代表教育界利益的全国教育协会和代表劳工界的劳工联盟以及代表农场主的社团等全国或区域性组织，竞相登场，纷纷开展各种形式的活动，不断阐明主张，积极争取各方面的同情和支持，努力影响各州和国会的决策和立法，使运动朝着有利于自身利益的方向发展，实现自身利益的最大化。这就决定了作为一场社会运动，教育运动在其本质上是一个不同阶层和群体之间的利益博弈、角逐和平衡的过程，这个过程实际上发挥着为教育变革进行准备的社会动员的作用。缺乏这种必要的准备，任何重大的教育变革都很难取得真正的成功。

[作者简介] 张斌贤，北京师范大学教育历史与文化研究院教授，教育学博士；高玲，北京师范大学教育历史与文化研究院博士生；钱晓菲，北京师范大学教育历史与文化研究院硕士生。

揭开美国中等教育改革的序幕:《十人委员会报告》发表始末

张斌贤 李曙光 王慧敏

在我国,虽然近十多年来关于美国教育(包括公共教育、公立中学课程)的研究成果层出不穷,但除了吴式颖教授主编的《外国教育史教程》等几种外国教育史教材对十人委员会及其报告有所介绍,胡庆芳博士和龚兵博士在其关于美国高中课程发展和美国全国教育协会演变的著作中用了一定的篇幅对它们进行概述之外,鲜有关于十人委员会和《十人委员会报告》的专门研究。而在美国,自 1893 年《十人委员会报告》发表以来的百余年间,相关研究工作始终没有中断,先后产生了大量的研究成果,也形成了众多不同甚至截然相反的结论(见本文第三部分)。正如克利巴德(Herbert M. Kliebard)所说,《十人委员会报告》和《中等教育的基本原则》报告都有两种历史,一种是报告形成的事件和观念史;另一种则是报告发表后不同时期的学者对它们的阐释史。[1] 这种现象本身就已经充分说明了《十人委员会报告》的历史地位。不论学者们对报告及其影响做出何种评价,《十人委员会报告》作为美国教育重要文献的历史地位是公认的。在一定意义上可以说,忽视对《十人委员会报告》的系统研究,不仅难以真正把握现代美国中学变迁的开端,也难以深入认识

---

[1] Herbert M. Kliehard, *Changing Course: American Curriculum Reform in the 20th Century*, New York: Teachers College Press, 2002, p. 40.

美国中等教育的变革进程。

本文旨在通过梳理十人委员会成立与运行的过程,分析《十人委员会报告》的基本内容,借鉴百余年来美国学者的相关研究成果,以19世纪八九十年代美国社会和教育变革为背景,探讨《十人委员会报告》对美国中学改革和美国中等教育发展过程的历史贡献。

一

与《十人委员会报告》发表后所引起的持续反响相比,十人委员会的成立以及报告的出台过程却是波澜不惊、平淡无奇。

1887年,辛辛那提休斯中学校长考伊(E. W. Coy)代表中等教育委员会(the Committee on Secondary Education)向全国教育委员会(the National Council of Education,这是全国教育协会的专家委员会)会议提交了"中学与大学的关系"的报告,其中讨论了中学教育的目的,并强调建立中学与大学的紧密联系。[①] 这个报告直接启发了丹佛中学校长詹姆斯·贝克(James H. Baker)。在7月11日的会议上,贝克向全国教育委员会提出一项动议,建议成立一个委员会,对中学教学科目的选择和顺序以及大学入学要求的统一问题进行彻底调查。1888年2月16日,在全国教育协会的督学部(the Department of Superintendence,它与全国教育委员会共同构成了全国教育协会推进中等教育改革的神经中枢[②])举办的会议上,哈佛大学校长埃利奥特(Charles W. Eliot)发表《学校课程能够缩短并丰富吗》的讲演,呼吁取消算术等无用的课程,改进教学方法,以便使学生能在18岁进入大学。[③] 鉴于埃利奥特在全美教育界的巨大影响,他的演讲引起了社会各界对中学课程改革以及中学和大学关系问题的广泛关注。

---

① National Council of Education Committee on Secondary Education NEA, The Relation of High School to College, 1887, pp. 282 – 283.

② Edward A. Krug, *The Shaping of the American High School 1880—1920*, Madison: The University of Wisconsin Press, 1964, p. 27.

③ Charles W. Eliot, "Can School Programmes Be Shortened and Enriched?" Proceedings of the Department of Superintendence of the National Educational Association, Washington, D. C.: U. S. Bureau of Education Circular, 1888, pp. 101 – 102.

这事实上有力地推进了十人委员会的组建。而埃利奥特之所以出任该委员会主席，与他的讲演不无关系。

从1888年开始，贝克担任全国教育委员会下设的中等教育委员会主席。由于经费短缺等原因，该委员会未能有效地开展相关工作，直到1891年的多伦多会议上才向全国教育委员会提交工作报告。在报告中，中等教育委员会建议举行一次有12所代表性的大学和12所中学参加的会议，探讨中学和大学的关系问题。这个建议得到全国教育委员会的批准。随后，贝克陆续向一些大学和中学发出信函，邀请它们派代表出席次年7月召开的全国教育协会大会。

1892年7月7日，全国教育协会大会在纽约萨拉托加如期举行。会议期间，大学与中学校际会议委员会主席、哥伦比亚大学教授巴特勒（Nicholas Murray Butler）向全国教育委员会提交了一份报告，建议举行一次有大学教师和中学教师参加的会议，并任命一个执行委员会在1892—1893学年筹备这次会议。① 在1892年7月9日的会议上，全国教育委员会接受了巴特勒的建议，决定成立一个由十人组成的执行委员会，具体负责会议的筹备和组织。此外，该委员会向全国教育协会建议拨款2500美元以开展这项工作。7月12日，全国教育协会董事会（the Board of Directors）通过了这项提议。

根据全国教育委员会的决定，十人委员会的主要职责是负责组织召开有中学和大学教师参加的关于中学各主要学科的研讨会，以"探讨学科的恰当界限、最佳的教学方法、最适宜的时间分配以及测试学生成绩的最佳方式等"。② 委员会由埃利奥特任主席，其他九位成员包括：美国教育专员（Commissioner of Education）威廉·哈里斯（William T. Harris）、密歇根大学校长詹姆斯·安吉尔（James B. Angell）、波士顿女子中学和女子拉丁学校校长约翰·泰特洛（John Tetlow）、瓦萨学院校长詹姆斯·泰勒（James M. Taylor）、奥尔巴尼中学校长奥斯卡·罗宾逊（COscar

---

① National Educational Association. Journal of Proceedings and Addresses, New York: National Education Association, 1892, p. 754.

② National Educational Association, Report of the Committee of Ten on Secondary School Studies with the Reports of the Conferences Arranged by the Committee, Knoxville: American Book Company 1894, p. 3.

D. Robinson)、科罗拉多大学校长詹姆斯·贝克（James H. Baker）、密苏里大学校长理查德·杰西（Richard H. Jesse）、劳伦斯维尔学校校长詹姆斯·麦肯齐（James C. Mackenzie）和奥伯林学院教授亨利·金（Henry C. Ding）。[1] 十名成员中，有大学校长五人、大学教授一人（以后也成为大学校长）、教育专员一人、中学校长三人（其中一人来自私立中学，两人代表公立中学）。从人员构成可以看到，十人委员会的主要成员为大学管理人员和学者，这就注定了十人委员会的工作将主要反映大学的要求和利益。《十人委员会报告》以后被指责为大学对中学的"控制"，也就在所难免了。

1892年11月9—11日，十人委员会在哥伦比亚大学召开筹备会议，会议对美国不同地区40所顶尖中学的教学科目进行讨论，在此基础上，决定召开九门学科的研讨会，这九门学科包括：拉丁语，希腊语，英语，其他现代语言，数学，物理、天文和化学，博物学（生物，包括植物学、动物学和生理学），历史、公民政治（Civil Government）和政治经济学，地理（自然地理、地质学和测量学）。[2] 这九个学科研讨会的机制实际上意味着在十人委员会下成立了九个分委员会。为使学科研讨会保持方向的一致性，十人委员会提出了研讨会应讨论的主要问题，包括：（1）在6—18岁的学校课程中，该科目的教学应当从几岁开始？（2）该科目的教学开始后，应教授多少年，在这些年中，每周应分配多少小时？（3）在中学阶段，应该教多少年，每周教多少小时？（4）在整个课程中，应当教授什么主题或部分？（5）在中学阶段应讲授什么主题或部分？（6）该科目应当以什么形式、在什么程度上被纳入大学的入学考试科目？（7）对将升入大学或进入科学学校，或假定二者都不去的学生，在该科目上是否应该区别对待？（8）如果要进行区别对待，应从几岁开始？（9）该科目的最佳教学方法是什么？（10）在大学入学考试中，该科目的最佳测试方式是什么？（11）如果大学或学院允许将入学考试分为初步测试和最终测

---

[1] National Educational Association, Report of the Committee of Ten on Secondary School Studies with the Reports of the Conferences Arranged by the Committee, Knoxville: American Book Company 1894, p. 4.

[2] Ibid., p. 5.

试，并至少隔开一年，那么，如何区分二者的界限？①

哥伦比亚大学会议后，十人委员会花费数周时间遴选各分委员会的成员。到 1892 年 12 月，基本上完成了遴选工作。每个分委员会均由 10 人组成。总计 90 人参加了十人委员会组织开展的研讨活动。

按照布里格斯（Thomas H. Briggs）的分析，在这 90 人中，仅有一位女性，在中学任职的有 42 人（其中 17 人代表公立中学），47 人在大学任职，还有 1 名成员为曾在大学任职的政府官员。在大学任职的成员中，有 12 人当时或不久之后担任大学校长，包括普林斯顿大学校长威尔逊（Woodrow Wilson）、加州大学伯克利分校校长惠勒（Benjamin I. Wheeler）、威斯康星大学麦迪逊分校校长亚当斯（Charles K. Adams）等，至少有 12 人为著名学者，如著名历史学家鲁宾逊（James H. Robinson）、"美国地理学之父"戴维斯（William M. Davis）、著名文学史家基特里奇（George L. Kittredge）、著名地质学家张伯伦（Thomas C. Chamberlin）。从地域分布看，90 人来自 27 个州，但主要来自东部各州，仅马萨诸塞州就有 17 名成员。② 在 9 个分委员会的主席中，6 人任职于大学，3 人任职于中学。9 名分委员会秘书中，2 人来自大学，7 人任职于中学。

1892 年 12 月 28 日，九个分委员会分别在密歇根大学、瓦萨学院、华盛顿特区、哈佛大学、芝加哥大学、威斯康星大学麦迪逊分校、库克师范学校等地召开会议。随后，各分委员会分头起草报告。1893 年 4 月 1 日前，七个分委员会按要求如期完成了报告。1893 年 7 月 27—29 日，各分委员会再次举行会议，就报告的修改进行讨论，并基本达成一致意见。1893 年 11 月 8—11 日，十人委员会在哥伦比亚大学再次举行会议，讨论各分委员会报告，经过三轮修改后形成定稿，并向 1893 年 12 月召开的全国教育协会大会提交。至此，十人委员会完成了使命，随即解散。

---

① National Educational Association, Report of the Committee of Ten on Secondary School Studies with the Reports of the Conferences Arranged by the Committee, Knoxville: American Book Company 1894, p. 6.

② Thomas H. Briggs, "The Committee of Ten", *Junior-Senior High School Clearing House*, 1931, 6 (3), p. 135.

二

《十人委员会报告》主要包括两个部分，第一部分是总报告，第二部分是分报告。总报告先后叙述了十人委员会成立的经过、十人委员会和各分委员会开展工作的主要过程，介绍了各分委员会就不同课程设置和教学提出的建议，在此基础上，十人委员会就中学的课程设置、教学时间和安排提出了一系列建议。第二部分则包括十四个分报告，除九个分委员会提交的报告外，还附有相关专题研究报告和少数意见报告（minority report，即分委员会中反对意见的报告）。

十人委员会虽然名为中等学校课程十人委员会（the Committee of Ten on Secondary School Studies），但其报告所涉及的内容却非常广泛，其中涉及中学的性质、中学教育的宗旨、中学课程设置方案、中小学学制以及中学与大学的关系。这些问题都是 19 世纪 90 年代美国中学（特别是公立中学）所面临的关键问题。

为了更好地呈现对中学课程设置的建议，在总报告中，十人委员会首先提出了从小学至中学课程设置的总体考虑（详见表 1[①]）。

由于将小学和中学的课程设置进行了系统的考虑，十人委员会意识到，中学的课程设置和教学不仅涉及中学本身，还关系到小学的课程和教学。据此，《十人委员会报告》指出，小学现有的八年学制过长，应缩短为六年，而中学的学习则应提前两年开始，即中学学制从四年延长到六年。这实际上提出了中小学"6—6"学制的设想。

尽管学制改革问题并非十人委员会工作的重点（甚至都不是其工作的任务），《十人委员会报告》中也并未对此进行系统阐述，但其提出的学制改革的设想却成为 1895 年全国教育协会成立的十五人委员会工作的重要出发点，因而也成了 19 世纪末 20 世纪初"6—3—3 学制"形成的重要基础。

---

① National Educational Association, Report of the Committee of Ten on Secondary School Studies with the Reports of the Conferences Arranged by the Committee, Knoxville: American Book Company 1894, pp. 34-35.

表1　《十人委员会报告》建议的学习时间安排

课程	1年级	2年级 7—8岁	3年级 8—9岁	4年级 9—10岁	5年级 10—11岁	6年级 11—12岁	7年级 12—13岁	8年级 13—14岁	9年级 14—15岁	10年级 15—16岁	11年级 16—17岁	12年级 17—18岁
1. 拉丁语					给出开始学习拉丁语的原因，早期主要是风俗的学习							
2. 希腊语							学习希腊语之前学习拉丁语					
3. 英语		复述故事，编故事，描述事物	开始扩展阅读，叙述和描写	一直贯穿至各年级开始写作文，形式和语句的口头和书面联系			从这个年级开始不再用人帮助阅读	文法	文学 作文	文学 作文	文学 作文 修辞	文学 作文 修辞
4. 现代语言					选修德语或法语	选修德语或法语	选修德语或法语	选修德语或法语	开始学习语言	同一语言 第二语言	同一语言 第二语言	同一语言 第二语言
5. 数学		第一个八年先学习算数，同时学习代数表达式和符号，简单的二次方程			具体几何	具体几何	具体几何	具体几何	代数	代数或商务算数集合	代数或商务算数集合	三角学，为进入学校的候选人开设的高等代数

续表

课程	1年级	2年级	3年级	4年级	5年级	6年级	7年级	8年级	9年级	10年级	11年级	12年级
		7—8岁	8—9岁	9—10岁	10—11岁	11—12岁	12—13岁	13—14岁	14—15岁	15—16岁	16—17岁	17—18岁
6. 物理、化学和气象学	学习自然现象,贯穿第一个八年,主要是通过实验,包括实物测量和会议的第7、9条								选修天文学		化学	物理
7. 自然史	贯穿第一个八年,每次不少于30分钟,致力于植物和动物学习教学应与语言、绘画、文化、地理联系起来								一年学习植物学或动物学,半年学习生理学、解剖学、卫生学			
8. 历史			传记秘史				美国历史和公民政治	希腊罗马史	法国历史	英国历史	美国历史	特殊时期专题研究、公民政府
9. 地理	第一个八年的时间分配和工作量有关,主题—地球、环境、居民、气象学、植物学、动物学、历史、商业、种族、宗教、政府							自然地理	自然地理、中学课程中的部分气象学(可能会超出选择所允许的)		选修地理学 1/2年	选修地理 1/2年

关于中学课程设置的建议是《十人委员会报告》影响最大、引起争议最大的内容。为改变美国中学课程设置混杂、大学入学标准难以掌握的现状，从学科之间的联系和时间分配的角度出发，十人委员会提出了四种中学课程类型（参见表2①）。

十人委员会认为，这四个方案可以在单独一所中学实施，因为某些科目同时存在于三个以上的方案中，而且每周都有相同的课时。

《十人委员会报告》引起激烈批评的内容还包括对中学教育目标的确定。报告中指出，总的来说，美国的中学并不是为男女学生们进入大学做准备的，他们中只有很小比例的毕业生能进入大学，中学的主要任务是为生活做准备。②《十人委员会报告》的主要着力点是为全体中学生提供通识教育，并且强调这种教育对于心智训练的重要性。③

表2　　　　　　　　　十人委员会建议的中学课程设置

学年	Ⅰ. 古典语 三门外语（一门为现代语）	Ⅱ. 拉丁语-科学 两门外语（一门为现代语）	Ⅲ. 现代语 两门外语（现代语）	Ⅳ. 英语 一门外语（古典语或现代语）
一	拉丁语 英语 代数学 历史 自然地理学	拉丁语 英语 代数学 历史 自然地理学	法语（或德语）初级 英语 代数 历史 自然地理学	拉丁语或德语或法语 英语 代数 历史 自然地理学
二	拉丁语 英语 德语（或法语）初级 几何学 物理学 历史	拉丁语 英语 德语或法语初级 几何学 物理学 植物学或动物学	法语或德语 英语 德语或法语初级 几何学 物理学 植物学或动物学	拉丁语或德语或法语 英语 几何学 物理学 历史 植物学或动物学

---

① National Educational Association, Report of the Committee of Ten on Secondary School Studies with the Reports of the Conferences Arranged by the Committee, Knoxville: American Book Company 1894, pp. 46–47.

② Ibid., p. 51.

③ Ibid., p. 52.

续表

学年	Ⅰ．古典语 三门外语（一门为现代语）	Ⅱ．拉丁语－科学 两门外语（一门为现代语）	Ⅲ．现代语 两门外语（现代语）	Ⅳ．英语 一门外语（古典语或现代语）
三	拉丁语 希腊语 英语 德语（或法语） 数学（几何学、代数）	拉丁语 英语 德语或法语 数学（几何学、代数学） 天文学（半年） 气象学（半年） 历史	法语（或德语） 英语 德语或法语 数学（代数、几何） 天文学（半年） 气象学（半年） 历史	拉丁语或德语或法语 英语 数学（代数、几何） 天文学（半年） 气象学（半年） 历史
四	拉丁语 希腊语 德语或法语 化学 三角学和高等代数或历史	拉丁语 希腊语 德语或法语 化学 三角学和高等代数或历史 地质学或地理学（半年） 解剖学、生理学和卫生学（半年）	法语或德语 英语 化学 三角学和高等代数或历史 地质学或自然地理学（半年） 解剖学、生理学和卫生学（半年）	拉丁语或德语或法语 英语 化学 三角和高等代数 历史 地质学或自然地理学（半年） 解剖学、生理学和卫生学（半年）

关于大学入学考试问题的讨论，也是《十人委员会报告》的重要内容之一。事实上，四种课程方案的建议及其教学时间的要求就是大学决定是否录取学生的重要标准之一。因此，课程方案的建议在一定意义上也就是为大学入学标准提出的建议。此外，报告还就中小学教师的培养和培训等问题提出了建议。

三

早在《十人委员会报告》尚未发表之际，当时刚创刊的《学校评论》（School Review）的主编舒尔曼（J. G. Sehurman）就曾大胆地预测："我们将得到的这份文件，虽然势必会引发大量讨论，但注定标志着我们在中等教育组织中所迈出的决定性一步。"① 在报告发表之初,全国教育协会董事会主席凯尔金斯(N. A. Calkins)在 1894 年也曾指出,尽管对《十人委员会报告》所提出的建议存在很多歧义,但普遍的共识是认为"它是在美国发表的最为重要的教育文献"。② 尽管如此,围绕着《十人委员会报告》所展开的论争百余年来始终没有停止。

《十人委员会报告》发表之初,就遭到了来自霍尔(Stanly Hall)等人的严厉批评。霍尔等人将《十人委员会报告》所体现的课程思想视为传统的、保守的。此后,这似乎成为美国教育界的一种"定评"。许多学者在分析《十人委员会报告》背后的课程原则或心理学原则时,通常将其与传统的心智训练观(mental discipline)联系起来。如派纳(William F. Pinnar)在《理解课程:历史与当代课程话语研究导论》中以"埃利奥特和古典课程论的胜利"为标题,讨论了 19 世纪最后十年全国教育协会任命的三个委员会(中等教育课程十人委员会、初等教育十五人委员会和大学入学资格委员会)的工作。作者认为,《十人委员会报告》"处在官能心理学的统治下,指出了装备或知识的基本类别,但是并没有说明具体的课程内容或各种装备如何重新排列"。作者认为,《十人委员会报告》和其后的十五人委员会报告,"很明显地与官能心理学如出一辙,引起了公众和专业人士的激烈争论"。③ 坦纳(Daniel Tanner)在《学校课程史》中也提到,《十人委员会报告》"产生于一个心智训练理论受到批判性审视的时代","然而这一保守性的报告却希望传统的学科和教学方法能够再持续 25 年"。④

不过,关于《十人委员会报告》与"心智训练说"的关系,学者们并未形成定论。如克利巴德虽然承认埃利奥特是一个持心智训练观的人,但也指出他的观点不同于大部分的心智训练论者,因为埃利奥特认为,任

---

① T. G. Schurman, "The Outlook for the Curriculum", *The School Review*, 1893, 1 (2), pp. 67–73.

② National Educational Association, Report of the Committee of Ten on Secondary School Studies with the Reports of the Conferences Arranged by the Committee, Knoxville: American Book Company 1894, p. VI.

③ [美] 派纳:《理解课程:历史与当代课程话语研究导论》,张华译,教育科学出版社 2003 年版,第 72—73 页。

④ [美] 坦纳:《学校课程史》,崔允漷等译,教育科学出版社 2006 年版,第 78 页。

何一门学科，只要能够坚持学习一段时间，都可能成为一种具有训练价值的学科，这意味着他并不像其他心智训练主义者那样信奉预定的课程主题，这一点从他在哈佛的选修制改革便能看出来。① 在《20世纪美国教育中的哲学冲突》一书中，约瑟夫·沃特拉斯（Joseph Watras）通过史料对克利巴德的这一解释提出了异议，他指出，当时的评论家恰恰赞赏十人委员会对于形式训练原则的否认，如"班克罗夫特1894年在文章中表扬了十人委员会采取了一个比形式训练的理论更广阔的视野"。②

1906年，德克斯特（Edwin G. Dexter）对《十人委员会报告》对美国中等教育实践所产生的影响进行了具体的考察。在《〈十人委员会〉报告十年来的影响》一文中，他将问题聚焦于"十年来，根据十人委员会的具体建议，中学课程在多大程度上发生了改变"？通过对全美80所中学的调查，将这些学校九个学科的课程设置与《十人委员会报告》所提出的具体建议相对照，德克斯特指出，《十人委员会报告》并未对公立中学的课程产生很大的直接影响。与此同时，他也承认，这并不代表《十人委员会报告》没有通过引导教师思考和讨论课程问题而发挥影响。③

1935年，全国中学校长协会（National Association of Secondary School Principals）举办了美国中学建立三百周年的纪念活动。在此期间，协会邀请教育史家们对美国中等教育发展史中的重要事件进行历史回顾，其中，布里格斯（Thomas H. Briggs）对《十人委员会报告》进行了梳理。布里格斯具体考察了十人委员会的组成情况、报告起草和发表的过程以及各学科分委员会的工作情况。他指出，通常认为十人委员会是美国初中运动的肇始者，但《十人委员会》报告中并未明确提出要建立这样一种机构，而只是试图将当时中学的四年时间延长到六年而已。此外，通过将报告提出的课程计划与20世纪30年代中学课程的设置情况相对照，布里格斯指出，近四十年来美国中学的课程发生了许多改变（例如，九个学科

---

① Herbert M. Kliehard, *The Struggle for the American Curriculum 1893—1958*, New York and London: Routledge Falmer, 2004, pp. 9 - 10.

② ［美］沃特拉斯：《20世纪美国教育中的哲学冲突》，王璞等译，安徽教育出版社2011年版，第18—19页。

③ Edwin G. Dexter, "Ten Year's Influence of the Report of the Committee of Ten", *The School Review*, 1906, 14 (4), pp. 254 - 269.

分委员会之一的希腊语已经不复出现),而这些变化并非由十人委员会所造成的。因此,布里格斯认为,《十人委员会报告》"这份文件在1893年非常重要,而今它主要是作为一种对中等教育史的过往贡献以及作为在教育上未被采纳的一些合理建议的库存而存在"。[1]

赫伯斯特(Jurgen Herbst)通过梳理"人民的学校"(the people's college)这一观念在美国的演变过程,探讨《十人委员会报告》在中学与民主社会关系变化中的作用。他指出,"人民的学校"最初指的是不同于培养高层次学术人才或神职人员的机构,而是直接为社区培养工商业实用人才的学校,它是美国民主社会发展过程中的特定产物。从最初的文实学校到由税收维持的公立中学,"人民的学校"一直是作为一种提供终结性教育的学校。到19世纪后期,在逐渐成为连接小学和大学的中间阶段之后,它就被赋予了升学预备学校的功能。因此,到19世纪90年代,公立中学在为生活做准备和为升学做准备这两个功能之间发生了"认同危机"。在赫伯斯特看来,《十人委员会报告》一方面宣称一个面向全国的中学计划必须为那些不打算在中学之后深造的学生而制订,为一部分学生进入大学做准备应当是普通中学附带的、而非主要的目标;但与此同时,又通过建议提供"四年严格而有效的心智训练"而将学术性的标准作为中学课程的基本取向。这样一来,十人委员会最大的努力也就成为它最大的弱点,它希望为所有人提供一种无差别的学术性训练,使得为升学做准备和为生活做准备这两种目标逐渐变得不可调和,而报告对中学课程学术标准的强调最终必然导致"人民的学校"这一原始的中学属性受到束缚。[2]

还有学者认为,由于十人委员会大部分成员来自学院和大学,因此,委员会实际上确立了学院和大学对中学课程的主导地位。坦纳在《学校课程史》中指出:"在公立中学出现后的几十年,中学一直都有设置新课程的自由,但受1893年《中等学校课程十人委员会报告》的影响,这种

---

[1] Thomas H. Briggs, "The Committee of Ten", *Junior-Senior High School Clearing House*, 1931, 6(3), p.135.

[2] Jurgen Herhst, "The American People's College: The Lost Promise of Democracy in Education", *American Journal of Education*, 1992, 100(3), pp.275–297.

自由骤然缩减,从那时起,中学就一直受制于大学的入学要求。"①

与此相反,一些学者则对《十人委员会报告》给予了高度评价。早在1896年,在水牛城举行的全国教育协会会议上,芝加哥督学南丁格尔(A. F. Nightingale)向大会做报告时指出:"《十人委员会报告》像一个酵母,将中等教育和高等教育的衔接问题摆在了所有人面前,大家相信,这个问题需要进一步地研究,之前开展的调查应该继续,并且扩大范围。"②梅尔(Bernard Mehl)在《世纪之交的中学》中详细考察了1890—1900年美国公立中等教育目标和计划的改变。通过对大量数据和事实的分析,梅尔呈现了19世纪最后20年美国中学在规模、课程上的变化,以及围绕中学性质与功能的争论。梅尔将《十人委员会报告》的发表视为19世纪末20世纪初美国中学变革中的重大事件,详细叙述了从十人委员会组成到报告出台后引起的反响,分析了报告所产生的影响。梅尔认为,十人委员会组建的功能主要在于"改善中学课程计划"以及"厘清中学与学院的关系",但后来它所做的工作和解决的问题大大超出了这两个方面。而正是那些涉及当时中等教育本质的问题使得这份报告如此重要,虽然报告并未根本解决这些问题,但它奠定了以后几十年间中等教育改革探索的基础。③

拉维奇(Diane Ravitch)在《向左转向:学校改革失败的百年》中考察了十人委员会的历史遗产。她认为,《十人委员会报告》在其发表后的最初十年是有影响力的,这主要表现在大学开始接受现代学术科目作为入学要求,一些州、城市和学校尝试将报告的建议与课程改革联系起来,尽管公立学校并未消除在升学与不升学的学生之间所做的区别对待。她指出,十人委员会最大的遗产之一是1900年大学入学考试委员会(the College Entrance Examination Board)的成立,它为不同的大学提供共同的入学考试。同时,十人委员会也引发了众多专业教育组织的相关活动。④

---

① [美]坦纳:《学校课程史》,崔允漷等译,教育科学出版社2006年版,第36页。

② Nightingale A. F., "The Committee on College Entrance Requirements: Report of the Chairman", *The School Review*, 1897, 5 (6), p. 321.

③ Bernard Mehl, *The High School at the Turn of the Century: A Study of the Changes in the Aims and Programs of Puhlic Secondary Education in the United States 1890—1900*, Urhana: University of Illinois 1954, p. 272.

④ Diane Ravitch, *Left Back: A Century of Failed School Reforms*, New York: Simon & Schusterm 2000, pp. 47 – 48.

安格斯（David L. Angus）和米雷尔（Jeffrey E. Mirel）在《美国中学失落的承诺》中认为，《十人委员会报告》是迈向课程计划专业化的第一步，是对外行董事会们控制中学课程的直接冲击。① 克鲁格在《美国中学的形成（1880—1920年）》中，将《十人委员会报告》置于中学作为大众机构与民主社会结构的关系中进行考察。他认为，埃利奥特与十人委员会面临的基本问题在于"中学应该成为一个现代工业社会的分层机器，还是维持一种灵活性，以保证其不会迫使个人进入一种特定的社会轨道"。克鲁格指出，《十人委员会报告》不应再被贬低为保守性的，而应视其为"在我们的社会中维护中学作为社会流动机制而非社会分层机器的最后努力之一"，只不过十人委员会的平均主义观念以后让位给了社会效率的观念。②

克鲁格对于《十人委员会报告》的重新评价得到了斯普林（Joel Spring）的支持。斯普林指出，十人委员会面临的一个主要问题是：是否要为高中毕业后直接就业的学生和希望升入大学继续深造的学生提供不同的课程？这个问题暗示了民主社会中教育的重要性，因为基于学生是否上大学而提供不同的课程，可能造成教育内的阶层分化。十人委员会的决定是尽力避免这种阶层分化的教育，不因学生上大学与否而区别对待。斯普林认为，十人委员会提议的四种课程计划"标志着大学开始降低了传统经典学术的要求"，然而，具有讽刺意义的是，批评报告的意见也正是针对其学术性要求，认为报告是一份精英主义的设计方案。对于这种反差，作者指出，"这场讨论凸显了教育与民主社会之间的复杂关系"，即人们可以认为提供满足个人需求和兴趣的教育是民主的，但也可以反过来论证这种教育是反民主的，因为它将人们束缚在自己的社会阶层中。③

克利巴德在《变化中的课程》一书中，以"十人委员会是否加强了大学对中学的支配"（Did the Committee of Ten Impose College Domination on High Schools）为标题，详细讨论了这一问题。他指出，因为十人委员

---

① David L. Angus, Jeffrey E. Mirel, *The Failed Promise of the American High School New York and London*: Teachers College Press 1890—1995, 1999, pp. 8 – 10.

② Edward A. Krug, *The Shaping of the American High School 1880—1920*, Madison: The University of Wisconsin Press, 1964, pp. 87 – 88.

③ Joel Spring, *The American School 1642 – 1993*, McGraw-Hill Inc., 1990, p. 216.

会主要由大学人士组成，因此许多人认为这导致了大学对中学的主导，这种阐释并不符合事实情况。一方面，报告所提出的课程计划与当时中学所教十分相似，它对于放宽学院入学标准的努力才更是当务之急。另一方面，在《十人委员会报告》产生的时代，中学与学院之间的观念与利益差异并不像后来那么大，许多大学人士关心的是整个教育阶段的改善，而不仅仅将目光放在高等教育阶段。因此，在众多对《十人委员会报告》的评价中，通过成员的身份来发掘委员会的精英属性当然很容易，但是对于这些成员坚持这种看法的原因则少有分析。[1] 也就是说，在克利巴德看来，委员会成员来自学院还是中学这一身份无法最终决定报告本身倾向于哪一方，必须细致考察成员们对于具体问题的看法，分析其对特定问题所抱有的观念背后的真实原因，而非简单地因为学院人士所占比例大就判定报告的精英属性。

范欧弗贝克（Marc A. Van Overbeke）在《攀梯而上：中等教育和高等教育之间不断变化的关系及其美国学校的标准化（1870—1910年）》中指出，从1870年密歇根大学校长安吉尔（十人委员会成员之一）关注中等教育与高等教育的衔接问题开始，先后出现了一些地方性的探索，随着十人委员会的成立和《十人委员会报告》的发表，这种探索变成了全国性的努力。《十人委员会报告》为二者的衔接提出了建议，试图构造一种全国性的、逐级而上的教育系统。尽管报告事实上并未用一种强有力的、统一的全国性体系取代美国高等教育和中等教育的割据状态，但"它的理念照亮了美国其他委员会和组织对于寻求中等教育和高等教育进一步衔接的努力"。[2]

纳尔逊（Murry Nelson）探讨了1890—1900年的美国历史教育的演变和《十人委员会报告》对于创设一门全国性的"历史、公民政府和政治经济学"课程的努力。在对世纪之交的这20年历史教育发展的追溯中，通过对十人委员会及其下设的"历史、公民政府和政治经济学"分委员

---

[1] Herbert M. Kliehard, *Changing Course: American Curriculum Reform in the 20th Century*, New York: Teachers College Press, 2002, p. 53.

[2] Marc A. Van Overheke, *Climbing the Ladder: The Evolving Relationship between Secondary and Higher Education and the Standardization of American Schooling 1870—1910*, Madison: University of Wisconsin-Madison, 2005, Chapter 1.

会成员的个案研究，纳尔逊深入探讨了十人委员会在创设全国性历史课程方面所做的具体工作，考察了在报告影响下的美国历史和社会科课程发展状况。[1] 他的结论是，《十人委员会报告》标志着现代意义的历史和社会科教育的发轫。[2] 博安（Chara Haeussler Bohan）则通过分析十人委员会和美国历史学会成立的中学历史教育七人委员会对美国学校社会科课程发展所发挥的影响，认为十人委员会和七人委员会是美国进步主义教育运动的先驱。[3]

此外，还有一些学者从《十人委员会报告》与中学物理课程、[4] 英语课程、[5] 课程专业化的关系等方面进行探讨，具体分析《十人委员会报告》的实际影响。例如，安格斯和米雷尔在《美国中学失落的承诺》中提出，《十人委员会报告》不仅塑造了一代人以上时间的中学课程，而且是迈向课程计划专业化的第一步，是对教育的外行董事会们控制中学课程的直接冲击。[6]

四

综合不同时期美国学者的研究成果，可以清晰地看到，尽管由于不同时期的不同学者对《十人委员会报告》的认识存在分歧，但他们的共同之处在于，更为注重从较为微观的层面和相对专门的角度考察委员会及其

---

[1] Murry Nelson, "What Goes around Comes Around: History Education in the 1890s and the 1990s", *The History Teacher*, 1992, 25 (4), pp. 463–469.

[2] Murry Nelson, "First Efforts toward a National Curriculum: The Committee of Ten's Report on Histort', Civil Government and Political Economy", *Theory and Research in Social Education*, 1992, 20 (3), pp. 242–262.

[3] Chara Haeussler Bohan, "Early Vanguards of Progressive Education: The Committee of Ten, the Committee of Seven and Social Education", *Journal of Curriculum and Supervision*, 2003, 19 (1), pp. 73–94.

[4] Keith Sheppard, "Dennis M. Rohhins. Lessons from the Committee of Ten", *The Physics Teacher*, 2002, 40 (10), pp. 426–431.

[5] Evelyn Cullander Wright, *School English and Social Order: Nineteenth-Century Background to the Work of the Committee of Ten and Its Conference on English*, Evanston: Northwestern University Press, 1977.

[6] David L. Angus, Jeffrey E. Mirel, *The Failed Promise of the American High School New York and London*: Teachers College Press 1890—1995, 1999, pp. 8–10.

报告对 19 世纪 90 年代美国中等教育变迁所产生的实际影响和作用，而忽视从更为长远的历史过程和更为广阔的社会背景考察十人委员会及其工作的社会一历史意义。具体言之，就是应把十人委员会置于 19 世纪 70—90 年代美国各界人士改革中等教育的持续努力过程中进行考察，去发现它做了什么、以何种方式做以及怎么做的，并分析它对 1893 年后美国中等教育改革走向的实际影响。只有这样，才有可能真正对《十人委员会报告》进行历史的评价和判断。

1821 年，美国第一所免费的公立中学英语古典学校（English Classical School）在波士顿建立，三年后即 1824 年更名为英语中学（English High School）。开办这所学校的目的是为那些不打算继续学习大学课程的年轻人提供良好的英语教育，使他们能积极地生活，具备在公共和个人生活中所需的素质。[①] 但此后的半个多世纪中，公立中学并没有取得真正的发展。1874 年，密歇根州高等法院关于卡拉玛祖案（the Kalama-zoo case）的判决直接推动了公立中学的发展。从 19 世纪 80 年代开始，公立中学进入了一个高速增长的时期。据统计，1880—1890 年，美国共有公立中学 2526 所，学生 202963 人（另有私立中学 1632 所，学生 94391 人）。到 1900 年，公立中学达到 6005 所，学生 519251 人，[②] 分别是十年前的 2.38 倍和 2.56 倍。

在中等教育规模迅速扩大的同时，也面临着种种矛盾和困难，甚至处于混沌和混乱之中。主要表现在：第一，居高不下的辍学率。1884 年，威斯康星州 7531 名公立中学的学生中，仅有 475 人毕业，占 6%。1890 年，俄亥俄州 13995 名中学生中，毕业人数为 1089 人，占 8%。1889—1890 年全国 202963 名公立中学学生中，只有 21882 人毕业，仅占 10.7%。[③] 第二，质量低下。1890 年，埃利奥特在全国教育协会会议上发表题为《小学与大学之间的裂口》的讲演，对公立中学的教学质量进行

[①] David B. Tyack, *Turning Points in American Educational History*, Lexington：Xerox College Puhlishing, 1967, p. 363.

[②] ［美］乔尔·斯普林：《美国学校教育传统与变革》，史静寰等译，人民教育出版社 2010 年版，第 325 页。

[③] Edward A. Krug, *The Shaping of the American High School 1880—1920*, Madison：The University of Wisconsin Press, 1964, pp. 13 – 14.

了严厉的批评。他认为，美国没有一个州已经具有可以称之为中等教育的体制。即使是中学教育发展走在全国前列的马萨诸塞州也是如此。在任何方面，马萨诸塞州 230 所公立中学中的大部分都称不上是"中等的"学校，只有不到十分之一的中学能够开设一门能让学生升入大学的课程。马萨诸塞州只有 9 所中学每年能向哈佛大学输送学生。1889 年，哈佛大学招收的 352 名本科生中，只有 97 人（占 27.5%）来自全国 30 所公立中学，其中 23 所在新英格兰地区。① 第三，体制混乱。19 世纪八九十年代，美国中等学校体制呈现出一片乱象。一方面，公立中学和私立中学之间的界限模糊不清，甚至根本就不存在。② 在一些地区，州政府向私立中学颁发许可证；在纽约州等地区，市政当局在资助公立中学的同时，也资助私立中学。在新英格兰地区，一些地方政府在接管私立学校之后，仍保留学校的原名。中等学校的名称更是五花八门。另一方面，在全国各地广泛存在着中等学校名不符实的现象。文实学校（academy）是私立学校的主要类型，但它既包括那些名为"文实学校"的机构，也包括自称高级中学（seminary），"学院"（institute），"大学学院"（collegiate institute）和"大学"（college）的机构。③ 与私立学校相比，公立中学更有过之而无不及。在一些地区，所谓的中学（high school）不过是有一两间校舍、招收年龄较大孩子的普通学校（common school）。1896 年，伊利诺伊州 258 所中学中有 220 所设在小学部。在一些农村地区，"中学"实际上就是贴在小学高年级上的标签。不仅如此，在不同地区，中学的学习年限也存在很大不同。1891 年，田纳西州通过立法，将中等教育确定为 6、7、8 年级。而很多地区中学的学制则为四年。更为严重的是，在 19 世纪 80—90 年代，对于公立中学定位、目标和功能的认识仍处于混沌之中。1892 年，曾有一位教师指出："在学校术语中，'中学'（high school）一词是最为模糊不清的。它包含了在教学科目、目标、理想和方法完全不同的学校之

---

① Charles W. Eliot, "The Gap between the Elementary Schools and the Colleges", David B. Tyack, *Turning Points in American Educational History*, Lexington: Xerox College Publishing, 1967, pp. 373 – 374.

② Edward A. Krug, *The Shaping of the American High School 1880—1920*, Madison: The University of Wisconsin Press, 1964, p. 3.

③ Ibid., p. 5.

间的巨大差异。"① 这种情况恰恰是由中学的巨大发展所造成的。在殖民地时期建立的中等学校（例如，1635年建立的波士顿拉丁学校）的定位非常明确，就是为哈佛学院输送人才。中学建立之初，其定位和目标也很明确，就是为生活做准备。在很长时间里，大学主要从文实学校等各种具有大学预备学校性质的私立中学招收新生。但是，随着公立中学的迅速扩张，学生和家长的需求变得日益多样，单一地为生活做准备的教育目标和功能已经很难满足学生的要求。这就引发了公立中学功能定位的冲突。第四，课程设置无章可循。由于公立中学通常都是由市政当局或社区资助建立的，地域的差异性直接造成了中学在课程和教学上的混乱和无序。一些中学开设两种类型的课程：古典课程和英语课程。古典课程主要包括拉丁语、希腊语和数学，英语课程则包括英语、美国历史等。另一些中学则开设普通课程、拉丁语课程和科学课程，每类课程所包含的科目因地而异、因校而异。还有的中学则开设了会计、商业课程。如此种种，不一而足。不仅课程设置五花八门，课程的教学顺序也大相径庭。根据考伊在1889年进行的调查，包括科学、代数、地理和修辞在内的教学科目，在不同地区的不同中学，教学开始的时间是完全不同的，有些中学从一年级开始，有的甚至从四年级才开始。② 第五，中学与大学脱节。由于公立中学一直强调为生活做准备，因此，在很长时间内，公立中学与大学是相互脱节的，正如埃利奥特所说，中学是小学和大学之间的巨大裂口（gap）。大学一直指责公立中学质量低下，而中学则抱怨大学的入学要求烦琐、五花八门。1891年，一位中学校长不无调侃地说，大学的入学要求从算术的初级法则、阅读、写作一直到高深的数学、希腊语、道德哲学和艺术史。他指出，毫不夸张地说，大学的入学要求包括了所有国家和所有时代的历史，一所大学特别选定从巴比伦到亚述的历史，另一所大学选定波斯历史，还有的大学则选定得克萨斯和北加利福尼亚的历史。③

---

① David B. Tyack, *Turning Points in American Educational History*, Lexington: Xerox College Puhlishing, 1967, p.352.

② E. W. Coy, Uniform Course of Study for High Schools—A Report, National Educational Association, *Journal of Proceedings and Addresses*, New York: National Education Association, 1889, p.525.

③ David B. Tyack, *Turning Points in American Educational History*, Lexington: Xerox College Puhlishing, 1967, p.355.

解决上述问题的努力并非开始于十人委员会。早在19世纪70—80年代，一系列的工作就相继出现。兴盛于19世纪七八十年代的手工训练运动，[①] 在某种程度上就与公立中学的教育改革相关。但实践证明，为某个特殊的行业进行职业训练与公众对公立中学的期待存在着较大的差距。1885年，马萨诸塞的斯普林菲尔德中学曾经开设两年的商业课程。该校367名学生中的40人选择学习商业课程，但在两年后仅有15人毕业。1888—1890年，选学商业课程的学生毕业人数从11人降至5人。1893年，该校的商业课程计划被迫终止。[②] 这从一个角度也反映了手工训练运动的命运。

1875—1880年，帕克（Francis W. Parker）在马萨诸塞州昆西市开展了日后被称为"昆西制度"（Quincy System）或"昆西方法"（Quincy Method）的公立学校课程与教学改革，并产生了广泛的影响。1884年4月12日，马萨诸塞古典中学和中学教师协会（the Massachusetts Classical and High School Teachers Association）在波士顿召开会议，会议通过了两项动议，要求加强大学与中学教师之间的相互理解与合作，并建议该协会的代表团与新英格兰地区19所大学和学院的代表举行一次会议。但一年后，协会秘书仅收到三所大学校长的认可，其中包括埃利奥特。在埃利奥特的建议下，1885年10月间，该协会代表约翰·泰特洛（以后的十人委员会成员之一）和两名助手与大学的官员举行了一次会议。尽管会议并没有取得实际结果，但毕竟迈出了重要的一步。

简言之，从19世纪70年代开始，美国教育界以及关心教育问题的社会人士对美国中等教育存在的诸多问题并非毫无察觉，也不是无所作为。但所有这些努力或者是没有产生实效，或者是因为"生不逢时"而未能发挥本应发挥的作用，总之，都没能触及美国中等教育问题的本质。在这方面，埃利奥特确实高人一筹。在1890年全国教育协会的讲演中，他明确指出，要改善美国的中等教育，必须做两件事情，第一是建立更多的中

[①] 张斌贤、兰玉、殷振群：《迎接工业化的挑战：1870—1910年的美国手工训练运动田》，《清华大学教育研究》2013年第5期，第5—15页。

[②] Edward A. Krug, *The Shaping of the American High School 1880—1920*, Madison: The University of Wisconsin Press, 1964, p. 15.

学，第二是使现有的中学形成共同的和更高的标准。① 从后来的发展进程看，这两个问题都是美国中等教育所面临的关键问题。建立更多的中学是为了满足人口增长和移民浪潮所造成的巨大升学需求。《十人委员会报告》发表后，美国中学入学人数继续呈高速增长的趋势。1900年中学生人数为519251人，1912年突破一百万人，到1920年增至220万人，14—17岁适龄青年入学率达到28%。1930年达到430多万人，入学率为47%，1940年为650多万人。② 埃利奥特自然无法准确预见这种结果，但他确实清晰地察觉到了这种不可逆转的趋势，因而把建立更多的中学作为改进美国中等教育的首要任务。

为中学建立共同的和更高的标准，是埃利奥特以及《十人委员会报告》一直遭到批评的重要方面，即指责埃利奥特的精英意识以及主要从大学的利益出发并企图继续维持大学对中学的控制，但从当时美国中等教育的现状看，能够在较短时间使公立中学摆脱乱局的关键（虽然不是唯一的）途径只能是课程的统一。这不仅是因为课程是当时公立中学普遍存在的重要问题，而且也是中学改革中牵一发而动全身的关键环节。其实，主张中学课程统一和大学入学标准统一，并不是十人委员会的创见，而是当时许多教育界人士的呼吁。十人委员会所做的无非把这些要求以一种更为合理的方式反映在一份教育文献中。即使是为统一标准而进行的四种课程的分类，也不是十人委员会的发明，而是对当时各地一些中学教学实践的梳理、总结和提炼。

如此看来，《十人委员会报告》似乎不应享有它所获得的各种赞誉，甚至都不值得引起长达百年的关注和争论。问题的关键就在这里。在19世纪70—90年代，众多美国人都亲身感受到了美国中等教育的急剧扩张，许多美国人也都察觉美国中等教育百病缠身，一些美国人也在努力探索治病的良方，但却很少有人像埃利奥特和他的委员会那样深入和准确地把握问题的关键，并以一种稳健的方式提出解决关键问题的方案。在19世纪

---

① Charles W. Eliot, "The Gap between the Elementary Schools and the Colleges", David B. Tyack, *Turning Points in American Educational History*, Lexington: Xerox College Publishing, 1967, p. 374.

② ［美］乔尔·斯普林：《美国学校教育传统与变革》，史静寰等译，人民教育出版社2010年版，第325页。

70—90年代的美国，关于公立中学的目标和功能问题有人注意到了，中学课程问题也有人觉察到了，中学与大学的衔接问题也常有人触及，但只有十人委员会将这些问题整合成一个整体，从课程分类这个更易把握，且可能引起较小震动的环节入手，并由此出发触及中学功能和目标以及中学与大学的关系这些更易产生争议的问题。易言之，这是为达到主要目标而在次要方面采取妥协的策略。甚至《十人委员会报告》中那些被指责为保守的方面（保留古典课程、强调心智训练等）都应该被看作一种机智的策略。不管《十人委员会报告》是否对19世纪90年代美国公立中学课程改革产生了实际的影响、产生了多大的影响，但是，通过引起全国范围内对公立中学改革的关注、讨论和探索，十人委员会揭开了美国中等教育全面改革的序幕。从《十人委员会报告》发表后美国中等教育变迁的过程可以清楚地看到，正是从1893年开始，美国中等教育进入了一个全新的发展阶段。克鲁格认为，1880—1920年是美国中学形成相似形状和特征的时期。[1] 如果真是这样，那么，1893年无疑是这个过程的转折点。从这个意义上讲，十人委员会所完成的工作实际上远远超出了全国教育协会的托付和预期。全国教育协会2500美元的投入确实"物有所值"。

《十人委员会报告》不仅开启了美国中等教育的改革进程，而且直接影响了此后若干年间美国中等教育变革的走向。1893年十人委员会解散后，全国教育协会相继成立了大学入学要求委员会（Committee on College-Entrance Requirements）、中等教育改组委员会（Commission on the Reorganization of Secondary Education）、节约教育时间委员会（Committee on Economy of Time in Education）和中学与大学衔接委员会（Committee on the Articulation of High School and College）等一系列委员会，专题研究大学入学标准、中学与大学的关系、中等教育的基本目标、中等学校的学制、中等学校的组织等问题。在很大程度上，这些问题都是《十人委员会报告》中提出或涉及的，这些委员会实际上延续了十人委员会的工作。拉维奇认为，《十人委员会报告》中提出的很多问题在实施过程中被弱化了，甚至完全违背了委员会的初衷。报告中对大学入学标准和高中与大学的衔接问

---

[1] Edward A. Krug, *The Shaping of the American High School 1880—1920*, Madison: The University of Wisconsin Press, 1964, p. XI.

题的讨论，在报告出台后的很多年中仍然发挥着作用。①

十人委员会及其报告的历史贡献不仅在于它做了什么和做出了什么，还在于它是以何种方式做这些事情的。从一定意义上可以说，十人委员会的工作开创了一个全新的局面，即由全国性的专业组织推动教育改革的特殊动力机制的形成。众所周知，根据美国宪法第十条修正案，美国形成了"主权在州"、高度分权的教育管理体制。在这种体制下，不可能存在一个具有权威的全国性的政府机构负责处理全国性的教育问题。政府权力的缺位实际上为民间团体和专业组织发挥作用提供了巨大的空间。但在十人委员会之前，美国事实上并不存在能对全国性教育问题发挥广泛作用的团体和组织。全国教育协会虽然成立于1857年，但在早期，它不过是无数美国社团中的一个，既无专职秘书，也无专门的办公场所，会员不过几千人（1907年，全国教育协会会员首次突破五千人，达到5044人），充其量只是教育界人士交流信息的一个场所，发挥了一个论坛的作用，难以对教育问题产生全国性的实际影响。

由于十人委员会和九个分委员会吸引了包括埃利奥特、安吉尔、威尔逊、惠勒、亚当斯等著名大学的校长，鲁宾逊、戴维斯、基特里奇和著名地质学家张伯伦等大批在美国教育界、学术界具有重要影响的人士，由于《十人委员会报告》涉及全国中学（特别是公立中学）发展所面临的重大问题，也由于报告提出的建议所引发的普遍关注和争论，不仅使十人委员会及其报告家喻户晓，也使组建十人委员会并资助委员会开展工作的全国教育协会开始成为具有真正全国性影响的专业组织。《十人委员会报告》完成后，美国教育局（the Bureau of Education）负责印刷发行。短短几个月内，第一次印刷的3万本报告就很快被免费发送到教育界人士手中。为满足更多读者的需要，全国教育协会委托美国图书公司印刷发行第二版（先后卖出了10538本②），并将报告刊登在协会的会议记录上。正因为报告的广泛影响，"1894年至1905年，几乎每一个教育问题的解决都与

---

① D. Ravitch, *National Standards in American Education*, Brookings Institution Press, 1995, p. 38.

② Edward A. Krug, *The Shaping of the American High School 1880—1920*, Madison: The University of Wisconsin Press, 1964, p. 67.

《十人委员会报告》相连、相反或相异"。①

不仅如此,尽管很难得到完整的数据表明在19世纪90年代究竟有多少美国中学按照《十人委员会报告》的建议对已有课程计划进行了修改,或者采纳报告的建议重新设置课程,但是,报告所造成的全国性影响,进而引发全国范围内关于中学教育目标和课程的广泛讨论,使全国教育协会事实上发挥了启动全美中等教育改革的发动机的重要作用,扮演了全国中等教育政策制定者的角色。全国教育协会作为一个教师论坛和教育界同人俱乐部已成为历史,它开始逐渐成为教育界利益的重要代言人,成为影响全国性教育政策的有着巨大权势的"院外集团"。

20世纪美国教育演变的历史清晰地表明,与世界上其他国家不同,由于高度分权的教育管理体制,美国形成了一个特殊的教育改革动力机制,即代表某种特殊利益和需要的专业组织或社会团体在推动教育改革的进程中发挥了在许多国家通常只能由政府或议会发挥的作用。在通常情况下,这些组织或团体会依托各种途径阐明自己的利益诉求,以争取更大范围的支持,并逐渐对立法机构施加影响或压力,最终达到通过立法实现自身利益的目的。在这个过程中,那些认为自身利益将会因此受到侵害的组织或团体同样会采取相应的措施,以阻碍或干扰对方意图的实现,或者尽力争取在博弈的过程中赢得自己利益的最大化。由此,教育改革酝酿、决策的过程就成为各种利益集团相互博弈的过程。尽管通常总是由那些更具影响力的组织赢得最终的胜利,但处于劣势的组织的利益在这个博弈过程中或者得到了阐述,或者得到部分的满足。

1894年10月,埃利奥特在《教育评论》上发表了一篇题为"教育改革的统一"的论文。他指出,如果我被问到十人委员会最为重要的贡献是什么,我会说是委员会工作的一般方法(general method),这是一种调查的方法和分学科进行讨论的方法,来自各种大学和各种中学(公立的、私立的和捐赠的)的教师和专家参与到调查和讨论中。② 在这里,埃利奥

---

① Edward A. Krug, *The Shaping of the American High School 1880—1920*, Madison: The University of Wisconsin Press, 1964, p. 66.

② Charles Eliot, "The Unity of Educational Reform", *Educational Review*, 1894 (10), pp. 224-225.

特揭示了一个深刻的道理。十人委员会或全国教育协会这样的专业组织要能对全国的教育改革发挥实际的影响力，所能依靠的绝不是斗争、抗争、示威，而只能是科学、理性和民主的方法与态度，只能是通过相互协商和妥协所达成的一致。之所以说《十人委员会报告》开创了一个全新的局面，就是因为它是全国教育协会开展的第一项全国教育问题的调查和研究。埃利奥特曾说，类似这样的研究之前在新英格兰地区也曾开展过，但从没有在全国范围内进行。[1] 从《十人委员会报告》到中等教育改组委员会的《中等教育的基本原则》，从康南特的《今日美国中学》到《科尔曼报告》，直到《国家处在危机之中》，无不如此。就此而言，20世纪美国教育的历史就是一部教育改革的历史，而教育改革的历史就是一部不同利益集团（包括专业组织）不断博弈的历史。这个博弈过程尽管错综复杂、充满权谋，但却是和平与理性的。

[作者简介] 张斌贤（1961— ），男，浙江杭州人，北京师范大学教育历史与文化研究院教授；李曙光（1983— ），女，山西大同人，北京师范大学教育历史与文化研究院博士生；王慧敏（1989— ），女，福建建瓯人，美国威斯康星大学麦迪逊分校教育政策研究系博士生。

---

[1] Charles Eliot, "The Report of the Committee of Ten", *Educational Review*, 1894 (2), p.105.

论美国新中产阶级的教育议程

陈露茜

20世纪是美国新中产阶级（New Middle Class）崛起和飞速发展的时代。有学者将其称为"白领薪给集团"，也有学者将其称为"白领雇员集团"，他们作为社会存在，极大地改变了美国的社会结构、价值观念和社会心理，并影响了社会的文化。关于新中产阶级与教育的关系问题，无论是社会学、政治学，还是教育学、管理学都已有诸多论述，此处便不一一赘述。已有的研究大多从教育与社会分层、教育与社会流动、中产阶级与教育消费等维度来讨论美国的新中产阶级与教育的关系问题，进而形成了许多我们现在耳熟能详的关键词，比如"文凭社会""趣味区隔""文化资本"等。而本文将从梳理美国新中产阶级的阶级特征出发，来论述在其影响下美国新中产阶级的教育诉求，以及在实践教育政策文本中的体现。

一 新中产阶级

"中产阶级"（或称为"中等阶级""中间阶层"[①]）是一个比较流行

[①] "中产阶级"与"中等阶级""中间阶层"基本上是同一个概念。最早创设并使用这个概念的是马克思。马克思在《共产党宣言》中首次使用了这个概念，当时德文版的表述是"Mittel Klasse"，在其英文版中的表述是"Middle Class"，在中文版中的表述则有"中等阶级""中间阶级"等。因此，基本上可以认为，这三个概念的内涵是一致的。参见周晓虹《再论中产阶级：理论、历史与类型学：兼及一种全球化的视野》，《社会》2005年第4期，第3页。

的概念，但究竟什么是"中产阶级"在学界是存在争论的。最早提出"中产阶级"这个概念的是马克思，马克思从社会群体与生产资料的占有关系出发，指出"中产阶级"包括小工业家、小商人、富农、律师、医生、牧师、学者等，中产阶级的主要社会职能是维护社会稳定，而一旦失去中产阶级，或者说大批中产阶级落入社会下层就会激化社会矛盾，进而引发社会革命。因此，马克思认为，资本主义社会发展必然趋势之一就是中产阶级的贫困化和中产阶级群体的缩小，社会矛盾的尖锐化是不可避免的。①

在马克思之后，又有许多学者围绕着"中产阶级"的概念进行研究，其中最为重要的有两派学者的观点：一派是以考茨基（Karl Kautsky）为代表的机会主义者，他们坚持了马克思主义观点，将所有不占有生产资料的人群或者所有通过工作获取工资和薪水的人群都归结为无产阶级，即他们认为"中产阶级"是在不断消亡的一个社会阶层，由于他们不占有生产资料，因此他们在本质上是等同于"无产阶级"的，他们将会成为社会的主体，也就是整体社会的"无产阶级化"。② 另一派被称为"修正派"，是以伯恩斯坦（Eduard Bernstein）为代表的，他们赞同的德国经济学家、德国空想社会主义者古斯达夫·施穆勒（Gustav Schmoller）的观点，首次将包括公务员、技术雇员、管理者、办公室人员和销售人员在内的整个"薪金雇员"（salaried employees）阶层称为"新中产阶级"（New Middle Class），并认为新中产阶级的兴起弥补了马克思所说的"老中产阶级"衰落而带来的问题，"新中产阶级"的非无产阶级化和"新中产阶级"的日益扩大化，实际上代表了工人阶级内在的分化与经济条件的改善，因而资本主义并不会出现两极分化的剧烈对抗，相反"新中产阶级"成了社会对抗缓冲带，并随着这一群体的不断扩大，整个资本主义社会也日益稳定。③ 由此可见，机会主义与修正派争论的焦点问题是不占有任何生产资料的"薪金雇员"阶层的归属问题，即他们是否是无产阶级的一员。

---

① 参见马克思、恩格斯《共产党宣言》，《马克思恩格斯选集》（第1卷），人民出版社1972年版；马克思、恩格斯《剩余价值理论》，《马克思恩格斯全集》（第26卷，第2册），人民出版社1973年版。
② 参见 Karl Kautsky, *The Class Struggle*, New York: W. W. Norton, 1971。
③ 参见 Eduard Bernstein, *Evolutionary Socialism*, New York: Schocken Books, 1961。

而首次全面研究中产阶级问题的是德国的社会学家埃米尔·莱德勒（Emil Lederer），他在《现代薪金雇员问题》（1912）与《新中产阶级》（1926）接受了施穆勒的"新中产阶级"观，将"薪金雇员"阶层排除出无产阶级，认为"薪金雇员"是占有生产资料的资产阶级与不占有生产资料的无产阶级之间的"中间阶层"，并且这一阶层随着工业革命和技术革命的不断推进而不断扩大。在莱德勒之后，"中产阶级"的话题就成了社会学研究的一个热门话题，诸如此类的著作包括《中产阶级的神话》（1972）、《发达社会的阶级结构》（1975）、《知识分子的未来和新阶级的兴起》（1979）、《新中产阶级：生活方式、地位诉求和政治取向》（1995），其中米尔斯的《白领：美国的中产阶级》（1951）成了研究"新中产阶级"最为重要的一部著作。而米尔斯所定义的"新中产阶级"的概念——新中产阶级即以领薪水为生的白领——也是本文所使用的概念。

在米尔斯的研究中，他区分了美国的"老中产阶级"与"新中产阶级"，认为在美国并不存在着与欧洲式的、严格的、以"血缘"为根本的"秩序"（order）、"身份"（status）与"权力"（power）的区隔，并不存在着真正意义上的"贵族"与"农民"。美国富饶的耕地以及充分的耕耘机会，孕育了美国式的"中产阶级"，也就是私人小企业主。他们占有小土地，信奉个人主义，强调经济自由，是亚当·斯密的政治经济学与杰斐逊政治理想的最佳结合[1]。19世纪中后期，随着工业革命与技术革命的推进，资本的大量集中与垄断的出现，大公司制的盛行，洛威尔制[2]的推广；标准化、专门化的生产线模式，所有权和经营权的分离，一方面降低了对工人多样化的技能的要求，另一方面却对强化了对标准化管理的要求，私人农庄逐渐整合成了一个个商务管理的实体，"管理社会"[3]开始出现，这预示着一个新的时代的到来。由工业化催生的城市化浪潮，小土地不断被兼并，这把原有的私人小企业主推入了劳动力市场，他们不再以

---

[1] 朱世达：《关于美国中产阶级的演变与思考》，《美国研究》1994年第4期，第41页。

[2] 洛威尔制：麻省梅里曼克河沿岸洛威尔的工厂体制，其主要特点是大量投资，在统一的管理模式下，将素有的工序集中到一个工厂内完成，工序专门化，以减少对工人技能的要求。参见朱世达《关于美国中产阶级的演变与思考》，《美国研究》1994年第4期，第42页。

[3] 参见 James Burnham, *The Managerial Revolution*, Bloomington: Indiana University Press, 1941.

其所占有的生产资料为生,而以靠出卖知识、技术、服务来谋生活;或者说"操'家伙'的人越来越少,而与人和符号打交道的人越来越多",也就是说,"他们所不沾手的一件事就是制造东西来谋生;他们依赖那架对制造东西的人进行组织和协调的社会机器谋生……协助某些人制造出来的东西转化为另一部分人的利润……监督着实际的制造工作并记录完成了的事情……他们提供技术和个人服务,同时教授其他人他们自己已经掌握的技能,以及其他所有通过教学传授的技能"。[1] 米尔斯将这一群体称之为美国的"新中产阶级",即以领薪水为生的白领。因此,与其说美国新旧中产阶级的转变是从有产到无产的转变,不如说新中产阶级区别与旧中产阶级最大的特点在于"职业"的转变——从靠操"家伙"到操纵"符号""人";从靠"资本"和"土地"到靠"智力";靠"组织"、"协调"社会机器的职业来获得直接的收入。并且,这一群体在整个 20 世纪的美国得到了飞速的发展:1870—1940 年,美国的中产阶级的雇员从 75 万人上升到 1250 万人;也正是在这一个时期,老中产阶级增长了 135%,雇用劳动者增长了 255%,而新中产阶级增长了 1600%。[2] 到了 20 世纪 80 年代,全美的最富有阶层约占社会总人口的 6.7%,社会下层约占 6.2%,其余的 87.1% 都处于一种"中产阶级"的地位。[3] 而从表 1 中,我们也可以看出新中产阶级在 20 世纪后半期的发展:

表 1   1960 年和 1975 年专业与技术职业构成

	1960 年	1975 年
劳动力总数	66680	88660
专业与技术人员总数	7475	12925
科学与工程技术人员	1092	1994
工程师	810	1450
自然科学家	236	465

---

[1] [美]莱特·米尔斯:《白领:美国的中产阶级》,周晓虹译,南京大学出版社 2006 年版,第 51 页。
[2] 同上书,第 49 页。
[3] 李强:《关于中产阶级和中间阶层》,《中国人民大学学报》2001 年第 2 期,第 18 页。

续表

	1960 年	1975 年
社会科学家	46	79
技术人员	730	1418
医疗和保健人员	1321	2240
教师	1945	3063

资料来源：丹尼尔·贝尔：《后工业社会的来临》，商务印书馆1986年版，第24—25页。

表2　　　　1964年主要职业类别的就业人数和1975年计划数

主要职业类别	1964 年 人数（百万）	%	1975 年 人数（百万）	%	百分比变化
就业人员总数	70.4	100	88.7	100	26
白领工人	31.1	44.2	42.8	48.3	38
专业技术等级人员	8.6	12.2	13.2	14.9	54
经理、官员、企业主	7.5	10.6	9.2	10.4	23
办事员	10.7	15.2	14.6	16.5	37
销售人员	4.5	6.3	5.8	6.5	30

资料来源：丹尼尔·贝尔：《后工业社会的来临》，商务印书馆1986年版，第24—25页。

表3　　　　技术职业期望增长率

技术职业	1992年平均年收入（美元）	1992年职位数	1992—2005年职位期望增长率（%）
临床实验室技术专家	26312	268000	26
计算机程序员	35600	555000	30
急诊室技术员	27400	314000	11
工程技术员（有经验）	28800	695000	19
技术员（总管）	41400		
图书馆技术员	23900	71000	25
医学档案技术员	29599	76000	61
律师助理	28300	95000	86
放射技术员	28236	162000	63
科学技术员	25300	244000	25

资料来源：朱世达：《关于美国中产阶级的演变与思考》，《美国研究》1994年第4期，第48页。

新中产阶级的快速发展，标志着拥有"专业"和"技术"知识的各级管理人员群体占据了社会的主流，"知识""文凭""效率""标准""客观""消费"开始在社会意识形态中普及，而这些也必将成为社会改革与政策制定的源头，作为公共政策一员的教育政策也难逃其中[①]。

二 "科层机器"及其对教育的浸润

"科层制"是新中产阶级依存并信仰的组织模式，是新中产阶级最重要特征之一。这既是美国新中产阶级崛起的重要因素，也是其延续发展的典型特征。正如前文所述，美国新中产阶级崛起的标志是"管理社会"的出现，也就是随着大工业的飞速发展，资本的所有权和控制权开始分离；在这一过程中，拥有资本的资本家不再对生产有任何贡献，他们被管理人员所挣来的利润养肥，而技术管理人员虽然不占有生产资料，却在实际上控制着生产资料，形成新的社会"权威"，并由此形成了一个庞大的专业技术管理人群。

专业技术人群发号施令依赖不是基于"身份"或"财产"而形成的权威，而是依赖技术理性，即一种运作于明确的规章和程序基础之上的等级权威结构。这便是"科层制"。马克斯·韦伯所描述的理想中的"科层制"是一种完美高效的运行模式[②]：它将全体员工分成较小的单元；权威和责任的明显分离；人员聘用主要根据其技术和专业资格来确定；详细的规章制度对员工的工作方式进行了严格规定；确立科层晋级制度。建立在技术理性之上的科层制，不依赖于个人及其人格特征，而是完全依赖于常规化、非人性化的规章制度与集权化的权威等级，这在很大限度上减少了个人对工作和组织运作效率的干扰，增加了工作的专门化、专业性、连续性和中央监督机制的力度。因此可以说，所有的管理人员都致力于建构各

[①] Michael Apple, *Cultural Politics and Education*, New York: Teacher College Press, 1996, pp. 52–53.

[②] 参见 Max Web, *The Theory of Social and Economic Organization*, New York: Free Press, 1947; John E. Chubb, Terry M. Moe, *Politics, Markets, and America's Schools*, Washington, D. C.: The Brookings Institution, 1990; 戴维·波普诺《社会学》，李强等译，中国人民大学出版社1999年版，第192—202页。

种由智力技能组成的灵巧的科层制度。

但在现实中,科层制却是僵化的,它将窒息组织体制内雇员的主动性和创造性;由少数人统辖整个组织,会使经济政治和社会权力高度集中于那些位居高职的人手中;还可能会使雇员产生过分谨慎的态度,极力希望维持现状而无意革新。也就是说,科层制的本质与主旨本身,既有可能保障组织效率,但同时又将对身处其中的人们加强控制管理,从而降低组织效率。作为工薪雇员的新中产阶级,他们的"许多专业工作互不搭界,他们经过标准化并被纳入到经过培训的技能和服务的新等级组织之中;深而窄的专业化已经取代了自我培育和广博的学识;助理们和其他辅助性专业人士承担了日常琐碎的尽管也常常是错综复杂的工作,而成功的专业人士则越来越精于管理。在某些领域,这种转变如此重要,以致理性化本身都似乎被从个人手中褫夺过来,作为一种新型的脑力被植入睿智的科层制度当中"。[1]

而新中产阶级的这种对科层制的迷恋,实际上也浸润着教育实践与相关政策。

这首先体现在新中产阶级造就的教育系统中的"资格证"等级与"专业化"的禁锢。在新中产阶级的庞大群体中,学校教师作为一类学术雇员占据着极为重要的地位,据统计,在美国所有的技术管理人士中大约有31%的是某类学校的教师[2];而学校教师又通过教育系统"再生产"着符合既有新中产阶级范式的白领薪金雇员。以美国的教师职业准入制度和教师资格认证制度的形成为例,我们发现这本身就代表了一种科层制的植入。理想中的教师专业化,意味着教师的专业自主、专业自治和专业自觉。所谓专业自主,是指教师能自主决定日常教育教学行为,能在专业领域内自主制定决策,而不受学校中其他控制机制的干扰;所谓专业自治,是指教师专业团体的自我管理和自我监督,不受"外行人"的控制,主要是让教师在人事聘用、任命、资源分配、监管、纪律、奖励等方面享有自治权;所谓专业自觉,是指教师对自己所从事的教育工作的专业性有清

---

[1] [美]莱特·米尔斯:《白领:美国中产阶级》,周晓虹译,南京大学出版社2006年版,第87页。

[2] 同上书,第100页。

晰的认识，明确教师专业的特点和发展方向，形成坚定的教师专业信念和崇高的专业理想，主动维护教师专业的声誉等。而在现实中，在倡导教师资格证和职业进阶制度的表面，是代表专业控制权力的教师委员会和各级教师协会，而在背后支撑这类制度的"合法性"的却是等级森严的科层制程序。它以一种僵化的、静态的、"标准化的""专业化的"的政策文本，打断了动态的、"无法标准化"① 的个体教师自身职业的发展过程；它以一种"规章化"的形式，取代了个体教师自身能力不断充实完善的过程。"……他必须专业化，或者说他受到鼓励对此深信不疑……他是一个微不足道的科层体系的一员，这个体系几乎完全被其中产阶级的环境和知识的隔离状态封闭起来，脱离了社会生活。在这样的科层体系中，平庸制定了自己的规则，并塑造了自己的成功意象。而上升之路本身也可能会像创造性工作一样成为行政俗务。"②

其次，新中产阶级的科层制组织模式还造成了学校组织系统与知识筛选过程的"垂直分裂"。同其他所有的大大小小科层制组织一样，学校也是依靠层级化、劳动分工、专业化、正式规范等方式来协调控制其成员，以达到共同的目标，这也是其行动的必要途径。③ 从美国学校的管理、监督部门上来看，在学校一级，有校董事会和校长；在学区一级，有学区的督学与教育委员会；在州一级，有"州立学校首席官员"或者称为州督学和州教育委员会；在联邦一级，还有教育部和教育部部长。这在实际上，就已经构成了一个严密的层级化组织结构。从美国学校的知识选择上来看，我们发现同样存在着科层制的模式：以美国的"全国课程"改革为例，1991—1992 年，美国联邦教育部曾与其他联邦机构，例如全国人文基金会（National Endowment for the Humanities）、全国科学基金（National Science Foundation）合作，资助、奖励那些致力于开发七门全国课程标准的学者和教师。这七门课程包括：科学、历史、地理、美术、公民

---

① ［美］迈克尔·阿普尔:《意识形态与课程》，黄忠敬译，华东师范大学出版社 2003 年版，第 74 页。

② ［美］莱特·米尔斯:《白领：美国中产阶级》，周晓虹译，南京大学出版社 2006 年版，第 101 页。

③ John E. Chubb, Terry M. Moe, *Politics, Markets, and America's Schools*, Washington, D. C.: The Brookings Institution, 1990, p. 26.

课、外语和英语。① 其目的是，通过确立这些"主要的"学科课程的标准，来构建一个"逻辑严密的""严格的""学术要求"，并将其用于指导教师教育、教科书的制定，以及考试内容的设计，并尝试通过控制联邦政府的经费的划拨，来确保这种"学科的""事实性的"核心知识逐级往下在各个州、各个学区、各个学校推进。这实际上体现的便是知识筛选过程中科层制。它通过形成从"联邦政府—州政府—学区"以及各级学科专业委员会的权威等级秩序，通过"让全州、全国能够广泛采用的目标"的设定，通过课程评价的"标准化"与"中立化"的伪装，使得科层制介入实现"公共利益"的全过程中，并打算通过严格的层级化权威等级制度让全州、全国的个体公民都对"真正的知识"达成统一的意见与理解。这样便形成了等级化的知识和公共学校机制，形成了"领导者和追随着的概念——带领我们又回到了分等级的智力和启蒙的概念"②。

对教师的塑造、对学校组织的构建，以及对知识内容的选择仅仅是故事的一小部分，从中我们看到的是新中产阶级价值观对教育的渗透：专业化的、标准化的、批量式生产的教师、课程与教学方式，侵蚀着学校教育，学校教育与其说是一个独立自治的系统，不如说是一个适应性的机构，适应着新中产阶级的诉求，进而再造着一个更为庞大的新中产阶级人群。

三 "数字意识"与"测量""客观"

与科层制这一特征直接相关的，是新中产阶级的"数字"意识。"数字是中性的。没有哪一个数字比另一个数字'好'。"③ 在数字的世界中，没有阶级、性别、财产、血缘的偏好，每个人在这个数字的超级市场中都是孑然一身，一切都成了客观的百分比。这恰巧迎合科层制所依赖的技术

---

① Diane Ravitch, *Left Back: A Century of Battles over School Reform*, New York: Simon & Schuster, Inc., 2000, p. 432.
② ［美］迈克尔·阿普尔：《意识形态与课程》，黄忠敬译，华东师范大学出版社 2003 年版，第 86 页。
③ 参见［美］丹尼尔·布尔斯廷《美国人：民主的历程》，谢廷光译，上海世纪出版社（集团）2009 年版，第 204 页。

理性的要求。新中产阶级可以据此建立起一套非人格化的、客观的标准与程序，进行"科学"的管理，而在这其中"科学"地"统计""计算"在其中扮演了非常重要的角色；另外，洛威尔制所带来的生产的流水线，也要求每一道工序、每一个尺寸、每一件产品都必须进行标准化，而这些都使得根源于"技术理性"的"数字意识"在人们的头脑中扎根，并千方百计地将这种数字技术或者说统计技术应用到一切"可说的"与"不可说"[1] 的方方面面之中，出现了日常生活中我们非常熟悉基于人体测量学的"衣着民主""统计质量管理""现金出纳机"[2] 等形式。当然，在我们必须廓清的是，"数字意识"并不是20世纪的新生物。在英语世界中，"统计"或者"统计的"这两词最早出现于1790年前后，它来源于德语，与民族主义、科学革命的完成有着直接的联系，但"数字意识"在美国大面积的普及却是在19世纪的最后几十年，尤其是以1878年《美国统计摘要》（Statistical Abstract of the United States）的出版为标志，而不能不说这与新中产阶级的崛起有着直接的联系，是新中产阶级的另一个典型特征。而这一特征在教育中体现就是对"更多、更高频率的测验"的依赖以及相形而生的对"客观知识"的偏好。

首先，最能生动体现新中产阶级"数字意识"的便是测量技术在教育中的推行。例如，20世纪最初20年，如日中天的测量运动。测量运动最初是和儿童研究紧密联系，它通过观察学校里或游戏中的儿童，被认为是一种确定儿童之间个体差异的科学方法，可以通过它来制定课程。其领袖人物是G. 斯坦利·霍尔（Granville Stanley Hall，1849—1924）。后来随着对将"科学"的法则运用到儿童研究之中并获得更大的效率的推崇，教育测量思维便开始出现。在当时，已经开始使用的智力和能力测试包括：法国心理学家阿尔弗雷德·比奈（Alfred Binet）和西奥多·西蒙（Theodore Simon）开发的比奈—西蒙智力量表，试图以某一个统一的标准来比较个体的智力差异；以及斯坦福大学的——路易斯·特曼（Lewis

---

[1] Michael W. Apple, Kristen L. Buras, *The Subaltern Speak*: *Curriculum, Power, and Educational Struggles*, New York: Routledge, 2006, pp. 272–273.

[2] 参见［美］丹尼尔·布尔斯廷《美国人：民主的历程》，谢廷光译，上海世纪出版社（集团）2009年版，第231、239、245页。

Terman)对比奈—西蒙量表的修订版本,即所谓的斯坦福版本——斯坦福—比奈智力量表把比奈测验推广到普通学生和天才学生之中,直到今天,它依然是美国使用范围最广的个人智力测验。

如果说霍尔是将测量思维运用于儿童研究的话,那么美国另一位著名的教育心理学家爱德华·L. 桑代克则将测量的思维运用于高等教育。他首次在大学中开设了教育测量课程,并撰写了第一本关于使用社会测量的教科书——《智力和社会测量理论导论》(*An Introduction to the Theory of Mental and Social Measurements*, 1904)。同时,桑代克为智力和学业测试的标准化做出了重要的贡献。他撰写并讲授了测验设计,而且,他还和自己在哥伦比亚大学的学生一起开发了一些领域的学业测试。例如,桑代克曾经指导研制了旨在用来测试没有文化的一战新兵的斯坦福—比奈测验的乙种试卷。桑代克(Edward L. Thorndike)认为:"凡是客观存在的事物都是有数量的。想彻底了解它就要知道它的数量及质量。教育与人类的变化密切相关;一个变化是两种条件之间的差异;这些条件中的每一个条件只有通过它生产的产品才能为我们所知——做的事,说的话,表现的行为,等等。测量这些产品中的任一个都意味着以某种方式确定其数量,以便胜任者将知道它有多么大,比它们没有测量要好。"[1]

而由《不让一个孩子掉队》(*No Child Left Behind*)而发起的"高风险测验"(high-stakes testing),即采用标准化考试来决定学生的升留级和毕业;同时随着1994年对《初等与中等教育法》的重新核准,《改革美国学校法》的出台,高风险测验进一步获得了联邦政府的资助,规定州政府应根据本州的标准来评价本州内学生的阅读和数学成绩,然后根据评价的结果来判定处境不利学生是否在实现这些标准的过程中完成了年度进步目标,并据此对学校进行奖惩;甚至当下所谓教育测量与统计中"大数据"时代的来临,这一切的一切都与新中产阶级的"数字"诉求有着千丝万缕的联系。

其次,便是对"客观知识"的认同。"知识"是中立的,是价值无涉

---

[1] E. L. Thorndike, "The Nature, Purpose, and General Methods of Measurement of Educational Products", *The Measurement of Educational Products*, Part II, *Seventeenth Year-book of the Society for the Study of Education*, Bloomington, IL: Public School Publishing, 1918, p. 7.

的。"即使是那些强烈主张课程应由地方来控制的专家也会承认,在课程中存在着'公共序列'——至少是在诸如数学、科学以及历史和地理的基本事实方面,它们与性教育是不同的,是不会也不应该引起争论的。"[①] 20 世纪 70 年代末,著名的语言学家 E. D. 赫什就已经开始探索公共学校应传授的基本要素与内容,并于 1987 年结集出版了《文化素养:美国人须知》(Cultural Literacy: What Every American Needs to Know, 1987)。赫什认为,"核心知识"(Core Knowledge)应成为美国公共学校中教授的基本内容。所谓"核心知识",即西方文明和美利坚民族文化中的一些基本的"事实"(fact)、"概念"(concept)、"日期"(date)和"称谓"(name)。他从艺术、宗教、科学、文化等各个领域中细化出 5000 个"核心知识",他认为这是每个受过教育的美国人应该掌握的基本"知识"[②]。"它囊括了一切内容;打破了世代、社会团体和阶级的鸿沟;它也许不是所有人的第一位文化,但由于它跨越了家庭、社区和地域的限制,因此它必然是所有人的第二位的、存在于每个人现实生活中的文化知识"[③]。而 1981 年,科尔曼对公立学校和私立学校调查给"客观知识"的论点带来了"统计学"上的有力支持。科尔曼在 1981 年的调查中发现,在私立学校,特别是在天主教学校中,各类学生的学业成就要普遍好于公立学校。这是因为在私立学校中,无论学生的家庭背景如何,教师都严格地按照学术标准来要求每一个学生,在课堂中讲授的是也是"共同"的学术类课程,这就大大减少了来自家庭的"智力资本"对学生学业的影响,也就是使得处于劣势地位的儿童与处于优势地位的儿童站在同样的学业起跑线上。这便是"客观知识"的价值[④]。

可以说,新中产阶级对"人"与"符号"操纵已是炉火纯青,它在

[①] E. D. Hirsch, *The School We Need and Why We Don't Have Them*, New York: Doubleday, 1996, p. 37.

[②] E. D. Hirsch, Jr. "What Literate Americans Know", *Cultural Literacy: What Every American Needs to Know*, Boston: Houghton Mifflin Company, 1987, pp. 152 – 215.

[③] E. D. Hirsch, Jr., *Cultural Literacy: What Every American Needs to Know*, Boston: Houghton Mifflin Company, 1987, pp. 19 – 20.

[④] Diane Ravitch, "The Coleman Reports and American Education", Aage B. Sorensen & Seymour Spilerman (ed.), *Social Theory and Social Policy: Essays in Honor of James S. Coleman*, Westport, Conn.: Praeger, 1993, pp. 129 – 141.

"科学"的名义下,要求所有的"人"与"物"都必须走向严格的"定量化";将人看成一个"纯客观"的现象加以剖析与肢解,极大地忽视了对人的内心活动、人的情感、人的需求的研究,忽视了将人作为一个有机整体的研究;它把人看成"社会机器"的一个机械的组成部分,造成了人性的缺失、人的能动性的缺失,以及人的自我的缺失,从而引发了一系列社会问题。在学校教育中,学生的所有能力是否都可以被测量,语言能力、理解能力、创造力、批判性思维、合作乐观的学习态度,这些对于学习而言至关重要的能力是否能够被真实地测量;以分数为指针的学业成绩反映的究竟是学生的认知能力还是精英权力,它与学生的社会背景、家庭经济条件与文化宗教团体又有何种联系;显然,奥卡姆的"剃刀律"在这纷繁复杂的教育现实面前是惨白的。新中产阶级的崛起所进一步推动的技术至上主义的自负,将学校教育系统推向了"一无所有的经验主义"和"没有头脑的计算器"的深渊。①

四 "消费前卫"与教育的市场化改革

又一个与新中产阶级科层制的组织行为相联系的特征,便是其"前卫"的消费态度。当一个社会群体的一切都依赖于权威体系内地位的时候,便会使其更为疯狂地寻求在这一等级体系之内的地位,而这些地位需要依靠个人在经济上的支付能力来认定。正如米尔斯所言,"在等级体系中,个人往往因琐碎的等级划分而四分五裂……科层制打碎了声望的等级基础……在向上爬的过程中,他们常常会期待着与上一级形成认同","除非你能够不停地显示自己的支付能力,否则你就是'不怎么起眼'的"。消费成了新中产阶级的生活方式,"花钱买高位"给了新中产阶级自我满足的虚幻感,"在昂贵的度假胜地——那里你谁也不认识;在豪华的旅馆——哪怕只住上三昼夜;在游船的一等舱——只包一个星期。大多数度假地都和这种地位周期相配合;职员和顾客像戏班一样共同做

---

① 参见阎光才《教育及社会科学研究中的数据:兼议当前的大数据热潮》,《北京大学教育评论》2013年第4期。

戏，似乎大家相互同意这种虚幻的成功的一部分"①，它通过暂时满足消费上的愿望补偿他们与社会上层相形产生的经济上的自卑感。同时伴随着20世纪50年代以来，美国新中产阶级的日益富裕，这种中产阶级的消费文化日趋普及——"它假装尊敬雅文化的标准，而实际上却使其融解并庸俗化"②——"消费者就是上帝"，"消费，消费，再消费"，这实际上是用一种"经济"上的民主概念消解着、麻痹着现实存在着的意识形态与阶级上的区隔。

而这种"消费"诉求在教育中的表现，便是对教育市场化的赞同与拥护，附和着自由主义经济对"看不见的手"的推崇。教育是可交换的商品，家长与学生看作教育商品的消费者，将学校看作教育商品的供给者，并通过市场这只"看不见的手"，一方面满足消费者的教育需求，另一方面保证教育商品的高效生产，从而实现学校的"市场控制"。他们深信，"源于市场普遍法则进行的社会重组而引起的加剧竞争，不但会使质量得到改善，而且还能向有'选择自由'的消费者提供种类丰富多样的服务"③，并提出了相应的几种市场化改革模式：第一种模式，"选择公立学校"，它是在一个学区或者一个州的范围内为学生提供入学的机会；第二种模式，既可以选择公立学校，也可以选择私立学校，并通过"学费退税"或者补助等形式鼓励家长选择私立学校，从而促进公立学校与私立学校之间的竞争，来实现"优效学校"；第三种模式是"政府资助下的私有化改革"，即由政府资助父母，让父母为孩子选择任何一所学校，并用质量监控、教师资格认证等形式来保留政府的宏观控制权；第四种模式是"完全的私有化"，即要取消所有的公立学校和政府对教育的补贴。④

而学校的首要目标就是要满足"顾客"，即"消费者"的需求，而市

---

① [美] 莱特·米尔斯：《白领：美国的中产阶级》，周晓虹译，南京大学出版社2006年版，第201—202页。

② [美] 丹尼尔·贝尔：《资本主义文化矛盾》，赵一凡等译，生活·读书·新知三联书店1989年版，第91页。

③ Geoff Whitty, "Consumer Rights versus Citizen Rights in Contemporary Education Policy", Unpublished paper, University of London, Institute of Education, 1994, pp. 1 - 2。转引自 Michael Apple, *Cultural Politics and Education*, New York: Teacher College Press, 1996, p. 92。

④ [美] 埃尔查南·科恩：《教育券与学校选择》，刘笑飞等译，北京师范大学出版社2008年版，第1—2页。

场机制能够更好地保证消费者的需求得到满足：第一，在市场环境中，教育商品的生产者有很强的内驱力去做出决策取悦学生和家长。① 第二，市场机制的一个基本前提是"自由的选择"。人们可以自由地根据自己的利益与需求做出决定。如果家长和学生对某所学校提供的教育不满意，他们可以选择退学，寻找更能满足自己需求的学校。② 第三，在市场机制运营下，那些不能满足一定数量的教育消费者需求的学校将被淘汰出教育市场。对于那些幸存下来的学校来说，它们满足了教育消费者的需求，会渐渐繁荣壮大起来，但是他们也时时面临着新进入市场的学校带来的压力，这些新生力量以更好的方式提供类似的教育服务，或者满足了特定一部分教育消费者的需求。在学生、家长的需求这一动力的推动下能适应教育消费者需求的学校数量将越来越多。③

教育"市场化"逻辑中的核心命题是"消费者的选择是民主的担保人"。在新中产阶级的"市场化"主张中，"消费者"是至关重要的，是整个学校制度，乃至整个社会生产的起点；而"民主"也被重新界定为"在无拘无束的市场中保证选择"④。世界从本质上说就是一个巨大的超级市场，教育被简单地视作像面包、汽车和电视一样的商品。公民的观念就是消费者的观念，民主就是消费的实践。⑤ 这使得"民主"不再是一个政治概念，而变成了一个完全的经济概念。因此，市场将成为社会价值的最终仲裁者，效率和成本效益分析将成为社会和教育变革的"发动机"⑥。

---

① Milton and Rose Friedman, *Free to Choose: A Personal Statement*, New York: Avon Books, 1981, pp. 140–178.

② Janet A. Weiss, "Control in School Organizations: Theoretical Perspectives", William H. Clune & John F. Witte (eds.), *Choice and Control in American Education Volume 1: The Theory of Choice and Control in Education*, New York: The Falmer Press, 1990, p. 113.

③ John E. Chubb, Terry M. Moe, *Politics, Markets, and America's Schools*, Washington, D. C.: The Brookings Institution, 1990, p. 33.

④ Michael Apple, *Educating the "Right" Way: Markets, Standards, God, and Inequality*, New York: Routledge, 2006, p. 39.

⑤ 参见[美]迈克尔·阿普尔《意识形态与课程》，黄忠敬译，华东师范大学出版社2003年版；迈克尔·扬主编《知识与控制：教育社会学新探》，谢维和、朱旭东译，华东师范大学出版社2002年版，第31页。

⑥ Michael Apple, *Educating the "Right" Way: Markets, Standards, God, and Inequality*, New York: Routledge, 2006, p. 36.

而这些政策的潜台词中关键的关键又与"数字意识"有着密切的联系，社会中"独立的个体——作为消费者——是没有种族、没有阶级和没有性别的"[1]，而这一切都进一步诠释着新中产阶级"消费者就是上帝"的理念。但是我们说，在一个现实的充斥着阶级、种族和性别冲突的社会中，这是不可能实现的。

五 "后卫政治"与教育改革的"钟摆"

与美国新中产阶级前卫的消费态度形成鲜明对比的，是他们相对保守的政治姿态，米尔斯将其称为"后卫政治"，也就是其所谓的政治上的"无根性"。对新中产阶级的政治属性的判断，学界是存在争论的，要么是沿着马克思所创设的经典路径——中产阶级最终将走向无产化，与无产阶级融为一体，成为革命的一员；要么是沿着修正派的路径——中产阶级的总量的不断扩大，使其成为大资本家与劳工阶层的缓冲器，作为一支稳定社会的力量，它的存在将使得自由资本主义得以延续，甚至有可能在将来成为一支独立的政治力量，"下一个时代是属于他们的"；要么认为新中产阶级在本质上是保守的，是资本家的帮凶和走狗。而任何一个社会阶层，意图行事政治权力，都需依赖三方面的因素：意愿、机会与组织——意愿有赖于该群体对自身利益及其实现方式的认识；机会受限于该群体的社会地位；而组织则与意愿互相联系、互相促进。因此，理解新中产阶级的政治属性，首先要理解的是它的政治意愿。

一方面，而与政治意愿密切联系的是，是某一社会群体的"政治敏感度"。早在20世纪初期传播学的研究就已经尖锐地批判了现实中的"政治敏感度"的虚幻性。也就是说，在信息传播的世界中，一方是个人，另一方是政治事件与权力，这两者之间的鸿沟依托于大众（中产阶级）媒体的联系，"现代政治一如戏剧，有导演、舞台、一群演员，还有最重要的幕布，用以分隔舞台上所演的行为——对此观众可以从后台进

---

[1] Michael Apple, *Educating the "Right" Way: Markets, Standards, God, and Inequality*, New York: Routledge, 2006, p. 32.

入，那才是'价值观分配'之所在"。① 大众媒体将饱含着实体政治利益的信息压缩简化形成许多朗朗上口的标语式的口号，并由此缔造了一个由刻板印象所形成的"假环境"。在这出戏剧的幕后，是观众看不见的政治世界；而观众仅仅通过一些耳熟能详的"口号""象征""常识"来对这个"假环境"进行判断与反映，这种判断也必然是不真实的。也就是说，在现实社会中，大众媒体（中产阶级）通过预设大众（中产阶级）的政治情感，消解了真实的"政治敏感度"，进而带来的结果便是冷漠的政治态度，形成了新中产阶级政治上的"疏离"（alienation）现象。另一方面，新中产阶级的"前卫消费"也进一步减少了他们发起政治运动的可能性。"他们拥有较为干净、声望较高的工作，并且意识到他们底下还有蓝领大众，这使得他们感到投身到激进的但却可能失败的运动中去得不偿失"，"他们对自己的生活状况没有任何持续的不满，也不会因其进行任何有责任感的斗争。"② 因此，新中产阶级面对的政治问题是，他们是一块"平衡木"，是一块"跷跷板"，他们拥护与跟随的是"最有可能取胜的集团与运动"。

因此，新中产阶级在政治上的机会主义态度，或者"后卫政治"的姿态很好地解释了20世纪以来美国公共教育改革中的"钟摆"现象——在"进步"与"保守"之间不断游移。

20世纪初由进步主义运动所引发的进步主义教育改革，推崇"儿童中心"、推崇"社会改造"、推崇"社会效率"，这一方面暗合了新中产阶级对社会上层对充分关注个体儿童的兴趣、探寻个体的发展以及反思的迎合，对新中产阶级眼中"雅文化"的附庸；而另一方面，"科学"的测量、"有效"的课程方案、"标准化"的教学过程又契合了新中产阶级的"数字意识"；新中产阶级成了进步主义教育改革的主力军③，这本应该是一项美好的事业。但来自威斯康星的"红色恐慌"颠覆了这一切——进

---

① Mary Lee Smith, *Political Spectacle and the Fate of American Schools*, New York: Routledge, 2004, p. 11.

② [美] 莱特·米尔斯：《白领：美国的中产阶级》，周晓虹译，南京大学出版社2006年版，第252页。

③ 参见李颜伟《知识分子与改革：美国进步主义运动新论》，中国社会科学出版社2010年版。

步主义对"共同认知""合作主义""社区主义""民主生活"的强调，与自由政治、教科书的改造联系起来促进国际理解，讨论共产主义与社会主义，这些都使得它们被有意无意地、暗示地将其与共产主义联系起来。① 因此，为了转移和避开批评，当时的许多教育家开始有意识地"常常淡化进步主义的特征，以免他们被视为颠覆分子，他们大力强调'3R's'，'基础知识'、'基本技能'和对美国传统的忠诚"。② 也就是说，在进步主义教育改革的后期，参与改革的新中产阶级实际上对麦卡锡主义采取的是默认与隐忍的态度，以免"惹祸上身"。因此，这就不难理解为什么斯普特尼克一号的成功能够在一夜之间使得美国教育在一夜之间从"生活""经验""活动""民主""合作"转向了"科学""数学""学术""高质量"与"高标准"。③ 新中产阶级无情地抛弃了进步主义教育改革，美国教育改革的"钟摆"在20世纪50年代开始走向"保守"的一端。

而1964年，随着林登·约翰逊（Lyndon Johnson，1908—1973）总统的一声"向贫困宣战"（War on Poverty）的呐喊，使得公共学校改革成了整个国家最重要的政治议程。约翰逊总统信誓旦旦地宣扬，"解决美国所有社会问题的方法只有一个，那就是教育"④，教育者就是"'向贫困宣战'的斗士"⑤。轰轰烈烈的自由主义与民主社会主义改革开始了，学校成了这场"伟大"的社会运动的重要阵地，教育改革的"钟摆"再次随着新中产阶级投入自由民主社会主义的怀抱而发生了摆动。补偿性教育、促进种族融合、扩大职业与技术培训，在强势的自由主义政治力量的驱动

---

① S. Mondale, S. Patten (eds.), *School, the Story of American Public Education*, Boston: Beacon Press, 2001, pp. 183–213.

② S. Foster, *Red Alert: Educators Confront the Red Scare in American Public Schools, 1947–1954*, New York: Peter Land, 2000, p. 184.

③ Dwight D. Eisenhower, "Our Future Security", in US Congress, Senate Committee on Labor and Public Welfare, *Science and Education for National Defense: Hearings before the Committee on Labor and Public Welfare*, 85th Cong., 2nd sess, Washington, DC: U. S. Government Printing Office, 1958, pp. 1357–1359.

④ Samuel Bowles and Herbert Gintis, *Schooling in Capitalist America: Educational Reform and the Contradictions of Economic Life*, London and Henley: Routledge & Kegan Paul, 1976, p. 19.

⑤ Hugh Davis Graham, *The Uncertain Triumph: Federal Education Policy in the Kennedy and Johnson Years*, Chapel Hill: University of North Carolina Press, 1984, pp. 53–57.

下,新中产阶级怀着对社会下层的同情,以及对社会上层"慈善"与"施舍"的蹩脚模仿,开始大面积地参与这场教育改革——大批的白人教师参与黑人社区的教学改革、人本主义知识分子振臂高呼社会机器对人性的异化、要求"去学校化"。

但好景不长,当20世纪六七十年代的那些试图通过自由主义的教育改革来解决贫困问题、种族问题和失业问题的努力,最终沦为街头巷尾的打架斗殴时;当20世纪六七十年代的那些雄心勃勃的反主流文化、反越战、支持民权运动的校园反叛者,最终沉溺在奇装异服、毒品和无节制的声色犬马之中时;当为争取平等的社会权利而奔走呼号、疲惫不堪的美国白人教师与非裔知识分子成为20世纪六七十年代黑人激进主义运动最终的受害者时,保守主义就成了另一条出路。也就是说,面对注定要失败的社会教育改革,新中产阶级的向心力再次发挥了作用,"新左派(New Left)孕育了新右派(New Right)"[1]。迈克尔·哈灵顿说得好:当"伟大社会"(Great Society)的最后一线希望淹没在自由主义的群氓运动中时,保守主义的"伟大"复兴就开始了。[2]

在20世纪美国教育改革的"钟摆"现象中,我们看到了新中产阶级的"摇摆不定","他们思想上犹豫、迷惘、彷徨,行动上漫无目的、缺乏持久性。他们忧虑、怀疑,但是和很多人一样,却不知道自己到底忧虑和怀疑什么。他们在政治上也许容易激动,但却缺乏政治热情;他们是合唱队,因为胆怯而不敢开口,遇到掌声又会歇斯底里。他们是一群后卫","在美国社会的政治市场上,新中产阶级正在高升叫卖自己;任何看上去足够体面、足够强大的人都可能占有他们"。[3] 而正是这种"摇摆不定",使其发挥了巨大的"向心力"作用,使得教育改革乃至整体的社会改革就如同"钟摆"一样,永远不会偏离社会主流价值太远。

最后,笔者还想对本文的立场做进一步的说明,本文并不是阶级决定

---

[1] Kristen Buras, Michael W. Apple, "Radical Disenchantments: Neoconservatives and the Disciplining of Desire in an Anti-utopian Era", *Comparative Education*, Aug. 2008, Vol. 22, No. 3, p. 292.

[2] Michael Harrington, "The New Class and the Left", in B. Bruce-Biggs, *The New Class?* New Brunswick, N. J.: Transaction Books, 1979, p. 137.

[3] [美]莱特·米尔斯:《白领:美国中产阶级》,周晓虹译,南京大学出版社2006年版,第280页。

论者，分析新中产阶级的阶级特征及其在教育议程中的体现，只是为了说明阶级这一维度在教育政策与实践中所扮演的作用，并不是说阶级决定一切。恰恰相反，在教育这个庞大的社会系统之中，阶级、性别、族群、政治、经济、文化等多方面的因素往往是复杂交织在一起的，其他的维度还有待后续工作的进一步深入。

［作者简介］陈露茜（1981— ），女，福建福州人，北京师范大学教育历史与文化研究院副教授，教育学博士，研究方向为外国教育史与教育政策分析。

美国城市化崛起时期城市学校的课程设置[*]

李朝阳

在19世纪末20世纪初美国城市化崛起时期，多元文化背景下如何满足不同人群的教育需求是一个突出问题。随着大批非英语国家的移民涌入，美国城市学校承受着教育穷人和移民的压力，城市学校只有通过改变课程来适应城市化的需求。到19世纪90年代，针对不同学生群体的专门化课程出现。城市学校设置多样性的课程：观念形态探索的手工训练，劳动市场与学校衔接的职业教育，追求公民身份的公民教育。

一 手工训练：一种观念形态的探索

（一）手工训练的倡导者

卡尔文·伍德沃德（Calvin Woodward）是美国手工训练倡导人之一。伍德沃德认为手工训练是智力和道德教育的需要，也是一种恢复人工劳动价值和尊严的方法。他投入大量时间研究如何使年轻人为工业化的需求做好充分的准备，为达到这一目的，他提出课程应重视以工业为导向的技能教育，提倡在传统课程中增加手工训练，他认为手工训练将会帮助学生从

---

[*] 此文原载《高教探索》2015年第1期。系2012年度教育部人文社会科学研究青年基金项目"美国城市学校的兴起与发展研究"（项目批准号12YJC880040）、天津市高校"优秀青年教师资助计划"（ZX110QN038）研究成果。

小认识到"知"与"行"的联系,这一举措可使教育符合现代社会的要求。①

于是伍德沃德通过制造木材与工具,引入手工训练制度,指导学生如何使用工具,其教学价值在于使学生心手协调。伍德沃德的研究也促使他更深入地改革课程,建立更新颖的课程,设置丰富的手工训练课程(包括商店活动、数学和科学),他也主张为学生提供良好的英语通识课程。伍德沃德确信经过手工训练课程的培训,学生会在所有的学科与领域取得成功。手工训练试图平衡工业进步和社会稳定,它向学生传授社会价值和道德价值。1880年开办的圣路易斯手工训练学校座右铭表达了伍德沃德的目标——有教养的头脑与灵巧的手。

(二) 手工训练中哲学与政治斗争

在对待手工训练的态度上,伍德沃德与威廉·哈里斯(William Harris)产生分歧,哈里斯反对公立学校引入手工训练,他认为公立学校课程的学习性质应归结为文明生活的五大分支,即灵魂的五个窗口:数学、地理、文学、语法和历史。数学与地理学致力于人类征服和理解自然。文学谈论文学艺术作品,语法谈论语言的研究和使用,历史谈论的是对国家机构多方位的理解。而伍德沃德提出数学、文学、科学、绘画和手工训练代替哈里斯的五个窗口。② 学校须随着社会的转变而改变是伍德沃德的教育信仰,他认为:"需要知道更多具体的,少些抽象的;更多初级知识,少些中级知识;更多个人经验,少些记忆。更多的生活、活动、兴趣和实施,少些被动;更多的成长,少些吸收。"③ 这种转变可通过手工训练实现。

二者争论的焦点是对未来工人而言,什么样的技能是最重要的。哈里斯不接受伍德沃德宣称的手工训练的益处。哈里斯认为传统课程为智力发

---

① Selwyn Troen, *The Public and the Schools: Shaping the St. Louis System, 1838—1920*, Mo.: University of Missouri Press, 1975, pp. 168–170, 170, 181.

② Calvin Woodward, *Manual Training in Education*, New York: Scribner and Welford, 1890, pp. 41–46.

③ Selwyn Troen, *The Public and the Schools: Shaping the St. Louis System, 1838–1920*, Mo.: University of Missouri Press, 1975, p. 170.

展提供一种极好的手段。哈里斯认为对于无法达到规定课程标准的学生来说，手工训练才有用，这是一种传统偏见，正是这种偏见使得哈里斯反对手工训练。虽然存在这种偏见，但美国一些城市陆续效仿圣路易斯手工训练学校。伍德沃德学校成为一个重要的有影响力的教学法典范，它允诺培训工业社会所需要的熟练工人。到1891年全国教育协会成立工业教育和手工训练部。

总之，伍德沃德坚持课程设置的实用性，关注城市青少年人口的需求，开展一场强有力的、不可逆转的运动，扩大了课程领域，增加了正规教育的责任。它以制图、艺术教育或机械技能训练形式被引入许多学校。但手工训练融入公立学校并不顺利，反对手工训练的人士指出，公立学校不能专门来为企业培养工人。还有的教育家认为，手工训练培养的技能与工业所需的技能没有关系。虽然有诸多反对的声音，但手工训练对另一种运动——职业教育起到重要作用。

二 职业教育：劳动市场与学校的衔接

（一）职业教育主义的政治性

19世纪70年代以来欧洲工业教育已在美国教育论争中日益突出。职业教育面临的问题不仅是政治性的，也涉及适用性问题：什么样的训练最有价值。"公共教育制度必须扩大和使其组织多样化，以致为职业教育带来广泛的真正的供应。"[1] 许多人关心城市生活，他们期望通过改革课程和教学法达到再生社会价值的目的。关键不是人们掌握什么技能，而是他们如何利用技能，以及技能对道德决策和道德行为的重要性。

而职业教育超越了上述问题。由于职业教育对工业化拥有坚定的信念，即使技术进步和社会稳定有冲突，职业教育也淡化了这种冲突。事实上，职业教育并不是寻找过去的传统价值观，而是赞美与工业最密切相关的部分。但更重要的是，工业教育拒绝把共性作为公立学校教育的基础。过去的教育要把儿童培养成有相似学习经历的人，但现在的教育考虑到差异，教育针对不同儿童而设计，是一种专业化的学习，儿童的专业化学习

---

[1] Massachusetts Board of Education, *Annual Report*, *1914—1915*, pp. 41-42.

是高效工业生产的需要。在职业教育的影响下，分化型学习和分离的学校计划成为民主教育制度的思想基础。这种思想将很快迫使重新定义教育机会均等。[①]

（二）职业教育主义与教育机会均等

职业教育制度化对马萨诸塞州公立学校带来很大影响。要求对学生进行分类、区分课程，知识要求适用性。职业教育者确信城市化的美国需要熟练工人，他们要求学校立足于不同学生的特征，进行专业化和不同类型的教育。城市建立工业学校，吸引潜在的学校辍学者。雇主将用更高工资雇用职业上受过训练的人。在这个过程中教育工作者促进了职业指导运动。

1. 职业指导

职业培训针对14—16岁的年轻人，但后来证明这是不适当的，于是职业教育者针对小学进行职业指导，职业指导强调分类。职业工作者期望通过传授工业行业的基本知识，提高工人阶级的孩子在小学的水平，职业工作者也主张儿童在离开学校之前，应接触经济知识。学生一旦进入学校，学校教育的优势就变得很明显，即使学生不再继续求学，也应接触工作技能。学校为儿童进入职业学校开设的课程有缝纫、烹饪、家务管理和个人卫生，这些课程与现有的手工训练类似。女生深入了解喜欢的工作，获得一些具体有用的学科知识，她们完成学业后找到高标准的工作，过上高品位的生活。她们如期或比期望更高地精通学术科目，获得更高的义务感、责任感、正义感、诚实工作感、勤劳和节俭习惯，使她们具有更好的工作态度和更有条理的工作习惯。

职业指导在社区学院体现得尤为明显，社区学院对学生的学术能力和工作技能都提供指导。例如，北卡罗来纳州都柏林市的布莱登社区学院提供两类课程，一类是为学生就业做准备的职业培训课程，一类是为学生继续深造准备的课程。也为学生提供各种类型的职业指导，学院进行职业指导的目的是让学生更充分地了解自己获得的技能适合什么样的工作。学院

---

① Marvin Lazerson, *Origins of the Urban School: Public Education in Massachusetts, 1870—1915*, Mass.: Harvard University Press, 1971, p. 178.

图书馆为学生提供详细的职业信息手册、情况介绍表以及工业目录。学生服务中心为学生提供团体或个人职业信息咨询服务。

布莱登社区学院为学生提供的职业培训专业有：会计学、农业综合经营技术、副学士学位护理、人力资源管理、木工工艺、计算机技术、化妆艺术、刑事司法技术、早期儿童教育、电气技术、美学技术、酒店管理、婴幼儿护理、翻译技能、护理助理、助理理疗、实用护理技术、学龄儿童教育、焊接技术等。

以会计学专业与农业综合经营技术专业为例。会计学专业的目的是为学生进入会计行业做准备，教授学生会计学基本知识和技能，培养学生用"商业语言"分析财务业务。学生要学习会计基本知识与理论，并进行实践，同时还要学习商业法、金融学、管理学和经济学等课程。学生通过学业交流、计算机应用、金融案例分析、批判性思维训练和职业道德教育获得会计学的其他相关技能。该专业毕业生应达到会计职业准入标准，能胜任会计师事务所、小型公司、连锁企业、银行、医院、学校、政府机构等的会计工作。

农业综合经营技术专业是为农业行业中的农业综合经营培养人才。该专业为学生提供与农业行业相关的商业理念和基本规则等知识。学生需学习农业产业组织与管理规则，并学会在农业生产中运用这些规则。学生还需了解农业的经济学知识、政府政策和农业产业项目等。本专业毕业生适合在农业设备销售、饲料经营、农产品供给、农场经营和农产品营销公司等农业综合经营的部门工作。[1]

2. 职业教育主义运动

1911年乔治·斯特雷耶（George Strayer）基于对318个城市的研究得出结论：公立学校13—15岁的学生，有一半辍学。他提出解决问题的办法——建立一个适应个别差异的课程，把打算上大学和计划或需要找工作的人分开。要想真正的民主，学校需为每个学生提供最适合其未来工作的训练。斯特雷耶的观点是一种有代表性的意见，它推崇放弃一个共同的课程，把年轻人分流到不同轨道上。斯特雷耶预测大量学生将会学习专门

---

[1] Bladen Community College. Bladen Community College General Catalog [EB/OL]. http://www.bladencc.edu/pdf/college_catalog.pdf, 2014-11-02.

化的职业课程，基于这种假设，他认为如果课程更加强调实用性，就会有更多儿童上学。因此，如果说服家长和儿童相信接受的学校教育越多，学校教育的价值就越大，向他们充分展示教育价值，穷苦家庭可能愿意做出必要的牺牲以延长子女的教育。[1]

1920年保罗·道格拉斯（Paul Douglas）把许多孩子的经历描述为：从工作到工作，从工业到工业的漂流，孩子过早接触社会和工业的罪恶，这些罪恶不利于他们的成长。当孩子步入成年后，他会发现自己收入极低，社会地位脆弱，又由于更年轻的非技术工人不断涌入劳动力的队伍之中，他可能成为非熟练工人阶级中的失业人员。道格拉斯指出：孩子除了青春，他没有什么可出卖的；他出卖了自己的青春，但却一无所获。[2]

这些研究所表达的对青少年的高度关注来自一种评定——城市经济已经步入一个新的发展阶段，因此未受学校教育的青少年已成为社会责任。只有青少年找到有酬的工作，即使非技术性工作也可被看作未来发展的需要或有价值的前奏。在20世纪之前，服务行业对技能的要求很低，许多劳动岗位也不要求工作人员具有成年人的能力，而这些岗位又很缺少人手。但在世纪之交，随着收银机、气动导管、折纸机和电话的引入，必然导致从事这些工作的劳动力过剩。前进的技术不仅带来就业的不稳定或大批失业的青少年，同时也要求学校为青少年提供适应现代工业体系的指导。

在20世纪最初十年，教育工作者、商人和有组织的劳工组成全国工业教育促进会，他们迫切要求将职业课程列入公立学校课程。在国家层面，他们的工作致使1917年国会通过《史密斯—休斯法》，该法案的出台开启了联邦基金首次赞助职业培训的先河，这奠定了联邦资助中等与高等职业教育的基础。于是，《史密斯—休斯法》就与1862年的第一《莫雷尔法案》、1887年的《哈齐法案》以及1890年第二《莫雷尔法案》一

---

[1] George Strayer, *Age and Grade Census of School and Colleges*, Washington, D.C.: Government Printing Office, 1911, pp. 139–140.

[2] Paul Douglas, *American Apprenticeship and Industrial Education*, New York: Longmans, Green and Co., 1921, p. 85.

道共同构建了美国高等职业教育的立法体系。

走向职业教育主义运动最明显的表现是，全国教育协会的两个有影响力研究的转变——十人委员会报告和《中等教育的基本原则》。十人委员会主要研究了中学课程和大学的衔接，委员也更广泛地界定中学功能，认为全面改组中等教育是当务之急，要重新调整课程以适应城市化所创建的新社会秩序。这就促使了综合中学的诞生，它包括适应个别差异的课程，这是对十人委员会报告中哈里斯模式的直接否定。

由于更为复杂的经济秩序的发展，社会发生的根本改变是"用工厂生产制代替家庭包工制；机器代替手工劳动；工序的高度专业化与之相应的劳动精细化"，[1] 使得特殊的职业培训成为一个公共责任。由于认识到这一点，到1918年，经过多次的调查研究和分析，委员会认为除了通常的大学课程之外，还准备设立农业、商业、文书、工业、美术和家政学课程。

3. 职业信息局

职业信息局是波士顿教育体制中一个重要力量，它利用和波士顿慈善及教育机构的密切关系，与学校委员会建立工作协议，为城市公立学校提供一个专任的职业顾问。职业信息局工作者和职业指导委员会合作，向挑选出来的教师和校长提供培训课程，与家长、教师举行公开会议，在大多数小学举办职业指导讲座，创办职业图书馆。职业能力评定作为进入波士顿商业和实用工艺中学的条件。

在迈耶·布卢姆菲尔德（Meyer Bloomfield）领导下，职业信息局成为美国职业教育和就业机会信息的中心。职业指导强调职业信息和安置，主要关注如何培训孩子，使其能更好地适应工作。布卢姆菲尔德认为专业化使每一个选择更为重要，他希望给个人提供更多信息，用知识作为改革机构的杠杆，尤其对城市贫民窟的居民。贫民窟的家长被迫从事繁重工作，通常不了解美国，他们不能有效地指导孩子，他们只能把子女送到过度拥挤的学校。布卢姆菲尔德指出这些孩子因缺乏机会，再加上他们周围的社会混乱而情绪低落。为了扭转这种状况，布卢姆菲尔德呼吁每个孩子

---

[1] Selwyn Troen, *The Public and the Schools: Shaping the St. Louis System, 1838—1920*, Mo.: University of Missouri Press, 1975, p. 181.

"开始到社会上做事"的计划。①

布卢姆菲尔德希望唤醒社区责任，使公众逐步认识到保护年轻人的必要性，例如了解童工法、就业证书、健康和工厂审查、职业教育以及职业介绍所许可证的发放要求。布卢姆菲尔德主张扩大学校在社会改进中的作用。他认为在一个民主社会，不能把工作与学校硬性分开，它们必须共同承担责任，以使未来一代取得更好的成绩。作为一个具有社会目的的教育机构，学校应着手调查工业和揭露那些损害青少年的环境。②

综上所述，职业教育有助于使直接服务成为公共教育的主要目标。工业教育运动通过学校吸引穷人、移民和辍学者，也试图使学校民主化。因此职业主义阐述了教育民主的新定义。有区别的学校教育和学生分类取代了共同的学习环境。教育机会均等意味着起始于不同水平的个人将在不同层次结束他们的学校生涯，学生的教育质量是由教育起点和教育终点所构成的整体效率所决定的。③ 职业教育也是扩大生源的主要措施。它创建了一种新型课程。到20世纪20年代末职业教育成为美国公立学校制度一个重要组成部分。

但对于职业教育的价值，在黑人高等教育领域曾展开过一场辩论，著名的黑人领袖华盛顿（Booker Washington）认为教育是黑人提升自身地位和争夺权力的基石，职业教育是黑人得以谋生的基础。在教学实践上，华盛顿为黑人广泛设立技术学校，进一步开展职业教育。而另一位黑人民权领导者杜波依斯（W. DuBois）则反对华盛顿用职业教育来争取黑人地位的言论，杜波依斯指出一味地追求职业教育禁锢了黑人提高自身职业和社会地位，杜波依斯认为应该为黑人提供多样的高等教育，而非单一的职业教育。

---

① Meyer Bloomfield, *Readings in Vocational Guidance*, Boston: Ginn and Company, 1915, pp. 12-20.
② Meyer Bloomfield, *Youth, School, and Vocation*, Boston: Houghton Mifflin, 1915, pp. 24-25.
③ Marvin Lazerson, *Origins of the Urban School: Public Education in Massachusetts, 1870—1915*, Mass.: Harvard University Press, 1971, p. 200.

三 公民教育:公民身份的追求

不同儿童坐在同一间教室里,向他们提供识字和道德的基本知识,这将保证民主社会运行所必需的同质性和凝聚力。帮助儿童逐步适应特定社会的经济和政治制度,并成为社会成员,这是城市学校的共同目标。为达到这一目标,城市学校通过公民教育,在思想意识层面对移民进行教育。

但在19世纪的最后几十年,对社会环境的畏惧在教育辩论中占重要地位。公众的不忠实、劳动骚动、炫耀性消费、贫民窟生活等成为技术和社会变革的产品。在少数族裔聚居的城区,他们的价值观和行为模式与主流文化观念明显不符,这威胁了价值观和行为模式的同质性,而这种同质是公共教育存在的理由。学校教师再也不能依赖外界环境灌输道德,也不能寄希望于在州的层面上宣传文明。他们开始修改公民身份的定义,从识字和广泛道德价值观的信念走向明确引导行为与爱国主义。在搜索团结的象征过程中,他们把国家假日和旗帜作为教育的基础。这些道德价值观念在马萨诸塞州的公共夜校得以发展。

(一) 夜校体制的正规化

马萨诸塞州通过立法使夜校授课合法化,并规定地方学校委员会为夜校提供资金,夜校运动得到加强。夜校计划采用小学日校的课程作为教学基础。在1870年《工业绘图法》颁布之后,许多大城市开设绘画学校,吸引半熟练的工人、办事员和白领工人。夜校法规强制规定:未成年人只有参加夜校学习,才能被雇主雇用,法规要求任何商业或机械机构不能雇用14岁以下又不会读写简单英语句子的儿童。同时法规要求所有14—21岁的文盲需参加日间或夜间班级,雇主不能向没有入学证书的个人提供工作,否则会遭到50—100美元的罚款。[①] 夜校体制的合法化提供一个明确的社会功能——向不说英语的人传授读写能

---

① Marvin Lazerson, *Origins of the Urban School: Public Education in Massachusetts, 1870—1915*, Mass.: Harvard University Press, 1971, p. 214.

力。夜校通过该法摆脱了靠意志办学的模式，变成强制性机构，立法增加了学生的规模和异质性。这迫使人们重新定义夜校，这有利于铸造公民教育的新内涵。

夜校委员会与监督者分析计划的进展和缺陷，他们用表格记录按时出勤的学生，然后发给本地雇主。这使得夜校课程正规化，并明晰所讨论的主题和目标。1890 年之后，教授移民如何生活也促使了夜校的正规化，夜校为不说英语者制定了美国生活手册。夜校开始成为个体获得权力的机构，并使个人学会如何成为公民。夜校不再把自身功能仅看作传授读写能力和道德价值，而是越来越多地承担向新移民解释美国社会环境的任务，向他们提供具体的行为指示，通过情感投入改善他们环境。夜校读本增加个人卫生与保健知识，并向移民解释政府运作方式及各政府机构间的关系，介绍移民入美国国籍所需的程序和入籍文件。1907 年波士顿成立特殊委员会，为夜校设计一个公民初级读本，详细介绍了市政府的运作程序，这是移民到达美国后最先接触的机构。委员会要求夜校教员每周为移民介绍城市卫生、国家假日与歌曲、当前事件及公共场所的行为规范。

（二）晚间社会中心

晚间社会中心运动是教育公民的另一种方法。晚间社会中心是利用社区观念将个人纳入公民和谐的一个方式。它认为生活在人口稠密的异质城市，邻里关系不和睦阻碍群体合作与社区的发展。团结、友爱、公民参与是晚间社会中心的期望。城市学校学区通过广泛利用现有设施，学校更紧密联系社区，使公民身份呈现新含义。晚间社会中心将发展社区利益、睦邻友好的精神和城市民主作为主要目标。

（三）美国历史与传记

学校作为社区活动的中心，美国历史的学习受到高度重视。这是一种灌输民族自豪感和巩固群体忠诚的方式。学习历史的首要目标是让学生了解国家过去的状况，认识到前几代的奋斗和英雄精神，最终逐步感受到来之不易的神圣和平、今日的繁荣与舒适、自身对其延续的责任。① 出于对移民涌入的关注，1857 年州立法机构要求公立学校必修课增加美国历史。19 世纪末随着移民的增加和社会的分化，学校课程再次重视历史教学，以保证移民的忠诚。学校督学指出，公立学校的职能之一是使移民子女成为忠诚的美国公民，教授美国历史无疑是实现此目的的最有效方法。学校历史课本增加战争编年史和总统行政当局对社会生活的讨论。一些教科书引入脚注、补充阅读书目和建议研究的话题。例如，纽约城市大学开设了美国研究课程，该门课程的主要任务是通过传统课程的学习，帮助学生了解美国文化和历史。美国研究触及英语、历史、哲学、社会学等领域。这些课程体系涉及美国历史文化、美国思想史、美国民族学和民族志、大众文化社会史。② 与美国历史相关的一个重要措施是传记的教学。传记是"勇气、爱国主义、忠诚信任、坚持不懈、自我否定、人道"的一个实物教学。③ 传记对孩子来说是一个明确的声明：他们要为自己的行为负责，成功的机会在于自己的行动，社会与这些决定休戚相关。教育者越来越关注明确的行为教学，公民学纳入公立学校课程就是明显的体现。

（四）公民学

19 世纪末公民政府课程开始论述正规机构和政治理论。1875 年乔治·马丁（George Martin）的教科书《公民政府》探讨政府形式与职能、公民身份的职责和性质。他追溯了殖民地时期美国政府起源及部门运行与宪法作用。④ 后来马丁对美国社会的看法发生改变。他提出对公民身份的特殊训练不再是一种奢侈品，却是一种必要。马丁强调小学阶段需尽早认识到公共利益的重要性，让学生了解个体对集体的从属关系和遵守法律的

---

① Marvin Lazerson, *Origins of the Urban School: Public Education in Massachusetts, 1870—1915*, Mass.: Harvard University Press, 1971, pp. 232 - 233.

② Bulletin. The City University of New York [EB/OL]. http://www.gc.cuny.edu/CUNY_GC/media/CUNY-Graduate-Center/PDF/Publications/Bulletin/Archives/GC_Bulletin_2014 - 15.pdf, 2014 - 11 - 02.

③ Marvin Lazerson, *Origins of the Urban School: Public Education in Massachusetts, 1870—1915*, Mass.: Harvard University Press, 1971, p. 234.

④ George Martin, *A Text Book on Civil Government in the United States*, New York: A. S. Barnes and Company, 1875, pp. 219 - 224.

重要性。儿童在离开学校之前,需知晓公民身份的义务和权利,保护本身的自由不受外国、政府及邻居的威胁。他强调美国人的政治教育应多于工业教育。1895 年马丁再次呼吁新一轮的爱国公民身份的教育。[1] 这提升了公民学在课程中的地位。例如,纽约城市大学布鲁克林学院就开设了公民、权力和政治这样一门课程。该门课程通过研究美国社会的权力、政府机构和社会组织,让学生重点了解美国政府和公民的互动关系。[2]

四 结论与启示

美国城市化崛起时期城市学校的课程设置不仅体现在分化,还体现在多样性上。"多样性"一词描述了该时期处于变化中的城市社会组织。社会中角色的不同与日益扩大的劳动分工、劳动市场和职业专业化相关。信奉效率的管理进步主义认为,学校基于个人天生的兴趣和能力,分配给他们不同的社会角色,有助于使专业化和分化过程更加顺利。这不同于前几代教育工作者强调的主题——共性和伙伴关系。随着管理进主义者突出强调专业化和区别,使 20 世纪初美国课程设置注意到多样化和灵活性的需要[3]。课程"分化以顾及不同阶级学生的需求"。[4] 这样的学习计划是为了让青年人为不同目的做准备。使学校成为学生开始奔向各自不同命运的地方。

而目前在我国新型城镇化进程中,课程设置如何满足多样人群的需求是一个重要的课题。学校和社会的互动是影响课程发展的因素。学校课程要切合城市化社会的问题和需求。我们要根据所能发现的学生的能力和倾向,分配他们不同类型的差异性课程。既要顾及升学也要考虑就业。课程需基于不同个体的特点、按照学生能力来设置,最终要让学生获得适合自

---

[1] George Martin, "New Standards of Patriotic Citizenship", *Journal of Proceedings and Addresses*, 1895, pp. 134 – 139.

[2] Cuny-Brooklyn College. People, Power and Politics [EB/OL]. http://www.brooklyn.cuny.edu/courses/ShowCourse.do?dsc=CC&crs_num=%20%2023, 2014 – 11 – 02.

[3] [美] 康德尔:《教育的新时代》,王承绪译,人民教育出版社 2001 年版,第 92 页。

[4] David Tyack, *The One Best System: A History of American Urban Education*, Mass.: Harvard University Press, 1974, p. 191.

身资历的工作,这也是实现教育机会均等的一种方式。当每个人都有机会接受适合于其才智的教育和有机会从事适合于其资力的工作时,民主的理想才能得到最充分实现。

[作者简介] 李朝阳,天津师范大学教育科学学院讲师,教育学博士。

美国废除公共学校种族隔离政策决策依据探微*

祝 贺

决策是教育政策制定过程中关键的一环，决策者能否进行科学、合理的决策直接影响着相关教育政策能否有效地实施。不少研究者就这一过程提出了理论模型，重点关注决策者的行为模式。这类研究虽然深化了我们对于决策者外显行为的认知，但较少探寻决策者相关行为背后的思想依据，即缺乏考察决策者的思想是如何转化为相关政策的。而对这些内容的探究能够使我们更加全面、深刻地认识和理解相关教育政策及其历史背景和社会环境，具有重要的意义。本文以美国废除公共学校种族隔离政策在联邦最高法院的决策过程为例，探究决策者——最高法院的大法官们在决策过程中的思考，进而考察他们的思想如何转化为制度以及他们为什么要如此决策。

废除公共学校种族隔离的教育政策对20世纪中叶以来的美国教育发挥着举足轻重的作用，甚至可以说它奠定了20世纪60年代美国教育的基调。国内教育学术界对这一政策并不陌生，很多研究也频频提及该政策。但是，相关研究大多数将这一政策作为研究美国20世纪六七十年代教育公平或者少数族裔教育的背景一笔带过，较少考察它在最高法院的决策过程。这种研究现状让人很容易忽略了该决策过程的曲折性和复杂性，误以为这一过程是一帆风顺、一蹴而就的，这一政策对美国社会和教育而言里

---

* 本文原载《比较教育研究》2017年6月，系全国文化名家暨"四个一批"人才自主选题资助项目《美国教育思想史》阶段研究成果。

程碑式的影响是研究者有意夸大的。

一 美国废除公共学校种族隔离政策及其决策述略

美国联邦最高法院在 1954 年的"布朗诉教育委员会案"（Brown v. Board of Education of Topeka, 347 U. S. 483，以下简称"布朗案"）判决中指出，在美国公共教育领域合法实施的、黑人和白人之间的种族隔离制度违宪。在遵循判例法传统的美国，联邦最高法院处于法院体系的顶端，拥有最高的司法权和至高无上的地位，其已有判例不仅影响着后续相关案件的审理和判决，也影响着美国社会相关领域的政策和实践。甚至可以说，美国的许多历史和法律就是在法庭上诞生的。[1] 在教育案件的裁决中，最高法院的判决结果往往成为以后遇到同类问题时可以援引的先例；推而广之，这些先例就逐步演变为不需要经过立法机构或行政机构的约定俗成的教育政策。最高法院由此成为美国进行教育决策的官方机构之一，在教育政策的制定过程中发挥着重要的作用。[2] 美国废除公共学校种族隔离的教育政策是在布朗案判决的基础上推广而来的，该政策的决策过程就是布朗案在最高法院的审理过程。

布朗案的审理经历了极其曲折、复杂的过程。不可否认，黑人在布朗案判决中的胜利确实离不开律师、社会团体等的努力；但在美国南方种族主义依然强势的情况下，最高法院九人一致的判决起到了至关重要的作用。这些大法官具有无上的权威且相互独立，对美国宪法和法律拥有解释权，在判决案件时有不同甚至相反的意见是极为正常的事情。这些大法官在司法哲学、政治立场方面有较大差异，却一致判决种族隔离制度违宪，但在布朗案的执行问题上又采取了妥协态度，指出应以"审慎的速度"（With all deliberate speed）实施黑人儿童和白人儿童的合校工作。大法官

---

[1] Gerald N., Rosenberg, "The Real World of Constitutional Rights", in Samuel Kernell & Steven S. Smith eds., *Principles and Practice of American Politics: Classic and Contemporary Readings*. 5th Edition. Sage, 2012, p. 196.

[2] 孙绵涛:《教育政策学》，武汉工业大学出版社 1997 年版，第 99—100 页。

们为何这样决策,值得研究者认真地分析和思考。

二 决策过程:大法官们的权衡

布朗案在最高法院的审理历时四年,法官们也经历了频繁的人员更迭,先后有十一位法官(包括两名首席大法官)参与布朗案的审理。废除公共学校种族隔离教育政策的决策过程围绕政治和社会两个关键问题,在法官们的思想权衡中展开。

(一)作为政治难题的教育案件

法官们都清晰地认识到布朗案并非只涉及黑人、白人儿童能否同校上学,而是牵涉复杂的政治问题。这一点在文森(Fred Moore Vinson,1890—1953)和里德(Stanley F. Reed,1884—1980)的思想发展过程中表现最为突出。

在布朗案审理前期任首席大法官的文森是一个精明的政治家、法律实用主义者,他在处理布朗案的案件命名和审理进程上面体现了对政治问题的敏感。布朗案实际上是由五个对美国公共教育领域的种族隔离制度提出诉讼的子案件合并而成,按照惯例,合并审理的案件应以字母排在首位的子案件命名;但是,该子案件产生于种族矛盾极为尖锐且种族主义根深蒂固的南方腹地,为了尽可能降低其负面政治效应,文森以首字母排序第二的布朗案来命名这个合并审理的案件。文森一直认为布朗案从本质上来说是政治和社会问题而非法律问题:法院在审理案件后并不密切关注社会后果,因此不便擅自插手该案,应该把这个难题交给国会来处理。在国会尚未表态的情况下,文森再三拖延布朗案的审理进程,不愿过早表明最高法院的态度。就算国会推卸责任,文森也准备采取折中的办法,允许涉案的黑人学生和白人同校上学,同时也不推翻种族隔离制度。[①] 此外,文森希望通过拖延政策在最大限度上降低布朗案对1952年总统竞选的影响。种族问题一直是美国最敏感的政治问题之一,布朗案在总统竞选前夕触动了

---

① Gerald T. Dunne, *Hugo Black and the Judicial Revolution*, New York: Simon & Schuster, 1977, p. 314.

这根神经，无疑使得竞选活动更加复杂。①

在布朗案的审理过程中，里德是唯一始终反对废除种族隔离制度的法官，但他最终基于政治的考虑，为了国家的利益选择与其他法官保持一致。里德来自美国南方，他坚持认为种族隔离对黑人和白人而言都有利，即使要取消这一制度，也要给出较长的时间缓慢进行，时间越长效果越好。②里德在当时九位法官中资历仅次于布莱克（Hugo L. Black, 1886—1971），他的观点对持犹豫或观望态度的法官产生了很大影响。沃伦（Earl Warren, 1891—1974）继任首席大法官之后，里德仍坚持自己原有的看法。他虽然承认种族隔离的公共学校并未公平地对待黑人，但认为可以通过改善学校设施来实现教育公平。③即使在"布朗案判决会废除种族隔离制度"的前提下，里德也认为必须要留出充足的时间和进行尝试的机会，这是对该政策可能采取的最缓和的措施。④但是，这并不意味着里德放弃了自己的反对意见。他一直坚持自己的立场，到布朗案开庭宣判的最后关头依然如此。最后，沃伦直接向里德表明自己的观点，希望里德能"好好考虑这样的决定对整个国家来说是否真是最好的"。对里德而言，布朗案的焦点在于他的异议将对南方各州产生怎样的影响：由于里德来自南方，即使这九位法官中只有他给出了反对意见，也会给不少南方人挑起事端提供充足的理由，故而里德确实为他的立场可能带来的后果感到担忧。在反复考虑之后，里德为了国家的整体利益以及最高法院的声誉，最终做出了与其他法官一致的判决。正如他在一封通信中所说，虽然他依旧希望维持异议，但这并不能成为对最高法院意见的制衡，期待公平对待黑人的因素比历史的价值更重要。⑤

---

① Philip Elman, Norman Silber, "The Solicitor General's Office, Justice Frankfurter, and Civil Rights Litigation: an Oral History", *Harvard Law Review*, Vol. 100, No. 4, 1987.

② Mary F. Berry, *Stability, Security, and Continuity: Mr. Justice Burton and Decision-Making in the Supreme Court, 1945—1958*, New York: Greenwood Press, 1978, p. 206.

③ Richard Kluger, *Simple Justice: the History of Brown v. Board of Education and Black America's Struggle for Equality*, New York: Oxford University Press, 1978, p. 680.

④ [美]伯纳德·施瓦茨：《美国最高法院史》，毕洪海、柯翀、石明磊译，中国政法大学出版社2005年版，第323—324页。

⑤ Richard Kluger, *Simple Justice: the History of Brown v. Board of Education and Black America's Struggle for Equality*, New York: Oxford University Press, 1978, pp. 691–698.

（二）基于美国社会现实的最终决策

如何在现实的社会历史条件下保障少数族裔的教育公平，成为决策过程中大法官们思考的另一个焦点。在这个问题上，沃伦、布莱克和法兰克福特（Felix Frankfurter，1882—1965）的观点最具代表性。

沃伦的法学知识虽然无法与其他法官相比，但他杰出的领导才能和娴熟的政治家技巧使得当时四分五裂的最高法院最终在布朗案判决中得出了惊人的一致意见。基于对布朗案来龙去脉以及各位法官以往思想倾向的了解，沃伦清晰地认识到布朗案所牵涉的问题极为重要和复杂。沃伦同情和支持黑人，为了尽可能地使持异议的法官改变主意，他组织了三次关于布朗案的非正式讨论，九位法官不进行任何形式的投票。① 沃伦认为，种族隔离制度建基于对黑人的歧视以及种族劣等的观点，不仅有违美国宪法，而且有悖于人类的终极价值。与此同时，沃伦也考虑到实际执行中的困难，指出种族隔离制度的废除万万不可鲁莽，应以"产生最少的情绪波动和冲突"的方式来进行。② 在谈到布朗案的执行时，沃伦认为将由地方法院以尽可能缓和的手段和态度来执行，最高法院将尽可能减少行政管理，并且不会直接插手各州合校的进程。这样的思路打消了大部分法官的疑虑，为一致意见的达成奠定了基础。③

布莱克关注的是少数族群的公民权利及其在美国南方社会中的可行性问题。布莱克生长在南方，深刻了解种族隔离制度对黑人造成的歧视与伤害，明确支持废除种族隔离。但他并没有脱离南方各州的社会实际，认为南方白人将会对此有极为激烈的反应，但不能因为可能面临的困难就否定必须得出的基本结论。④ 在法兰克福特的游说下，布莱克更深入地思考了布朗案的执行问题，他渐渐同意放缓此案的审理过程，指出种族主义在美

---

① Earl Warren, *The Memoirs of Earl Warren*, Garden City: Doubleday, 1977, p.285.
② Richard Kluger, *Simple Justice: the History of Brown v. Board of Education and Black America's Struggle for Equality*, New York: Oxford University Press, 1978, pp.678–680.
③ [美]伯纳德·施瓦茨：《美国最高法院史》，毕洪海、柯翀、石明磊译，中国政法大学出版社2005年版，第323—324页。
④ Richard Kluger, *Simple Justice: the History of Brown v. Board of Education and Black America's Struggle for Equality*, New York: Oxford University Press, 1978, pp.591–595.

国南方腹地各州大行其道,最好的方式是让不同种族学生合校的过程"从容进行"。①

法兰克福特在任职最高法院之前曾在哈佛大学法学院任教,是一名典型的学者型法官。他一贯秉持保守的司法观念,但在布朗案的问题上始终犹豫不决,在人道主义观念和自己所信奉的法学原则之间徘徊不定。人道主义的观念使他希望废除种族隔离制度,但这样一方面违反了他一贯秉承的保守主义原则,另一方面势必引起社会上的混乱与动荡,最高法院将不得不逾权干涉各州教育。沃伦上任后,法兰克福特经过情感和理智的斗争,最终将自己的思维从尊重司法的正统观念中解放出来,在整个美国社会历史发展的广阔背景下考虑布朗案,最终赞成废除种族隔离制度,并努力使所有法官的意见尽早集中到这一观点上来。法兰克福特认为,歧视黑人的吉姆·克罗法(Jim Crow Laws)存在的基础已经受到侵蚀,统一的美国社会逐渐形成。有色人种和白人公民一样享有平等的公民权,法律中平等保护的概念是动态的,会随着时代的发展出现相应的变化。"为了权利、公正和人们情感上的变化",最高法院有权重新解释宪法。②法兰克福特从美国社会的现实出发,认为即使各州都遵从最高法院的判决,由于所涉及的学区和学生数量极其庞大,这一政策也无法立刻落实。合校并不是两套学校系统的简单混合,其中会涉及复杂的管理问题,为这一过程设定一个较长的调整期不仅更有益于整体环境,还能更有效地实现既定目标,因此要以"审慎的速度"执行。③

三 为何如此决策:三权分立与联邦制

废除公共学校种族隔离的教育政策以及布朗案判决受到了黑人以及自由派人士的极力称赞。在一片颂扬声中,亦有研究者提出了异议:黑人法

---

① [美]伯纳德·施瓦茨:《美国最高法院史》,毕洪海、柯翀、石明磊译,中国政法大学出版社2005年版,第323—324页。

② Richard Kluger, *Simple Justice*: *the History of Brown v. Board of Education and Black America's Struggle for Equality*, New York: Oxford University Press, 1978, pp. 684 – 685.

③ Mark V. Tushnet, *Making Civil Rights Law*: *Thurgood Marshall and the Supreme Court*, *1936—1961*, Cary, NC: Oxford University Press, 1994, p. 220.

学教授德里克·贝尔（Derrick A. Bell, Jr.）在布朗案判决 50 周年纪念日即将来临的时候，在由九位著名宪法学者组成的重申布朗案的模拟法庭上投了唯一的反对票。贝尔认为最高法院在布朗案判决中进行了巧妙的置换，既没有将矛头指向最基本的"教育"，也没有指向核心的"平等"，而是不高不低地指向了表面上的"隔离"，继而掩盖了事实上的"不平等"，从而混淆了黑人与白人之间问题的本质，布朗案判决因此陷入"承诺的很多，但实现的却很少"的困境。[1] 贝尔的观点在以布朗案为研究对象的"反冲主题"（Backlash Thesis）中颇具代表性：这些研究认为布朗案判决的实际效果极为有限，并没有如预期一般大幅度提升黑人学生的学业成就、促进少数族裔的教育公平。

对这一决策的理解应着眼于三权分立原则下最高法院的权限以及联邦制原则下教育在美国宪法中的定位。在三权分立原则下，最高法院的权力范围决定了仅凭其一己之力无法进行彻底的改革。最高法院、国会和总统分别拥有美国最高的司法权、立法权和行政权，这三者之间既相互独立又相互制约。从广义上说，最高法院属于美国政治系统的一部分，但它实际上是三权之中最薄弱的一种权力，它的判决权较之国会和总统的立法权和行政权而言较为空洞，最高法院的判决需要在行政权的协助之下才能生效。[2] 20 世纪初，全国有色人种协进会（National Association for the Advancement of Colored People，NAACP）拟通过法律途径挑战美国社会中对黑人的种族隔离和歧视，将挑战教育领域的不平等作为首要任务。他们将一系列有关教育的案件上诉至最高法院，不仅希望通过法律诉讼改变黑人在教育领域的不公平待遇，更希望结束学校中的种族隔离制度，进而带来更为显著的社会改革。最高法院虽说是美国民主强有力的保障，但在缺乏行政权、财政权和立法权的情况下，它不能越俎代庖，若没有其他部门的配合就缺乏采取实际行动的保障，因此对社会和政治的

---

[1] Jack M. ed. Balkin, *What Brown v. Board of Education Should have Said: The nation's Top Legal Experts Rewrite America's Landmark Civil Rights Decision*, New York: New York University Press, 2001, preface, pp. 185 – 199.

[2] [美]汉密尔顿：《美国宪法原理》，严欣淇译，中国法制出版社 2005 年版，第 114—115 页。

改变是有限的。① 因此在种族平等和教育公平的双重难题下，最高法院并不愿意直接对教育中的种族隔离制度进行挑战，而是倾向于一方面否认种族隔离制度的精神实质，另一方面强调其合宪法性。在当时美国经济与社会发展的大环境下，布朗案直接将矛头指向了种族隔离制度本身，使得最高法院无法回避，只能在其权限内进行不彻底的改革。②

在联邦制原则下，教育在美国宪法中的定位决定了最高法院在废除种族隔离的问题上无法进行彻底的变革。美国存在双重分权：一方面是立法权、司法权和行政权之间的横向分权；另一方面是联邦和各州之间的纵向分权，联邦制原则与"三权分立"原则同时贯穿于美国宪法之中。③ 这种纵横交错的分权制度既使得不同的权力相互制约，又使得同一种权力受到自身的制约，这就同时支持了联邦政府内部、联邦政府和州政府之间制约平衡制度的发展。④ 当不同部门的权力归属出现分歧时，最高法院就开始行使它的违宪审查职责，发挥了"权力平衡器"的作用，对不同的权力主体进行调节和平衡。⑤ 美国政治理论中虽说没有明确指出教育权是各州的专属权力，也没有"联邦不得干预各州教育"这样的说法，但教育权传统上属于宪法留给各州的，并未明确规定的"保留权力"。⑥ 事实上，联邦、各州和地方三个层面的教育权存在相互依赖关系，这样一方面能够保证联邦教育政策的顺利执行，同时也能保证在政策执行的过程中充分考虑各州的需求。⑦ 在这种观念与事实的冲突当中，普遍而言，联邦权力通常是在短期内就各州教育权的关键问题进行干预，这就已然能给各州教育带来重大影响，长期的大规模干预并不是一个好的选择。⑧ 在教育中的种

---

① Gerald N. Rosenberg, *The Hollow Hope: Can Courts Bring About Social Change?* University of Chicago Press, 2008, pp. 3-4.

② 张冉：《布朗案在执行中受到的抵制——以弗吉尼亚州为例》，《北京大学教育评论》2012年第1期。

③ 蔡定剑：《美国联邦最高法院与司法审查透视》，《外国法译评》1998年第3期。

④ 潘志瀛：《分权与制衡——美国的方式》，《河北法学》2003年第2期。

⑤ 蔡定剑：《美国联邦最高法院与司法审查透视》，《外国法译评》1998年第3期。

⑥ Gary. Orfield, *The Reconstruction of Southern Education: The Schools and the 1964 Civil Rights Act*, Wiley-Interscience, 1969, Preface.

⑦ 孙大雄：《外国宪法》，知识产权出版社2014年版，第58页。

⑧ R. F. Elmore, Education and Federalism: Doctrinal, Functional, and Strategic Views [EB/OL]. http://files.eric.ed.gov/fulltext/ED235569.pdf.

族关系问题上,最高法院的做法即是如此,布朗案判决是联邦权力对南方各州教育权就教育公平问题进行的短期干预,最高法院承担着平衡各方关系的角色,在顾全大局的同时,通过对宪法的创造性的解释尽可能地实现公民受教育权的平等保护,以尽可能地照顾到各方利益。① 这是废除公共学校种族隔离政策本身的意义所在,该决策是当时历史条件下所能得出的最有利于教育公平的选择。

四 结语

种族问题一直是美国教育中一个关键且重大的问题。在当今美国社会,制度化的种族隔离虽然早已废除,但仍然存在由社会结构、文化心理、经济地位等多种因素造成的种族区隔,如何有效地保障少数族裔享有教育公平是美国现代教育政策制定中重点考虑的内容之一。然而,教育公平是一个与社会和历史息息相关的动态概念,如果撇开历史和社会的因素抽象地追求教育公平,那么也许永远都无法制定出一个绝对公平的教育政策,也无法得出一个令所有人都满意的答案。就教育政策的决策者而言,他们在进行与少数族裔相关的决策时,并非只考虑相关的教育原理,也并非简单地从少数族裔个体或者群体的利益出发,而是基于整个社会的历史条件和现实情况,考虑怎样做才能在自身的职权范围内有效的平衡各方关系,尽可能地做出最有利于保障少数族裔教育公平的选择。因此,对美国教育政策中有关少数族裔教育公平的认识和理解要植根于具体的语境。

[作者简介] 祝贺,女,华东师范大学教育学部学前教育学系讲师,教育学博士。

---

① Colin S. Diver, "The Judge as Political Powerbroker: Superintending Structural Change in Public Institutions", *Virginia Law Review*, Vol. 65, No. 1, 1979;李晓兵:《从"普莱西案"到"布朗案"——论美国联邦最高法院与受教育权平等保护的实现》,《国家教育行政学院学报》2004年第6期。

反思布朗案

——基于2001—2007年的文献*

祝 贺

一 布朗案及其意义

布朗诉教育委员会案 [Brown v. Board of Education, 347 U.S. 483 (1954)，其全名为 Oliver Brown et al. v. Board of Education of Topeka et al.，以下简称为"布朗案"]① 是1954年5月17日美国联邦最高法院宣判的一个有关美国公立中小学里种族隔离的案例。它包括五个独立的案子，分别是堪萨斯州的布朗诉托皮卡教育委员会案（Brown v. Board of Education of Topeka, Kansas）、南卡罗莱纳州的布里格斯诉埃利奥特案（Briggs v. Elliot, South Carolina）、弗吉尼亚州的戴维斯诉爱德华王子县学校委员会案（Davis v. Country School Board of Prince Edward County, Virginia）、特拉华州的格布哈特诉贝尔顿案和格布哈特诉布拉案（Gebhart v. Belton and Gebhart v. Bulah, Delaware）、哥伦比亚特区的博林诉夏普案（Bolin

---

* 本文原载《比较教育研究》2013年第10期，系"联校教育社科医学研究论文奖计划"资助项目"布朗案对美国南部各州教育的影响:1954—1974"（项目编号:JY12018）阶段研究成果。本文部分内容发表于2012年全国教育史学术年会论文"美国人反思布朗案:回顾与评论"（中国长沙，2012）。

① Leon Friedman, *Argument: the Oral Argument before the Supreme Court in Brown v. Board of Education of Topeka, 1952-1955*, New York: Chelsea House Publishers, 1969, pp. 325-333.

v. Sharpe，D. C.）。由于这五个案件的核心矛盾都集中在美国公立中小学中的黑白合校和种族隔离问题，都对"普莱西诉弗格森案"（Plessy v. Ferguson）中确立的"隔离但平等"提出了质疑与挑战，因此联邦最高法院将它们合并审理，并将来自堪萨斯的案子排在第一位，统称为布朗诉教育委员会案。

布朗案是美国教育史上最为重要的教育判例之一，它被称作美国教育史上的"世纪之案"，同时也被认为是在保护少数群体的司法能动主义中的"典范性事件"，是一个"自由派宪政主义的偶像"，甚至是一个"神话"。这一案例挑战了美国人长期以来固有的生活方式，不仅使南方黑人的受教育状况发生了巨大的变化，同时也在北部和西部存在事实性种族隔离的地区激发了教育工作者对这种不合理的制度进行反思和重新评价。这一案件的影响远远超出了教育领域，它加深了人们对平等公民权的认识，成为以后一系列重大社会关系和政策发生变化的催化剂，也为全美国范围内种族状况的改变奠定了法律基础[1]。这个案件的审判最终导致了美国人生活中的一场社会与文化革命，标志着美国的种族关系将发生根本性的变革，被称作"自《独立宣言》以来，美国最为重要的政府行为"。[2]

二 50周年的反思

当1954年5月17日联邦最高法院对布朗案做出一致的判决时，在美国社会，尤其是白人自由派和黑人中确实引起了很高的兴奋情绪。美国报纸认为原子弹或者氢弹的爆炸都比不上布朗案判决对美国民主制度的意义，它意味着美国生活中的双元制社会开始瓦解，最高法院对学校种族隔离案的解决方案值得全体美国人为之骄傲和自豪，民主原则与种族隔离制度之间的尴尬局面将走向终结。[3] 在布朗案胜诉中起到重要作用的瑟古德·马歇尔（Thurgood Marshall）也喜不自胜，认为到《解放黑奴宣言》

---

[1] 屈书杰：《从种族隔离到学校一体化：20世纪美国黑人教育》，河北大学出版社2002年版，第62页。

[2] Leon Friedman, *Argument: the Oral Argument before the Supreme Court in Brown v. Board of Education of Topeka, 1952–55*, New York: Chelsea House Publishers, 1969, preface.

[3] End of Dual Society, *Chicago Defender*, May 18, 1954.

颁布一百周年的时候,美国南方的所有学校都将废除种族隔离。[1] 但是随着时间的流逝,越来越多的学者开始质疑和反思:布朗案是否真的实现了马歇尔等人当初所设想的目标?它的历史效果和现代影响究竟怎样?2004年恰逢布朗案判决50周年,在此时间前后,美国各学术领域纷纷以各种形式纪念和反思布朗案。美国学者对于布朗案的研究、反思和评论从其判决之日起就没有完全中断,但恰恰在2004年前后达到高潮,不仅仅是因为50周年是一个具有阶段性标志的时间点,更是由于对历史事件的观察与深刻认识需要一定的时间距离。随着与布朗案相关的各种材料陆续出版,人们才能更为清晰地认识这一案件本身。本文将2004年前后出现的、对布朗案进行研究和评论的专著和论文挑选出来进行述评,以期了解美国学术界当下对布朗案的认识。在研究对象的选择上,出于材料的可获得性、权威性以及研究的便利性考虑,本文所考察的文献是2001—2007年正式出版的、以布朗案为研究主题的学术专著、期刊论文、论文集和学位论文,并未将各类学术会议论文包括在内。

(一) 布朗案对美国当代社会的影响

1. 教育权利的体现方式:公立学校的择校方案

第一类文献是关于布朗案判决对公立学校择校方案的影响。布朗案判决之后,南方各州对布朗案进行大规模抵制,其中一种手段就是择校。布朗案判决为择校创造了社会和政治环境,南方各州用择校来避免种族合校,所谓的"自由选择计划"(Freedom of Choice)只不过是从理论上、而非实际上给了黑人学生从公立学校中进行选择的权利。各种抵制方案在很大程度上阻挠了废除学校中种族隔离的进程,因此在布朗案判决之后的十年内,南方各州只关闭了很少的公立学校,新建的私立学园很少。美国历史上存在多种不同的择校形式,实施方式不同,确实在一定程度上扩大了美国黑人接受平等教育的机会,使人们对美国的公共教育产生了希望和信心;但是在另一方面,这些择校形式并没有定位于从根本上系统地改变美国黑人在公立学校系统中的不平等待遇,是发展公立教育和废除种族隔

---

[1] James T. Patterson, *Brown v. Board of Education: a Civil Rights Milestone and its Troubled Legacy*, New York: Oxford University Press, 2001, preface.

离过程中的一股逆流。最好的学校改革形式要求联邦政府必须积极参与其中，为教育公平和资源分配提供资金支持和政策保护，但同时也要为地区的自由、创新和控制留出空间。[1] 现如今有大约 1/3 的黑人也搬到了郊区居住，但这些郊区大多数是黑人聚居的社区，财产价值较低，为公立学校提供资金保障的税收要低很多，因此，这些区域内的公立学校在教学质量和条件上也不如白人社区的公立学校，而这些学校的学生大部分是黑人儿童。虽然各种"选择方案"名义上给了学生和家长择校的权利，但实质上决定学生上哪所学校的还是家庭的经济水平、居住区域和种族划分。[2] 而在白人居多、黑人较少的公立学校中，由于学业成就往往比不上白人，大多数黑人学生被分入"慢班"（Low-track Class）或者"补差班"（Remedial Class），受到留级或者停学的处置。[3]

2. 历史遗迹的转型：黑人学院与大学

第二类文献是关于布朗案判决对黑人学院和大学的影响。黑人学院和大学（Historically Black College and Universities）指的是美国历史上专门为黑人接受高等教育而开办的两年制初级学院或提供学士学位教育的场所，这种教育机构是种族隔离时代特有的产物。20 世纪 50 年代末期，布朗案判决对黑人学院和大学的架构和功能并没有产生直接的影响，但后来南方各州看到执行布朗案判决不可避免，这才开始极不情愿地开始废除白人院校中的种族隔离，但还是将黑人学院置之不管。黑人院校虽然缺乏资金、设施不足，但在历史时期内为培养黑人的知识分子、专业人士和学者做出了重要的贡献，培养了大批黑人中产阶级。一些黑人领袖认为在黑人学院和大学仍有其存在的意义和可能性：黑人院校本身就是对各族裔开放的，只要进行妥当的建设和管理，可以使其对所有人都有吸引力；而一些保守者则认为：在现在和可以预见的未来，黑人院校的发展将

---

[1] Lisa M. Stulberg. *Race, Schools, and Hope: African Americans and School Choice after Brown*, New York: Teachers College Press, 2008, pp. 157–172.

[2] Carol Ascher, Edwina Branch-Smith, "Precarious Space: Majority Black Suburbs and Their Public Schools", *Teachers College Record*, Vol. 107, Number 9, September 2005.

[3] Joy Ann Williamson, "Response: A Tale of Two Movements: the Power and Consequences of Misremembering Brown", 105th *Yearbook of the National Society for the Study of Education*, part II, 2006, pp. 14–35.

受到束缚。① 然而布朗案判决也为黑人学院和大学的变革提供了动力：一部分黑人学院和大学在文化和历史的视野中逐渐消失，它们或者逐渐演变为白人为主的高等院校，或者与其他高校合并。② 而在北卡罗来纳州，黑人学院和大学在现代社会中发展更为蓬勃，它们通过强化种族合校增加了多样性，建立了系统而积极的市场竞争机制争夺生源，并且仍然没有忽视为黑人提供高等教育这一历史使命。③

3. 布朗案对教育政策、课程和资源的影响

第三类是布朗案对公立学校的教育政策、课程和资源的影响。布朗案判决之后，虽然越来越多的黑人学生获得了和白人同校上学的权利，但许多看似公平的教育政策实际上仍然在阻碍着黑人学生的进一步发展。高中所提供的严格的学术课程对于一个学生是否能够完成大学学业更为重要，而这其中最严格的课程之一就是 AP 课程（Advanced Placement Courses），它是公立高中里面最常见的一种大学准备课程。如果一个学生 AP 课程合格，那么 90% 的美国大学将给他提供免费的大学学分，并且允许他上大学之后不选修相关的入门课程。这个过程看起来完全公平，但实际上强化了不平等。将近 50% 的美国高中由于教学质量不高、缺乏师资、经费不足等原因而不提供 AP 课程，而这些学校大部分分布在财产税较低、以黑人和西班牙裔居民为主的社区、内城以及农村。由于缺乏大学准备课程，这些少数族裔学生在上大学前就处于劣势地位，进入顶尖大学的机会远远低于富裕的白人中产阶级。④ 此外，学者们还将布朗案的当代影响扩展到亚裔、西班牙裔等少数族裔。布朗案同时也促进了其他少数族裔与白人的

---

① Saran Donahoo, "Denise O. Green, Trapped in the Back of the Bus: Black Colleges, the Courts and Desegregation Rulings". In Dara N. Byrne ed., *Brown v. Board of Education: Its Impact on Public Education, 1954—2004.* New York: Thurgood Marshall Scholarship Fund, 2005, pp. 99 – 114.

② Amiri Yasin Al-Hadid, "The Impact of Brown v. Board of Education on Colleges in Tennessee: The Tragedy of a Dream Deferred". In Dara N. Byrne ed., *Brown v. Board of Education: Its Impact on Public Education, 1954—2004.* New York: Thurgood Marshall Scholarship Fund, 2005, pp. 123 – 137.

③ Mickey L. Burnim, "The Impact of Brown on Public HBCUs: a North Carolina Case Study". In Dara N. Byrne ed., *Brown v. Board of Education: Its Impact on Public Education, 1954—2004.* New York: Thurgood Marshall Scholarship Fund, 2005, pp. 139 – 158.

④ Karen Miksch, "Unequal Access to College Preparatory Classes: A Critical Civil Issue". In Dara N. Byrne ed., *Brown v. Board of Education: Its Impact on Public Education, 1954—2004*, New York: Thurgood Marshall Scholarship Fund, 2005, pp. 227 – 248.

合校进程，提高了这些少数族裔儿童的学业成就。[1] 然而其潜在弊端就是公立学校中忽视了少数族裔的文化。美国虽然是一个多元文化的国家，但其文化的主体仍然是盎格鲁—撒克逊白人文化，公立学校课程仍是以宣扬白人文化为主，对少数族裔的语言、文化、习俗少有涉及。这样不仅使得少数族裔学生对本族的语言、文化逐渐产生疏离感，也使得包括白人学生在内的全体学生无法了解少数族裔的文化，从而失去了全面的学习环境。[2]

（二）历史层面的反思

1. 布朗案产生的历史必然性

布朗案的出现是美国第二次世界大战之后社会、政治和经济等方面原因交互作用的必然产物，迈克尔·克拉尔曼（Michael J. Klarman）列举了六个方面的原因，分别是第二次世界大战、意识形态调整、冷战、种族政治的变革、美国经济和社会的一体化、南方种族关系的变化。第一，第二次世界大战成为美国废除种族隔离的开端：大量黑人在第二次世界大战中踊跃参军，这些黑人军人退役之后权利意识增强，更为积极地争取黑人的民权；由于白人男性大量参战、劳动力紧缺，以前一些不雇用黑人的工作也向黑人开放，促使了黑人中产阶级的出现；第二次世界大战最终结束了经济大萧条，使得黑人能够参与到一个发展更快的经济当中。第二，意识形态的调整表现为，随着与法西斯之间战争的展开，美国白人被迫开始反思他们习以为常的种族隔离和歧视，并且试图从各个方面将其自身与臭名昭著的种族主义区分开来。第三，从美苏冷战的角度来讲，美国试图从各个论证美国生活方式的优越性，希望削弱苏联的影响；但美国国内正在推行种族隔离制度，黑人在社会上"二等公民"的地位与美国所标榜的民主、平等形成强烈的反差，苏联对吉姆·克罗制的攻击使美国觉得难堪，美国各界也深感种族隔离制度将会使得美国在与苏联的斗争中逊色。第

---

[1] Beatriz M. Arias, "The Impact of Brown on Latinos: A Study of Transformation of Policy Intentions", *Teachers College Record*, Vol. 107, Number 9, September 2005.

[2] Bernard Gifford, "The Linguistic Isolation of Latino Students in California's Public Schools: The Challenge of Reintegration", *105th Yearbook of the National Society for the Study of Education*, part II, 2006, pp. 125 – 154.

四,大量黑人向美国北部和西部迁移并且集中在拥有众多选举人票的州内,黑人选票在总统选举中具有越来越大的重要性。黑人成立了众多政治团体,民主、共和两党竞相在言行上支持黑人,以争取他们的选票。第五,随着国家经济政策的资助和南方各州经济政策的调整,美国南方和北方经济和社会的一体化强化了南方对北方经济的依赖,也逐渐削弱了南方团结一致抵制种族变革的行为,从而加大了南方种族关系变革的可能性。第六,随着各种社会、政治、经济力量的作用,美国南方对黑人严重的种族歧视有所缓和。由于这些深层的原因,从长期来看,无论联邦最高法院是否介入种族问题,美国国内都不可避免地会发生种族关系的变革,布朗案的发生具有历史的必然性。[1]

2. 始料未及的实施效果

詹姆斯·T. 帕特森（James T. Patterson）认为,布朗案从宪法上废除了美国南方根深蒂固的种族隔离制度,为黑人的教育条件和教育机会带来巨大的进步;但还应看到的是,在事实上而言,废除种族隔离的措施并没有像预期的那样大幅度促进黑人学生的学习成就,反而引发了白人对于种族融合的学校各种形式的抵制。为了逃避与黑人学生上同一所学校,富裕的白人纷纷搬至郊区居住,送其子女进入昂贵的私立学校读书,黑人要么失学,要么被重新孤立在内城或者黑人区质量低下的学校里。大约半个世纪之后,即使是当年布朗案的亲历者也对他们当年的努力产生了怀疑:当年的原告之一,来自堪萨斯州的黑人女孩琳达·布朗（Linda Brown）,以及勇敢地走入阿肯色州小石城中心高中的9位黑人学生之一——伊丽莎白·埃克福德（Elizabeth Eckford）都对布朗案产生了怀疑,她们发现法院的判决并未得到完全贯彻,形式化的种族合校只是给她们增添了负担。[2]

3. 布朗案判错了吗？

美国的宪法研究者也开始反思这一里程碑式的案件。在布朗案过

---

[1] Michael Klarman, "Brown, Racial Change, and the Civil Rights Movement", *Virginia Law Review*, Vol. 80, No. 1.

[2] James T. Patterson, *Brown v. Board of Education: A Civil Rights Milestone and Its Troubled Legacy*, New York: Oxford University Press, 2001, pp. 191-205.

去将近半个世纪之后,耶鲁大学法学教授杰克·巴尔金(Jack M. Balkin)召集了美国九位顶级的宪法学者组成一个模拟法庭,模拟当年布朗案的审判过程,让这几位学者重新写下自己的判决意见。1954年的判决结果是九位法官一致赞成废除学校中的种族隔离,但50年后却有一位学者投了反对票,这位学者是黑人法学教授德里克·贝尔(Derrick A. Bell, Jr.)。[①] 贝尔曾是全国有色人种协进会的律师,在民权运动中为废除种族之间的隔离、实现种族之间的平等进行了不懈的努力。就是这样一位民权斗士,他在反思布朗案的时候提出了这样一个问题:"在废除种族隔离的问题上,为什么布朗案承诺的很多,但实现的却非常少?"贝尔认为联邦最高法院从审理布朗案的一开始就迷失了方向。沃伦法院在审理布朗案时做了一个巧妙的置换,用表面的"隔离"掩盖了事实上的"不平等",从而掩盖了黑人与白人之间问题的本质。法院的矛头既没有指向最基本的"教育",也没有指向核心的"平等",而是高不成低不就地指向了表面的"隔离"。如果法院一开始就坚决要求彻底实施普莱西案判决的话,黑人在隔离的学校中也许能得到平等的教育。而维持二元的教育系统将给美国社会带来极高的成本,各学区教育委员有可能会主动、自发地要求废除种族隔离。[②] 就像贝尔在其著作中所说,在第二次世界大战之后、美苏冷战这样一个大的历史环境下,布朗案的胜诉、废除学校中的种族隔离更多地是搭上了美国国家利益的便车,并不是因为最高法院真正考虑到黑人的利益。在美国两百年来的历史、哲学和习俗中,黑人一直是作为"二等公民"从属于白人而生存的。黑人的利益是否得到提升,起决定作用的因素并不是黑人本身,而是要看提升黑人的利益是否有助于协调白人内部各阶级、各群体和各方力量之间的关系,是否有助于提升整个美国的利益。[③]

[①] Jack M. Balkin. ed., *What Brown v. Board of Education Should Have Said: The Nation's Top Legal Experts Rewrite America's Landmark Civil Rights Decision*, New York: New York University Press, 2001, pp. 19, 44 – 72.

[②] Derrick Bell, "Brown Reconceived: An Alterative Scenario", In Deborah L. Rhode ed., *Brown at Fifty: the Unfinished Legacy*, American Bar Association, 2004, pp. 58 – 69.

[③] Derrick Bell, *Silent Covenants: Brown v. Board of Education and the Unfulfilled Hopes for Racial Reform*, New York: Oxford University, 2004, pp. 194 – 202.

4. 布朗案：反思与超越

经过了 50 年的历史沉淀，在对布朗案的反思浪潮之中，美国当代学者一方面肯定了布朗案的历史功绩和地位，另一方面指出它的弊病和不足。布朗案"不仅仅是关于学校中种族隔离的一个案件，更是美国法律史上的一个里程碑，是美国一场社会和政治革命的开端"。[①] 这一案件的胜诉不仅增强了黑人的斗争意识，给成千上万的黑人带来了希望，而且还成了民权运动的导火线。在半个世纪之后的今天，我们必须承认布朗案给美国黑人的教育带来了史无前例的进步，为他们提高受教育水平、获得更高的社会地位做出了不可忽视的贡献。但是，布朗案所牵涉的问题过于复杂，涵盖了美国的政治、历史、教育和种族关系等多个方面，而且在当时的美国南方各州，对黑人的歧视与不公积弊已深，教育领域的种族隔离是南方的白人当权者已然认定的世界图景，没有对错之说，没有更改可言，因此这些问题不可能仅仅通过法院的一纸判决就立刻从根本上得到解决。法院判决可以宣布教育中的种族隔离制度违宪，但是无法立刻改变人们的种族态度，无法立刻消除两个种族之间在经济和社会地位上的差距，这种差距只能通过时间来慢慢消除。布朗案判决在南方引起轩然大波，种族主义者认为这一判决颠覆了他们的世界观，黑白儿童同校上学将导致不同种族之间通婚，进而导致出现混种的婚姻和混血的人种。因此各州不仅拒不执行法院的判决，反而通过各种方式对种族合校进行软磨硬泡；而且许多黑人家长因为害怕自己的孩子在种族混合的学校里受到欺负和威胁，仍然"自愿"隔离在黑人学校里。因此南方公立学校中的种族隔离"从 1954 到 1964 年的 10 年中，实际上一切依然如故"[②]，除了邻近北方的各州之外，南方其余各州基本上没有明确的废除种族隔离的行动，其中阿肯色州和南卡罗来纳州最甚，到 1964 年的时候，其黑白合校率仅为 0.004%。[③] 正视布朗案判决在历史和现实中的局限性，并不意味着悲观地否定布朗案

---

① Anthony Lewis, "What Has Brown Wrought?" In Deborah L. Rhode ed., *Brown at Fifty: the Unfinished Legacy*, American Bar Association, 2004, pp. 104 – 115.

② Gerald N. Rosenberg, *The Hollow Hope: Can Courts Bring about Social Changes?* Chicago: University of Chicago Press, 1993, pp. 42 – 72.

③ Southern Education Reporting Service, *Statistical Summary of School Segregation-Desegregation in the Southern and Border States*, Nashville, Tennessee, 1964, p. 1.

的历史功绩,更不是否认布朗案的必要性。布朗案从法律上规定了教育中的种族隔离违宪,如果没有这样一次历史性的判决,黑人争取平等教育权利的道路也许更漫长、更艰难。对布朗案进行历史和现实的反思,目的是要客观地对其进行评价,以期更好地实现布朗案判决的最终目标,更好地实现不同种族之间教育权利的平等。

[作者简介] 祝贺,女,华东师范大学教育学部学前教育学系讲师,教育学博士。

基础教育优质均衡发展的美国经验

王 晨

一

义务基础教育普及与提高（均衡化发展）一直是中华人民共和国教育事业和教育改革的重要目标和方向。它被认为是满足人民的教育需求，提高国民素质，实现每个人全面发展的基础，也是建立完善的国民教育体系，推进社会公平，提升国家竞争力的重要途径。在经过近20年的努力，全国已经基本实现了9年制义务免费教育普及之后，基础教育发展和教育改革的方向必然将落到教育质量的提高，即高质量的均衡化发展上。这是符合教育发展规律的，也已被发展现状所确认。

教育优质均衡发展也是世界上各个国家都在追寻的一个目标。各个国家在追求教育均衡发展的过程中，有着各自不同的政策选择和整体制度设计。[1] 照搬制度和政策是不现实的，也是不可能的，但是通过对别国的教育均衡发展的思路、制度和政策的理解和思考所获得经验和教训，无论对我们解决现阶段的因供给和需求之间矛盾而带来的问题，还是最终实现优质均衡发展的目标，无疑都具有重要的参考和借鉴价值。正是基于这样的目的，本文对世界教育强国之一美国基础教育均衡发展的制度、政策及其

---

* 本文系外国教育史国家级教学团队建设项目/北京师范大学211课题"改革开放30年基础教育改革与发展的历史研究"阶段性成果。原载《人民大学教育学刊》2011年第2期。如王晓辉通过对教育平等原则下择校现象的国际分析就佐证了这种情况。

[1] 王晓辉：《择校现象的国际观察与思考》，《比较教育年会论文集》2010年。

形成的社会历史背景、思想观念基础及改革中出现的争论和问题等进行了考察和研究。

二

美国教育均衡发展与社会的发展紧密相关,自19世纪中期美国各州先后建立免费公立学校系统,颁布义务教育法开始,就逐步迈向了这个进程。与其他工业化国家不同,美国没有建立综合性的社会福利体系来保障社会公平,解决社会和经济不平等问题,因此社会将公共教育作为帮助处境不利的人改变生活,寻求社会公平的核心手段,教育也就此受到了极大关注,背负了巨大的责任。[①] 贫穷、种族、阶层、性别、残疾人、移民等问题都成为教育公平和均衡的题中之义,这些问题与教育机会、教育过程与教育结果三个维度结合,从而形成了美国教育公平和均衡发展的脉络框架。其具体过程大致可以分为以下几个阶段。

(一)义务教育基本实现时期(19世纪50年代至20世纪20年代)

从19世纪中期开始至20世纪前期,进入美国的移民呈现高数量、高增长的状况,[②] 大量的移民涌入,尤其是与盎格鲁—撒克逊文化不同的东南欧等地的移民的拥入使得美国社会面临重大的压力。他们相对独立的小社会及其风俗习惯、礼仪与语言开始冲击美国本土的生活方式和英语,冲击着美国的民主政治制度,各地的基础教育也面临极为严峻的情况。这些包括后来(如拉美裔、亚裔和华裔)移民所带来的族群问题及其融入问题一直延续至今。原有的美国"大熔炉"面临考验,而有意识的美国化

---

① Michael A Rebell, Introduction, x – xi, Amy Stuart Wells, Our Children's Burden: A History of Federal Education Policies That Ask Our Public Schools to Solve Societal Inequality. 2. In Michael A Rebell and Jessica R. Wolff (Ed), *NCLB At the Crossroads: Reexamining the Federal Effort to Close the Achievement Gap.* New York: Teachers College, Columbia University, 2009.

② 1854年,移民美国的人数高达427833人。从1903年开始,每年的入境移民数就在750000人到1250000人之间徘徊;1820—1914年,入境美国移民的总数高达32102671人。而且移民的来源也发生了变化,从西北欧国家逐渐变成东南欧国家。Ellwood Patterson Cubberley, *Public Education In the United States: A Study and Interpretation of American Educational History*, Cambridge: Houghton Mifflin, 1947, pp. 334 – 335。

策略则成为一种选择。这一策略实施的重要手段之一就是公共教育（另一是工会）。因此美国化要求为所有人提供具有统一内容（例如英语）和标准的义务免费公共教育，规定学习时间，以让这些移民以及他们的后代接受美国的法律观、秩序观和政府观和民主生活方式，让他们的行为能够与美国国家理念的精神与目标保持一致，从而确立对美利坚民族和国家的身份认同。这是教育公平均衡发展和民主化的政治基础，也是美国必然的历史选择。与此同时，学校被认为是教育那些身心有问题的儿童少年最好的机构，因此在义务教育的指引下，学校不再如以前那样排斥这些学生，而是开始努力挽救他们，尽可能地教育他们，使他们成为对社会、对他人有用的人。在这个过程，为了保障正常的教学质量和秩序，学校往往会对这些学生采用专门的措施。特殊和补偿教育就在这样的背景下逐步诞生。而这些问题往往不是一个地方所能解决和负担的，所以县、州的介入干预不可避免。

（二）追求教育资源和机会平等时期（20世纪50年代至20世纪70年代）

自20世纪第二次世界大战后50年代到70年代中后期是美国民权运动鼎盛时期。公共教育体系与制度在经过两次大战之间的稳定后，变成富兰克林·罗斯福总统新政政策和没有成功的第二权利法案（The Second Bill of Rights）梦想①的替代品，成为这一时期"向贫穷宣战"和"伟大社会"改革的重要支点，担负起了促进社会公平的重任。美国虽然实施了义务教育，但在现实中，依然有许多美国年轻人极少获得或从未享受到教育，或者接受着明显不平等和劣于大多数人获得的教育。例如，1950年，仍有72%的残疾儿童没有入学。② 另一方面其重点还是放在了白人群体。黑人等其他种族并没有受到关注。因此伴随着这一时期黑人从南方流

---

① 罗斯福新政对民众进行直接的经济救助和就业援助，并试图通过第二权利法案为美国建立综合性的社会福利体系，保障追求幸福的平等权利，提倡结果平等。其第二权利法案包括就业、公平竞争、住房、医疗、教育和社会保险等经济权利。但因为与美国的个人主义、自助和自由传统相违背，并没有实现。

② J. D. Anderson, *Part Three: 1950—1980, Separate and Unequal: Introduction.* In S. Mondale & S. B. Patten (Eds.), *School, The Story of American Public Education*, Boston: Beacon Press, 2001, pp. 123 – 130.

动到北方，从郊区转向城市，白人从城市转向郊区，贫富差距加大，公共教育的隔离与不平等的现象日益严重，在贫富阶层之间，在黑白人种族之间，在讲英语和不讲英语的族群之间存在巨大的鸿沟。因此这一具有自由主义特性时期的教育平等与均衡与种族、阶层等议题紧密联系在一起，重点强调的是通过公共教育和教育相关政策（如就业培训）来保障机会均等和起点公平。从而通过补偿性教育达到平等和均衡来解决整个社会的不平等问题，消除贫困和种族问题。

这一时期的里程碑是1954年"布朗诉托皮卡教育委员会案"（Brown v. Board of Education of Topeka）。在该案中，联邦最高法院判决学校应该废除种族隔离。之后，在多个州，尤其是南方，在民众之间，在州政府与联邦政府之间，废除种族隔离，保障教育平等的斗争此起彼伏。到1972年，有91%的南部黑人儿童就读于种族融合学校。[1] 但是20世纪70年代中后期，因尼克松政府不再实施审查和扣留联邦基金，教育平等进程受到冲击，隔离有死灰复燃的趋势。

1963—1969年，国会通过影响教育的重大法规多达24项。这些法案大幅度地增加了联邦政府参与教育的力度，并为中小学、职业学校、学院和大学提供了大量资金。[2] 其中1964年的《民权法案》《经济机会法案》的"先行计划"（Project Head Start）和1965年《初等和中等教育法案》用大棒加胡萝卜的方式进一步推动了联邦政府参与教育平等与均衡发展进程。大棒性质的《民权法案》规定，在所有接受联邦基金的机构中，如果因种族、肤色或民族血统、性别等原因出现歧视，则撤销其获得联邦基金的资格。该法案同时授予美国首席检察官采取法律行动实现学校废除种族隔离的权力。胡萝卜性质的《初等和中等教育法案》则大幅增加了联邦对教育的资助，规定为地方学区的低收入家庭的儿童提供教育援助。1966年和1967年该法案资助范围扩大到包括印第安儿童计划，移民工人的儿童计划，残疾人计划（第六款），以及英语表达能力有限的儿童计划（第七款）。"先行计划"则针对那些3—5岁不能正常上幼儿园的处境不

---

[1] L. Dean Webb, *The History of American Education: A Great American Experiment*, Pearson Education, Inc., 2006, p. 286.

[2] Ibid., p. 289.

利儿童,为他们提供先行辅助,以便其一入学就可能与其他非贫困家庭的儿童站在同一条起跑线上。同时学界的《科尔曼报告》证明了补偿教育在帮助处境不利儿童克服其家庭文化劣势方面的价值,这在后续的时间里一定程度上影响了民众观念和教育政策走向。

这一时期另一个重要方向是对州内教育财政制度所带来区域不平等的挑战及其引发的改革。美国学校教育经费主要来自联邦、州和地方,而地方的教育投入主要来源于地方财产税,因此存在富人聚集税收丰厚的富裕学区和穷人聚居税收拮据的贫困学区,它们之间生均教育经费差距悬殊。20世纪70年代地方财政收入的减少加剧了富裕学区和贫困学区之间的不平等。贫困学区的家长,以及公民团体、教师和管理者组织要求州增拨资金,缓解弱势学校面临的财政收入不平等以及教育机会缩减问题,并诉诸法院。1971年加利福尼亚州最高法院对"塞拉诺诉普里斯特案"(*Serrano v. Priest*)的判决认为,过度依赖地方财产税的教育财政体系是违反州和联邦宪法的平等保护权条款的,儿童的教育质量不仅取决于所在学区的财政状况,而且还取决于整个州的富足程度。这开启了教育财政改革的新时代。至2003年,共有18个州高等法院宣布州教育财政体系违宪,从而推动了学校财政改革运动。[1] 州教育财政改革与联邦政府不断参与特殊人群的教育经费的举动相结合,促使学校经费来源比例发生重大变化,经费也得到大幅增长,尤其是各州不断减少对地方财产税和不稳定的教育费用的依赖,持续增加州对教育经费的投入,从而使教育平等均衡的资源分配和财政基础得以坚实地建立。[2]

可见这一时期,在议会、司法系统和政府的共同努力下,尤其是国家层面的干预下,教育平等和均衡发展取得了重大成绩,各族裔、各阶层、男女之间、残疾人在输入端的教育资源和教育机会分配上日益平等,并获得了补偿教育的机会,但另一方面其斗争和争论也一直延续,教育过程与

---

[1] John Yinger (Ed.), *Helping Children Left Behind: State Aid and the Pursuit of Educational Equity*. Cambridge, Mass.: MIT Press, 2004, p.3.

[2] 联邦经费从1960年的4.4%增加至1980年的9.8%。州教育经费援助从1970年的39.9%增加至1980年的46.8%,而地方学区向学校拨付的教育经费自1975年开始一直低于50%。并且在1978年首次低于州教育经费。而平均经常性支出从1970年的1677美元增加至1980年的2272美元(实时美元价值),增长率达到35%。资料来源:U.S. Department of Education, National Center for Education Statistics. (2003). *Digest of Education Statistics 2002*. Washington, DC: National Center for Education Statistics。

结果平等依然没有很好实现。

（三）追求优质均衡和结果平等时期（20世纪80年代至今）

20世纪70年代后期民权运动弊端所引发的社会动乱、石油危机、经济衰退和道德退化导致了美国国内民意和政治氛围的变化。一股反对大政府，反对收税，注重传统价值观的保守主义情绪日益浮现，教育首当其冲。而原来认为学校是培养公民、追求社会公平的基石的观点，也逐渐被学校是增强国际竞争力和实现经济发展的人力资本生产核心手段的观点所取代。[1]同时，民权运动时期的教育政策也因其繁多散乱、重视次要学生群体、忽视教育结果、过于激进自由的改革导致教育质量和标准低下、成绩下降[2]、联邦干预地方自治、导致平庸主义等原因受到诸多批评，面临转向。所以自20世纪80年代开始，公平逐渐被重新定义为所有的学生都有权利获得高质量的教育，而不仅仅是为其提供补充性和补偿性的服务。[3]教育平等和均衡的重心也逐渐从机会和资源均等转向优质教育和结果平等，也即是实行以高标准为基础的课程改革和评价制度，通过改进师资素质和问责制，来提高学生的学业成就。对学校中特殊个体学生的关注转向了对学校整体的关注，并据此强调高标准的普遍性和问责制的必要性，这意味着从上阶段以胡萝卜性质为主的资助转向以大棒性质为主的严格要求。除了对优质和结果平等的重视之外，在市场经济和商业原则盛行的背景下，这一时期的教育均衡观念也体现在学校改进和自由择校上。随着各式关于改进公立学校意见的提出和落实，各样关于扩大择校制（包含公私立学校）的方案通过州议会和法院相继出台，特许学校、学券制

---

[1] Amy Stuart Wells, Our Children's Burden: A History of Federal Education Policies That Ask Our Public Schools to Solve Societal Inequality. In Michael A Rebell and Jessica R. Wolff (Ed.), *NCLB At the Crossroads: Reexamining the Federal Effort to Close the Achievement Gap*, New York: Teachers College, Columbia University, 2009, pp. 29–31.

[2] Diane Ravitch, *The Death And Life of the Great American School System: How Testing and Choice Are Undermining Education*, New York, NY: Basic Books, 2010, pp. 23–24.

[3] M. E. Goertz, Redefining Government Roles in An Era of Standards-Based Reform, *Phi Delta Kappan*, 2001 (83), p. 62.

和私有化运动日益彰显,方兴未艾。①

1983年里根政府发布的《国家在危机中:教育改革势在必行》的报告激发了这一时期优质教育改革运动的征途。改革运动大致可以分为三个方向。(1)在州一级注重自上而下地改革整体教育制度,强调提高毕业要求,实行标准化课程,增加对教师和学生的考核力度,提高对教师资格的要求;(2)在地方一级注重自下而上地重建学校结构和管理方式,强调发挥学校内部教育者和家长等成年人的作用,提倡分权化、地方管理和决策、教师授权、改革教师培训、鼓励家长参与和择校;(3)构建社会化的综合性体系,结合家庭与学校来共同服务儿童,改革儿童政策,授权学生,融合和交互各种组织和制度,协调和强调儿童教育的整体性,关注那些其不利处境随着"优异新标准"的实施而不断恶化的儿童。②虽然20世纪80年代这些各式各样的改革并没有真正完全地实现优质教育和结果平等的目标,但是这一过程将教育史无前例地放到了美国国家政治议程的中心,并在后续的时间里继续前进。

从20世纪90年代开始,都自称要做"教育总统"的老布什和克林顿,继续推进优质均衡教育。他们与国会和各州政府取得共识,任期内陆续发布国家教育目标,推动志愿性国家课程标准的制定,致力于提升学术标准、提高所有学生的成绩、让学校对教育结果负责。克林顿制定的施行国家目标的纲领《2000年目标:美国教育法》(Goals 2000: Educate America Act)不仅要求所有的儿童都能入校学习,更要求所有学校都应保证让学生成为一名有责任感的公民,成为一个掌握未来学习技巧的人,成为一个在现代经济中具有创造性的一员。③这切实地标志着州和联邦教育政策的重点从教育投入转变到了教育产出,从程序问责制转到结果问责制。随后通过对《初等和中等教育法案》重新授权而形成的《美国学校

---

① L. Dean Webb, *The History of American Education: A Great American Experiment*, Pearson Education, Inc., 2006, pp. 320–323.

② J. Murphy, The Education Reform Movement of the 1980s: A Comprehensive Analysis. In J. Murphy (Ed.), *The Education Reform Movement of the 1980s: Perspectives and Cases*. Berkley, CA: McCutchan. 1990, pp. 3—5. L. Dean Webb, *The History of American Education: A Great American Experiment*, Pearson Education, Inc., 2006, pp. 326–332.

③ H. R. 1804. Goals 2000 Educate America Act, Sec. 1994, p. 101.

改进法案》(Improving America's Schools Act) 鼓励和资助各州和各地方进行综合改革、设立标准考试和问责制以满足国家目标的需求。至20世纪90年代末已有47个州设立了内容标准，有30个州设立了以标准为基础的考核评价制度。地方学区将其课程与标准保持一致，大学教育也将标准融入其课程与教学当中。[①]

很显然，标准、考核和问责制成为这一轮教育均衡和结果平等的关键词。但是旨在提高教育标准和质量的《国家在危机之中》所激发的标准化运动以及对国家课程标准的改革，因为1995年历史课程标准遭遇政治性批判，它被认为丑化了美国历史，而被政治人物们抛弃，从而转向上述相对安全的基本技能的标准化测试，也为美国后续改革争论埋下了伏笔。[②] 而且大量学生考试失败及其与家庭社会经济地位不平等的相关性，学校的评价、分级与奖惩，薄弱校改进等问题成为随之而来的改革难点，国家目标到2000年并没有实现。

2001年在小布什任上，由重新授权《初等和中等教育法案》而来的《不让一个孩子掉队法案》将优质教育均衡的改革推向了另一个高峰。法案在克林顿的基础上对制定和执行"具有挑战性"的学术标准、根据该标准评价学生、实行问责制和提高教师质量等方面做出有时间点计划的细致规定和强制要求。它对于教育均衡发展的作用主要表现在以下几个方面。(1) 面向全国所有公立学校的所有学生和教师，要求他们达到标准。(2) 明确了国家支持教育不再仅仅为教育提供额外的服务，而是为了提高所有学生的学业成就。(3) 明确规定了学生考试成绩（数学和阅读）作为考核学生学业成就和学校业绩的主要因素，并且明确规定将制裁和改进那些没有制定和达到年度进步目标、提高考试成绩的薄弱学校。改进学校的学生有权利在学区内和跨学区择校或无偿获得辅助教育服务（如课外辅导和暑期学校）。(4) 联邦政府首次参与规定教学师资的资格要求，并强迫各州政府执行，

[①] L. Dean Webb, *The History of American Education: A Great American Experiment*, Pearson Education, Inc., 2006, pp. 333-337.

[②] Diane Ravitch, *The Death And Life of the Great American School System: How Testing And Choice are Undermining Education*, New York, NY: Basic Books, 2010, pp. 22-23, 17-21。拉维奇认为严肃的正确的标准化运动在1995年已经死亡。

要求全部聘用高素质的教师。①

该法案第一次让联邦政府深入参与地方教育②，使教育处于联邦的管辖之下，并大大扩充了州政府的职责，如必须制定标准，确立考试评价制度，改进和奖惩学校，为实现教育目标负责等，在日益集权的基础上逐步推行教育的优质均衡和结果平等。但是法案并没有具体规定学术标准，考核内容、形式和熟练水平标准，也没有确定学校奖惩的措施和高素质教师的评价标准，而是让各州自定，因此在各州出现了标准各异，评价结果差别大，学校水平判定和改进各异的局面。同时还出现了应试倾向及种种不道德行为（如考试舞弊、编造辍学率、将学业不好的学生排除在学校系统之外、给学生分等③）；高标准和考试使得处境不利儿童更加困难，种族间的学业成就差距加大，原有的黑人学校和白人学校的分轨，变成了以白人学生为主的优质校和以少数族裔学生为主的贫困校的分轨；以及较多学校难以达标等问题。从而出现了要求为不同学校灵活设定目标，实行差异化绩效责任制的呼声④和改革是否破坏了平等的基础，扩大了种族和贫富之间的不平等的质疑。⑤

这一时期教育财政也伴随着以标准化为基础的优质教育改革运动而发生了进一步的变革。从 1989 年"罗斯诉优化教育委员会案"（Rose V. Council for Better Education）开始，因州财政系统无法满足州宪法规定的提供充分教育的要求而产生的大量诉讼使得各州学校财政政策和立法的重点开始由追求平等资助转变为实现充分资助，这意味着从强调教育投入的平等，转变为以提高学生成绩为主要内容的充分教育提供所需的资源。许多州通过改革州财政计划，将学校财政与州或学区的熟练标准联系起

---

① J. Jennings, "Knocking on Your Door", *American School Board Journal*, 2002, 189 (9), pp. 25 – 27.

② L. Hardy, "A New Federal Role", *American School Board Journal*, 2002, 189 (9), p. 21.

③ M. F. Goldberg, "The Total Mess", *Phi Delta Kappan*, 2004 (85), pp. 361 – 366.

④ L. Dean Webb, *The History of American Education: A Great American Experiment*, Pearson Education, Inc., 2006, p. 366.

⑤ Amy Stuart Wells, Our Children's Burden: A History of Federal Education Policies That Ask Our Public Schools to Solve Societal Inequality. In Michael A Rebell and Jessica R. Wolff (Ed.), *NCLB At the Crossroads: Reexamining the Federal Effort to Close the Achievement Gap*, New York: Teachers College, Columbia University, 2009, pp. 32 – 34.

来，从而为本州内每个儿童提供充分教育所需的足够经费和资源。但是这一庞大的教育支出使得许多州面临巨大预算赤字和财政危机，对教育的投入难以为继。

总体而言，这一时期的美国教育改革，愿望很好，办法较多，在前期的基础上推进了教育发展，但是能否真正实现优质教育的均衡，实现教育结果平等，能否仅仅通过教育就实现社会平等还是存疑，有待观察。

三

从上述美国基础教育优质均衡发展的改革历程中，我们可以清晰地观察到，教育的均衡逐渐从保障学生的入学的公平权利、在公立学校获得平等教育的权利转向学生是否拥有足够的可利用的资源和课程的教育过程平等和学生是否符合同样的学业标准的教育结果平等。从单一的公平转向公平下的优质。从"教育入口"转向"教育出口"[1]。其核心问题也依据不同的历史时期，从属于教育起点公平的教育机会的平等与自由选择，发展到属于教育过程公平的教育资源的分配与保障，再到属于教育结果平等的标准评价与改进。这一思路应该说是符合教育发展的规律，也符合民众教育需求的发展。

在此过程中，我们可以明显地观察到以下几个问题或特征。

一是分权与集权的矛盾。美国通过市、县、州教育组织和管理体制和公共学校体系的建立，教育部的建立和一系列的教育法律，逐步进行着教育集权化的过程。正是在州层面和国家层面的集权过程中，统一标准，统一制度才逐渐成为一种趋势，并与分权制度形成矛盾与斗争。均衡也正是在这一背景下才能成为美国基础教育发展的重要主题。但是因为地方传统的强大，州与地方的关系并没有形成一种完全隶属的关系，而是一种既有斗争，也有合作的关系。在这一过程州的权力和地方权力的对比也发生了

---

[1] Amy Stuart Wells, Our Children's Burden: A History of Federal Education Policies That Ask Our Public Schools to Solve Societal Inequality. In Michael A Rebell and Jessica R. Wolff (ed.), *NCLB At the Crossroads: Reexamining the Federal Effort to Close the Achievement Gap*, New York: Teachers College, Columbia University, 2009, pp. 1 – 2.

变化，一方面州权力的日益增加为州内均衡提供了行动基础。但另一方面，因为地方的权力和自由日益受到侵蚀，以及美国传统自由意识对大政府趋势的担心和反弹，使得平等和均衡的改革经常会遭受地方的反对。[1]这种制衡关系对于教育改革影响是复杂的。教育的优质均衡多元化发展显然需要处理好分权和集权的关系，将两者的优势结合起来。

有意思的是，在这种分权下的多元差异性向集权下的统一性发展的过程中，美国形成了独特的多元性与统一性并存的局面。一方面教育的各个机构非常注重多元和特性，但另一方面也存在追求一致性的跟风状况。从某种程度上讲，美国教育和文化外部制度意义上的多元性显而易见，但是在内在性质上其多元性则是被高估的。这与美国市场经济的发达，历史进程的短暂，美国化的意识以及现代社会的流动性增加都有着重要关系。

二是在政治、法律等制度框架内调动和规范各种社会力量参与教育改革。教育是关乎各个家庭的事务，是与每个家庭和每个人的社会收益、社会流动等切身利益相关重要事务。因此它的解决必然要满足各方面力量参与的诉求，而且这种参与要有制度性的渠道保障。在美国除了地方教育行政部门的渠道之外，在美国社会更大的法律和政治框架内，也有相应的渠道使各方力量包括国家和民众力量能够得以平稳地博弈，来解决各个历史时期在保障教育公平，提高教育质量方面所出现的各种问题，从而逐步推动更高标准和教育公平的实现。随着历史的发展，我们看到除了州之外，联邦政府和司法系统也在教育公平和均衡问题上开始介入，特别是20世纪50年代之后，联邦政府通过相关法律政策，各级法院通过判决对美国的教育公平和均衡发展均产生了重要影响。尤其是各级法院通过司法以及判例对教育优质均衡发展以及教育资源分配和教育公平实现进行了强有力的规范，一些前述的重要判例都引发了美国全国性的教育改革趋势。虽然有些案例的司法程序长达几年甚至十几年，但其在已有框架内平稳解决矛盾的制度性安排对于社会稳定和有序发展是极为有利的。

三是改革中存在的各种问题。在美国教育改革过程中，美国使用了课程标准，择校，学券制，特许学校，补偿教育，标准化测试，提高教师标

---

[1] Edwin Margolis and Stanley Moses, *The Elusive Quest: the Struggle for Equality of Educational Opportunity*, New York: Apex Press, 1992, pp. 119 – 120, 124 – 125.

准,问责制等诸多方法①,尤其是自 20 世纪 90 年代开始形成了以市场化为核心原则的改革方式,对学校教师进行问责,优胜劣汰,给予家长自由选择的权力等。由于缺乏综合性和长期的数据,对这些改革的效果在美国争论很大,大量研究结果众说纷纭,相互矛盾,因此目前的总体评价只能是:这些改革的效果并没有明显地超过(或低于)原先未经改革时的状况②,同时其引发的问题也引致了各种批评。最近一次最激烈的批评来自著名的教育史专家、教育政策分析家戴安娜·拉维奇(Diane Ravitch)。她认为,美国教育改革走向了功利主义。考评测算、分数、绩效成为主流,成功成为目的,却没有关注教育内在的事物和规律,没有关注真正的知识和课程,教育的内涵被忽视了,而且注重自上而下的改革方式单一强制,引人反感。③ 显然教育优质均衡发展问题没有想象的那么简单。一方面在学校和教育系统内部的复杂性制约了其目标的实现,另一方面它还将受到其他非教育因素的制约,如家庭的社会经济地位和文化知识条件差异所导致的教育叠加或削弱效应,市场化自由选择导致阶层分离问题等,从而使得追求公平的教育改革生产着更大的社会不平等。

由美国改革中的问题可见,教育优质均衡发展的实现不是一个线性的过程,它是一项以教育为基础的社会性综合工程,需要很长的时间,很多的工作才能逐步实现。这也进一步让我们警醒教育优质均衡发展改革的复杂性,需要多方考虑的必要性,并形成渐进、综合、全面的方式,切忌只及一点,不计其余地进行改革。

[作者简介] 王晨,1977 年生,男,汉族,浙江温岭人,现为北京师范大学教育历史与文化研究院教授,教育学博士,研究方向为西方教育思想史,西方大学史。

---

① 关于这部分的具体内容及其争论和评价将另文论述。
② 如对特许学校的评价即如此。参见 M. Leiberman, "Charter Schools: Facts, Fictions, Future", *The World & I*, 2004, 19 (5), pp. 64 – 65。
③ Diane Ravitch, *The Death and Life of the Great American School System: How Testing and Choice are Undermining Education*, New York: Basic Books, 2010.

"二战"以来美国大学学生群体社会结构特征及其变化趋向

康绍芳

第二次世界大战以来,在高等教育大规模扩张过程中,美国大学校园中学生作为"消费者"的观念、作为"参与者"的权利意识已逐渐成为主导美国高校学生群体的新文化,这些变化趋势对美国高等院校的性质和功能提出了新的挑战。本文主要基于美国高等教育研究院(Higher Education Research Institute)以及美国教育统计中心(National Center of Education Statistics)等所做的纵向调查报告进行统计分析,以此来考察第二次世界大战以来美国大学学生群体在社会构成、学习经历与教育成就、职业流动等方面所表现出的特征及变化趋势。

一 学生社会构成变化

第二次世界大战以来,美国高校学生在性别、族裔、父辈社会出身、宗教信仰等方面都发生了一系列变化,学生构成所表现出的特征从一个侧面反映出美国高校新的校园文化氛围。

(一)性别与族裔构成

1947年高校女性注册学生比例仅为29%,1979年达到50.9%,20世纪80年代以来,高校注册学生在性别构成上,女性入学比例持续上升,

2007年已达到57.2%（见图1）。①

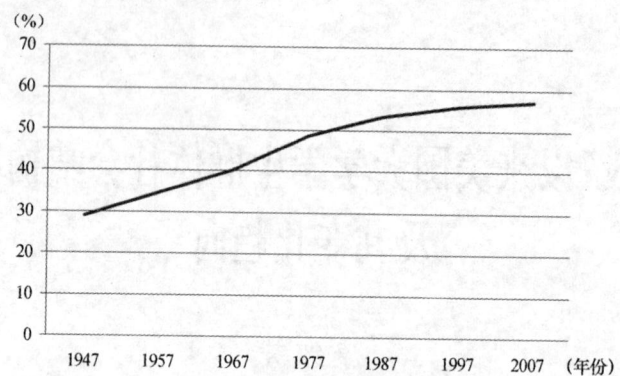

图1　1947—2007年美国授予学位高校注册学生女性比例变化

20世纪70年代肯定性行动在高校实施以来，黑人高等教育入学比例显著提高。1967年黑人的入学比例仅为13%，受肯定性行动计划的影响，1975年黑人的入学率提高到20.4%。此后，黑人高等教育入学率增长迅速，2010年已达38.4%，同一时期白人的入学率为43.3%（见图2）。②

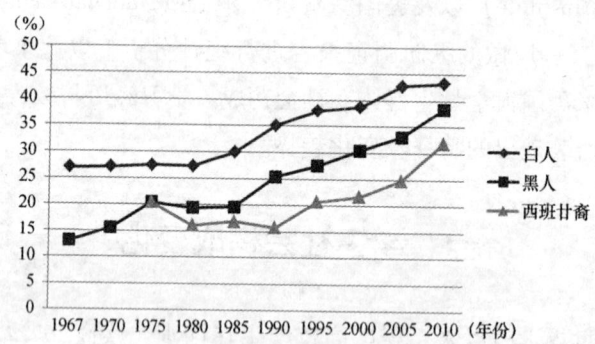

图2　1967—2010年美国授予学位高校注册学生族裔比例变化

---

①　National Center For Education Statistics（NCES）．*Condition of Education*．2011．Table198：Total fall enrollment in degree-granting institutions, by attendance status, sex of student, and control of institution：Selected years, 1947 through 2010．

②　Ibid.．

(二) 家族第一代大学生

1971年，家族第一代大学生在美国四年制学院所有全日制新生中的比例是38.5%，2005年，这一比例下降到15.9%。[①] 尽管如此，第一代大学生人口中，少数族裔学生依然居多，其中西班牙裔的比例为69.9%，非裔美国人占62.9%，印第安裔学生占44.8%，亚裔学生占42.5%。自20世纪70年代以来，各族裔内部第一代大学生的人数比例都呈现下降趋势。[②] 家族第一代大学生高中毕业学校以公立高中为主。不仅如此，1975—2005年，毕业于私立高中的第一代大学生比例还出现持续下降趋势。1972年家族第一代大学生毕业于私立高中的比例为13%，2005年已下降到7.6%（见表1）。[③]

表1　1972—2005年美国家族第一代大学生高中毕业院校比例变化

高中学校	第一代大学生		入读公立大学		入读私立大学	
	1972年	2005年	1973年	2005年	1973年	2005年
公立（%）	83.8	89.9	87.7	92.9	74.7	82.0
私立（%）	13.0	7.6	9.4	5.6	21.4	12.8

1971年，公立四年制学院第一代大学生比例占42.5%，私立院校占30.5%。近三十年来，公私立院校第一代大学生比例都在下降。截至2005年，公私立院校第一代大学生比例差额从1971年的12%降低到4.7%。[④]

[①] Saenz, V. B., Hurtado, S., Barrera, D., Wolf, D., & Yeung, F., *First in My Family: A Profile of First-Generation College Students at Four-Year Institutions since 1971*, Los Angeles: Higher Education Research Institute, UCLA, 2007, p. 6.

[②] Ibid., p. 10.

[③] Astin, A. W., Oseguera, L., Sax, L. J., Korn, W. S., *The American Freshman: Thirty-five Years Trends*, Los Angeles: Higher Education Research Institute, UCLA, 2002, p. 53.

[④] Saenz, V. B., Hurtado, S., Barrera, D., Wolf, D., & Yeung, F., *First in My Family: A Profile of First-Generation College Students at Four-Year Institutions since 1971*, Los Angeles: Higher Education Research Institute, UCLA, 2007, p. 7.

（三）学生父辈家庭收入

进入公私立大学学生父辈家庭平均收入普遍都高于全美平均水平。1971—2005年，进入私立大学学生父辈家庭收入从14500美元增长到80900美元（现值美元，current dollars），增幅达到458%。与全美平均收入水平相比（扣除通货膨胀影响，inflation-adjusted），二者收入差额为27300美元，2005年，这一差额扩大到35700美元。进入公立大学学生父辈家庭收入从12600增长到71100美元，增幅为464%。与全美平均收入水平相比，二者收入差额为17800美元。2005年扩大到25600美元。[①] 公立大学学生父辈家庭收入增长速度稍快于私立大学，二者收入差距呈现逐年缩小的趋势。

（四）学生宗教信仰背景

1966—2005年，美国高校大学一年级学生中，新教徒学生平均为47%左右，其中以浸礼会（Baptist）、卫理公会（Methodist）、路德教（Lutheran）和长老会（Presbyterian）教徒为主，罗马天主教徒平均为32%左右。与此同时，无宗教信仰的学生比例出现逐渐增长的趋势，1966年仅有不到2%的学生无宗教信仰，2005年，这一数据达到17.4%。[②]（见图3）

总体来看，第二次世界大战以来美国大学学生群体社会构成中，女性、少数族裔、低社会经济地位学生群体接受高等教育机会增长显著，学生宗教背景是以新教教徒为主，其中以浸礼会、卫理公会、路德教和长老会教徒居多，但无宗教信仰的学生群体比例也出现逐年增长的趋势。

[①] Astin, A. W., Oseguera, L., Sax, L. J., Korn, W. S., *The American Freshman: Thirty-five Years Trends*, Los Angeles: Higher Education Research Institute, UCLA, 2002, p.42.

[②] Astin, A. W., Sax, L. J., Pryor, J. H., etc., *The American Freshman: National Norms for Fall 1966—2005*, Los Angeles: Higher Education Research Institute, UCLA, 1966, 1974, 1984, 1994, 2005.

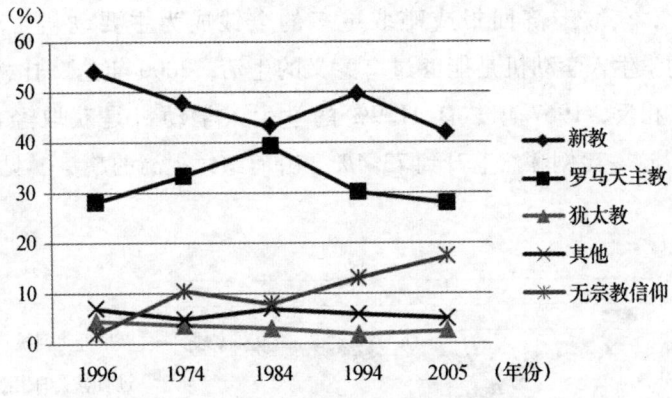

图3　1966—2005年美国大学新生宗教信仰背景分布
("其他"包括东正教、佛教、伊斯兰教等宗教)

二　学习经历与教育成就

20世纪60年代以来,美国高校大学生在入学动机、就读方式、主修专业兴趣、攻读最高学位计划、学位获得情况等方面发生了新的变化。美国大学生在学习经历和教育成就方面均表现出明显的院校、性别、族裔等差异。

(一)入学动机变化

美国高等教育研究院(Higher Education Research Institute)联合院校研究项目(The Cooperative Institutional Research Program, CIRP)[①] 所做的调查显示,自20世纪80年代以来,美国大学生入学动机和价值观发生了

---

① 联合院校研究项目是针对全美高等教育系统的纵向研究项目,由教育理事会(American Council on Education)于1966年创建,是目前美国规模最大、历时时间最长的高等教育实证研究项目。截至2005年,该项目调查范围涵盖1800所院校、1200万学生、35万教师。为了扩大这些资料在研究和培训中的作用,1973年联合院校研究项目进行了组织调整,合并到加州大学洛杉矶分校教育研究生院。该项目的年度调查现由加州大学洛杉矶分校高等教育研究院(Higher Education Research Institute)管理。高等教育研究院是下设于教育研究生院和加州大学洛杉矶分校信息研究中心(Information Studies at the California University, Los Angeles)的交叉学科研究机构。

显著变化，获取经济回报或赚取更多的金钱成为主要动机。1967 年，85.8%的学生入学动机是能够过有意义的生活，2006 年这一比例下降到 46.3%；相反，1967 年，有 41.9% 的学生入学动机是获取经济回报，2006 年，这一比例骤然上升到 73.4%，并有继续提高的趋势（见图 4）。①

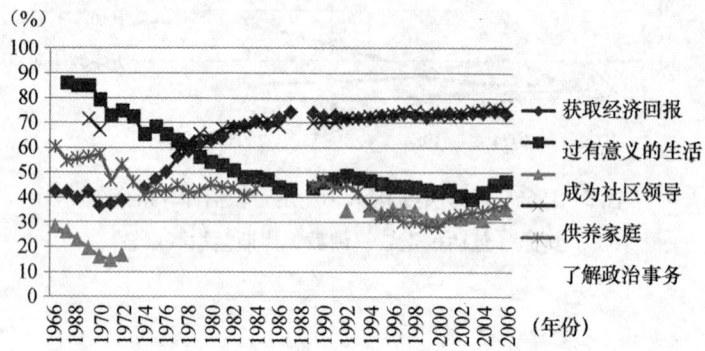

图 4　1966—2006 年美国大学新生入学动机和价值观变化情况

　　在美国大学生入学动机和价值观变化的影响下，学生大学学习的热情也在减弱。2000 年，高等教育研究院年度调查显示，大学生的学习热情逐年减弱。1985 年，有 26%的学生认为课堂无趣，2005 年，这一比例上升到 40.5%，这一现象在不同族裔、性别、社会出身的大学生群体中都存在。② 戴维·里斯曼（David Riesman）说道："多年来我反复听到学生在抱怨无聊，我尝试着与他们对话，鼓励他们在课程学习中积极开拓个人兴趣。但学生却认为他们交纳学费希望教授们提供更多的学业服务。与此同时，学生提交作业的数量和质量却都在下降。"③

　　另外，大学生每周课外学习时间也出现减少趋向。1999 年对东北部一所中等规模大学修习社会学课程的 9000 名本科生所进行的一项调查显示，

---

　　① Astin, A. W., Sax, L. J., Pryor, J. H., etc., *The American Freshman*: *National Norms for Fall 1966—2005*, Los Angeles: Higher Education Research Institute, UCLA, 1966, 1974, 1984, 1994, 2005.

　　② Pryor, J. H., Hurtado, S., Saenz, V. B., etc., *The American Freshman*: *National Norms for Fall 2005*, Los Angeles: Higher Education Research Institute, UCLA, 2005.

　　③ Riesman, D., Webster, D., *On Higher Education*: *The Academic Enterprise in an Era of Rising Student Consumerism*, New Jersey: Transaction Publishers, 1998, pp. 278–279.

42.5%的学生将高等教育视为商品，认为支付费用就应该获得学位。37.7%的学生每周课外学习时间低于5小时，有69.6%的学生每周课外学习时间只有10小时，甚至更少。[1] 这一结果与高等教研究院1999年年度调查结果相似，有31.5%的学生每周最多花6小时时间进行课外学习。[2]

（二）就读方式变化

1967年，80.5%的大学新生年龄在18岁，只有13.7%的学生年龄在19岁及以上，到了2006年，19岁及以上的大学新生增长到29.6%以上[3]。伴随非传统学生群体的增长，美国大学学生就读方式也发生了相应变化，非全日制学生比例越来越高。2011年美国教育统计中心数据显示，自20世纪60年代以来，非全日制学生比例逐年增长，2000年已达到41.2%（见图5），其中小区学院非全日制学生比例要更高一些。[4] 据统计，1970—1992年小区学院非全日制注册学生比例，1970年为49%，1992年达到65%。[5]

（三）主修专业兴趣变化

20世纪60年代末期以来，大学新生对博雅学科（liberal arts and sciences）的兴趣持续下降，大批大学新生将学科专业兴趣向商业领域转移。[6]

1966年以来，美国大学新生专业兴趣意向比例较高的学科领域主要

---

[1] Delucchi, M., Korgen, K., "We're the Customer-We Pay the Tuition: Student Consumerism among Undergraduate Sociology Majors", *Teaching Sociology*, Vol. 30, No. 1, 2002, pp. 100 – 107.

[2] Sax, L. J., Astin, A. W., Korn, W. S., Mahoney, K. M., *The American Freshman: National Norms for Fall 1999*, Los Angeles: Higher Education Research Institute, UCLA, 1999.

[3] Astin, A. W., Sax, L. J., Pryor, J. H., etc., *The American Freshman: National Norms for Fall 1966—2005*, Los Angeles: Higher Education Research Institute, UCLA, 1966, 1974, 1984, 1994, 2005, p. 9.

[4] National Center For Education Statistics (NCES), Condition of Education, 2011, Table 198: Total fall enrollment in degree-granting institutions, by attendance status, sex of student, and control of institution: Selected years, 1947 through 2010.

[5] Cohen, A. M., Brawer, F. B., *The American Community College*, San Francisco: Jossey-Bass Publishers, 1996, p. 43.

[6] Astin, A. W., "The Changing American College Student: Implications for Educational Policy and Practice", *Higher Education*, Vol. 22, No. 2, 1991, pp. 129 – 143.

332　美国教育的传统与变革

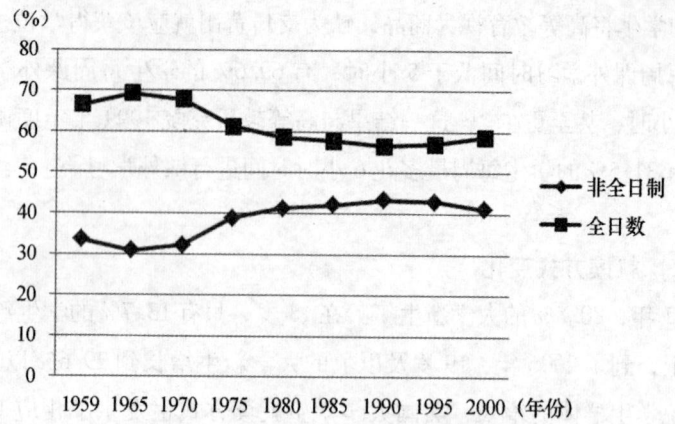

图5　1959—2000年美国高校全日制学生与非全日制学生比例变化

有商业、教育、工程学、专业保健等。20世纪80年代，学生对专业兴趣意向变化浮动比较大，对商业的兴趣急剧增长。如，1984年选修商业的学生比例高达26.4%，对教育的兴趣则出现明显下降的趋势，对专业保健领域的兴趣明显上涨，20世纪90年代中期甚至一度超过对商业类学科的兴趣（见图6）。①

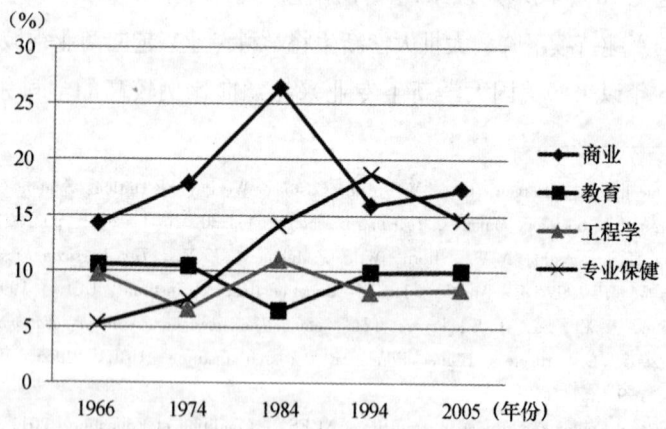

图6　1966—2005年大学新生主修专业（major）兴趣意向变化

---

①　Astin, A. W., Sax, L. J., Pryor, J. H., etc., *The American Freshman*: *National Norms for Fall 1966—2005*, Los Angeles: Higher Education Research Institute, UCLA, 1966, 1974, 1984, 1994, 2005.

(1984年专业保健细分为：建筑与城市设计、家政、保健技术、图书与档案科学、护理、药品、公共卫生等。2005年资料不包含两年制学院。)

从家族第一代大学生角度看，其专业兴趣意向也主要集中在商业、教育、工程、专业保健等学科领域，但同时也表现出一些差异，家族第一代大学生对教育类专业领域兴趣要稍高于平均水平。如，1974年所有被调查大学新生中，对教育类专业领域兴趣比例为10.5%。[①] 1975年还要略低于这一水平。但1975年家族第一代大学生对教育专业领域的兴趣意向却出现上升迹象，达到13.4%（见表2）。[②]

表2　1975—2005年美国家族第一代大学生专业兴趣取向变化

专业取向	第一代大学生（%） 1975年	第一代大学生（%） 2005年
农学	2.7	0.5
生物科学	6.3	6.8
商业	16.6	18.5
教育	13.4	12.6
工程学	8.3	7.0
英语	0.9	1.2
专业保健	8.0	14.2
历史或政治科学	3.6	3.2
人文	2.9	2.5
美术	5.1	4.3

从少数族裔群体尤其是黑人大学生方面看，20世纪70年代初，黑人大学生对商业企业管理、教育等专业领域兴趣也比较高。但到2000年以后，黑人大学生在专业兴趣上向专业保健类学科领域转移，选择生物学、

---

① Astin, A. W., King, M. R., Light, J. M., *The American Freshman: National Norms for Fall 1974*, Los Angeles: Higher Education Research Institute, UCLA, 1974, p. 45.

② Saenz, V. B., Hurtado, S., Barrera, D., Wolf, D., Yeung, F., *First in My Family: A Profile of First-Generation College Students at Four-Year Institutions since 1971*, Los Angeles: Higher Education Research Institute, UCLA, 2007, p. 59.

心理学、护理、医学等学科专业的黑人大学生比例出现上升势头（见表3）。①

表3　　　　　　　　1971—2004年黑人新生主要专业分布变化

1971年	%	2004年	%
企业管理	10	生物学	7
普通教育	8	心理学	7
心理学	6	护士	6
医学、牙医、兽医	5	医学、牙医、兽医	6
社会学	5	管理	5
护士	4	企业管理	4
社会工作	4	初等教育	4
体育或娱乐	4	政治科学	3
会计	4	市场营销	3
历史	3	会计	3

（四）攻读最高学位计划

高等教育研究院调查结果显示，1966—1994年，平均只有18%左右的学生计划获取副学士学位。大部分大学新生攻读最高学位计划

---

① Allen, W. R., Jayakumar, U. M., Griffin, K. A., Korn, W. S., Hurtado, S., *Black Undergraduate from Bakke to Grutter: Freshman Status, Trends, and Prospects, 1971-2004*, Los Angeles: Higher Education Research Institute, UCLA, 2005, pp. 16-18.

或意向是学士学位。两年制学院和四年制学院学生之间并没有显著差别。20 世纪 80 年代中期以来,两年制学院大学新生攻读学士学位计划的人数逐渐超过四年制学院学生。1984 年,两年制学院大学新生中,计划攻读学士学位的人数比例达到 43.2%,同年,四年制学院仅有 36.3%(见图 7)。①

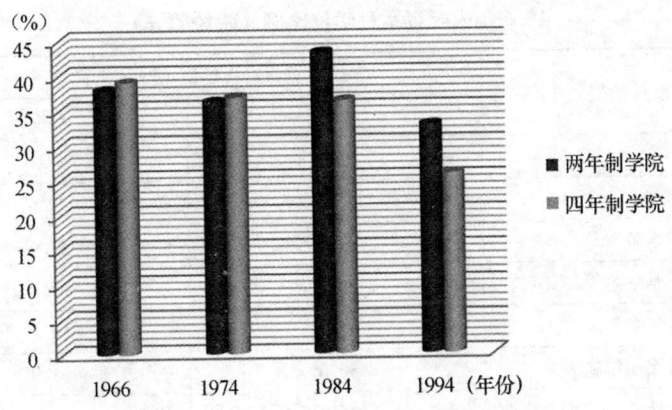

图 7 1966—1994 年美国高校大学新生攻读最高学位计划变化

从性别角度看,1966—1996 年,女性攻读学位的兴趣逐渐超过男性,1966 年,只有 40.3% 的女性大学生希望获得硕士学位,男性的比例是 58.4%;1996 年,女性大学生攻读硕士学位的比例提高到 67.7%,男性则是 65.3%。②

(五) 学位获得情况

美国高等教育研究院 2005 年针对 1994 年入学的新生本科学位获得情况进行了一项纵向调查。结果显示,从不同类型院校角度看,美国高等院校学生四年内能够获得本科学位的平均比例为 36.3%。公立大学学生四

---

① Astin, A. W., Sax, L. J., Pryor, J. H., etc., *The American Freshman: National Norms for Fall 1966—2005*, Los Angeles: Higher Education Research Institute, UCLA, 1966, 1974, 1984, 1994, 2005.

② Astin, A. W., "The Changing American College Student: Thirty-Year Trends, 1966—1996", *The Review of Higher Education*, Vol. 21, Number 2, 1998, p. 117.

年内获得本科学位的比例仅为28.1%，公立四年制学院为24.3%，在所有类型院校中学位获得率最低（见表4）。① 从性别角度看，男性四年内获得本科学位的比例为32.6%，女性为39.7%（见表5）。② 20世纪90年代以来，随着高等教育注册学生女性比例的大幅增长，女性完成并获得大学学位方面的能力也表现出超过男性的趋势。

表4　　　　　4—6年内获得本科学位比例（院校差异）

院校类型	获得本科学位比例（%）	
	4年	6年
公立大学	28.1	57.7
私立大学	67.1	79.6
公立4年制学院	24.3	47.4
非教派4年制学院	57.9	67.0
天主教派4年制学院	46.4	60.2
其他基督教派4年制学院	50.6	61.3
所有院校总计	36.3	57.6

表5　　　　　4—6年内获得本科学位比例（性别差异）

	获得本科学位比例（%）	
	男性	女性
4年内	32.6	39.7
6年内	55.2	59.6

从族裔差异看，白人学生四年内获得本科学位的比例为37.9%，亚裔学生为38.8%，非裔、墨西哥裔、印第安裔等学生平均在21%（见表6）。③ 亚裔学生和白人学生四年内获得本科学位的比例明显高于其他少数族裔学生。

---

① Astin, A. W., Oseguera, L., *Degree Attainment Rates at American Colleges and Universities*, Los Angeles: Higher Education Research Institute, UCLA, 2005, p.5.
② Ibid., p.7.
③ Ibid., p.8.

表6　　　　　　　4—6年内获得本科学位比例（族裔差异）

族裔	获得学位人数比例（%）（加权）		
	样本人数（未加权）	4年内	6年内
白人	45889	37.9	58.8
非裔	2465	23.0	46.3
印第安裔	1283	21.4	42.1
亚裔	2897	38.8	65.2
墨西哥裔	1323	21.3	46.0
波多黎各裔	569	23.8	41.8
其他	2392	37.0	54.3

三　职业流向变化

1968—1975年，美国大学生职业流动最显著的变化是对教师职业兴趣呈现逐年下降趋势，从23.5%下降到仅6.5%。与此同时，大学生对与健康保健有关的职业兴趣出现增长趋势，如外科医生（增长60%）、护理（增长75%）。[1]

高等教育研究院所做的调查结果也显示，1966年大学新生中将中小学教师作为未来职业的学生比例高达21.7%。[2] 1984年这一比例骤然下降到5.5%（见图8）。[3] 其中，对中学教师职业兴趣下降更为显著。与此同时，选择商业和工程领域职业的学生比例都有不同程度的上升，如1984年选择商业的学生比例为18.2%，工程类为10.4%。（见图9）[4]

（2005年资料不包含两年制学院，资料主要以授予学士学位院校为主。）

---

[1] Astin, A. W., "The Changing American College Student: Thirty-Year Trends, 1966—1996", *The Review of Higher Education*, Vol. 21, No. 2, 1998, p. 128.

[2] Astin, A. W., Panos, R. J., Greager, J. A., *The American Freshman: National Norms for Fall 1966*, Los Angeles: Higher Education Research Institute, UCLA, 1966, p. 20.

[3] Astin, A. W., Green, K. C., Korn, W. S., Maier, M. J., *The American Freshman: National Norms for Fall 1984*, Los Angeles: Higher Education Research Institute, UCLA, 1984, p. 50.

[4] Ibid..

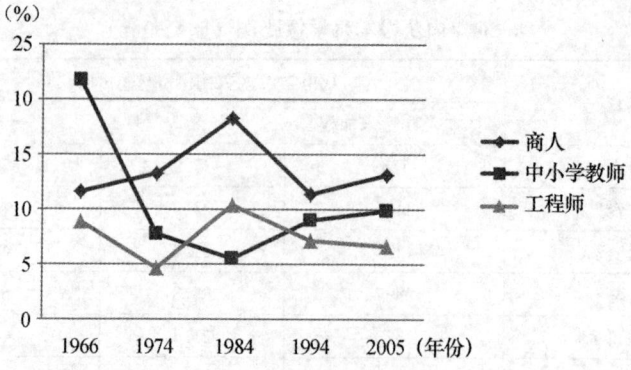

图8　1966—2005年美国大学新生主要职业流向变化

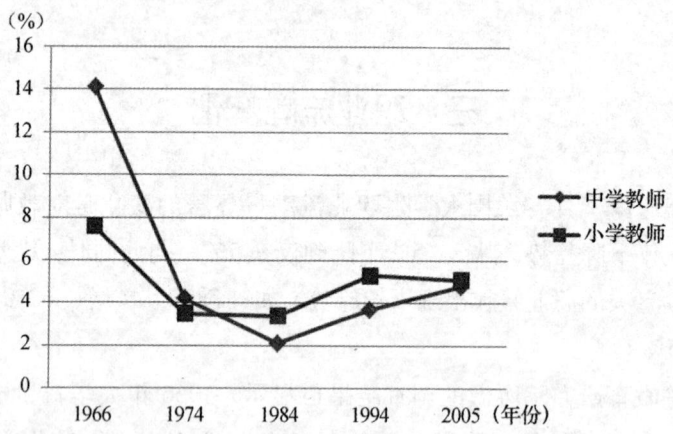

图9　1966—2005年美国大学新生对中小学教师职业兴趣变化

家族第一代大学生在职业流向上也表现出类似趋势，但对中小学教师职业的兴趣依然高于平均水平。如1974年大学新生选择中小学教师职业的比例为7.7%[1]，而家族第一代大学生1976年的比例为12.4%。[2]

从族裔差异看，1971—2004年黑人大学生在职业选择取向变化方面，选择从事中小学教师职业的学生减少了一半以上，从事社会工作的学生比

---

[1] Astin, A. W., King, M. R., Light, J. M., *The American Freshman: National Norms for Fall 1974*, Los Angeles: Higher Education Research Institute, UCLA, 1974, p.44.

[2] Saenz, V. B., Hurtado, S., Barrera, D., Wolf, D., Yeung, F., *First in My Family: A Profile of First-Generation College Students at Four-Year Institutions Since 1971*, Los Angeles: Higher Education Research Institute, UCLA, 2007, p.59.

例下降了 85 个百分点，选择从事医生职业的学生则从 5% 增长到 10%（见图 10）。①

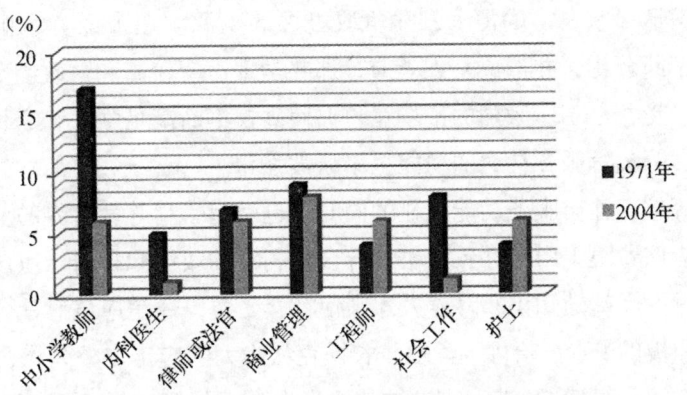

图 10　1971—2004 年黑人大学新生职业流向变化

自第二次世界大战尤其是 20 世纪 80 年代以来，经济主义和效率至上成为主导美国高校学生群体的新文化，美国大学生在生源构成、学习经历、职业流向方面呈现出新的特点。在学生构成方面，女性、少数族裔、低社会经济地位学生比例越来越高。学生宗教背景是以新教教徒为主，其中以浸礼会、卫理公会、路德教和长老会教徒居多，但无宗教信仰的学生群体比例也出现逐年增长的趋势。在学习经历与教育背景方面，美国大学生在入学动机、攻读学位、专业选择、职业流向中表现出明显的市场化倾向，学生对社会身份和阶层分化的敏感度逐渐下降，将入学学习作为一种基于经济回报的市场选择过程，淡化了其中的社会身份背景差异。因此，市场与经济领域的话语正在重构高等院校的属性，高等教育当前重要的使命之一即是维持个体在劳动市场中的竞争力，而对家庭、小区和民主社会的道德和伦理责任被边缘化。

经济主义和效率至上的美国高校文化中，美国大学生越来越倾向于学习技术性的、实用的、与劳动力市场相关的知识，面向市场和客户的高等

---

① Allen, W. R., Jayakumar, U. M., Griffin, K. A., Korn, W. S., Hurtado, S., *Black Undergraduate From Bakke to Grutter: Freshman Status, Trends, and Prospects, 1971—2004*, Los Angeles: Higher Education Research Institute, UCLA, 2005, pp. 17 - 18.

教育，越来越重视业绩和绩效。学生和教师形成了一种新的关系：消费者与服务者，市场与高等教育之间的界限逐渐被消解。① 高校在市场竞争中，除了要依赖自身声望（reputation）外，还要通过服务业绩（performance）满足"客户"的需求，并争取更多的生源。在市场竞争中高等教育内部不断分化，并形成马太效应，那些学术声望较高和财政经费居多的大学从中受益最多。激烈的市场竞争促使高校不断满足学生和家长的各种需求，高等教育服务社会的功能也不断被强化。②

高等教育社会服务功能凸显的同时，也引起了高等教育界的反思。大学是否应该着眼于内部并致力于符合自身利益的教学和科研，应该只是间接地通过发展基础知识和培养人才来使社会受益，还是应该对社会新的需求做出积极的响应？哈佛大学前校长博克认为大学应走出象牙塔，积极承担相应的社会责任。③ 弗莱克斯纳却认为大学不是风向标，不能流行什么就迎合什么，大学应不断满足社会的需求，而不是它的欲望。④

戴维·里斯曼认为美国高等教育陷入了满足学生"需求"与"欲望"之间的矛盾中，为了提高竞争力，高校纷纷趋向迎合学生欲望，而学生将自己视为其教育的消极生产者，这无形中会给高等教育的发展埋下隐患。⑤ 学生消费者的欲望大多建立在个人需要和偏好的基础上，大学不断迎合其欲望，这种转变对高等教育本身的历史属性和价值取向带来了巨大的挑战。⑥ 克拉克·克尔不无担忧地指出："今天，在很多国家高等教育的教师中间，失去的乐园是一个共同的主题。有人说，大学从来没有经历过这么大的变革，它曾经是一个自由和独立的知识分子团体，而且经过很多

---

① Delucchi, M., Smith, W. L., "A Postmodern Explanation of Student Consumerism in Higher Education", *Teaching Sociology*, Vol. 25, 1997, No. 4, pp. 322–327.

② Knapp, J. C., Siegel, D. J., *The Business of Higher Education*, Praeger Publishers, 2009, p. 89.

③ [美]德里克·博克：《走出象牙塔：现代大学的社会责任》，徐小洲、陈军译，浙江教育出版社2001年版，第338—339页。

④ [美]亚伯拉罕·弗莱克斯纳：《现代大学论——英美德大学研究》，徐辉、陈晓菲译，浙江教育出版社2001年版，第3页。

⑤ Riesman, D., Webster, D., *On Higher Education: The Academic Enterprise in an Era of Rising Student Consumerism*, New Jersey: Transaction Publishers, 1998, p. xviii.

⑥ Harris, M. S., "The Escalation of Consumerism in Higher Education", Knapp, John C., Siegel, D. J., *The Business of Higher Education*, Praeger Publishers, 2009, p. 94.

世纪的变迁，保持下来。现在它面临着一个它的自由将被严重削减的未来"。①

[作者简介] 康绍芳（1984— ），女，宁波大学教师教育学院讲师，教育学博士，从事美国教育史研究。

---

① [美]克拉克·克尔：《高等教育不能回避历史：21世纪的问题》，王承绪译，浙江教育出版社2001年版，第72页。

第四编

人物与机构

哈佛大学预备教育源起[*]

——19 世纪初的哈佛教育改革

曹春平

在殖民地时期，美国学院承担着传授白种人的语言文学、宗教和文化等职能。随着独立战争的胜利和启蒙思想的传入，美国学院的另一项职能开始得到部分白人中上层阶级的重视，他们期望学院教育推动美国成为一个在政治上独立于旧世界的共和国。然而，在 19 世纪 20 年代之前，多数美国学院招生规模小，教职员工人数稀少且财政赤字率较高，[①] 甚至，有的学院时常发生学生暴动事件，[②] 从而，学院通常只发挥了宗教文化传承和文字读写教育的功能，远远未发挥出培育共和主义政治美德的功能。于是，在 19 世纪，美国精英人士迈出了学院教育改革的步伐。自 1819 年起，在欧洲游学的乔治·蒂克纳和爱德华·埃弗里特等人陆续归国。1821年，蒂克纳率先在哈佛发起了教育改革倡议，建议将哈佛改革为一所能提供高等教育预备训练的，以培育青年的理性心智为教育目标的高级中学。这一改革倡议得到校长、董事会和几位教授的接纳。随后，董事会颁布了

---

[*] 本文为北京师范大学中央高校基本科研业务费专项资金资助项目"美国高等教育史"研究成果。

[①] David B. Potts, *Liberal Education for a Land of Colleges*, *Yale Report of 1828*, New York: Palgrave Maacmillan, 2010, pp. 8 - 9.

[②] Steven J. Novak, *The Rights of the Youth*, *American Colleges and Student Revolt*, *1789 - 1815*, Cambridge, Mass: Harvard University Press, 1977, pp. 38 - 57.

改革建议，但是，它遭到大部分教职工的反对，以失败告终。1823年，哈佛发生大规模学生暴动事件，导致蒂克纳及其支持者再度燃起教育改革热情。7月23日，蒂克纳、哈佛董事会代表、哈佛监事会代表和2位教职工共同举办了改革动员会议，会议决定向教职工群体推行拟订的改革计划，这种自上而下推行改革的方式再次引发教职工群体的反感，甚至引发了教职工群体的自治权诉求行动，在哈佛大范围内而言，这一次改革仍旧失败了。虽然，此次教育改革失败了，但是，这种建构高等教育预备教育的精神得到了后继教育者的重视。

蒂克纳发起的教育改革在美国教育史上有举足轻重的作用，对于反思中国大学预备教育也有一定启发意义。但是，目前国内尚未出现描绘这一改革历程的专门研究，并且，美国学者多从美国大学向德国大学转型的角度定义这一改革事件的性质。问题是，蒂克纳发起教育改革的初衷是让哈佛成为一所现代性大学吗？需要进一步探究的问题是，蒂克纳是通过何种路径先后两次发起教育改革的？研究显示，蒂克纳等留学德国的青年学者构想的是一个由相互衔接的中等和高等专业教育构成的教育系统，并且，他们认为，在高等教育预备教育阶段，应以活跃学生心智和塑造学生理性为主要目标，以自由课程为主要材料，以学生心智特征为依据进行分班和教学。蒂克纳尤其指出，哈佛尚未奠定德国式大学教育的基础，哈佛改革的首要目标不是仿照德国式大学改革，而是成为一所能够激活学生心智和塑造学生理性的高中。从史料来看，应把蒂克纳发起的改革事件解读为一场以德国式高级中学为模板的教育改革。此外，研究还显示出，改革之所以受到阻碍，一方面是由于哈佛教职工不理解大学预备教育的重要性，另一方面则是因为美国学院董事会、监事会和教职工这3个群体之间存在较大分歧。后文将会呈现两次改革的宗旨，以及参与改革过程的3个群体在教学和管理权力方面的分配以及他们在改革事件中的反应，进而解释导致改革失败的因素。

一 两次教育改革规划的宗旨以及出台始末

在19世纪20年代，蒂克纳先后两次发起教育改革，期望借鉴德国教育制度的优点来改造哈佛教育，这两次教育改革历程充满了波折和阻力。

（一）教育改革的宗旨

蒂克纳教育改革的宗旨在于，促进哈佛发展成为一所能够提供高等专业教育预备训练的教育机构，为哈佛向德国现代式大学的转型奠定基础。

蒂克纳的第一份正式改革规划出现于 1821 年 7 月份，它是以书信形式呈现出来的。这封改革请愿信对哈佛的诉求是，哈佛应首先完善高等专业教育的预备教育，预备教育将包含一整套能够规训和塑造学生心智的教学和管理系统。蒂克纳将改革目的定为，将哈佛建立成为一所"规训良好的高中"（a well-disciplined high school），并且，蒂克纳也期望，若此次改革能够顺利进行，则有望进一步完善哈佛的高等专业教育，将哈佛建设成为一所现代大学。因此，蒂克纳提出了具体改革目标，包括三个方面：（1）将各个专业课程的基础知识传授给学生；（2）针对学生的未来专业，教师对学生进行心智习惯的规训；（3）针对学生的未来专业，教师对学生进行相应道德品性的规训。[①]

蒂克纳的第二份正式的改革规划出现在 1823 年 7 月 23 日的改革动员大会上。他在大会上再次强调了教育改革的宗旨不是将哈佛改革为一所现代大学，而是完善高等专业教育的预备教育，他是这样陈述这番改革宗旨的：

> 如人们所见，我们并非一个大学——虽然我们这样称呼自己——我们也不是一个值得尊敬的高中——我们原本应该成为这样的教育机构……当务之急是将这所学院建成一所彻底的、规训良好（well-disciplined）的高中……

为了实现这一宗旨，蒂克纳阐述了以下主张：（1）完全依照学生的能力与效率进行分班教学。能力是分班的唯一标准，废除大一至大四的年级制；（2）将学院分成不同的学术系，每个系独立考查学生的能力；（3）学生在最低必修课基础上可以选择某些课程，每个系控制自己系的

[①] David B. Track, *George Ticknor and the Boston Brahmins*, Cambridge, Mass.: Harvard University Press, 1967, p. 97.

课程选修制度；（4）变革跳级制度。以前，大二至大四的学生若想学习更高年级的内容，必须通过高年级之前的所有课程的考试，且须支付额外学费。蒂克纳建议，学生只要在某一个学习科目上合格了，就可以跳级，无须修够所有科目的课程，这个制度可以产生健康的学生竞争；（5）招收不攻读学位的旁听生。[1]

在 1825 年，蒂克纳出版了《评论哈佛大学最近提出的或采取的一些变化》，以便对这一次改革宗旨进行更细致的说明。他在文中再一次强调，哈佛忽视了教育的最佳目标，即激活心智活动和创造心智习惯，具体地说，哈佛在心智的规训方法、手段、材料等方面都存在诸多问题。蒂克纳认为，在心智训练方法上，首要的问题是训练时间不足，主要原因是，学生假期太多，须知，少年时期是塑造性格和塑造道德的关键时期。[2] 其次的问题是，在塑造心智的方法上，讲座制度有待改进，课前预习、课堂笔记、师生交流方面、朗诵和背诵方法都需要改进。在心智训练的手段方面，蒂克纳认为，暂时开除制度效果欠佳，被暂时开除的学生通常被送去小镇接受牧师教育，可是，学生所到之处缺少教学和学习资源，从而，学生没有了学习动力，这一制度有待改革。蒂克纳还提出，心智训练需要有配套的管理制度，一方面，应有高效的财政支出效率，目前，教职员工的薪资高低与其为学生付出劳动的多寡并不相符，亟待改革。另一方面，应改变捐赠者占据董事会成员位置的传统，应该专门从住校教授与导师队伍中选举董事会成员。[3]

蒂克纳在改革规划中详细陈述了他的改革宗旨和意义，但是，其倡议的改革的意义并未得到大部分教职工的理解和接纳，一再引发教职工群体的反对。

---

[1] George Ticknor, "To N. A. Haven", *George S. Hillard Life*, *Letter and Journal of George Ticknor*, Vol. 1, London: Gilbert and Rivington, 1876, pp. 354 – 367.

[2] 哈佛假期的细节如下：毕业典礼，4 周 2 天；寒假 7 周，5 月份 2 周假期。学生毕业之前，平均有一周或 5 天假；每个学期开学有 2 天假，一个学年共计 6 天假；感恩节 4 天；斋戒日；展览 3 天；考试 4 天；部队选举；7 月第四周，每天有 2/3 的时间是没有操练的，共 6 天；32 周的星期六下午是休息，总共是 2 周 2 天。参见 George Ticknor, *Remarks on Changes Lately Proposed or Adopted in Harvard University*, Cummings, Boston: Hilliard & Co., 1825, pp. 3 – 4。

[3] George Ticknor, *Remarks on Changes Lately Proposed or Adopted in Harvard University*. Cummings, Boston: Hilliard & Co., 1825, pp. 3 – 4.

(二) 两次教育改革的路径

蒂克纳发起的两次教育改革都是沿着一条自上而下的路径展开的。从史料来看，实际上，蒂克纳在第一次正式向哈佛大学董事会发起教育改革倡议之前，曾尝试过在小范围内发起教学改良运动。蒂克纳自 1819 年就职于哈佛以来，约花费一年半时间向部分教职工推荐新教学计划，然而，几乎无人响应这些新教学计划。由于蒂克纳的教学改良计划未引起哈佛教职工群体的足够注意，蒂克纳开始考虑一种自上而下的教学改良路径。在 1821 年春，蒂克纳找到哈佛校长约翰·桑顿·柯克兰（John Thornton Kirkland, 1770—1840）商谈教学改良计划，实则期望借助柯克兰校长的权威引起哈佛教职工对新教学计划的注意乃至接纳。至 1821 年 6 月，蒂克纳和柯克兰校长的若干次商谈并未产生实质性的结果。此外，哈佛教授安德鲁斯·诺顿（Andrews Norton, 1786—1853）、弗里斯比（Frisbie）和亨利·韦尔（Henry Ware, 1764—1845）加入了支持蒂克纳推行教育改革的阵营，在蒂克纳的新教学计划无法推行之际，三位教授一致劝说蒂克纳采取自上而下的路径在哈佛发动教育改革。其中，诺顿和弗里斯比建议蒂克纳向哈佛董事会申请实施改革规划，韦尔则提议蒂克纳利用公众舆论力量驱使哈佛教职工开展教育改革。在内外因相互交织的驱动下，蒂克纳向他的一位担任哈佛董事的友人威廉·普雷斯科特（Hon William Prescott）阐述了改革主张。在 1821 年 7 月，威廉·普雷斯科特决定支持蒂克纳的改革规划。在普雷斯科特的要求之下，蒂克纳将改革规划写成一封教育改革请愿信，该信长达 20 页，并将该信递交给哈佛董事会。[①] 在 1821 年 7 月 31 日，蒂克纳将教育改革规划递交给了柯克兰校长、贾奇·戴维斯（Judge Davis）、洛厄尔（Lowell）等哈佛董事。至 1821 年 9 月 12 日，哈佛董事会向全体教职工颁发通告，该通告反映出蒂克纳指出的哈佛教学和管理问题，并附上了蒂克纳的教育改革建议，要求教职工对蒂克纳的改革

---

① George Ticknor, "To N. A. Haven", *George S. Hillard Life, Letter and Journal of George Ticknor*, Vol. 1, London: Gilbert and Rivington, 1876, pp. 354 – 367.

建议予以回应。① 从而，这场自上而下推行的教育改革导致哈佛董事会和教职工展开了利益博弈。

蒂克纳第二次发起教育改革的时间是在两年之后，这场改革行进的路径仍旧显示出自上而下的特征。1823 年，哈佛大学四年级学生发生大规模暴动，这次事件刺激了蒂克纳及其改革支持者再度萌发教育改革热情。其中，蒂克纳及其改革支持者诺顿和韦尔同是哈佛一位论教派俱乐部成员，他们在俱乐部沙龙中就教育改革问题进行了三次连续讨论，最终决定自上而下再次发起教育改革，并期冀哈佛最高权力机构——哈佛监事会——成为发起教育改革的起点。蒂克纳及其支持者发动改革的第一步是召开一个极为关键的改革动员大会，经过商榷，蒂克纳、韦尔和诺顿决定，邀请以下人士参加改革动员大会：

现任监事会委员：查尔斯·洛厄尔（Charles Lowell）、贾奇·斯托雷（Judge Story）、理查德·苏利文（Richard Sullivan）与约翰·皮克林（John Pickering）。

非住校教师：詹姆斯·杰克逊（James Jackson）、蒂克纳。

前教职工：G. B. 爱默生，J. G. 帕尔弗里。

前监事会成员：威廉·苏利文（William Sullivan）。

除了上述 9 位人士，校董会成员贾奇·普雷斯科特和国会议员哈里森·格雷·奥蒂斯（Harris Gray Otis, 1765—1848）也收到了邀请，只不过，他们在同一天须参加哈佛董事会例会，因而缺席。1823 年 7 月 23 日，这次改革动员会议在蒂克纳家中举行，在会上，蒂克纳宣读了自己的改革规划，并且，与会人士极为认真和细致地对蒂克纳的改革规划进行了讨论。会议整整持续了一天，最终，会议得出决议，由与会人士贾奇·斯托雷在第二日的哈佛监事会例会上提出教育改革倡议。1823 年 7 月 24 日，贾奇·斯托雷及其改革同盟在监事会例会上倡议，哈佛应展开对教学和管理状况的调查。7 月 25 日，监事会经过投票任命了一个调查委员会，贾奇·斯托雷、查尔斯·洛厄尔、理查德·苏利文和亨利·韦尔被选为调查委员，他们都是支持蒂克纳发动教育改革的人士。此外，会议决定，由

---

① David B. Track, *George Ticknor and the Boston Brahmins*, Cambridge, Mass.: Harvard University Press, 1967, p. 99.

哈佛董事柯克兰校长、普雷斯科特和奥蒂斯负责与调查委员会就改革事宜进行沟通和探讨。随后，教育改革引发了哈佛教职工、董事会和监事会三个群体之间的斗争。①

总的来说，蒂克纳先后两次正式发动教育改革，都是沿着一条自上而下的路径展开的，在此过程当中，既有改革使命感的驱动，也有改革环境的逼迫。这种路径的发生背后是否还有其他因素，后文将进一步叙述和分析。

二 教职工群体的反对及改革结果

蒂克纳两次正式提出的改革规划，经由哈佛董事会或监事会的推行，下达到教职工群体之中，继而都在一定程度上引起教职工群体的反对。

1821年9月，哈佛董事会下发蒂克纳的改革建议和改革商议通告之后，除了黑文（N. H. Haven）等几位教授表示支持外，大部分教职工反对实施"任何重要的变革"。同时，校长柯克兰对蒂克纳的"回复"颇有微词，他指责蒂克纳在新英格兰激起了太多人对哈佛的反感态度。教职工的反对态度导致哈佛董事会决定不再推行蒂克纳的改革规划。

1823年7月，蒂克纳第二次正式提出改革规划，监事会接纳意见后，任命了调查委员会就教育改革必要性进行了调查，这一举措引起教职工的反感，从而，教职工以诺顿为核心形成了一个抵抗改革的团体。1824年春，9个住校教师与诺顿、埃弗里特向校董会递交了一份陈情书，声称他们的自治权正在不断受到"侵蚀"。1824年5月4日，监事会调查委员贾奇·斯托雷咨询了董事会之后，起草了一个报告来推崇蒂克纳的改革计划。此外，该报告赋予哈佛校长在教育改革上的绝对个人权威。报告称，"校长将是哈佛大学最有效的、真正的领导……他有完全的权威巡视教授们……校长可以独立负责或否定这所大学的所有系与其他委员会的报告与行动"。② 随后，哈佛监事会将报告寄给全体教师，并通知他们于6月1

---

① David B. Track, *George Ticknor and the Boston Brahmins*, Cambridge, Mass.: Harvard University Press, 1967, pp. 110 – 113.

② Ibid., pp. 110 – 116.

日讨论这个报告。结果,该报告引发教职工群体对改革路径和改革宗旨的极力反对。德克斯特神圣文学教授安德鲁斯·诺顿愤慨地写下《对"监事会的报告"之评论》一文,一方面,他批判此次改革的路径,尤其指出"这份改革规划将学院教师们置于监事会、校董会、校长的权威之下……"诺顿认为这条改革路径是"专制主义"的。诺顿对改革宗旨也发出质疑,他质问道:"难道要将哈佛降低到高中水平?"[1] 某种程度上,诺顿的一系列反问代表了哈佛部分住校教师的疑虑。

1824年6月1日,哈佛教师们与高层管理者全部聚集在一起辩论贾奇·斯托雷的哈佛改革调查报告。教师们并不赞同这份报告的改革主张,他们称,监事会没有足够的证据证明他们了解哈佛的教育状况。对此,监事会再次任命了一个新调查委员会,赋予他们权威重新调查哈佛教育状况和撰写新的报告。

不久,新调查委员完成了调查工作,调查委员洛厄尔将新的调查报告呈递给了监事会。报告显示,哈佛大部分教职员工反对大规模变革。但是,监事会在1825年1月6日宣布接纳贾奇·斯托雷的旧《报告》。随后,以蒂克纳的改革建议为主要内容的新政策出台,哈佛教职工被推上了改革的舞台。1826年秋,哈佛监事会的一个委员在对哈佛例行巡视时发现,除了现代语言系之外,所有系的改革举措实施得并不成功。改革中的一个重要举措是按照个人的效率与能力进行分组教学,众人皆表示这个举措难以实施,困难重重。这种情状导致监事会对改革失去了信心,他们立刻向董事会汇报改革困境,希望董事会稍稍修改之前的新政策。1827年初,哈佛董事会出台了新的政策。政策规定,"除了现代语系的教职员工同意实施这条法规——按照新分班制度分成新的群体进行教学——其他系或教师在没有得到教职员工的同意时,不得采取这种新的分班制度",这条新政策深受教职员工的欢迎,从而,在哈佛大范围内,教职工基本上不再执行先前颁布的教育改革规划。[2]

---

[1] Andrews Norton, *Remarks on a Report of a Committee of the Overseers of Harvard College*, Cambridge: Hillard and Metcalf, 1824, pp. 1 – 12.

[2] George Ticknor, "To N. A. Haven", *George S. Hillard Life*, *Letter and Journal of George Ticknor*, Vol. 1, London: Gilbert and Rivington, 1876, pp. 354 – 367.

1828年，柯克兰校长辞职了，约西亚·昆西（Josiah Quincy Ⅲ，1772—1864）继任哈佛校长，带来了一股新的治校精神，展开了新的教育改革。蒂克纳回忆之前的艰难改革，说自己曾经迫于处境做了超过本职3/4的事情。蒂克纳认为自己所实施的改革系统是成功的。

三 结论和启示

（一）分析和结论

纵观改革过程，蒂克纳倡导的教育改革遭到了哈佛教师的大规模抵抗，其原因主要在于哈佛教育管理制度的结构特点和改革发起者的身份。

从哈佛管理体系的结构看来，哈佛教职员工处于管理体系的最底层，他们在自身群体的聘任、薪水以及学生管理政策方面几乎没有话语权，并且，他们几乎无缘进入董事会与监事会体系。在1821年，董事会直接在通告中公布蒂克纳的教育改革意见，这种做法或许意味着挑战教师手里唯一的，也是最后的教学自治权利。因此，教师在1821年普遍反对蒂克纳的改革。但是，哈佛管理体系的权力分层似乎无法解释教师群体在1823年改革中的反对态度，在1823年，哈佛监事会并没有直接下发教育改革意见，而是选任了调查委员进驻哈佛来考察教育改革的必要性，可是，教师们在调查结果出来之前，就已经集结起来撰写教师自治权陈情书。从这点来看，教师们在1823年改革中的抵抗情绪更甚于1821年。其主要原因在于，改革发起者的身份引发了教职工群体的反感情绪。

除了哈佛管理体系权力不平衡问题之外，改革者的身份是导致教职工进行反对的重要原因。1823年改革行动的主体是哈佛监事会，监事会完全由校外人士组成，包括麻省政界精英、教会精英与其他校外人士。当一群校外人士涉入哈佛校内教育事务之时，不难想象教师们可能产生的抵抗情绪。另外，乔治·蒂克纳享有的特殊条件也使得1823年的改革蕴含了些许武断的性质。在19世纪初，哈佛的教授和导师一般住在校园内，他们不仅要负责学生的教学事务，还需充当哈佛校园警察，需要在深夜巡视校园。与他们不同的是，蒂克纳从欧洲归来之时就与校长订立了合约，根据合约，蒂克纳只需要负责学术研究与教学工作，并住在校外，因此，他与监事会成为邻居和朋友，脱离了一般的教师群体。在1823年改革中，蒂克纳受到监事会的支持,在某种程度上得益于他与监管委员们的私交。综上所述,与其说蒂克纳是一名"教授",不如说他的影响力以及角色更类似于哈佛管理高层共同体的一分子。他作为1823年改革规划的主要提出者,导致这场改革更像一场自上而下、由外向内驱使变革的运动。除此之外,19世纪20年代是哈佛教师被排挤出董事会的时期。虽然,哈佛教师曾经拥有入选董事会的惯例,但是,在19世纪20年代,新的惯例已经形成,董事会成员一般由非住校教师担任。以上种种的因素推动了哈佛教师的抵抗情绪,使之在1824年到达沸腾状态,结果产生了1824年的哈佛教师群体自治权陈情书。

此外,不可否认的是,部分教师与蒂克纳等改革倡议者在大学教育以及预备教育的内容以及意义方面存在认识差距。蒂克纳推行改革,主要是基于对美国共和政体的维护之情。早在1816年留学期间,爱德华·埃弗里特与乔治·蒂克纳耳濡目染了欧陆人对法国大革命的警戒与重视之感,随即将他们对高等教育社会功用的体会用书信告知了哈佛校长柯克兰,并且,他们应柯克兰校长的要求,就哈佛改革问题撰写了《文字机构—大学—图书馆》一文,[1] 此文发表在1818年12月份的《北美评论》上,这是当时北美最具有影响力的杂志之一。[2]

乔治·蒂克纳倡导的这次改革引起了国内外学者的广泛关注。茱丽·A. 罗宾教授的《现代大学的形成》[3],刘宝存教授的《大学的创新与保守——哈佛大学创建世界一流大学之路》[4],刘春华博士的《德国大学对美国"大学化"运动影响探析》都认为这次改革在美国大学向德国式现代大学转型中具备重要意义[5]。总的来说,虽然此次改革中的一些建议,

---

[1] Andrews Norton, *Remarks on a Report of a Committee of the Overseers of Harvard College*, Cambridge: Hillard and Metcalf, 1824, p. 86.

[2] Edward Everett, "Literary Institution, University, library", *The North American Review and Miscellaneous Journal*, 1818, 2 (12), pp. 191–199.

[3] Julie A. Reuben, *The Making of the Modern University: Intellectual Transformation and the Marginalization of Morality*, Chicago: University of Chicago Press, 1996.

[4] 刘宝存:《大学的创新与保守——哈佛大学创建世界一流大学之路》,《比较教育研究》2005年第1期,第35—42页。

[5] 刘春华:《德国大学对美国"大学化"运动影响探析》,《高校教育管理》2013年第3期,第85—95页。

诸如创建选修制度、将大学分成学术系等，在美国学院向现代大学变革的历程中有标志性的意义，但是，就蒂克纳发起的系列改革倡议的历史性质来看，蒂克纳发起的教育改革规划是以德国式高级中学为参照对象的。若将此次改革置于19世纪至20世纪初的教育改革浪潮之中，就会发现，它在大学预备教育制度、大学与中学衔接制度方面具有源头性的意义。

（二）启示

蒂克纳的改革对于国内的预备教育制度的建立具有启发意义。近些年，国内对大学预备教育构建问题的研究兴趣甚浓，譬如，丁道勇的《基于教师"通晓"的高中教学改革》[1]，杨明全的《大学先修课程与我国高中课程改革》[2]，綦春霞与周慧的《高中教育与大学教育的衔接：国际经验与本土实践》[3]，都探讨了国内的大学预备教育改革问题。蒂克纳改革的启示是，在预报教育改革问题上，我们应该反思国内大学预备教育改革的路径和原则，包括：是引入国外的大学先修课程，还是开发本土的大学预备教育课程？遵循什么样的原则来设计这些课程？教育改革可能会遇到哪些障碍？从本文的研究来看，高等专业教育的预备教育不仅应该包括高等专业课程的思维训练，还须包括专业道德的训练，在预备教育改革问题上，不能停留在只研究预备教育制度的内容上，也应兼顾教育改革的合法性建构。并且，外国大学预备教育制度史研究显得尤为重要，它有助于探索大学预备教育制度建构的理想状态、困境和出路。

[作者简介] 曹春平（1986— ），女，湖南郴州人，现为扬州大学教育科学学院讲师，主要从事美国近代教育研究。

---

[1] 丁道勇：《基于教师"通晓"的高中教学改革》，《教育学报》2014年10月第4期，第34—41页。
[2] 杨明全：《大学先修课程与我国高中课程改革》，《教育学报》2014年10月第4期，第49—55页。
[3] 綦春霞、周慧：《高中教育与大学教育的衔接：国际经验与本土实践》，《教育学报》2014年10月第4期，第26—33页。

达特茅斯学院案与美国高等教育的公私之辨[*]

王慧敏

一 引言

达特茅斯学院案（以下简称学院案）对于国内教育学术界来说并不是一个陌生的话题，自20世纪80年代末以来，国内一些通史研究和专题研究都注意到了该案的重要性。而在几乎所有的研究结论中，都一致认为学院案的标志性意义在于划分了美国高等教育公私的界限，有研究者认为该案"导致公私立高等教育的分野"[①]，进而导致"美国的高等教育明确地划分为公立和私立两个子系统"[②]，还有研究者认为美国高等教育在学院案之后明确分为公立和私立两个系统，并由此形成了美国高等教育特有的竞争机制；[③] 也有研究者回避了这种并不可靠的绝对表述，但仍然是在公私分立的框架下论述该学院案的，并将该学院案作为私立高等教育发展中的重要事件。[④] 进入21世纪之后，研究者仍然不断地重复此类表述，如认为该学院案"以法律的形式为公、私立高等教育划定了明确的界限"；[⑤] 认为该学

---

[*] 本文原载《北京大学教育评论》2016年第1期。
[①] 陈学飞：《美国高等教育发展史》，四川大学出版社1989年版，第44页。
[②] 王廷芳：《美国高等教育史》，福建教育出版社1995年版，第129页。
[③] 王英杰等：《美国教育》，吉林教育出版社2000年版，第76页。
[④] 滕大春：《美国教育史》，人民教育出版社1994年版，第217页。
[⑤] 王保星：《美国现代高等教育制度的确立》，河北教育出版社2005年版，第67页。

院案分别以不同的方式促进了公私立高等教育的发展;[①] 更有研究者直接宣称该学院案是"美国公私立高等教育发展在制度上的分水岭"。[②] 在过去二十多年中,研究者们对学院案的评价一直在重复几乎雷同的观点,问题是,这些研究在给出相同的结论的同时并没有进一步解释学院案是如何划分了美国高等教育的公私界限,也没有给出任何史实依据。

在美国的学术界中,也有很多学者支持这种观点,如唐纳德·乔治·图克斯伯里(Donald George Tewksbury)在 20 世纪 30 年代认为该判决促进了私立高等教育发展同时推迟了公立高等教育的建设达半个世纪之久,[③] 20 世纪五六十年代约翰·S. 布鲁巴克(John S. Brubacher)[④] 和弗里德里克·鲁道夫(Frederick Rudolph)分别又重申了这一观点。[⑤] 国内的学者在重复这种传统观点的同时又完全忽视了 20 世纪六七十年代以来美国学者们的反思,如理查德·W. 莫林(Richard W. Morin)批评了约翰·马歇尔(John Marshall)大法官对机构公私性质绝对而草率的划分,并指出这种简单绝对的划分的负面意义;[⑥] 约翰·S. 怀特海德(John S. Whitehead)在 1973 年出版的专著中专门讨论了美国高等教育史上学院和政府分离的历史,私立高等教育是内战后才有的概念;[⑦] 约翰·塞林(John Thelin)更是指出:"大肆庆祝达特茅斯诉讼案的裁决即创建并加强美国'私立学院'这一行为夸大了案件本身。这个声明是把当代的名称强加在早期成立的机构身上,也就违背了历史史实。"[⑧] 然而,美国学术

[①] 贺国庆等:《外国高等教育史》,人民教育出版社 2003 年版,第 271 页。
[②] 周详:《达特茅斯学院案与美国私立大学章程》,《湖南师范大学教育科学学报》2014 年第 2 期。
[③] Donald G. Tewksbury, *The Founding of American Colleges and Universities before the Civil War*, Hamden: Archon Books, 1965, p. 151.
[④] John Brubacher and Wills Rudy, *Higher Education in Transition: An American History, 1636—1956*, New York and Evanston: Harper & Row, Publishers, 1958, p. 36.
[⑤] Frederick Rudolph, *The American College and University: A History*, New York: Alfred A. Knopf, 1962, p. 211.
[⑥] Richard W. Morin, "Will to Resist: the Dartmouth College Case", *Dartmouth Alumni Magazine*, April 1969, pp. 38 – 40.
[⑦] John S. Whitehead, *The Separation of College and State: Columbia, Dartmouth, Harvard, and Yale, 1776—1876*, New Heaven and London: Yale University Press, 1973, pp. 230 – 241.
[⑧] [美] 约翰·塞林:《美国高等教育史》,孙益等译,北京大学出版社 2014 年版,第 68 页。

界近半个世纪的研究成果并没有引起国内学者相应的重视。因此，有必要发掘更多的史料，从更多的角度对学院案是否划分了美国公私高等教育界限这一问题进行重新考虑，国内的美国教育史研究者应该做出自己的反思。

二 达特茅斯学院案中的公私问题再考察

由于长期以来的史料缺乏，国内研究者们一般通过一些二手文献了解到丹尼尔·韦伯斯特（Daniel Webster）的辩护演说和联邦最高法院首席大法官约翰·马歇尔（John Marshall）的判决意见在学院案有着举足轻重的作用，通过理查德·霍夫斯塔特（Richard Hofstadter）和威尔森·史密斯（Wilson Smith）编纂的《高等教育文献史》[①]之类的文献汇编也可以接触到韦伯斯特和马歇尔的部分观点，但这些观点的片段也往往使研究者犯下以偏概全的错误，忽略了其他一些重要的信息。1819年，学院董事会成员之一蒂莫西·法勒（Timothy Farrar）在案件结束之后立刻就将新罕布什尔州高等法院和联邦最高法院中的发言和意见等所有资料汇集出版，从中可以看到法庭中律师和法官们的完整意见，也为重新考察学院案是否划定公私界限提供了最重要的史料依据。

第一，本案最核心的关键并不是学院的公私性质，而是对财产权的保护。韦伯斯特在联邦高等法院辩护的一开始就指出本案的根本问题是，新罕布什尔州议会对达特茅斯学院的改革法案在未得到学院董事会认可的情况下是否具有法律效力，[②] 这是对州政府之于学院的管理权和监督权的考量。那么这种权力源于何处？质疑州政府改革合法性的基础又是什么？韦伯斯特给出了他整篇辩护的逻辑起点，即财产权要受到绝对的保护，监察

[①] Richard Hofstadter and Wilson Smith, ed., *American Higher Education: A Documentary History*, Chicago and London: The University of Chicago Press, 1961.

[②] Timothy Farrar, *Report of the Case of the Trustees of Dartmouth College against William H. Woodward*, Portsmouth: John W. Foster, 1819, p. 238.

权源于财产权，唯有机构的创建者才拥有机构的财产权。① 由此出发，以利亚撒·惠洛克（Eleazar Wheelock）是达特茅斯学院唯一的创建者（founder），学院的管理权和监察权属于他个人以及他所指定的董事会，而州议会只是学院的赞助者（patron）。州政府单方面的改革改变了学院财产的属性，是对创建者和董事会的财产权的侵犯。因此，对财产权的保护是韦伯斯特所有辩护的基础，这是他的根本论点。要知道，从美国独立革命到建国初期，对财产权的保护是一个至关重要的论题，用查尔斯·A. 比尔德（Charles A. Beard）的话说，韦伯斯特是美国建国初期经济势力的代言人，② 他在一生中对财产权的保护不遗余力。正如韦伯斯特在学院案一年多后的一篇演说中所指出的："政府的性质在本质上是由持有和分配财产的方式决定的……一个共和政府更加依赖于管理财产世袭和转让的法律而不是政治制度。"③

可以说，学院案最后的判决保护的并不是所谓的"私立"学院，而是所有合法机构和组织的财产权，无所谓"私立"或者"公立"。在程序不当的情况下，即便是"公立"机构，政府也不能侵犯其独立的财产权。1799—1800 年，北卡罗来纳州议会就试图通过法案收回此前划拨给北卡罗来纳大学（University of North Carolina）的部分土地，这一企图在 1805 年被州高等法院驳回，其法理根据也是对财产权的保护。④ 该案件是韦伯斯特辩护时所援引的判例之一，北卡罗来纳大学是早期州立大学的代表之一，可见，财产权的保护与公私立性质并无直接关系，只要不经正当程序，对财产权的侵犯就是不合法的。马歇尔以及其他两位联邦最高法院大法官布什罗德·华盛顿（Bushrod Washington）和约瑟夫·斯托里（Joseph Story）都是围绕着财产权从两个方面阐述了自己的意见：一是学院章程的契约属性；二是州议会的改革法案是否成立。前一个问题决定了学院的

---

① Timothy Farrar, *Report of the Case of the Trustees of Dartmouth College against William H. Woodward*, Portsmouth: John W. Foster, 1819, p. 249.

② ［美］查尔斯·A. 比尔德、玛丽·R. 比尔德：《美国文明的兴起》（上卷），许亚芬译，商务印书馆 2010 年版，第 704—705 页。

③ *The Works of Daniel Webster*, Vol. I, Boston: Little, Brown and Company, 1853, p. 35.

④ Jurgen Herbst, *From Crisis to Crisis: American College Government, 1636—1819*, Cambridge, Massachusetts and London, England: Harvard University Press, 1982, pp. 220-221.

财产是否能够像自然人一样受法律保护，后一个则是考察程序正当问题。

第二，之所以认为本案最核心的关键在于对财产权的保护，还有另外一个原因是，学院案的起源就是财产权问题，而不是公立和私立的分歧。学院案又被称为"达特茅斯学院董事会诉伍德沃德案"（*Trustees of Dartmouth College v. Woodward*），威廉·H. 伍德沃德（William H. Woodward）本来就是达特茅斯学院的董事会成员兼财务主管，1816年6月27日，改组达特茅斯学院的法案在州议会获得通过并经由州长签署生效，伍德沃德被任命为新组建的"达特茅斯大学"（Dartmouth University）的财务主管，伍德沃德欣然接受了这一任命，这就意味着他承认了州政府对学院的改革并与原来的学院董事会站到了对立面。这在学院董事会看来则是不合法的任命，是对学院财产的不合理占有，因此他们要求伍德沃德退还学校财产并赔偿5万美元的损失，学院案也正是由此拉开了帷幕。因此，从法律角度上说，当学院董事会向法院提起诉讼的时候，案件的焦点也只是学院财产权的归属问题，原告方认为自己的财产权受到了州政府的非法侵占，而并不是要把自己定义为一所私立机构。其实，对于达特茅斯学院董事会来说，他们对于学院的公私性质也没有严格的概念，这从后来案件结束之后董事会的行为上也可以看出来。

第三，虽然公私界定并不是案件的关键所在，但韦伯斯特和大法官们都涉及了学院的"公私性"问题，那么他们对公私的表述是否如以往研究者所想象的那样划分了美国高等教育的公私界限呢？韦伯斯特根据英国普通法体系的标准，认为法人机构有两种类型：一是民事的（civil），仅指政府组织，如市、郡、镇等各级政府机构，它们是公共的（public）；二是慈善的（eleemosynary），这类机构是根据捐赠者和创建者的意愿为了更好地管理私有财产而设立的，包括所有的医院和学院，它们是私立的（private）。[1] 马歇尔对此表示完全赞同，他认为虽然政府应该关注高等教育，但除非学院由政府创立、完全受政府的控制、所有的教职员都是政府官员，否则任何学院都不能被归为公立机构。[2] 在他们看来，"私立"机

---

[1] Timothy Farrar, *Report of the Case of the Trustees of Dartmouth College against William H. Woodward*, Portsmouth: John W. Foster, 1819, p. 248.

[2] Ibid., p. 314.

构的对立面是政府部门,唯有政府机构才能被称为公共的。在整个美国高等教育史上,从来没有一所高等教育机构被认为是政府部门,因此,按照韦伯斯特和马歇尔的标准,美国所有的高等教育机构都应该是"私立"的,根本不存在真正意义上的"公立"高等教育。他们根本没有在高等教育领域中划分所谓的公私界限,而是笼统地把所有学院机构都划归为"私立"。

第四,学院案中首次提出学院公私性质问题的是约翰·惠洛克(John Wheelock),他在新罕布什尔州议会呼吁政府干预学院事务时以达特茅斯学院是一所公立机构作为政府干预的合理性,州长威廉·普卢默(William Plumer)和州高等法院的法官们都对此表示认可,认为学院的公私性质应该由其目的的性质来决定。[1] 这是惠洛克和州政府为学院改革合法性辩护的重要原因,因此从州高等法院到联邦最高法院都要对这一问题表态,尽管它不是最关键所在。如果从这一逻辑出发,美国自殖民地时期以来所建立的所有高等教育机构就都应该是公立机构了,因为它们的章程几乎都宣称学院的建立是为了宗教或知识的目的,并要为公众的利益考虑,这完全是一种"公共"目的。因此从正反双方的辩护逻辑来看,学院作为一种法人机构,要么全是"公立"的,要么全是"私立"的,学院只能有一种属性而不是分为公私两种,任何一方都没能在这两种性质上对高等教育机构做出明确的划分。韦伯斯特和马歇尔的翻案并不是基于重新划分学院性质的界限,而是赋予学院性质一种新的属性定义,他们的胜利不是论辩的胜利,而是观念的胜利,是联邦最高法院在概念解释权上的胜利。

三 被忽略的州高等法院中的公私标准争论

在以往的相关研究中,学院案似乎仅仅被认为是发生在联邦最高法院中的一场法律辩论,而韦伯斯特律师和马歇尔大法官是仅有的主角;国内研究者们几乎完全忽略了在上诉至联邦最高法院之前,学院案已经在新罕

---

[1] Timothy Farrar, *Report of the Case of the Trustees of Dartmouth College against William H. Woodward*, Portsmouth: John W. Foster, 1819, pp. 71-72.

布什尔州高等法院中经历过一次法律交锋了。尽管州高等法院的判决结果与联邦最高法院完全不同，但这场交锋中双方的法律意见已经为韦伯斯特和马歇尔的"观念的胜利"奠定基础，并初步体现了双方对于公私标准理解的差异。

1817 年 9 月 19 日，新罕布什尔州高等法院开庭审理"达特茅斯学院诉伍德沃德案"，作为原告方的学院董事会聘请了实力强大的三人律师阵容，韦伯斯特只是其中之一，另外两位则是新罕布什尔州资深律师耶利米·梅森（Jeremiah Mason）、耶利米·史密斯（Jeremiah Smith）。[①] 梅森和史密斯抓住案件的核心问题——学院的财产权或合法权利不可被侵犯这一原则——进行辩护。梅森在长达两个小时的慷慨陈词中认为，学院董事会没有义务接受州议会的改革法案，"不可否认的是，法案确实在很多方面从根本上影响和变更了旧董事会的集体和个人的权利和权力，而这些变更和限制都是被强加的"。[②] 梅森进一步认为，对个体和机构的合法权利的保护是一个自由政府最有价值和最重要的原则，学院董事会的权力最初虽然也是殖民地议会通过法案赋予的，但是被赋予的权力不可以随意被剥夺，"政府没有权力借口说他们是公共性质的董事会而干涉私立机构"。[③] 州政府对学院做出的改革违反了州宪法和合众国宪法的基本原则。在梅森的基础上，史密斯给出了更加清晰的结论："可以普遍肯定的是，政府就像不能触及一个自然人的私人财产和权利一样不能触犯独立机构的财产和权利。这个机构虽然受州管辖，但它是一个独立的个体，它的财产是一个独立个体的财产。"[④] 梅森和史密斯的辩护与后来马歇尔大法官的观点几

[①] 耶利米·梅森（1768—1848）1788 年从耶鲁学院法学专业毕业，1791 年正式进入律师界，1802—1805 年曾担任新罕布什尔州首席检察官，1813—1817 年当选联邦参议员。耶利米·史密斯（1759—1842）1780 年毕业于皇后学院（Queen College），曾在大陆军中任职，1786 年正式进入律师界，1789—1791 年被选为新罕布什尔州议会议员，1791—1797 年当选联邦众议员，1797—1800 年担任新罕布什尔州的联邦地区法院检察官，1801 年被亚当斯总统任命为第一巡回区联邦巡回法院大法官，1802—1809 年成为新罕布什尔州高等法院首席大法官，1809—1810 年还短暂出任过新罕布什尔州州长。

[②] Timothy Farrar, *Report of the Case of the Trustees of Dartmouth College against William H. Woodward*, Portsmouth: John W. Foster, 1819, pp. 29 – 31.

[③] Ibid., pp. 38 – 45.

[④] Ibid., pp. 114 – 115.

乎是一致的，即法人机构和自然人的合法权益在法律上应该受到同样的保护。梅森和史密斯并没有纠结于学院的公私性质，没有利用所谓的私立性质来为自己的辩护提供依据，他们的论辩是紧紧围绕着本案的核心问题——财产权的归属以及机构合法权利的保护问题——展开的。这也从另外一个方面说明，案件的核心问题从一开始就不是学院的私立性质，而是州政府对学院财产权的侵犯。

与之相反的是，被告方却以学院的公立性质来为自己辩护。被告方辩护律师伊卡博德·巴特利特（Ichabod Bartlett，1786—1853）和乔治·沙利文（George Sullivan，1771—1838）坚称达特茅斯学院不是私立机构而是公共机构，沙利文认为，学院由政府还是个人创立和资助并不能成为判断学院公立和私立性质的依据，"一个机构如果是为了其成员自身的利益而建立，并为了他们自身的利益而占有财产和履行权力的话，那么它就是私立的；……如果一个机构是为了整个州或领地的全体居民的利益而建立，为了全体居民的利益而据有财产和履行权力，那么它就是一个公立机构"，① 换句话说，学院的公私性质是由其目的来决定的。根据新罕布什尔殖民地议会颁布的达特茅斯学院章程，沙利文指出该学院明显是一所公立机构，既然如此，州议会就有权根据公共利益的需要对其行使管理权。巴特利特也试图引用以往的判例说明，州议会通过法案以新董事会代替旧董事会并改革其管理模式并没有影响达特茅斯学院原来的合法权力和权利，② 即学院的合法权利不会因为改革而受侵犯。这是达特茅斯学院案中首次尝试对学院的公私立性质做出界定。州最高法院首席大法官威廉·理查森（William Richardson，1774—1838）认可了以机构目标的性质来判断机构的公私性质的观点："一个机构的权力的履行完全是为了公共的目的，那么它就是一个公共机构。"③ 理查森认为，达特茅斯学院最初的章程表明它的建立是为了在印第安人中传播福音与知识，以及为新罕布什尔带来最好的教育方式，"这些目的都完全是公共性的"，由于目的的公共

---

① Timothy Farrar, *Report of the Case of the Trustees of Dartmouth College against William H. Woodward*, Portsmouth: John W. Foster, 1819, pp. 71–72.

② Ibid., p. 168.

③ Ibid., p. 212.

性，学院就是一个公共机构，州议会依据公共利益做出的改革法案就不存在违宪的问题。[1]

严格来说，在州高等法院中，被告方的胜诉也是一场"观念的胜利"，这也就决定了后来决定案件走向的乃是谁拥有法律概念的最终解释权。州高等法院的辩护更像是后来联邦最高法院的一次预演，韦伯斯特在梅森和史密斯的基础上做了进一步的发挥，而法官们的立场也发生了转变。正是由于州高等法院在公私立性质上没有给出清晰的和令人信服的界定，因此联邦最高法院的翻案也显得更为容易。

四 殖民地时期以来的美国高等教育有公私之分吗？

在学院案中，双方对达特茅斯学院乃至所有学院机构的公私性质各执一词，那么，自殖民地时期建立第一所高等教育机构到学院案发生之时，美国高等教育机构的公私性质是案件双方所界定得那样清晰吗？1636年10月28日，马萨诸塞湾殖民地议会通过决议建立一所学院并拨款400英镑作为学院建设之用，[2] 1637年11月20日，议会指定的第一届学院监事会（Board of Overseers）全部由政府官员组成。尽管约翰·哈佛（John Harvard）在1638年的捐赠对学院的发展有着非常重要的作用，但1636—1652年，殖民地政府对哈佛学院各种形式的资助总共价值1170镑，约占哈佛学院总财政收入的37%，1669—1682年的政府资助更是占学院全部收入的52.7%之多。[3] 就连韦伯斯特在学院案两年后的一次演说中也承认，马萨诸塞湾殖民地政府是哈佛大学的创建者（founder），[4] 那么按照韦伯斯特和马歇尔在学院案中的"创建者"标准——创建者拥有财产权，

---

[1] Timothy Farrar, *Report of the Case of the Trustees of Dartmouth College against William H. Woodward*, Portsmouth: John W. Foster, 1819, p. 234.

[2] *Records of the Governor and Company of the Massachusetts Bay in New England*, Vol. 1, 1628—1641, Edited by Nathaniel B. Shurtleff, Boston: The Press of William White, 1853, p. 183.

[3] Margery Somers Foster, "*Out of Smalle Beginings…*", *An Economic History of Harvard College in the Puritan Period (1636—1712)*, Cambridge: Harvard University Press, 1962, pp. 126 - 127.

[4] Daniel Webster, "The Constitutional Rights and Privileges of Harvard College", January 4, 1821. *The Writings and Speeches of Daniel Webster*, Vol. 15, Edited by James W. McIntyre, Boston: Little, Brown, 1903, pp. 88 - 89.

哈佛就完全符合一所公立机构的标准。认为学院案划分了美国高等教育公私界限的研究者也许很难认同历史上的以及今天的哈佛大学是一所公立机构这个结论，韦伯斯特自己在同一篇演说中也没有坚持他为达特茅斯学院辩护时的逻辑，一方面认为政府是学院的创建者，另一方面又称哈佛是一所慈善机构（charity）。韦伯斯特在学院案中对公私性质的定义更多是出于辩护的需要而不是理性的辨析，同时也说明，至少在 19 世纪初，美国学院的公私性质依然是模糊的，依然没有一套统一的标准对之进行明确的划分，就连韦伯斯特本人也陷入双重标准的困境之中。

在整个殖民地时期，除了哈佛学院之外，威廉和玛丽学院（College of William and Mary）、耶鲁学院（Yale College）、费城学院（College of Philadelphia）、国王学院（King's College）等都与当地的殖民地政府保持了密切的关系。威廉和玛丽学院章程规定以殖民地总督和其他政府官员为主构成的董事会是学院真正唯一的管理者，拥有学院的财产权和人事权；1745 年修订的耶鲁章程仍然规定殖民地政府有权修订董事会制定的规章制度和做出的决议；富兰克林（Benjamin Franklin）创办的费城学院则完全排斥古典和宗教课程，以教授各种有用的专业知识和培养学生的"公共精神"（public spirit）为目标；国王学院建立的过程中充满了对"公立"（public）学院的呼吁。[①] 从一开始，政府就积极承担起高等教育的责任，高等教育也成为美国人生活中重要的组成部分，在学院章程这一法律基础上以及实际的管理权机构中，很多情况下政府都有权对学院实行直接的控制。[②] 对几乎每一所殖民地学院来说，当地政府在创建过程中都起了非常重要的作用，并以拨款、公共税收、公共彩票、公共服务收入等方式资助学院发展，政府官员出任学院董事会、监事会成员也是常事。正如巴纳德·贝林（Bernard Bailyn）所指出的："没有一所教育机构完全是'私立'的，没有一所机构是完全独立于政府的。"[③] 加之殖民地时期和建国

[①] 王慧敏：《不确定的角色——美国建国初期高等教育中的政府权力（1776—1819）》，北京师范大学博士学位论文，2014 年。

[②] Willard Wallace Smith, *The Relations of College and State in Colonial America*, Columbia University, 1949, p. 135.

[③] Bernard Bailyn, *Education in the Forming of American Society*, The University of North Carolina Press, 1960, p. 107.

初期政教不分的状况，政府力量和宗教力量在学院中本来就是纠缠在一起而难以分清楚学院到底是受哪方面的力量控制，也为学院的"公私"性质蒙上了一层模糊的面纱，有研究者就认为早期的这些学院都是"半公立的"（quasi-public）。① 自殖民地时期以来，"政府和学院都不知道，议会在合法修订学院章程或者学院事务的立法方面能走多远"，② 换句话说，双方都不知道政府该在何种程度上、以何种方式干预高等教育事务，从来没有一个合理的标准作为参考。在学院案中，新罕布什尔州州长威廉·普卢默非常清楚地道出了这种困惑以及学院公私性质模糊的现实："当我们学院的管理者们向公众或者议会申请资助的时候，他们就把学院说成是一所公共机构；但是当州议会为了学院更好的管理和发展而为他们颁布法律的时候，学院又被说成是一所私立机构而免于所有议会立法的干涉。"③ 从根本上说，学院案所判决的并不是如何区分高等教育机构的公私立性质，而是政府干预高等教育机构的程度和方式是否合理，这一点也是韦伯斯特和联邦最高法院的法官们所不断强调的。

美国建国初期，联邦政府到各州政府确实在公立高等教育的建设上做出了一定的努力，期望高等教育可以真正地为国家和公众服务以更好地体现革命的精神。随着国立大学计划的失败，美国高等教育中的公立大学和州立大学就成了同义词。研究者一般认为1825年正式开学的弗吉尼亚大学（University of Virginia）是美国第一所真正的州立大学，约翰·S. 布鲁巴克（John S. Brubacher）和威利斯·鲁迪（Willis Rudy）认为公立大学的标准有三：首先，它从一开始就以高等知识教学为目标并有着比其他任何学院都广博的课程，它的学生可以进行专门化的研究；其次，它完全是一项公共事业，没有任何"私立"因素；最后，它的办学目标是世俗的，非宗教的。④ 但同时，他们也承认弗吉尼亚大学在接下来的半个世纪中研

---

① G. M. Marsden, *The Soul of American University: From Protestant Establishment to Established Nonbelief*, New York: Oxford University Press, 1994, p. 68.

② Willard Wallace Smith, *The Relations of College and State in Colonial America*, Columbia University, 1949, p. 136.

③ Cincinnatus, No. 34. *New Hampshire Patriot & State Gazette*, April 16, 1821.

④ John S. Brubacher, Willis Rudy, *Higher Education in Transition: A History of American Colleges and Universities*, New Brunswick and London: Transaction Publisher, 1997, pp. 147–148.

究能力仍然很低，而且也不得不向宗教势力屈服，学校中"公立"与"私立"因素之间的界限并不是那么清晰。虽然佐治亚大学（University of Georgia）、北卡罗来纳大学（University of North Carolina）等都自认为是更早的州立大学的先驱，但从资金来源和管理方式来看，更多的还是沿用殖民地时代的模式，很难说它们是名副其实的"公立"机构。①

值得注意的是，18世纪80年代初马里兰州建立的第一所高等教育机构华盛顿学院（Washington College）和肯塔基州的第一所大学特兰西瓦尼亚大学（Transylvania University）虽然在今天看来都是"私立"机构，但在当时以及之后很长一段时间内都被当作"公立"机构看待，它们甚至被称为"公共"的私立大学（"public" private university）。② 在它们的建校之初，人们并不在意它们是公立的还是私立的。在华盛顿学院的章程中，开篇就表明学院在目标上应该是双重的，即世俗的和宗教的（civil and religious），但是在具体表述中却只提"推进有用知识、科学和美德"，几乎不提宗教之事。章程还规定，"任何出任学院的董事、校长、副校长或者教授的人都必须根据本州法律的要求进行政治忠诚的宣誓"，③ 这对于当时以及后来的任何一所美国高等教育机构来说几乎是不可想象的。虽然圣公会（Episcopal）也是创办学院的重要力量之一，但是除了在章程中还可以看到些许与宗教相关的字眼以外，其他的正式文件中已极少出现宗教因素，取而代之的都是政治态度与爱国情感，马里兰州议会也对学院进行慷慨资助。在当时能够见到的文字中，华盛顿学院俨然成了一所极富爱国色彩的"公立"学院。特兰西瓦尼亚学院（Transylvania Seminary）的章程同样规定董事会的运作必须在州议会的指导和监督下进行，学院所有的董事会成员、校长、教授、导师和职员在履行职务之前都必须宣誓忠诚于政府。1798年12月22日，肯塔基州议会通过了特兰西瓦尼亚大学章程，并开始考虑在肯塔基州内建立一个以特兰西瓦尼亚大学为顶点的公

---

① John S. Brubacher, Willis Rudy, *Higher Education in Transition: A History of American Colleges and Universities*, New Brunswick and London: Transaction Publisher, 1997, p. 145.

② Henry Givens Baker, *Transylvania: A History of the Pioneer University of the West, 1780—1865*, University of Cincinnati, 1949.

③ William Smith, *An Account of Washington College in the State of Maryland*, Philadelphia: Joseph Crukshank, 1784, p. 14.

共教育系统。① 1818 年 2 月 3 日，肯塔基州议会因不满学院发展的缓慢，通过法案彻底重组了学院董事会，也正是此时，达特茅斯学院案被上诉到了联邦最高法院。华盛顿学院和特兰西瓦尼亚大学的事例至少说明，公立和私立的因素可以并存于同一所高等教育机构中，公立或私立的性质并不能完全概括任何一所高校，其中的复杂性远远超过当事人和研究者的想象。

甚至也有研究者认为，甚至到 20 世纪初之前，很多州立学院和大学在很大程度上都被认为是"私立"机构而不是"公立"机构。② 但不管怎么说，在美国建国初期新建立的高等教育机构上依然笼罩着模糊的公私性，直到达特茅斯学院案，美国还没有一条适用于所有高等教育机构的公私立标准，这依然是一个发展、探索和试错的时期，韦伯斯特和马歇尔则完全忽视了这种复杂性，殖民地时期以来在满足教育需求方面的公私责任的区别最多只是存在于形式上的，而非实质上的。

五 学院案所界定公私界限之批评

达特茅斯学院案对私有财产的保护和对契约原则的重申都对后世产生过重要的影响，它的判决认为机构的性质不由机构的目的决定并把政府部门之外的所有机构都归于"私立慈善机构"的做法在某种程度上鼓励了各种社会机构和组织的发展，"私立"的性质与目的的公共性可以并存于同一机构也是资本主义精神的重要内容之一。然而，案件的判决对公私立的定义以及把所有学院机构都看作私立机构的做法是否被现实所接受？围绕高等教育的公私问题，又有哪些批评和争论？这些问题一直以来都为国内的研究者所忽视。

达特茅斯学院自身在胜诉之后其实也没有认可联邦最高法院对学院公私性质的界定。在判决之后，学院很快就认识到了自己不能失去州政府的

---

① An Act for the Union of the Transylvania Seminary and Kentucky Academy, *The Statute Law of Kentucky*, Vol. II. Edited by William Littell, Frankfort: Johnston Pleasants, 1810, p. 235.

② Edward C. Elliott and M. M. Chanmbers, *The Colleges and the Courts: Judicial Decisions Regarding Institutions of Higher Education in the United States*, Boston: The Merrymount Press, 1936, pp. 116–119.

支持，不能把自己归于私立机构而与政府完全对立。1821年6月，学院财务主管米尔斯·奥尔科特（Mills Olcott）致信韦伯斯特表示："达特茅斯学院的一些支持者们认为学院的真正利益应该是来自议会的资助……他们也考虑设立一个由州长、参众两院的议长以及其他由州长指定的人员组成的20人监事会。"[1] 这几乎是重新认可了1816年州议会改革达特茅斯学院的核心内容。董事会成员约翰·M. 丘奇（John M. Church）也表示："如果我们能够不断努力巩固与政府的关系并从政府那里获得资助的话，我觉得这很重要而且也可以达到。"[2] 从1823年开始，学院董事会的名单中就出现了州长和其他州政府官员的名字。在董事会的努力下，州议会在1825年收到一份《关于修改达特茅斯学院章程并为之提供资助的提案》（An Act to Amend the Charter of Dartmouth College and to Make an Appropriation of the Encouragement of that Institution），重申了1816年的改革内容。这一系列行为都表明，对于州议会当初的改革，达特茅斯学院并非不可接受，达特茅斯学院自始至终就没有想把州政府的力量完全排除在学院事务之外，更没有把自己当作一所联邦最高法院所定义的"私立"机构。

1842年，著名的布朗大学（Brown University）校长弗朗西斯·韦兰德（Francis Wayland）在其出版的被认为是指引了美国高等教育改革方向的《论目前美国的学院制度》中，仍然强调美国高等教育中的公共性，他认为"私立"机构是由个人建立、个人获益并由个人负责的，而"公共"机构则无须考虑直接的经济效益，它的公私性划分重新又回到了目的性标准。一所学院机构或多或少都是公共性的，它也必须为公众、社会和国家服务，其管理和监督机构的设置也必须遵循此目的。[3] 韦兰德对美国高等教育的看法与学院案的判决完全不同，他指出，公共性是美国高等教育中不可回避的成分，甚至应该作为高等教育改革的方向。在这份学院

---

[1] John King Lord, *A History of Dartmouth College, 1815—1909*, Concord: The Rumford Press, 1913, p. 188.

[2] John S. Whitehead, *The Separation of College and State: Columbia, Dartmouth, Harvard, and Yale, 1776—1876*, New Heaven and London: Yale University Press, 1973, p. 79.

[3] Francis Wayland, *Thoughts on the Present Collegiate System in the United States*, Boston: Gould, Kendall & Lincoln, 1842, pp. 43–53.

改革的指导性文献中，二十多年前由学院案所设定的公私性原则被抛弃了。而早在1837年联邦最高法院对"查尔斯河桥梁公司诉沃伦桥梁公司案"（Charles River Bridge vs. Warren Bridge）的判决中，斯托里大法官和韦伯斯特未能成功维护学院案所宣布的公私截然分立的原则，首席大法官罗杰·坦尼（Roger Taney）宣布在私人财产权神圣不可侵犯的同时，强调社区社会亦有其相应的权利，公民的福祉也应受到保护，对机构章程的解释不可逾越其字面的含义。① 在坦尼的逻辑下，马歇尔对公私性质的阐述明显超越了学院章程的字面表述，而他截然对立的划分也没有考虑到"私有"权利的保护可能会导致对"公共"利益的伤害。

可以说，坦尼是有先见之明的，至19世纪下半期，公司力量的成长与壮大已经开始威胁到了公众的利益，正如当时密歇根州高等法院大法官托马斯·M. 库利（Thomas M. Cooley）所说："正是在达特茅斯学院案判决的庇护下，国内最庞大最有威胁的力量已然产生，一些巨大而富有的公司在国内拥有普遍的影响力。"马歇尔对公私的绝对划分把政府的干预完全排除在各种商业组织之外，"私立"的公司力量在法律的保护下肆意追求自己的利益并践踏"公共"的利益。密歇根大学法学教授威廉·P. 威尔斯（William P. Wells）于1886年发表《达特茅斯学院案与私法人》一文专门论述公私的绝对划分以及对"私立"机构的绝对保护所带来的负面影响。检察官希尔（C. H. Hill）在1874年撰文认为甚至应该颁布一条宪法修正案以弥补学院案判决的不足。1901年是马歇尔被任命为联邦最高法院首席大法官的100周年纪念，在新罕布什尔州的纪念大会上，作为发言人的州最高法院首席大法官杰里迈亚·史密斯（Jeremiah Smith）毫不客气地批评马歇尔在学院案中的判决是违宪的。1968年，联邦第二巡回上诉法院大法官亨利·J. 弗兰德利（Henry J. Friendly）更是直截了当地指出马歇尔对于公私的划分过于简单、绝对，"达特茅斯学院案可能是一场错误的判决，或者其判决意见至少不应该再被认为是权威的……将来

---

① Charles River Bridge vs. Warren Bridge, http://en.wikipedia.org/wiki/Charles_River_Bridge_v._Warren_Bridge.

我们也不必要遵循 150 年前所宣布的原则。"①

很显然，马歇尔和韦伯斯特在公私问题上确实走得太远了，他们既没有考虑到当时高等教育的历史和现实，也没有考虑到他们的判决本身的局限性。怀特海德在《学院与州的分离》中专门探究了美国高等教育中公与私分离的历史过程，否定了学院案划分高等教育公私界限的分水岭意义，认为高等教育中的公私分离是内战后才出现的现象：学院开始从大型私人基金会获得捐赠，使得政府的捐助比例大大减少；学院董事会中政府官员的位置逐渐被校友会所取代，彻底割断了学院与政府的连接。② 尽管如此，怀特海德仍然只是承认此时的公私分离仅仅是一种刚刚萌发的理念而已，他也未能给出"公立"和"私立"的具体含义，它们最多只表明一种倾向或者影响学院发展的力量的消长。

六 结语

可以说，不论是历史的现实还是后人的反思与批评，都表明了学院案划分美国高等教育公私界限的结论是缺乏事实基础的，它更多的是研究者们所构建或想象出来的高等教育神话，是为了更好地突出学院案在美国高等教育史乃至美国历史上的重要意义。但从根本上说，学院案所考察的是州政府应该如何干预高等教育的问题而不是公私立高等教育的区分，这是一个法律程序的问题，而无关乎公私立性质。怀特海德甚至指出，联邦最高法院的大法官们并无真正兴趣讨论学院的公私立问题，那至多只是一种胜诉的策略。③ 对于达特茅斯学院本身来说，诉讼的本意只是维护董事会自身对于学院的财产权和管理权，而不是要把自己界定为私立机构，学院董事会对于"私立"还没有什么概念，而把学院界定为私立，无异于将学院置于政府和公众的对立面了。

---

① Henry J. Friendly, *The Dartmouth College Case and the Public-Private Penumbra*, Austin: University of Texas, 1969, pp. 9 – 10.

② John S. Whitehead, *The Separation of College and State: Columbia, Dartmouth, Harvard, and Yale, 1776—1876*, New Heaven and London: Yale University Press, 1973, pp. 191 – 214.

③ John S. Whitehead, Jurgen Herbst, "How to Think about the Dartmouth College Case", *History of Education Quarterly*, 1986 (3), pp. 333 – 349.

也有研究者认为,关于学院案传统观点是犯了把当今的观念错置在过去历史上的错误,① 但问题在于,今天的美国高等教育中就有明确的公私界限吗?詹姆斯·杜德斯达(James J. Duderstadt)和弗瑞斯·沃马克(Farris W. Womack)就认为:"如果想从资金来源、规模和任务,或者社会责任方面来区分公立大学和私立大学,往往会造成误解",他们虽然认为公私立大学的最大区别在于法律地位、管理方式以及与政府的关系,但另一方面,"所有的美国学院和大学,无论是公立的还是私立的都是公共资产,都要受到公共政策的影响和州、联邦法律的制约"。② 尽管怀特海德认为19世纪末是高等教育中公私分立的开始,但经过近一个世纪的发展,这种区分并没有越来越明显,反而有了趋同的倾向。③

在美国高等教育历史上,所谓"公立"和"私立"的界限很少有过非常明晰的时候,这也恰恰说明了,用这组相互对立的术语来看待整个美国高等教育是不合适的。美国所有的学院和大学机构都是各不相同的,但这并不意味着它们有着根本的差异,截然二分的维度应该被超越。劳伦斯·A. 克雷明(Lawrence A. Cremin)早就指出,美国的教育机构"不论在经费资助或管理控制方面是公立抑或私立,都刻意以社区机构的面目出现,反过来又被认为是社区机构。在它们的领导人看来,它们是教育机构这一事实使它们得以成为社区机构"。④ 美国的高等教育机构从一开始就是社会各种力量综合作用的共同产物,学院和大学说到底乃是一种社区机构(community institution),个人、教会、政府以及其他社会组织都在不同程度上参与其中,学院和大学又在不同程度上反过来为之服务,只是在不同的时期、不同的机构中,各种力量的消长会有不同,这远不是一场案件的判决就可以厘清的。在任何时候,"公"和"私"的力量都没能完全主导一所高等教育机构,美国高等教育本身就是多元利益的反映,其发展

---

① Eldon L. Johnson, "The Dartmouth College Case: The Neglected Educational Meaning", Journal of the Early Republic, 1983 (1), pp. 45-67.

② [美]詹姆斯·杜德斯达、弗瑞斯·沃马克:《美国公立大学的未来》,刘济良译,北京大学出版社2006年版,第9—11页。

③ Jack H. Schuster, "Higher Education in the United States: Historical Excursions", Revista Electrónica de Investigación Educativa, 2001 (2), pp. 1-16.

④ [美]劳伦斯·A. 克雷明:《美国教育史:建国历程,1783—1876》,洪成文等译,北京师范大学出版社2002年版,第522页。

与进步也是多种力量相互博弈的结果,学院案也不过是这种多方面力量博弈的具体体现。

[作者简介] 王慧敏(1987—),男,安徽宣城人,教育学博士,浙江大学教育学系讲师,主要从事美国高等教育史研究。

亨利克学院的生与死*

——英属北美高等教育被遗忘的起点(1617—1624)

王慧敏

1616 年的一天,伦敦的市民纷纷涌上街头去目睹一位远道而来的客人——一位来自大洋彼岸的印第安女人宝卡荷塔斯(Pocahontas),还有她的英国丈夫、烟草种植主约翰·罗夫(John Rolfe)以及他们一岁的儿子托马斯·罗夫(Thomas Rolfe),随行而来的还有 12 名印第安儿童。这个特殊的家庭受到王室、弗吉尼亚公司(Virginia Company)以及教会主教们的热情接待,也让伦敦市民们大开了眼界。自从哥伦布发现新大陆以来,已经有很多冒险家、投机商或者希望寻找生活机会的欧洲人踏上了那片据说遍地财富的新世界,而这一次,则是一位新大陆的原住民踏上了欧洲的土地,虽然这不是伦敦市第一次迎来印第安人,但让伦敦市民惊异的是,这位印第安妇女竟然说着流利的英语,并且还是一位受洗的基督教教徒!一位印第安部落酋长的女儿竟然在短短的三年之间学会了英语、皈依了上帝、与一位英国绅士结婚生子,这对于广大的伦敦民众来说不过是一个传奇的故事,但对于英国的王室、政界和宗教界却还有着更加深远的意义,因为这对他们的殖民事业和宗教事业无疑是一个非常重大的鼓舞,由

---

* 本文为浙江省哲学社会科学规划课题"达特茅斯学院案与美国高等教育体制形成研究"研究成果,项目编号:16NDJC025Z;全国教育科学规划教育部青年课题"美国建国初期高等教育体制的探索"研究成果,项目编号:EOA150356。

此也激发了英国人在新土地上发展教育事业的热情,不知不觉地开启了英属北美殖民地高等教育的历程。

一　既定的殖民政策与国王的学院计划

其实,早在1606年弗吉尼亚公司(Virginia Company)成立时,皇家颁布的许可状中就宣布"向那些生活在黑暗中并对真正的知识和上帝的信仰茫然无知的人们传播基督教的信仰",① 因此在新土地上发展教育事业从一开始就是英国既定的殖民政策,其中还包含着神圣的宗教使命。在1609年5月,伦敦的弗吉尼亚公司在给北美弗吉尼亚殖民地总督奈特(Thomas Gates Knight)的指令中再次重申了这一目标:"你要全心全意地努力让原住民接受真正的上帝和救世主基督的知识和信仰,这是殖民事业最虔诚和最崇高的目标……你最好从原住民中挑选一些孩子教以我们语言和行为方式。"② 1612年,伦敦出版了一本小册子《弗吉尼亚的新生活》(*The New Life in Virginia*)介绍英国人在北美殖民的进展与成果,作者约翰逊(Robert Johnson)认为对印第安人要表现出仁慈:"把那些野蛮人从对魔鬼的崇拜中解救出来以信仰上帝乃是我们首要的任务……教他们的孩子以文雅,教会他们学习我们的语言和信仰,使之具备长者的智慧和审慎。"③ 他认为对于殖民者来说,武器是必要的,但是这仅仅是用来防卫,而不应用来对付印第安人,否则就会永远失去他们,因此"必须要有足够的耐心和仁慈以教化他们歪曲的本性"。④ 不可否认,从这些文字中我们可以看出英国殖民者对北美原住民的蔑视和傲慢,在你我的分野中只有文明和野蛮,而这一标准又仅仅是基督教的信仰,在他们看来,印第安人根本没有文明,因此必须进行教化,而正是这样一种殖民者心态催生了殖

---

① Cohen, S., "The Charter of Virginia", *Education in the United States: A Documentary History*, Volume 1, New York: Random House, 1974, p. 334.

② Kingsbury, S. M., *The Records of the Virginia Company*, Volume III, Washington: Government Printing Office, 1933, p. 14.

③ Johnson, R., *The New Life of Virginia: Declare the Former Successe and Present Estate of that Plantation, Being the Second Part of Nova Britannia*, London: Felix Kyngston, 1612, pp. 18 – 19.

④ Ibid. .

民地的教育事业。

然而，尽管英国人有着这样的宗教使命和教化心愿，但是若没有印第安人接受他们的教化，这些宏愿也只能落空。当时英国殖民者在北美与印第安人的关系非常不稳定，即便是在关系良好的时候也没有印第安人愿意把自己的孩子送给殖民者进行教化，因此，殖民者的早期教化对象只能是在冲突中所俘获的印第安人。宝卡荷塔斯就是一位波瓦坦（Powhatan）部落酋长的女儿，在1613年的一次冲突中被英国人俘获，英国人在她的囚禁期间就教以英语和基督教，她很快学会了英语，还接受了基督教的洗礼并获得教名丽贝卡（Rebecca），1614年，她有机会自由选择去留，结果她决定留下来，并于4月嫁给了烟草种植主约翰·罗夫，第二年1月就诞下一子。宝卡荷塔斯是英国在北美殖民地中第一个被成功教化的印第安人，因此她还被称为"弗吉尼亚的第一个果实"（the first fruit of Virginia）、"弗吉尼亚公主"（Virginia Princess）和"帝国的女儿"（Emperour's daughter），伦敦大主教认为她不仅是弗吉尼亚公司的功劳，也为传播福音的教徒们带来了极大的希望，国王詹姆斯一世（James I）还亲自接见了她，由此"我们可以找到后来在弗吉尼亚建立一所学院以教化印第安人的计划的萌芽"。[1]

1617年3月，宝卡荷塔斯在返回北美前夕不幸染病去世，此前她给英国各界带来的希望以及当时带来的悲痛进一步加快了英国人在北美殖民地创办教育事业的步伐。就在宝卡荷塔斯去世后不久，国王詹姆斯一世就分别致信东南部教区总教堂所在地坎特伯雷市和北部教区中心约克郡的大主教，他认为弗吉尼亚公司在大洋彼岸的殖民地上为他开疆拓土、为上帝传播福音取得了重大的收获并有望取得更大的进展，他希望进一步在那里"建立教会和学校以教育那些野蛮人的孩子"，[2] 但这将是一份巨大的开销，仅凭弗吉尼亚公司之力无法承担，因此他希望各主教能在自己的教区为此事募捐集资，并在接下来的两年内定期把募集的钱款

---

[1] McCabe, W. G., "The First University in America, 1619—1622", *The Virginia Magazine of History and Biography*, Vol. XXX. Richmond: Old Domination Press, Inc., 1922, p. 145.

[2] Walne, P., "The Collections for Henrico College, 1616—1618", *The Virginia Magazine of History and Biography*, 1972 (3), p. 260.

交到弗吉尼亚公司,[①] 国王的指示由两位大主教转发至各教区的主教牧师,他们积极响应国王的号召并开始集资,国王的指令就相当于给了殖民地教育机构的第一份许可状。由此,在国王的推动下,英国殖民者第一次计划在北美殖民地建立高等教育机构的努力开始了。

二 一波三折的筹备工作

1618年11月18日,弗吉尼亚公司伦敦总部的行政委员会在给弗吉尼亚新总督亚德利(George Yeardley)的行政指令中说道,在国王的许可下,"为教育那片土地上的孩子们而建立一所学院(college)的资金已经在募集中……所以我们必须要及时确认那片被选作大学地址的叫作亨利克(Henrico)的地方是合适的,与此同时,请根据我们的指令做好为那里的孩子建立这所学院的准备工作"。[②] 同时公司还表达了更进一步建立一所大学(university)的想法,并为计划中的学院和大学在亨利克城划拨了一万英亩的土地作为额外的资助。六天以后,曾在剑桥大学(University of Cambridge)伊曼努尔学院(Emmanuel College)获得学士和硕士学位的洛金(Thomas Lorkin)在一封信中就表示有人让他去这所计划中的学院谋职:"最近几天有个好朋友告诉我有个机会可以去弗吉尼亚,弗吉尼亚公司会在那里建一所学院,我每年可以获得200英镑或者更多的收入。"[③] 这说明弗吉尼亚公司也已经开始考虑学院的教师人选了。1619年1月底新总督亚德利出发前往弗吉尼亚并于4月19日抵达,他的到来开启了英属北美殖民史上新的一页,他的自由开明政策大大鼓舞了当地的殖民者,也受到伦敦弗吉尼亚公司的赞赏,亚德利非常渴望开拓弗吉尼亚的殖民事业,也自然非常支持学院计划。而亚德利刚刚启程之后,1619年2月2日,财务主管埃德温·桑兹(Edwin Sandys)在弗吉尼亚公司会议上读了

[①] Walne, P., "The Collections for Henrico College, 1616—1618", *The Virginia Magazine of History and Biography*, 1972 (3), p. 260.

[②] Kingsbury, S. M., *The Records of the Virginia Company*, Volume III, Washington: Government Printing Office, 1933, p. 101.

[③] Robert F. W., "Thomas Lorkin to Sir Thomas Puckering, Bart", *The Court and Times of James the First*, Vol. II, London: Henry Colburn, 1849, p. 109.

一封匿名来信,来信人愿意为学院捐赠 500 英镑,"用以教授 7 岁及以下的印第安儿童阅读和理解基督教的原则直到 12 岁,然后在合法的商业中训练和培养他们的文雅直到 21 岁,然后就可以像英国人一样在那里享受自由和权利"①。弗吉尼亚公司当然接受了这份捐款,因为这与他们的办学目标是非常接近的,只是不主张让印第安儿童从事商业,而是主要从事宗教事业,包括让他们回到自己的种族中传教。②

在皇室的监督下,大主教们的集资和弗吉尼亚公司的筹备工作可以说是非常迅速而有效的,1619 年 5 月 26 日,国王所说的两年的集资期限已到,弗吉尼亚公司的财务主管埃德温·桑兹向公司的行政会议和地方法院就学院集资问题做了总结性的汇报,两年以来,弗吉尼亚公司就在殖民地建立学院一事共收到捐赠 1500 英镑,其中 800 英镑是现金,其余 700 英镑是公司的股票。桑兹建议,学院的建设须尽快开始,否则捐赠者会撤资,但同时,他也认为不可操之过急,在正式建设之前,还要确定今后每年为这所学院的投资,以求长期发展。随后桑兹用目前的这部分资金派遣 50 人前往弗吉尼亚殖民地从事学院的建设,其中半数人提供劳力从事物质建设,而另外半数人则是承担学院开办之后的教学和管理工作,而在亨利克为学院指定的专用土地也命名为"学院土地"(College Land)。③ 1619 年 6 月初,伦敦季审法院(Quarter Court)批准了桑兹的报告,6 月 14 日,桑兹再次提议为学院建设这份"重任"(weighty business)指定一个专门的委员会也获得了批准。当天,这个有着学院董事会性质的七人委员会(Committee for the College)组成了,这七位委员都是弗吉尼亚公司的股东,并且大部分接受过高等教育。十天之后,委员会召开了第一次会议并做出决议,建议向殖民地输送包括一位牧师在内的从事各行各业的一百人,为牧师提供五十英亩的土地和四十英镑的年薪,同时指定一位上校

---

① Brock, R. A., *Abstract of the Proceedings of the Virginia Company of London, 1619—1624*, Vol. 1, Richmond: Virginia Historical Society, 1888, pp. 42-43.

② Ibid., p. 43.

③ Kingsbury, S. M., *The Records of the Virginia Company, Volume III*, Washington: Government Printing Office, 1933, p. 220.

专门负责"学院土地"的开发工作。① 而就在这一天，皮尔斯（John Peirce）和他的合伙人们获得许可前往北美殖民，他们的帆船"五月花号"（Mayflower）也刚刚获得了营业执照，1619 年 6 月 16 日学院委员会成员之一沃斯滕霍姆（John Wolstenholme）就向委员会建议让皮尔斯来负责人员的运送以及学院初期的建设工作，然而委员会并未接受这个建议，他们认为皮尔斯不会在两三个月内就能出发，而且在抵达之后也无法立即从事学院建设，而后来正是这艘船在一年多后搭载了 102 名乘客抵达了北美的普利茅斯殖民地开启了北美殖民地上新的一页。② 最后，直到 6 月 28 日，在弗吉尼亚公司会议上，韦尔登（William Weldon）被指定负责选拔从事学院建设的 50 个人并一同前往弗吉尼亚负责学院土地的开发建设事宜，而费拉尔（John Ferrar）将负责把他们运送到北美殖民地去。

而早在 1619 年 6 月初桑兹在做完关于学院集资情况的汇报之后，弗吉尼亚公司就立即再次通知了亚德利总督关于学院筹备的工作，让他做好相关的准备事宜，并希望他能与当地原住民保持良好的关系以争取更多的孩子可以入学。8 月份，当费拉尔的船载着韦尔登选来的 50 人以及另外从事殖民地建设的 50 人离开伦敦向弗吉尼亚进发的时候，北美第一个代议制议会正在詹姆斯敦（Jamestown）召开第一次会议，其中包括两位来自亨利克斯城（City of Henricus）的代表道丝（Thomas Dowse）和波伦蒂（John Polentine），会上代表们一致赞同在弗吉尼亚建立一所学院的计划，并制定了与印第安人改善关系的基本政策，③ 并再次强调："为了给印第安人的教化工作奠定了一个更加坚实的基础，每一城镇和殖民点都要通过一定的方式获得一些印第安儿童教以他们真正的宗教和公共生活知识……以使他们适合于那所为他们而建的学院。"④ 可见，学院计划也已被当地

---

① Kingsbury, S. M., June the 24th, 1619, *The Records of the Virginia Company London*, Vol. 1. Washington: Government Printing Office, 1906, p. 234.

② Neill, E. D., "The Earliest Efforts to Promote Education in English North America", *Macalester College Contributions*, Department of History, Literature and Political Science, Second Series. Saint Paul: Pioneer Press Publishing Company, 1892, pp. 66–67.

③ Land, R. H., "Henrico and Its College", *The William and Marry Quarterly*, Second Series, 1938（4），p. 478.

④ McIlwaine, H. R., *Journals of the House of Burgesses of Virginia, 1558—1619*, Richmond, 1915, p. 10.

的殖民者认可并作为一项基本政策，但此时他们还未考虑到学院以下的学校教育，只是让印第安的孩子在殖民者的家庭中接受学院的预备教育。尽管如此，他们还是忽视了一个更为重要的问题，即没有为接待这么多新殖民者的到来做好充分的准备工作，哪怕是基本的衣食住问题，以至于当1619年11月4日费拉尔的船经过三个月的艰苦航行终于抵达弗吉尼亚的时候，这一行人首先面对的是食物、疾病、居所等基本的生存问题以及如何度过严冬和适应新环境，而根本无暇顾及学院的建设，原先的学院建设计划完全无法实施。

至1620年年初，作为"学院土地"总负责人的韦尔登也向伦敦抱怨了物质匮乏的问题，并将从事学院建设的50人中划拨了30人从事其他建设事务，他致信伦敦的桑兹汇报了他所面临的艰难处境，原本划拨给学院的土地中最好的部分已经被占用了，并不得不将大部分人都派去建造房屋。① 但桑兹还是对此大为不满，早在1620年1月初的时候弗吉尼亚殖民地总督秘书珀里（John Pory）就写信给桑兹认为韦尔登"毫无经验"，"不适合承担如此重要的任务并领导和指挥50个人"，② 总督亚德利也抱怨韦尔登在学院事务上很不称职。于是在桑兹的推动下，伦敦的弗吉尼亚公司于1620年4月3日重新选定国王詹姆斯一世的私人侍从、前议员索普（George Thorpe）取代了韦尔登负责学院建设事务，并计划再从英国增派50人过去参与建设，1620年6月底索普进一步被任命为弗吉尼亚总督顾问。珀里和亚德利对索普的到来非常欢迎，珀里认为他简直是"天堂来的天使"，一定可以胜任学院建设事务，同时亚德利对索普更是赞赏有加，认为他是殖民地最佳的管理者，甚至愿意让他担任总督。③ 在索普的监督和领导下，"学院土地"上的建设也终于缓慢地开始了，而此时，伦敦的捐赠依然在继续，1620年春已达到2043英镑，其中1477英镑已经分配给了学院，并且还开始收到图书的捐赠，公司也进一步明确了学院委员会的职责。

---

① Kingsbury, S. M., *The Records of the Virginia Company*, Volume III, Washington: Government Printing Office, 1933, p. 264.
② Ibid., pp. 257–258.
③ Ibid., p. 305.

三 东印度学校的建立与学院事业的拓展

　　1621年是非常重要的一年，一位两年前由坎特伯雷来到弗吉尼亚殖民地的牧师巴格莱芙（Thomas Bargrave）去世，他留下遗嘱把他的个人图书馆捐赠给了这所正在建设中的学院，价值约100英镑，这是英属北美殖民地上的第一份教育捐赠，十多年以后，另一位牧师哈佛（John Harvard）也同样将自己的图书馆捐给了一所学院并使学院获名哈佛学院。[①] 1621年11月21日，曾任职于东印度公司的科普兰（Patrick Copland）被弗吉尼亚公司指定为学院校长（Rector）和弗吉尼亚总督的顾问，"学院土地"上收入的十分之一将作为他的薪水。

　　更重要的是，在1621年早期，科普兰还集资准备在离亨利克不远的查尔斯市（Charles City）另建一所东印度学校（East India School）作为学院的预备学校。早在1614年，科普兰就曾在英国为远道而来的印第安儿童教授基本的读写，他对这一事业一直都抱有很大的热忱。1621年9月，科普兰个人捐赠了70英镑希望在弗吉尼亚建一所免费的初级学校，10月30日，弗吉尼亚公司的会议接受了科普兰建立学校的计划及其私人捐赠，并为此专门指定了一个七人委员会。第二天，委员会召开会议，做出了几项主要的决定：学校建设地点选择在查尔斯市并命名为东印度学校；公司为此在查尔斯市划拨1000英亩的学校土地；这所学校要与亨利克学院保持密切关系，学院要从这所学校中选拔学生对其进行高等教育；英国殖民者的子女亦可进入东印度学校和亨利克学院学习。[②] 由此，学院的预备教育不再由殖民者的家庭承担，而是在专门的初级学校进行，一个初步的学校教育体系已初见端倪。同时，学院教育的对象也扩展到英国殖民者的子女，学院已不仅仅是一个专门教化印第安人的机构，同时也要兼顾母国文化的延续。

[①] Neill, E. D., "The Earliest Efforts to Promote Education in English North America", *Macalester College Contributions*, Department of History, Literature and Political Science, Second Series. Saint Paul: Pioneer Press Publishing Company, 1892, p. 68.

[②] Kingsbury, S. M., *The Records of the Virginia Company*, Volume III, Washington: Government Printing Office, 1933, pp. 537–540.

1621年年底，东印度学校接受的捐赠已近200英镑。而与此同时，伦敦的一位有名的学校老师布林斯利（John Brinsley）为英国殖民地的教育事业编了一本教科书《我们语法学校的慰藉》（A Consolation for Our Grammar School），在开头的"献词"中，布林斯利希望他的书可以"让学校中的学生接受与我们国内的无差别的教育，为将来进一步的学习奠定一个最快最坚实的基础"，[①] 从而帮助教化那些所谓的野蛮人以推进殖民的事业以及传播上帝的福音。这本书很快受到弗吉尼亚公司的关注，公司董事会让科普兰仔细审阅这本书并向布林斯利表达谢意，同时指定了一个委员会与科普兰一起规划学校未来的教学问题。

亨利克学院的建设在索普的领导下进行得也很顺利，学院土地上已有100余名开垦者，其中大部分在学院土地上定居，他还把这一万英亩的土地平均分成了100份分配给开垦者从而迅速地提高了生产效率，"很有希望来年能在这片开垦的土地上获得丰收"。[②] 同时，索普还与印第安人尽力保持了良好的关系，并对教育印第安人的事业充满信心。伦敦的弗吉尼亚公司也一直非常关注弗吉尼亚的学院建设情况，不断发出指示，希望要好好使用搜集起来的资金，使得这笔钱在"开启""延续"和"完善"这份事业上发挥最大的作用，1621年7月14日在给总督的指示中还强调要求殖民者尽最大的努力最好教化事业，多争取一些印第安人的孩子教以基本的知识为学院学习做好准备，最终带给印第安人以真正的知识和上帝的信仰。[③]

四 印第安人的袭击与学院事业的终结

至1622年年初，亨利克学院和东印度学校的组织和建设工作基本完成，然而此时的英国殖民者与印第安人的关系却又出现了波动。当宝卡荷

[①] Brinsley, J., *A Consolation for Our Grammar School*, London: Richard Field for Thomas Man, 1622, p. 12.

[②] Flory, J. S., "The University of Henrico", *Publications of the Southern History Association*, Volume VIII. Washington, D. C.: The Association, 1904, p. 49.

[③] Kingsbury, S. M., *The Records of the Virginia Company*, Volume III, Washington: Government Printing Office, 1933, p. 363.

塔斯与约翰·罗夫结婚的时候，殖民者与印第安部落保持了一段非常良好的关系，可宝卡荷塔斯在英国早逝，她那位对白人非常仇恨的叔叔欧佩参卡诺格（Opechancanough）成为波瓦坦部落酋长之后，英国人与他们的矛盾逐渐升级。1622 年 3 月 22 日清晨，印第安人突然对英国殖民者展开大规模的报复，亨利克城和查尔斯城都遭到印第安人的袭击，亨利克城和学院的房屋基本被焚毁，早先从事学院建设的殖民者中就有 17 人被杀，甚至连乔治·索普本人也没能幸免。袭击过后，亨利克城里的幸存者们不得不都纷纷迁出，[①] 学院的建设也被迫停止。在这场袭击中丧生的英国人多达 300 余人，殖民事业也大受破坏，尽管如此，伦敦的弗吉尼亚公司并没有被袭击和屠杀吓退，反而决定更进一步地支持殖民事业。

1622 年年底，弗吉尼亚公司向北美派遣的几艘补给船抵达了弗吉尼亚殖民地，在给殖民地总督和议会的指令中首先批评他们对印第安人疏于防范，并为他们再次提供了很多的物资、武器和军队，希望他们把殖民事业继续下去，并且"为了殖民地的利益完全有必要恢复建设亨利克城、学院土地、查尔斯城……"[②] 弗吉尼亚公司并没有因为印第安人的袭击而放弃亨利克学院的计划，甚至还重组了学院委员会并有意恢复学院的建设，这次则由公司的财务主管、埃德温·桑兹的弟弟乔治·桑兹（George Sandys）亲自负责学院事业的重建，并对弗吉尼亚殖民地领导层再次强调："我们希望你们考虑的学院事务不仅是一件公共事务，还是一件神圣的宗教使命。"[③] 与此同时，被公司聘为学院教员的理查德·唐斯（Richard Downes）也来到了弗吉尼亚，并希望能在学院中干出一番事业。1623 年初，桑兹就已经派出一艘船载着一些新殖民者前往弗吉尼亚负责学院土地的开发事宜，他祈祷事业可以顺利地继承下去，但同时也表示，如果出

[①] Knight, E. W. & Hall, C. L. Report of the Indian Massacre Which Destroyed the Prospects of the College, 1622, *Readings in American Educational History*, New York: Appleton-Century-Crofts, Inc., 1951, pp. 5–6.

[②] Brown, Alexander, *The First Republic in America*, Boston and New York: Houghton, Mifflin and Company, 1898, p. 500.

[③] Kingsbury, S. M., *The Records of the Virginia Company*, Volume III, Washington: Government Printing Office, 1933, p. 671.

现不顺利情况，他"宁愿违背你们的指令"。① 可以看出，从埃德温·桑兹到乔治·桑兹，对殖民地的教育热情已经开始出现了消退，排在第一位的是宗教使命和殖民利益。1623年11月19日，弗吉尼亚公司再次决定向东印度学校注入资金，而这"似乎是公司关于弗吉尼亚教育事业最后的决议了"。② 印第安人的对殖民者的袭击和屠杀没有让弗吉尼亚公司在教育事业上退缩，他们仍然努力去恢复被破坏的学院和学院，仍然对印第安人抱有教化之心，但是印第安人的武力反击却深深地影响了弗吉尼亚当地的殖民者。印第安人所毁坏的不仅是物质建设和众多殖民者的生命，更重要的是让当地的英国殖民者开始放弃了对印第安人的和善的教化政策，而代之以强硬的征服政策，一位殖民者认为"大屠杀杀死了我们所有人，不仅仅是那些死去的人们，还有活着的人们的心"。③ 索普本人对印第安人一向友好，也有着很强烈的教化热情，但是印第安人不仅杀害了他还毁坏了他的尸体，殖民者们开始认为对印第安人来说征服要比教化容易得多，甚至认为正是索普的和善政策给他们带来了灾难，因为这些野蛮人根本就是不可教化的。于是，尽管伦敦的弗吉尼亚公司一再催促学院事业的恢复，但是当地的殖民者们总是消极对待，这使得学院重建一事始终止步不前。

此时不仅仅是伦敦的弗吉尼亚公司与北美的弗吉尼亚殖民地在殖民政策上出现了矛盾，国王詹姆斯一世也就殖民地政策与弗吉尼亚公司发生了冲突，国王越来越不满弗吉尼亚公司力量的壮大以及公司内部民主精神的发展。1623年10月，詹姆斯一世希望重新为弗吉尼亚公司颁布宪章以期对公司进行重组并加强控制，但是在弗吉尼亚公司的会议上却以绝对多数的投票拒绝了国王的计划，因此，1624年11月，国王干脆直接取消了弗吉尼亚公司许可证，弗吉尼亚殖民地也正式成为英国皇家领地，包括学院土地在内的领地上的所有财产都充公，并开始对印第安人采取强硬政策，

---

① Brown, Alexander, *The First Republic in America*, Boston and New York: Houghton, Mifflin and Company, 1898, p. 505.

② Land, R. H., "Henrico and Its College", *The William and Marry Quarterly*, Second Series, 1938（4）, p. 496.

③ Kingsbury, S. M., "Letter to Doctor Thomas Wynston", *The Records of the Virginia Company London*, Vol. 4, Washington: Government Printing Office, 1935, p. 38.

亨利克学院再也没有进入过官方议事日程。

五　英属北美殖民地高等教育政策的反思

在英属北美殖民地上第一次建立高等教育机构的努力，最终成了一个泡影。一切似乎很偶然，但留下更多的却是教训。在当时那个时代和环境中，学院的准备和建设工作可以说是一直非常有效而迅速，大英帝国王室和北美殖民地政府都对此非常重视，最后是北美原住民印第安人的反抗给这一文化事业造成了致命的一击，而这其实也是英国殖民政策导致的后果。从某种程度上说，亨利克学院作为北美高等教育的第一次尝试，其始与终都可以归结于英帝国的殖民政策。

就客观而言，当时北美殖民初期各项条件的准备不足，是其教育幻想破灭的重要内在因素。1611 年英国殖民者才第一次踏上亨利克这片土地，这在当时是英国人最深入内陆的定居点，1616 年亨利克还只有 38 名定居者，连詹姆斯镇也只有 50 人，殖民之初最重要的还是生存问题，可当老殖民者还在为生存努力的时候，弗吉尼亚公司却在不提供物资的情况下大量派遣新殖民者，弗吉尼亚殖民地议会也向伦敦抱怨再这么下去将会是一场灾难。[①] 而正是在每个殖民者必须解决自己的生存问题的情况下，殖民者开启了学院计划，当负责学院建设的新殖民者来到新土地上时，所面临的也是自己的生存问题。1616 年整个弗吉尼亚殖民地只有 351 人，1619 年弗吉尼亚第一个殖民地议会成立的时候整个殖民地也只有 450 人，但是从 1619 年 6 月至 1620 年 7 月间，又有 1261 名殖民者来到弗吉尼亚，接下来的半年里又有 1000 人抵达，至 1622 年 5 月，弗吉尼亚殖民地的殖民者数量已经多达 3500 人。可是殖民地的建设还远不足以应付短时间内人口的如此迅速地增长，原本负责学院土地开发的人们也不得不首先解决自己的生存问题和从事殖民地的开发工作，而不是文化事业，所以当韦尔登来到"学院土地"的时候，发现适于耕种的土地早已经被占去了，连弗

---

① Morgan, E. A., *To Fix the People on the Soyle: An Ecological Study of Family, Land and Settlement in Colonial Henrico Country, Virginia.* Department of Family and Child Ecology, Michigan State University, PhD Dissertation, 1995, p. 144.

吉尼亚总督也致信国王抱怨亨利克城和查尔斯城用于教育事业的地方"土地都很贫瘠，不适宜耕种"。①

这一次的教育实验始终都是英国殖民政策的一个环节，学院的始与终都是由殖民政策决定的，虽然国王、主教和殖民者们都有着很大的教育热情——尽管这种热情也基本是由宗教使命和政治野心黏合而成，但毕竟客观条件还不成熟，尤其是在与印第安人的关系还很不稳定的情况下就单方面地希望通过教育来教化他们是很不切实际的，英国人没有考虑到文明之间的冲突，也从来没有尊重印第安人的文化，而是以一种殖民者的高傲心态来办教育，这就注定了学院的命运，大屠杀中的幸存者回忆道："印第安人在进攻的时候很有选择性，他们想要殖民者知道他们要抵制这种文化冲突。"②

此外，学院建设的实际操作方面仍有所欠缺，首先，虽然桑兹在一开始就认识到为学院制订每年的资助计划的必要性，但是一直到学院事业终止，此事也未被提上日程；其次，伦敦的弗吉尼亚公司一直是在大洋彼岸为学院建设提供指导，就连学院委员会也是在伦敦而不是在弗吉尼亚殖民地，以至于委员会成员们根本就没有涉足过亨利克，更无从知晓学院建设的实际情况；最后，弗吉尼亚殖民地议会也几乎重复了伦敦的失误，他们虽然在政策上支持学院计划，但是从未制订过具体的计划，他们没能与印第安人友好相处，这最终也摧毁了学院事业。

印第安人的反击直接导致了学院计划的失败，同样也结束了英国殖民者通过教育来教化印第安人的设想，然而，这毕竟是英国人在北美殖民地上第一次高等教育实验其实也是第一次办学的努力。在这次失败的尝试中，在殖民地建立一所高等教育机构需要注意的关键问题基本都得到了凸显，如资金、土地、管理问题，以及学院机构与殖民地政府的关系、教育与宗教的渊源等，这些问题将继续在日后的殖民地高等教育实践中得到进一步的思考和探索。"学院……已经奠定了一个永久的基础。尽管原本用来教育印第安人的计划由于大屠杀而被终止，但是这所学院却是美洲大陆

---

① McIlwaine, H. R., *Journals of the House of Burgesses of Virginia, 1619—1558/59*, Richmond, 1915, p. 25.

② Kruszewski, Patty. America's First University-Almost, *Henrico Citizen*, 2011 - 05 - 27.

上为英国殖民者的利益而建立的第一所学校。"① 弗吉尼亚殖民地通过这一努力为新世界带来了旧世界中对于高等教育的兴趣，虽然学院事业被中断了，但是从1623年起，弗吉尼亚殖民地议会中就专门加入了来自"学院殖民地"（College Plantation）的两名代表，而这一代表席位也一直保留到了1630年；② 甚至就在1624年，弗吉尼亚殖民地就再次动议在萨斯奎哈纳河（The Susquehanna River）的一座河心岛上重新恢复大学建设，该计划终因它最主要的推动者帕尔默（Edward Palmer）的去世而不了了之；③ 从1660年开始，连续两届殖民地议会都通过了关于建立"一所学院和一所免费初级学校"的呼吁，以教育年轻人追求高等的自由知识和传播上帝的福音。④ 这一次次的努力更像是对当初亨利克学院和东印度学校的不断召唤。

又经过三十多年的努力，弗吉尼亚殖民地终于诞生了第一所高等教育机构——威廉和玛丽学院（College of William and Mary），学院章程开篇就表明了学院目标：教授高等知识和在印第安人中传播上帝的福音，这是对当初建立亨利克学院目标的重申，威廉和玛丽学院是殖民地时期前八所学院中唯一一所在最初的章程中将印第安人列为教育对象的学院，此后的七所学院皆没有明确要将教育印第安人作为自己的目标，哈佛学院也只是在1650年修改后的章程中加入了印第安人。值得注意的是，从1660年到1693年的努力中，无论是殖民地议会的决议、法案，还是学院的章程，虽然强调传播知识和宗教的目的性，但是不再出现"野蛮人""异教徒"之类的表述了，文明的傲慢和政治的野心逐渐淡去，教育事业的独立性开始显现；同时，威廉和玛丽学院的创办虽然也是得到英国王室的批准，它是第一所获得王室特许状的学院，但是其建立过程不再像亨利克学院那样由伦敦来规划了，而主要是在殖民地的当地政府和人士完成的。威廉和玛

---

① Bruce, P. A., *Institutional History of Virginia in the Seventeenth Century*, Vol. 1, New York: G. P. Putnam's Sons, 1910, p. 370.

② McIlwaine, H. R., *Journals of the House of Burgesses of Virginia, 1558—1619*, Richmond, 1915, p. x.

③ Adams, H. B., *The College of William and Marry: A Contribution to the History of Higher Education*, Washington: Government Printing Office, 1887, pp. 11 – 12.

④ Knight, E. W., "The Need For A College in Virginia", *A Documentary History of Education in the South before 1860*, Vol. 1, Chapel Hill: The University of North Carolina Press, 1949, pp. 371 – 372.

丽学院虽然是英属北美殖民地上第二所高等教育机构，但它也一直将自己的源头追溯到亨利克学院，把自己视为亨利克学院的"继任者",[①] 从詹姆斯一世提出亨利克学院计划的1617年至威廉和玛丽学院成立的1693年，可以看作弗吉尼亚殖民地追求一所高等教育机构的整个过程，学院是七十多年中英国王室、教会、殖民地议会和私人共同努力的结晶，从这一点上来说，失败了的亨利克学院依然为英属北美的高等教育事业播下了种子并结出了果实。又过了七十多年，1769年12月13日，达特茅斯学院（Dartmouth College）成为英属北美殖民地时期建立的最后一所学院，这是在一所印第安人学校的基础上扩建的，其章程开宗明义地表明学院的目标就是在印第安人中传播知识和宗教。[②] 亨利克学院的教育宗旨，在达特茅斯学院办学过程中得到较好验证，甚至在某种意义上可以把它看作亨利克学院的复活。历史正是以这种意想不到的方式，得到了重现。

[作者简介] 王慧敏（1987— ），男，安徽宣城人，教育学博士，浙江大学教育学系讲师，主要从事美国高等教育史研究。

---

① Kruszewski, Patty, "America's First University-Almost", *Henrico Citizen*, 2011 – 05 – 27.
② Elliott, E. G. and Chambers, M. M., "Dartmouth College", *Charters and Basic Laws of Selected American Universities and Colleges*, New York City: The Carnegie Foundation for the Advancement of Teaching, 1934, p. 176.

群星闪耀的时刻：哥伦比亚大学教师学院的创建[*]

陈 瑶

19世纪后期到20世纪初期的美国，正处于社会政治、经济、文化、教育向现代转型的时期。就教育而言，公立学校体系形成、教育专业化运动盛行、进步主义教育运动兴起、大学新兴等状况几乎在同时进行，它们互为背景和主题，互为原因和结果。也正是在这个时期，教育开始成为大学的科目和研究课题，并在大学中获得了学术的组织形式。一门学科进入大学，取得学术合法性的阶段是一个充满紧张冲突的关键阶段，而从学科发展史的角度来看，这也应该是一个精英辈出的时代，一方面是"时势造英雄"，另一方面也是"英雄造时势"。哥伦比亚大学教师学院创建的历史很好地说明了这一点。本文在此追溯这段历史，探查哥伦比亚教师学院百年辉煌形成的最初基因，也以此为个案具体展现美国教育专业、教育学科及其组织机构的早期状态。

一 从慈善到教育的转向

（一）道奇的教育情怀

哥伦比亚大学教师学院的源头可以追溯到女慈善家格蕾丝·H. 道奇

---

[*] 本文原载《清华大学教育研究》2016年第2期。"哥伦比亚大学教师学院"（the Columbia University Teachers College, TC）其约定俗成的译法通常为"哥伦比亚大学师范学院"，本文斟酌再三，主要虑及西文中"normal（师范）"一词的中等师范性与大学水平的哥大教师学院层次不符，不如取其直译。简称则皆可为"哥大师院"。

(Grace Hoadley Dodge) 领导开展的慈善活动。道奇不但具有强大的活动能力和领导才能，并且具有深厚的人道主义情怀和广阔的教育视野。基于自身的工作和经验，道奇越来越认识到教育改造社会的力量，同时也意识到公共教育存在的令人震惊的问题，她决心将慈善事业推至根本，同时也推动纽约城市学校开展一种更实用的教育。1884年，在道奇等人的推动下，早期着重于幼儿慈善的"菜园协会"（Kitchen Garden Association）重组为工业教育协会（Industrial Education Association），虽然慈善依然是其主要动机，但工业教育协会已在有意识地加强与公立教育系统的联系，着意于更广泛的教育目标。1886年，道奇多方筹措善款，在纽约置办了"No.9"五层大楼，这就是哥大师院最初的发源地。1886年冬天就有4383名儿童在"No.9"接受手工训练。随着工业教育的开展，为手工训练输送教师的任务变得越来越迫切。除了延续菜园协会时期的师范课程，协会针对公立学校的教师开办了工业绘画、泥塑、烹调等培训班。[1] 然而一般的师范课程已不足以满足要求，需要正规的培训学院来承担起对教师的专业培训。1887年道奇重金聘请哥伦比亚学院哲学系副教授尼古拉斯·巴特勒（Nicholas Murray Butler）出任工业教育协会主席。巴特勒带来了教师专业培训的理念和"教育是一门需要认真研究的学科（科目）"等新思想，在其带领下，教师培训跃居协会工作的首位。

作为慈善家，道奇留下的不仅是物质遗产，更重要的是精神遗产。道奇对于教育的概念是深广的，无论是手工训练、教师培训还是教育研究，都是为了建设更好的家园、成就更好的儿童、完善更好的道德和精神，是最终通向更好的世界的途径。

（二）巴特勒的教育志业

就巴特勒个人而言，他是以工业教育协会为平台实现其教师专业培训的理念的。从在哥伦比亚学院的学生时代开始，巴特勒就对教育充满兴趣，这一点深受校长弗雷德里克·巴纳德（Frederick A. P. Barnard）的影响。巴纳德博士是教育科学的早期倡导者之一，他深切关注教育的系统研

---

[1] Lawrence A. Cremin, David A. Shannon, Mary Evelyn Townsend, *A History of Teachers College*, Columbia University, New York: Columbia University Press, 1954, p.10.

究。他曾建议在哥伦比亚学院设置教育研究课程，然后是教席或学系。但当时校董会拒绝接受他的提议。巴纳德介绍年轻的巴特勒阅读一些来自英国、法国和德国的教育学文献和古典著作，并引荐他接触美国当代教育改革家。1884年，巴特勒博士毕业后到柏林大学和巴黎大学游学，带回了教育科学研究的新理念。其时学院正在向大学转变，他决心赋予教育以哲学的基石和大学的组织基础，并以此作为自己的学术志业。

回到哲学系后，1887年巴特勒向哥伦比亚学院董事会提交了建立教育学课程的提案，希望教育作为一门大学的学科，然而还是没能通过，理由是学院对教育感兴趣的学生太少，另外对所有人开放的教育学课程会将女性带入学院，背离了学院的成规。屡次遭拒之后，他提出了在大学外建立一所教师学院的权宜之计。在巴纳德校长的支持下，巴特勒着手将计划付诸实践。1887年当受聘工业教育协会主席时，巴特勒将建立教师培训学院作为他接受任命的一个条件。工业教育协会随即更名为"纽约教师培训学院"（New York College for the Training of Teachers）。就这样，通过巴特勒，哥伦比亚学院与教师培训学院建立了联系。

两年后，纽约教师培训学院取得了临时性办学许可，包括三个部分：教师培训学校、儿童示范学校和特殊班级。学院脱离了通常的"师范学校模式"，不教授中等教育的科目，而将其作为入学者的入门要求，可以授予教育学学士、硕士和博士学位。基本学制为两年，开设的课程包括心理学、历史与教育科学、教学方法、观察、学校组织与管理、幼儿园理论与实践、手工训练相关科目等。纽约教师培训学院手工训练方面和教师培训方面的独特优势吸引人们竞相前来参观取经，开始成为当时美国教师教育的圣地。1892年，教师培训学院获得永久性办学许可并改名为"纽约教师学院"（New York Teachers College）。随着各种类型和层次的入学人数不断扩展，"No. 9"已经容纳不下纽约教师学院，需要寻找新的办学地点。与此同时，哥伦比亚学院董事会也为哥伦比亚寻找到新校址——晨边高地（Bloomingdale Heights）。巴特勒正好两边工作都同时参与，他决心将教师学院置地于哥伦比亚学院附近。道奇又一次多方筹集基金买下了著名的"第120街"（120thSt.）①，1894年，纽约教师学院正式入驻，与哥大仅一街之隔。②。

尽管建立一所独立的、单一目的的教师培训机构并不是创建人的最终目的，但至少在巴特勒的领导下，工业教育协会的目的从主要为手工训练和工业教育培训教师，转变所有类型的教育培训教师。巴特勒传承道奇的事业，一开始就有意识地推动协会从慈善事业、人道主义的平台转向更纯粹的教育机构。巴特勒在协会主席报告中这样写道："很有趣的是，工业教育协会作为一个慈善组织已经演变成一股巨大的教育力量，已经由一个纯粹的慈善部门转向专门为教育改革发展服务的机构。"③

二 构建大学水平的专业学院

（一）结盟哥伦比亚学院

1891年，巴特勒当选为哥伦比亚学院哲学、伦理学与心理学系主任。教师学院由沃尔特·L. 赫维里（Walter L. Hervery）管理，在其领导期间，学院取得一些重要进展，其中1893年与哥伦比亚学院形成正式联盟（alliance）是哥大师院发展史上的重要一笔。双边董事会签下的联盟条款有：1. 教师学院开设的所有学位课程（A. B., A. M. 和Ph. D.）要在哥伦比亚哲学系的监控之下；2. 非学位的教学由教师学院自行控制和组织；3. 学位授予取决于哥伦比亚学院；4. 哥伦比亚学院至少每年为其直接提供一门课程：包括教育的历史与机构、哲学、心理学与伦理学；5. 教师学院院长和承担研究生工作的教授在哲学系中保有位置和资格；等等。④

尽管哥伦比亚委员会由于担心影响学院大学化的发展轨道以及男女同校等问题一直不愿意接受教师学院并入哥伦比亚学院，但鉴于此举对双方

---

① 哥大师院至今仍地处纽约市"525 West 120th St. New York"。
② Lawrence A. Cremin, David A. Shannon, Mary Evelyn Townsend, *A History of Teachers College*, Columbia University, New York：Columbia University Press, 1954, p. 20.
③ Report of Industrial Education Association, 1888, p. 5。转引自王凤玉《社会变革与教育机构转型：美国师范教育机构转型研究及启示》，人民出版社2008年版，第167页。
④ Lawrence A. Cremin, David A. Shannon, Mary Evelyn Townsend, *A History of Teachers College*, Columbia University, New York：Columbia University Press, 1954, p. 31.

都有好处，遂同意两者间结成这种联盟关系。毕竟，教师学院已经是一所拥有地产、建筑和装备而没有债权的机构，它不会对哥伦比亚学院形成拖累，还能够为其增加研究教育的机会，特别是可以通过教师学院与公立学校体系建立联系；而对教师学院来说，与大学的联盟则能够带来提高学术标准、提供大学的教学标准、共享大学图书馆等好处。

由于有这种联盟关系的支持，赫维里提高了教师学院的入学标准。从1894年开始，教师学院的学生必须是学院或是大学毕业生，或是受过培训并有经验的教师。教师学院的课程标准也在提升，原本在高年级开设的一些课程下放到低年级，同时课程门类及内容更加丰富。这些激烈变化要求大量资金和师资做支撑，而教师学院的财政却正在面临重重困难：高标准在减少了学生的同时也减少了学费收入；1893年经济衰退的恐慌影响了学院投资基金的收入；搬至晨边高地又意味着基础设施的投入增加；一直慷慨资助工业教育协会和纽约教师培训学院的人，总体上更感兴趣的还是慈善捐赠。

等到下一任院长——著名的拉塞尔（James Earl Russell）到来时，教师学院正处在面临选择的十字路口上。1897年，学院的年度财政赤字高达8万美金。① 除了困窘的财政状况，它的问题还有：与哥伦比亚学院的关系还只是尝试性的；两个目标（慈善和教育）之间如何平衡等。

（二）成为哥大的专业研究生院

1897年12月，拉塞尔被董事会推荐为院长，不进则退的纽约教师学院此时正需要这样一位有领导力的人物。拉塞尔随即推出学院的发展规划：将教师学院并为哥伦比亚大学的一所专业学院，既成为大学的一部分，又保持相对独立自主。② 1898年在塞斯·洛（Seth Law）校长的推动下，双边董事会基本认同了拉塞尔的建议。按照1898年协议（Agreement of 1898），哥大接受教师学院作为一个培养教师的专业研究生院，与法学院、医学院属同等级。大学控制所有学位课程和学位授予。哥大校长是教

---

① Lawrence A. Cremin, David A. Shannon, Mary Evelyn Townsend, *A History of Teachers College*, Columbia University, New York: Columbia University Press, 1954, p. 32.
② 1896年哥伦比亚学院更名为"哥伦比亚大学"。

师学院的当然院长，拉塞尔被任命为主任（Dean），他与教师学院的另一位成员在大学委员会拥有席位。教师学院依然保持财务独立，并自负盈亏。随后哥大教师学院凭着出色的表现获得了自己的独特地位，1900年哥大教师学院可以自行控制学士学位课程，1915年，教师学院已经成为哥大的一个当然的学院（Faculty）。从巴纳德校长到巴特勒院长和赫维里院长，他们的期望和努力终于开花结果。

新建的哥大师院面临的重要任务是为教师创设一种经典的、先进的、配得上大学地位的专业教育。没有前人可以模仿，创建者们必须开创出一所能够最好地满足其时代需求的教育专业学院。环顾四周，那些师范学校，只局限于培养初等教育的教师；密歇根大学、爱荷华大学、哈佛大学和加利福尼亚大学的教师教育工作也只限定在一个学系。尽管困难重重，拉塞尔决定建设这样一所大学水平的专业学院。拉塞尔认同"全面的教育"是民主的重要保证，是国家普遍治理的基础的理念，并且认为学校教育比家庭教育、教堂、出版和其他的社会教育途径更能有效地产生民主的影响，而能提供这种教育服务的教师必然是专业人士，与律师、医生和工程师一样，同样需要大学的专业学院来培养。拉塞尔关于教师教育的理念是具体的，他的教师教育课程包括四个方面：博雅的文化、专门的学术、专业的知识和技术化的技能。[1] 这一课程项目构成了拉塞尔的"教育科学"。他认为大学的教育院系应当研究教育科学，担负起"调查教育的基础、对教育理念的解释、教育方法的发明以及教育原理的应用"等功能。[2]

拉塞尔担任哥大师院院长达30年，从一开始内容就具体规划并执行专业教育的模式，他以大学研究生院的水平设计专业教育计划，支持博雅的教育哲学，并竭力丰富课程内容，努力吸引优秀学生，更重要的是，他在全国广纳贤才，为哥大师院引进很多思想开放的教师，这些都对美国和世界的教育产生了重要影响。

---

[1] James E. Russell, "The Function of the University in Training Teachers", *Columbia University Quarterly*, No. 1, 1898—1899, p. 323.

[2] Lawrence A. Cremin, David A. Shannon, Mary Evelyn Townsend, *A History of Teachers College*, Columbia University, New York: Columbia University Press, 1954, p. 37.

三 哥大师院群星闪耀时

在 20 世纪最初十年里，拉塞尔所设想的关于教师专业教育理念、关于教育在促进民主的广泛而包容的作用，以及构建教育学科的理想，在一群聚集在哥大师院的学科精英们的努力下一点点地变为现实。[①]

（一）从孟禄、桑代克到杜威

对于教育研究和教师的专业训练来说，一个最严重的阻碍就是缺乏专业的教育文献和材料。保罗·孟禄（Paul Monroe）对此贡献良多。孟禄受过历史和社会学研究方法的严格训练，拉塞尔院长首选他来介绍关于国内外教育的历史成就和当前实践，并为学生提供教育基础调查的训练。孟禄由此开创了教育史学科。到 1905 年，他已经完成若干部著作，其中包括著名的《教育史教程》（Text-Book in the History of Education）。另外，他通过担任麦克米伦（MacMillan）出版公司的"教育系列教材"（Text-book Series in Education）和"教育资料来源书籍系列"（Source Book Series in Education）的编辑，使当时松散而半组织化的教育知识领域得以系统化。而他最有意义的贡献是主编了五卷本的《教育百科全书》（Cyclopedia of Education），成为此后很长一段时间内教育领域研究主题选择的最为精确而综合的指导。这样的精英必然有其门徒来承继其学术志业，比如爱德华·莱斯纳（Edward Reisner）、威力斯汀·古德赛尔（Willystine Goodsell）以及此后在教育史研究领域与学校调查领域饱享盛誉的埃尔伍德·P. 卡伯莱（Ellwood P. Cubberley）。

拉塞尔院长早期引入的第二位先锋人物是桑代克（Edward L. Thorndike）。桑代克将教育心理学的知识建立在实验和观察的基础之上，积极对 20 世纪教育改革的要求做出回应。桑代克 1898 年从哥大博士毕业，拉塞尔在听了他的课后就对他发出了邀请。桑代克 1899 年 25 岁时来到哥大师院，5 年内，他从一般教员成长为全职教授和教育心理学系主

[①] 拉塞尔 1898—1927 年担任哥大师院的院长（dean），这是哥大教师学院建立和发展的黄金时期。

任。他在哥大师院一干就是40年，成为那个时代最杰出的心理学家。他的三卷本的《教育心理学》使得当代人类行为的知识得以系统化，为复杂的人类特性的研究建立了一种明确的科学方法。桑代克著述甚丰，难以一一列举。[①] 如其他先锋人物一样，他也不乏追随者继承其在教育中的这些开创性工作。比如致力于特殊儿童研究的丽塔·S. 霍林沃思（Leta S. Hollingworth），在补偿阅读方面很有建树的亚瑟·I. 盖茨（Arthur I. Gates），还有亚瑟·T. 杰斯尔德（Arthur T. Jersild）的儿童心理学研究，艾文·罗杰（Irving Lorge）的测试与测量，古德温·沃森（Goodwin Watson）的社会心理学研究等。

在桑代克引领着教育心理学领域的同时，杜威（John Dewey）在教育哲学方面成为最杰出的先锋。受皮尔斯和詹姆斯的实用主义的影响，杜威将经验和实验的原则运用到教育研究中。他1904年从芝加哥大学教育学院来到哥大哲学系，1906年开始在哥大师院开讲座，影响了一批教育学精英及他们的学生。杜威既是哲学系教授又是教育系教授，当时的教育系管理着哥大师院的课程和学位授予等工作，因而杜威可以说是在一个独特的位置上影响着哥大师院的师生，对学院产生了永久的、不可估量的影响。20世纪初期，他出版了大量重要的教育文献，其中《民主主义与教育》（1916）很快被翻译成六种语言，广为传播，为进步主义教育提供了理论基础。

（二）诸路精英纷至沓来

在拉塞尔的感召下，在杜威等先锋人物的带领下，哥大师院一时间群英荟萃，他们的所作所为诠释并执行了拉塞尔院长早期对教育科学勾画的宏大蓝图，从而使哥大师院能够成功地回应着20世纪初期教育的复杂状况的挑战。

弗兰克·麦克默雷（Frank McMurry），他与其兄弟查尔斯·麦克默雷（Charles McMurry）是赫尔巴特教学理论在美国的著名的诠释者，1898年他受邀加入哥大师院，成为拉塞尔专业教育中教学方法技术训练的有力支持者。1907年出版了专著《如何学习以及教授如何学习》（*How to Study*

---

① 到1940年，他的作品共有500余种。

and Teaching How to Study)。来到哥大师院后，弗兰克接受了杜威实用主义哲学的方法，很快成为进步主义教育理论的先锋之一。

克伯屈（William Heard Kilpatrick）曾在公立学校有成功的实践经验，1909年，他来到哥大师院后成为杜威思想的热情支持者和诠释者。据克伯屈的传记作家统计，他在哥大师院一共教过35000名学生，来自60多个国家，为学院带来100万美元的收益。[1] 克伯屈的"设计教学法"使杜威提出的方法得以具体化和流行化。这是一种倡导儿童有目的地学习的方法，即儿童每一个学习活动都要从问题开始，以此激发他们的兴趣和思想。对克伯屈及其继承者来说，有目的的思考和行动对保存和提高民主社会来说至关重要。服务于社会民主的学校应当培养年轻人有目的、有前瞻性、有理智的行动。克伯屈通过著书立说、教书育人，将这种教育哲学广为传播，由此而成为对美国公共教育进步有重大影响的人物之一。

戴维德·斯内登（David Snedden）对早期的教育管理学发展贡献很大，同时斯内登还领导了教育社会学的发展。而哥大师院管理领域最重要的精英是乔治·德雷顿·斯特雷耶（George Drayton Strayer），1910年他成为教育管理学教授和教育管理系主任。此后的33年中，他持续不断地开展教育调查、演讲、教学和写作，逐渐扩大、丰富和组织起教育管理领域，并使其成为教师培训和研究生层次专业教育最重要的内容之一。

思想先锋的会聚也同时带来原理、方法和哲学层面的激烈讨论。威廉姆·C. 巴格莱（William C. Bagley）是伊利诺伊大学一位杰出的心理学家，他与斯内登关于博雅教育和职业教育针锋相对的辩论吸引了拉塞尔，拉塞尔不能容忍巴格莱这位有才华的学者不但不代表哥大师院，还成为其对立面，于是他化"敌"为友，从伊利诺伊大学引进了巴格莱。1917年巴格莱成为哥大师范教师教育系的主任，致力于对课堂教师工作的系统研究，他是一位真诚的批评者，不断刺激人们思考、评判和改变。

此外，1902年拉塞尔引进了朱利叶斯·萨克斯（Julius Sachs），他对

---

[1] Samuel Tanenbaum, William Heard Kilpatrick, *Trail Blazer in Education*, New York: Harper & Brothers, 1951, p. 85.

中等教育有极大的热情,他关于建立中等教育系的建议与拉塞尔的想法不谋而合,为后继者开创了中等教育专业的标准。其他很多中等教育领域的精英人物主要是在中等教育学科教学领域,拉塞尔在学科教学领域选聘人才的标准值得称道:首先应当是学者,不但精通学科领域而且还有大量相关作品,这样能够激发学生的学术追求。比如数学的戴维德·E. 史密斯(David Eugene Smith)、历史的亨利·约翰逊（Henry Johnson）、美术的亚瑟·W. 道（Arthur Wesley Dow）等就是拉塞尔对学科教学教师的理想代表各种流派自然产生①,他们既是学者,又不满足于隔绝在象牙塔中,愿意积极地参与中学教育,创造性地解决教育实际问题。

哥大师院的各路精英都不乏追随者和反对者,加之大量的实验和研究,哥大师院日益成为一个教育思想和实践的策源地。

哥大师院与生俱来的慈善与人道主义的传统需要其对时代的挑战做出回应,因此这个时期还有一类先锋人物并非来自传统学科领域,而是服务于在20世纪经济社会需求下产生的新兴生活领域。这些新领域中的代表人物有玛丽·A. 南汀（Mary Adelaide Nutting）,她是全美防疫理事会护理委员会的主席,在推进护理教育专业化和护理与公共健康领域贡献卓越。玛丽·S. 罗斯（Mary Swartz Rose）是营养学这一新兴领域的先锋,她在哥大师院建立了美国第一个营养学系,她通过开创性的教学和著书立说研究和传播这方面的知识,在后来的两次世界大战中军队和普通市民健康饮食指导方面起到了实质性的作用。

综上所述,这些在20世纪初会集到哥大师院的教育学术精英们的工作很明显地对学院的历史、美国教育学科史乃至美国教育史产生了巨大影响。他们在基本理论领域、方法和实践、教育管理领域、初等教育、幼儿教育、中等教育、学科教育、生活经验中的新兴领域,从政策、知识、课程和标准等方面为学院打下了根深蒂固的基础,他们从不同的知识分支共同成就"教育"这门新兴学科,同时推动哥大师院成为教师专业教育的典范。

---

① Lawrence A. Cremin, David A. Shannon, Mary Evelyn Townsend, *A History of Teachers College*, Columbia University, New York: Columbia University Press, 1954, p. 52.

四　结语

哥伦比亚大学教师学院曾宣称其历史也就是美国教师教育的历史。[①]诚然,从莱园协会、工业教育协会中的师范课程到纽约教师培训学院、纽约教师学院,其教师教育层次不断提升,到最后成为大学中的专业学院即哥大教师学院,这就是美国教师教育大学化的一种典型历程。

然而从哥大师院创建的具体历史过程来看,既有普遍性,也有特殊性。19世纪末,一方面是师范学校纷纷升格为教师学院,提升教师培养层次;另一方面是从教育学教席、教育系到教育学院,各大学或学院开始在大学中为教育学科开启一席之地。哥大师院的发展历程综合了这两种情况,这在美国也是非常独特的。哥大师院相对独立于大学,又与大学有着联盟(alliance)关系。它的创立过程与芝加哥大学的"综合大学中产生出教育学院"不同,也与同一时期独立的教师学院不同。简单地说,其独特性在于,它在汲取了教育学院依靠大学支撑的新传统的同时,也继承了独立的师范专业学校的老传统。

哥大师院作为一个独立的学院的成功使其成为美国大学中教育研究组织的典范,教育研究专业化与学科化的缩微景观,以及教育专业人才培养的精致样本。哥大师院的创建过程,体现了在教育学进入大学过程中各方协商与博弈的具体状况,以及强有力的机构创建者和学术精英在其中所起的重要作用,包括从道奇、巴纳德、赫维里到拉塞尔这些机构创建者,也包括杜威、孟禄、桑代克、克伯屈等诸多在各种开创性领域中的学术精英。他们带着符合时代精神的教育理念和明晰的机构和学术发展目标,开创了一个崭新的时代。时代中的精英和普罗大众都亲历了历史,这一点毋庸置疑,但作为学科历史,精英们留下了更多的痕迹。哥大教师学院的教育学科发端史,就带着这种深深的精英设计的意味,而其中,精英们宽阔的视野、开阔的胸襟和执着的努力是造就哥大师院的重要基础。此后的百年历史中,哥大师院从容不迫地发展,在学术精英和学术成果的数量、人

[①] Donald R. Warren, *American Teachers: Histories of a Profession at Work*, New York: MacMillan, 1989, p.242.

才培养的质量,特别是教育学研究的影响力等方面堪称一流,为美国教育学科、教师教育和教育政策做出了贡献。

在回顾哥大师院创建历史的过程中,斯蒂芬·茨威格(Stefan Zweig)的这段话让人回味无穷:"所有那些最重要的历史性时刻都需要有酝酿的时间,每一桩真正的事件都需要有一个发展过程,真正具有历史意义即群星闪耀的时刻来临之前,必然会有漫长的岁月无谓地流失而去,而这一时刻一旦出现,却将对世世代代做出不可改变的决定,它决定着一个人的生死、一个民族的存亡,甚至整个人类的命运。"[①]

[作者简介] 陈瑶(1973—),女,汉族,云南大理人,云南师范大学高等教育与区域发展研究院教授,教育学博士,研究方向为美国教育史。

---

① [奥]斯蒂芬·茨威格:《人类的群星闪耀时·序言》,舒昌善译,生活·读书·新知三联书店 2010 年版。

第五编

学术与学科

伯纳德·贝林与美国新教育史[*]

——兼论《教育与美国社会的形成》

王 晨 张斌贤

一 贝林与教育史转向:《教育与美国社会的形成》

历史学家伯纳德·贝林1960年出版的《教育与美国社会的形成》(*Education in the Forming of American Society*)是美国教育史研究在20世纪中期转型复兴时期最具挑战性的批评与评论,它将当时日益兴起的新社会史和文化史的观念、方法与框架集中地引入了教育史研究领域,从而奠定了美国教育史研究新观念和新范式的坚实基础。[①] 伯纳德·贝林也因此与库伯莱、劳伦斯·克雷明等著名的开拓性教育史家相提并论,并与后者一起被认为是美国新教育史学的确立者。

因为受到社会达尔文主义、进步史观以及教育专业化和教师教育需求

---

[*] 本文系北京师范大学"中央高校基本科研业务费专项资金资助"重大项目"美国高等教育史"阶段性成果。虽然难以具体判断此后的美国教育史研究在多大程度上受到了该书的直接影响,因为这需要再一次对美国教育史研究在20世纪后半期的历程以及学术史脉络做一番详尽的考察,但至少在贝林最为重视的家庭史领域,他在书中所做的研究假设和提出的研究机会对此后研究的影响较大,他在"现代史学的挑战"的主席演讲中指出,在本书发表后的20年里,关于早期现代英属美洲的家庭生活的著作汗牛充栋,并出现了对此进行归纳和解释的著作。

[①] 参见[美]伯纳德·贝林《现代史学的挑战》,见《现代史学的挑战:美国历史协会主席演说集》,王建华等译,上海人民出版社1990年版,第403页,注释2。

和目的的深刻影响,① 以保罗·孟禄和库伯莱为代表的美国教育史的早期研究和编撰形成了具有辉格史学特性的固定模式。这一模式以研究正规学校教育为核心,以其预定的线性进步为线索,以固定的正规教学要素为框架,记录不同时期院校、思想及实践的发展轨迹以作为美国伟大公立教育制度的不断完善的溯源。② 这一研究理解模式及建立于其上的教育史课程与教学在第一次世界大战后,经历了多重冲击。

第一重冲击来自以斯坦利·霍尔、贾德、桑代克等人为代表的教育科学与测量运动。这一在工业化背景下兴起的以心理学为基础,强调科学与实践的教育运动推动了教育心理学等新学科、新课程的创立,并引发了对教育史缺乏科学性和实用性的批评,这一状况随之降低了教育史在教育学科和课程体系中的重要性和份额。虽然这一冲击背后所隐含的对教育性质和目的、教师素质构成的理解可待争论,但现实的情况是教育史必须反思自身的研究、编撰和教学,才能在这种批评中生存下去。

第二重冲击来自教师专业发展和教师教育需求的变化。在当时的潮流下,教育界和教师们对教师能力和素质的共识日益趋向实用,对教师身份的专业化表达也与教育的人文性质或者自由艺术性质日益疏离,因此,教师越来越注重解决日常教学活动的问题所需的知识和技能及其实践价值,并且使教师教育和培训与这种直接知识和技能的获得紧密相连。因此与直接知识与技能关系较远的教育史就会受到此种需求和认识的挤压,而面临困境。当时诸多的研究和调查都显现了教师们对教育史价值的轻视和对教育史课程的不满甚至拒斥。③ 而第二次世界大战后关于教师教育目标和性

---

① 劳伦斯·克雷明在对贝林本书的评论中指出,"因为绝大多数讲授教育史和偶然撰写教科书的教师们并不将此学科看作美国历史的一个方面,而是将其作为将一种正确的意识形态传递给一种新的自觉的教师专业的途径。因此,他们的学问就会预设一种包含职业目的的独特氛围,几乎完全与20世纪史学的主流相隔绝。结果就是,美国教育史就几乎成为一部公立学校实现自身的故事。"Lawrence A. Cremin, "Review of Education in the Forming of American Society: Needs and Opportunities for Study", *The Mississippi Valley Historical Review*, Vol. 47, No. 4 (Mar., 1961), pp. 678 – 679。

② 参阅周采《美国教育史学:嬗变与超越》,人民教育出版社2006年版。

③ Lawrence A. Cremin, "The Recent Development of the History of Education as a Field of Study in the United States", *History of Education Journal*, Vol. 7, No. 1, The Role of the History of Education in the Professional Preparation of Teachers. Part One (Autumn, 1955), pp. 1 – 35.

质共识的后续变化,即从强调技术和实践转向强调原则,在舒缓了教育史的实用性压力的同时却也使其面临更严峻的挑战、整合和竞争态势。

第三重冲击来自历史、社会学等其他人文社会学科的发展。一方面这一冲击某种意义上与大萧条之后美国思想领域的深刻变化有关。科学、技术、效能等主流观念及制度在价值判断问题面前受到了批评,文化、价值、责任以及与之相对应的社会科学和哲学、历史的文化分析或综合分析和价值担当成为更全面思考社会发展的基础。教育史的哲学、社会和文化意义重新获得了肯定,但这种宽泛背景下意向性肯定所形成的机遇实际上是一种更深层次的挑战。另一方面,历史和社会科学的研究在20世纪发生了方向性的变化,尤其是20世纪五六十年代开始全面展现深刻而广泛的更新。新的社会史、文化史从与以往传统史学不同的内容、方法、叙述方式等方面革新了历史研究,无论是从早期的政治史转向经济史、社会史乃至文化史的各种研究主题,还是方法趋向更为科学或更为社会科学化的量化技术及其批判,还是历史撰写中分析与综合方式的矛盾乃至叙述史学的复兴,以及美国新史学派的兴起和发展等都对试图破除与史学隔绝状况的教育史带来了压力和新的研究方式和方向。

第四重冲击则是教育史学家自身的反思。实际上教育史学家们对教育史的状况也是心知肚明的,在专业研究兴起的学术背景下,教育史学领域中的有识之士在为教育史价值坚守辩护的同时,也寻求着教育史突破的新方向。早在1908年,哥伦比亚大学教授,后成为华盛顿大学校长和卡内基教育促进基金会主席的亨利・苏扎罗(Henry Suzzallo)在哈佛教师协会年度餐会的演讲中就指出,要将学校与外部社会紧密地联系起来进行考虑,要将教育当作一种社会研究。[①] 1935年柯蒂(M. Curti)在《美国教育家的社会观念》(*The Social Ideas of American Educators*)中强调了教育制度与社会其他部分联系的观念。1937年汉森(A. O. Hansen)强调教育史是文化发展的一个方面,因此了解教育制度与文化模式之间的关系就极

---

① Henry Suzzallo, "Education as a Social Study", *The School Review*, Vol. 16, No. 5 (May, 1908), pp. 330 – 340.

为重要。① 在此脉络上，第二次世界大战后认同此种意识的教育史家们进行了一定的讨论，产出了一些基于此类意识的教育史著作和研究框架，如1947年巴茨的《教育文化史》(*A Cultural History of Education*)、古德的《西方教育史》(*A History of Western Education*)、约翰·布鲁贝克的《教育问题史》(*A History of the Problems of Education*)，1953年巴茨与克雷明的《美国文化中的教育史》(*A History of Education in American Culture*)，1956年古德的既描写学校史也描写教育的社会文明史的《美国教育史》(*A History of American Education*) 等。劳伦斯·克雷明甚至认为，1947年也许是"新教育史"课程教材产量最高的一年，有三部用于教育通史课程的著作的出现，这显然是对十年前汉森和克劳夫德②等人强烈呼吁的回应。③ 而其中尤其应该引起注意的是1951年由盖布里埃尔所提出的由符号交流形式、特定的知识体、各种制度和信仰与观念这四角构成的作为教育史文化研究框架的方法论平台。④

上述内容意味着，伯纳德·贝林以局内局外人身份出版的《教育与美国社会的形成》一书，既是教育史以反思、革新应对挑战过程的重要组成部分，也是从史学角度在这一过程中的综合和总结，而不仅仅是一种外来的批评和冲击。

二 综合性记叙史与三种联系：贝林的史学观及原则

伯纳德·贝林（Bernard Bailyn, 1922— ）是美国著名的美国史研究学者，他的主要研究领域是美国革命及早期美国史，尤其关注美国在殖民地时期及建国早期在发展进入近现代的历史进程中社会、文化和思想各

---

① A. O. Hansen, "Integrative Anthropological Method in History of Culture and Education", *Educational Forum*, Vol. 1. 1937, pp. 361–378.

② C. C. Crawford, "Can History of Education Be taught Functionally?" *School and Society*, Vol. 48, 1938, pp. 856–868.

③ Lawrence A. Cremin, "The Recent Development of the History of Education as a Field of Study in the United States", *History of Education Journal*, Vol. 7, No. 1, The Role of the History of Education in the Professional Preparation of Teachers, Part One (Autumn, 1955), p. 32.

④ Ralph Gabriel, "Ideas in history", *History of Education Journal* (Summer, 1951).

部分之间互动关系的研究,并就此形成了自己广阔的研究视野、独特的关注点和多样综合的研究方法,以富有历史想象力,能利用被忽视的历史材料,探求不同历史因素之间的联系,提出新异却有说服力的解释而著称。贝林认为自己一直寻找的是一种历史状况的独特性,也就是与历史学家自身所处世界的差异之处,历史上一些显见的异常并不能够自我解释,而这些异常是进入历史独特性时必须应对的一种智力挑战。①

虽然伯纳德·贝林的主要著作及其研究领域集中,但其中却包含着他指导整体历史认识和研究的独特历史观念、意识和方法,这些观念和方法从他开始从事历史学术研究之时就已经基本成型,并贯穿始终,几乎没有什么变化。其研究范围的转换,研究主题的多变,研究方法的多元,恰恰是其宽阔的视野、系统联系的观念与内隐深入的分析在其基本历史认识和研究意识中的内在体现,而不是难以确认其属何种史家身份这一说法的佐证。②

在伯纳德·贝林看来,历史研究是致力于说明现在这个世界是怎样从过去迥然不同的基础上发展形成的,即人类在其生存的各种基本条件之下为解决其面临的问题、实现其希望和雄心而自觉地进行及参与斗争的历程。③ 这是历史的核心任务与神圣使命,是扩展人类经验,并在过去和未来的进程中定位自身,以及形成明智而健全的社会和正确决策的基础。④但这一核心任务面临的最大困难在于人为的历史猜测、构想与解释与历史真实之间的矛盾。历史的本真还原性解释至少面临着两种习惯性思维模式

---

① A. Roger Ekirch, "Sometimes an Art, Never a Science, Always a Craft: A Conversation with Bernard Bailyn", *The William and Mary Quarterly*, Third Series, Vol. 51, No. 4 (Oct., 1994), pp. 654 – 655.

② 对贝林的史家身份一直以来有多种说法,有认为他是政治史学家、经济史学家、社会史学家、文化史学家、计量史学家、人口史学家、思想史学家、历史传记作家、史料编撰学者,等等。他自己也认为,要成为他所设想的历史学家,进行他所构想的历史研究和叙述,必须成为颇有造诣的业余经济学家、心理学家、人类学家、社会学家和地理学家。参见 [美] 伯纳德·贝林《现代史学的挑战》,王建华等译,上海人民出版社1990年版,第 422 页。

③ [美] 伯纳德·贝林:《现代史学的挑战》,王建华等译,上海人民出版社1990年版,第 392—393、396 页。

④ Bernard Bailyn, *On the Teaching and Writing of History: Responses to a Series of Questions*, Dartmouth: Montgomery Endowment, 1994, p. 12.

的阻碍，一是辉格史观①，一是时代错置②。

辉格史观是指以现实的需要和认识为基础，预置一种进步的历史框架和主题，从而将历史过程看作此框架及主题发展完善的必然趋势，以此来回溯性地研究和解释过去与现在。它的优点在于容易形成对历史的整体认识，但缺点在于它往往会丧失对历史的本真理解，简化历史的复杂性和丰富性，在今必胜昔的进步信念下过于主观地解释历史，并常常会导致为当前的主流观念服务和论证的情况。

时代错置则是指理解者或研究者未能真正地深入过去的事态、条件和情景中对与当前迥然不同的历史经验及其内在联系进行如其所是的理解和解释，而是从已知的结果或从自己所处时代或自身的立场和视域出发，推断、猜测或套用、改造过去的经验，从而曲解或误解了历史，引发了时代错置。这种错误除了主观原因，即视域未能转换之外，客观的原因在于，在久远的过去人的生存基本条件和面临的问题往往与我们当前有着很大的不同，而且在其斗争的历程中，很多变化和应变是在不可预见的前提下出现的，这些变化随着时代的不断变迁，已经难以识别其本来的面貌、构成和起源，因此对当前世界的形成性理解就会变得极为困难与复杂。如果不能获得及运用丰富知识和史料，进行创造性的想象，从而真正地设身处地深入历史情境中，那这一错误往往会较难避免，也难以自知，并会削弱历史的解释力和研究价值。避免这一错误需要的不仅是强调当时人们在思考、行动时对结果不可预见的前提，而且要同情地理解失败者；不仅是需要某一点、某一部分或某一片段的历史知识或认识，更为重要的是对过去时代及其经验的综观式理解，这无疑是一种更高的要求。

正是基于上述史观和对习惯思维模式的警醒和突破，引出了贝林的历史研究目标、意识、内容和方法，其核心和基础是一种进行全面记述的综合性记叙史概念。这一综合性记叙史要求将历史的技术性研究与分析性研究结合起来，运用前所未有的综合性来恢复历史的全貌，把可资利用的资料，包括定量和定性资料、统计和文字资料、视觉和口述资料融会起来，

---

① Bernard Bailyn, *Education in the Forming of American Society: Needs and Opportunity for Study*, Chapel Hill, Virginia: University of North Carolina Press, 1960, p. 59.

② Ibid., pp. 108 – 109.

采用某种记叙结构,以高超的形式撰写综合性的著作,使广阔的历史研究领域有规可循。这种综合性记叙史关注的核心应该是历史上的重大转变、重大问题和关键片段,通过对这些历史关键情节和重大历史发展过程的饶有趣味的记述和综合性说明,向读者重新介绍历史,从而为一种解释当前世界是如何通过演变而形成的通史奠定基础。这种研究既包含轶事,但本质上又不是轶事性质的,它既研究静态的历史形势、环境、背景和观念,同时本质上又是研究动态的历史变化,阐明当前世界的若干重要方面是怎样在发展过程中形成的。这是一种将结构和记叙、技术与分析完美结合的本真还原式的综合性记叙史研究。

但是贝林并没有在这一概念中构建一种元历史学体系对事件进行分层分类,即如年鉴学派那样用某种时间标准区分不同时段的历史事件,以此人为地建立历史解释框架,而是强调以具体史实和历史故事本身的发展过程为核心来揭示历史事件之间持续的相互作用,这也是他注重细节、人物和事件研究的因由所在。他说:"人们在有限的生命周期里受到了各种条件的束缚,他们同这些条件进行斗争而构成的戏剧性事件,乃是一切生动的历史的核心;另外,正是戏剧性事件本身的发展,而不是对事件进行分类的元历史学体系,给任何有效的历史解释提供了框架。"[①]

此外,这一综合性记叙史概念可被视为对冲击了西方传统史学和辉格史观的社会史研究的革新和改良。早期或传统的社会史研究结构松散,与各种习惯、风俗、衣食住行方式以及人们为生存而履行的各种义务的描述或研究成果之间毫无联系,杂乱无章,而借鉴社会科学的分析框架和方法所进行的静态历史研究则刻板机械,从而导致了一种未能以综合性结构化方式对整体的发展演变过程及重要主题进行探讨的碎片化状态,资料剧增但是难以融会成连贯的整体,达到历史认识的深刻性。因而以综合性记叙史的方式克服早期社会史研究的碎片化,集中叙述西方近现代社会是如何演变而形成的,就成为进一步发展的重要方向。

贝林认为这类研究可以从社会政治史、思想史或经济史以及几个领域的结合部发展起来,并且必须结合一系列技术性和分析性的研究成果。为

---

① [美]伯纳德·贝林:《现代史学的挑战》,王建华等译,上海人民出版社1990年版,第392页。

此，他从历史研究的实质性内容的发展出发，提出了三个具有指导价值的趋势性原则。① 从某种意义上，他的学术道路就是在此三个原则的指导下，为最终的全面综合性记叙史做着各种准备。

第一个趋势性原则是将外显的历史与内隐的历史这两种不同性质的历史事件融为一体，它部分解释了贝林历史研究求新出新的观念和行动根源。外显的历史是指历史中的人自觉地关注并参与其中，从而能清楚地观察到的历史事件及其发展。内隐的历史是指历史中的人未能认识或未充分认识的历史事件或关系，它如同多彩、复杂、繁忙的海底世界，但又是构成表面世界的外显历史本身的一部分，并直接与之纵横交错。人们往往无意识地或不知不觉被迫地参与其中，受其影响。以往的研究往往只是注重外显的历史，而忽视内隐的历史，因此未能全面地揭示这些事件的缘由、决定因素和影响。贝林认为将这两者融合在一起，不仅能进一步全面细致地呈现外显历史事件的来龙去脉，揭示其蕴含的深刻的多层含义，做出具有穿透力的解释，进一步扩充事件历史地位的丰富性，而且也能更好地揭示整体的历史进程，从而形成迥异的通史轮廓。

作为最早利用计算机技术对历史进行量化研究的历史学家之一，贝林认为对于内隐历史事件的研究，计量方法是最为重要的。② 通过对某些主题的计量分析，才能真正揭示内隐历史事件的发展历程，从而实现上述目的，但是计量方法的使用必须与历史研究的中心问题联系起来，在整体的层面将其作为历史认识的基础，与综合性的解释联系起来，而不仅仅是计算和形式分析得出的数字答案，或在意数字的引用和数字的精确性。这也意味着技术性研究成果要在综合性记叙史中被结合进整体结构中。

第二个趋势性原则是在系统性联系观念下所形成的中心与外围历史性空间关系模式。此模式被贝林主要用作综合理解和研究文化、思想及社会

---

① 贝林在此再次避谈方法论的性质，而是用实际的研究案例指出了趋势的实质性发展。这再一次说明了他对历史具体而非历史抽象的重视。这种对历史具体的重视与他对综合性理解的追求形成了一种奇妙的平衡。他的历史著作的独特风格在某种意义上正是来自对这两者的良好结合。

② 尽管贝林不甚重视主要历史事件的时代背景和基本条件，将其视为铺垫和陪衬，但在一定意义上，对时代背景进行具有历史学家眼光的综合的理解性描述依然是内隐历史事件的重要组成部分，也是外显历史事件与内隐历史事件融合的重要途径之一。

制度的传播、扩展、流动、分化和衍生的基础框架。贝林认为在近代英国的发展和殖民过程中，存在着一个以英格兰东南部伦敦文化核为中心的向外围领地不断扩张的社会文化体系，他称为不列颠体系。来自中心的伦敦文化核在此体系中互有联系的各个外围领地内，在迥然不同的人类及自然环境的影响下，形成了各种新的次文化。各种次文化的异同及形成原因以及它们的共同边际，即与同一个中心文化核保持等距离，又与它发生关系，不但影响着外围文化的发展，而且也是解释外围文化即该系统个别部分的必要前提。他所一直关注的大西洋文化体系就是这一世界性不列颠体系的一个组成部分，而这一文化体系中欧洲和美洲的交会互动已被贝林奉为其研究开展的重要准则之一。贝林认为，一旦意识到历史事件的大规模系统，历史学家就会调整观察的角度，并会扩大其研究的范围，从而能够从中得出对历史事件进程更为广泛也更具穿透力的解释。尤其一些以往认为是毫无关联的各外围领地的问题在此框架下会显示出密切相关的联系。

此种中心外围模式的系统性史观的运用范围可以超越不列颠世界或其他的世界性帝国，而当多个中心外围体系在历史的时空中相遇时，其历史的丰富性和复杂性将会倍增。这就意味着要形成一种全球视野，至少要在西方文明发展的框架下来观察各种人口运动、思想运动和文化运动。这也表明这一模式可以迁移到政治社会史、人口经济史乃至思想文化史等多种历史研究中，来探明历史事件在系统内外的分化、衍生和互动，而不再是孤立地探讨历史现象。他也正是在此原则上来看待和研究美国革命、美国社会形成与美国教育的。

贝林的中心外围模式已经超越了贸易与地域的简单意义，某种意义上是对特纳线性边疆理论的扩展，因为在此关系中已经形成了许多领地与边疆地带组成的网络，历史的联系和解释在此网络中具备了极大丰富的可能性。

第三个趋势性原则是将人们的内心世界——人们共同具有的态度、信仰、价值观念、反应、思想的形式乃至期望、抱负、恐惧等与外部的客观条件和历史事件联系起来，将两者的相互作用和互动过程揭示出来，从而对历史事件进程做出新的解释。但贝林认为此种内外联系的建立确实是困难的，尤其是在研究群体和人民之时。它是否能够超越历史哲学纲领性阐述而进入实质性的研究中；此类研究能否经受得起历史的理解经验及叙述方式的考验，建立起因果关系甚或突破因果关系；能否从对主观经验表现的各种客观的文化产物的研究中获得此种联系？这些都是需要解答的问题。

显然，这一联系表明，主体意识与客观对象关系中的表现形式，即意义赋予方式和现象显现方式成为研究的重心，尤其是当内在观念被认为是被外部构建的对象和意义结构之时，方式就更为重要。经验意识在指向存在的外化、客观化以及重新内化的（往复）意义建构过程中，必然与语言、行动、符号系统乃至承载着意义的（被符号化）物质建立密不可分的联系，对它们的研究也就成为对关系中的形式研究的核心，也就成为思想史、文化史研究新范式的核心。

这三种趋势性原则一直是贝林的主要学术准则，被其运用到对久远的现代早期社会如何转化成为熟悉的现代社会这一重大历史转变交会时期的研究中，无论是对新英格兰商人和航运业、美国革命的研究，还是对美洲人口和移民史、大西洋史的研究都是如此，这也是他被认为重塑了他所涉及的几乎所有研究主题①的根本原因。这些原则也被运用到他对教育史研究的思考中，并影响了教育史研究的构想。

三 美国教育史文化阐释：家庭、社区和教会的构想性历史

贝林将作为历史研究对象的教育不仅仅看作学校中的正规教学，还将其视为文化在代际进行传递的全部过程。以此为基点，贝林首先对美国的教育史研究，尤其是早期教育史研究提出了相关的两方面的批评。一是批评其将教育史的研究范围仅仅限定在正规院校的教育过程，所以不能全面地审视教育，也无法评价教育任务的多样性和重要程度，无法判断教育在社会、文化发展过程中的重要性。二是批评在教育史研究中存在着诸多时代错置和辉格史观的错误，从而不能以好奇的、陌生的和警醒的状态，根据环境条件的变化，来真正如实地记述思想的诞生和形式的创建过程。贝

---

① James A. Henretta, Michael Kammen and Stanley N. Katz ed., *The Transformation of Early American History: Society, Authority, and Ideology*, New York: Alfred A. Knopf, 1991, p.17.

林认为只要这种混乱情况继续存在,以后的历史记述无论怎样细化、怎样修改也不会有彻底的改观。[①]

根据上述认识,依据他的三项原则,贝林将教育史的研究范围扩展到家庭、社区和教会,将其作为英格兰文化在北美殖民地延续、传播和变化的重要途径,它们在新环境下的适应性变革以及传统的抗争带来了教育上的各种冲突和变化。据此,他提出了一些新的观点与论断。例如:公立教育并不是从已知的 17 世纪的种子成长而来的,把"公共"与"私立"明确区分开来的公立教育现代概念在 18 世纪末之前还是不为人所知的,它是新的、出乎意料的一类事物,它的起源涉及政府角色的转变以及社会整体制度性质的改变,等等。因此,只有将教育作为 18 世纪现代早期美洲殖民地更广阔的社会、经济和宗教生活变化的一部分,我们才能真正地理解当时它所经历的变化,并获得与以往不同却又真实的历史认识。以此而言,这一在比较遥远的现代早期和熟悉的现代社会转换之间的变化既体现为剧烈的断裂,但也表现为一种和缓的延续性变迁。

贝林认为,家庭史是整个文化史结构中最重要的线索之一,因此家庭是教育的文化史研究中最为重要的组成部分,离开家庭史,教育的历史作用就无法得到解释,但这一论题几乎被美国历史学家完全忽略了。[②] 美洲早期的教育变化最为重要的原因之一就是传统的英格兰家庭结构在新大陆环境下遭到了冲击,转变成为新的小型核心家庭模式,带来了家庭与社区关系的更新,从而导致了整个家庭社区系统的文化传递作用和教育功能的演变以及各种应对,对正规教育的重视随之而来。

还有让人印象深刻的是他对教会组织在美洲教育发展中所发挥作用的引导性论述。他至少指出了三点:一是宗教在印第安人皈依开化的最初目的中发挥了重要教育推进作用;二是宗派主义时期的教育竞争推动了教育的发展,并确立了当时教育组织的诸多特点;三是在美洲早期的教育事务具体开展中,跨大西洋两岸的教会组织发挥了重要作用,而这些组织的教育活动研究则是一直被忽视的。因此,对这一组织以及其中所涉及地区、

---

① Bernard Bailyn, *Education in the Forming of American Society: Needs and Opportunity for Study*, Chapel Hill, Virginia: University of North Carolina Press, 1960, pp. 9–15.

② Ibid., p. 76.

人物的研究就能成为美国教育史研究的新的增长点。而且这一研究主题能将英国和美国在一个新的层面上联系起来。除此之外，贝林还提到了其他如贵格会、公理会与长老会、路德会、德国与荷兰归正会等教派组织在不同地区的教育活动。这些教会教育活动都留下了大量的资料，因此对它们研究将有着良好的前景和基础。

贝林认为他的阐释是"构想性历史"，所依据的是未得到完全整理的散落的资料，这是实情，但是他的假设和构想具有想象力和原创性，并且提到了大量到那时为止未得到充分研究的原始文献资料，这显然会激起对美国教育史早先很少关注的领域的研究兴趣。虽然也正如他自己所言，这些假设有可能会被证实是错误的，或是具有误导性，每个提及的主题也不见得都真正具有进一步探讨的可能，也或许面临着巨大的研究困难，但是这样一种视野开阔的文化史转向，以及建立在丰富资料之上的具有想象力的构想无疑会有助于美国教育史研究产生更多更好的深刻见解和历史认识。但是，即便贝林对教育的文化史研究主题的论述是有根据和节制的，但他对教育的文化定义所带来的泛化问题也还是需要警醒的。

在随后近十年对贝林论述的争论中，有学者认为贝林的观点对于教育史而言，并不是新论，以劳伦斯·克雷明为代表教育史研究者们在20世纪40年代就已经作了此种尝试，因此其主要意义在于对于历史学界而言会有新的维度和研究发现。[1] 还有一些教师批评贝林强调教育的文化概念，忽视了正规教学，从而认为他贬低了教师的工作，在整体上轻慢了教学职业。还有一些文献则提出了贝林教育之文化定义的宽泛性会带来问题，使得教育失去了确定的意义，从而影响教育史研究，而且在理解社会与教育的互动方面所存在的困难使得有些研究只存在于理论上，贝林也没有进一步指出此类研究的具体进路。[2] 但是整体而言，学界都对贝林的努

---

[1] Frederick D. Kershner, Jr., Review on Education in the Forming of American Society: Needs and Opportunities for Study, *The William and Mary Quarterly*, Third Series, Vol. 18, No. 4 (Oct., 1961), pp. 579–581.

[2] Henry Hodysh, "Some Neglected Philosophical Problems Regarding History of Education", *History of Education Quarterly*, Vol. 9, No. 3 (Autumn, 1969), pp. 360–371. Bruce L. Hood, "The Historian of Education: Some Notes on His Role", *History of Education Quarterly*, Vol. 9, No. 3 (Autumn, 1969), pp. 372–375.

力表达了赞赏和肯定，在20世纪70年代后为数不少的论述美国教育史在20世纪中期以后发展的学术论文中[①]，几乎没有不涉及对贝林和克雷明文化修正教育史学的讨论。有些学者在贝林论述的基础上将新教育史学推向了深入。伯纳德·贝林及其著作成为美国教育史研究发展过程中的里程碑。

四 改进：重获尊重的必由之路

国内学界的教育史研究，尤其是外国教育史的研究和教学材料，从某种意义上而言，除去马克思主义和苏联教育史的影响，很大程度上是以借鉴库伯莱、孟禄等人奠定的模式和教材、著作为基础和依据。因此无论是教学还是研究中都形成了一种固化模式。贝林对这一模式的批评以及美国教育史在其历史发展过程中所遇到的冲击和困境在某种意义上也适用或存在于我们的教育史教学和研究中。如过于重视正规学校教育的主题，忽视教育的文化因素，研究和教学的主题、人物和结构固定、变化较少，研究范围狭小，史料单一，方法单一等问题都是存在的，甚至辉格史观的问题也有所体现。虽然教育史学家们为此做了诸多努力，在某些方面已经有所改变，但是传统的研究方式依然是主流，范式的转换和多元格局还远未成熟。这显然是限制教育史研究和教学发展，难以展现其在教师教育和教育学术发展中的价值和地位的根本原因。因此无论是在三个趋势性原则和研究方法上，还是在教育史社会文化转向的研究范围和主题扩展上，乃至在研究意识和观念的转变上都有很大的改进空间和借鉴意义。

通过对贝林等人新教育史学乃至其他学派启发性的研究与借鉴，一方面，将教育的文化因素纳入研究的视野，扩展研究对象，更新研究内容和主题；另一方面，采纳新的研究方法和思路，从而得出新的历史认

---

① Charles E. Strickland, "The Use of History in the Study of Education", *Theory into Practice*, Vol. 12, No. 1, Beyond Teacher Competence (Feb., 1973), pp. 13–22. N. Ray Hiner, "History of Education for the 1990s and beyond: The Case for Academic Imperialism", *History of Education Quarterly*, Vol. 30, No. 2 (Summer 1990), pp. 137–160. Barbara Finkelstein, "Education Historians as Mythmakers", *Review of Research in Education*, 18 (1992), pp. 255–297.

识和解释乃至研究风格，只有如此，教育史研究和教学才能焕发新的活力，形成丰富多元而深刻的局面，从而重新获得学术界和职业界的认同和尊重。

［作者简介］王晨，男，浙江温岭人，北京师范大学教育历史与文化研究院教授，教育学博士，研究方向为西方教育史；张斌贤，男，浙江杭州人，北京师范大学教育历史与文化研究院教授，教育学博士，研究方向为西方教育史。

美国教育研究学科化的开端[*]

陈 瑶

美国教育研究学科化历程始于 19 世纪下半叶,即从美国内战后到第一次世界大战结束前后半个多世纪的时间。这也是美国在政治、经济、文化、教育方面发生着巨大转型的时代。正是在这样的时代背景下,在整个人类思想史、理智史(intellectual history)发展过程中,美国教育研究与现代社会科学等诸多学科一起经历了学科化的过程,美国的教育学科逐渐开始形成并初具"本土特色"。本文以一种学科构建的历史和社会学视角全面考察这一过程,以期历史地了解美国教育研究学科化的深层机制、动力及内涵,为更好地理解当下教育研究和实践问题提供一种线索和参照。

一 19 世纪 60 年代至 20 世纪 20 年代的学术生态
——知识的专业化与学科化

19 世纪以后,伴随着美国工业化的发展,劳动分工和专业主义的时代到来。工业发展带来劳动分工细化,同时社会中的中产阶级扩大,专业不再局限于牧师、律师、医师等少数几种传统的"学术职业"(learned profession),还包括某些特定的、从业要求较高且必须经过专门教育和训练以获得较高水平的专门知识和能力才能胜任的社会职业。专业化一方面

---

[*] 本文原载《教育研究》2015 年第 5 期。系国家社科基金 2010 年度教育学青年课题"美国教育学科形成的历史研究:1865—1919"(课题批准号:CAA100111)的研究成果。

来自工业化的需要，另一方面美国本土哲学和社会思想也为其提供了理论准备。实用主义、进步主义、美国例外主义、功利主义、社会达尔文主义，特别是斯宾塞哲学为其做出了非常契合的理论解释。在社会发展和社会思潮的推动下，专门化有益而且必要，成为社会进步的普遍法则。

在知识领域，学术专业化也成为趋势。"十九世纪思想史的首要标志就在于知识的学科化和专业化，即创立了以生产新知识、培养创造者为宗旨的永久性制度结构。"① 这种"永久性制度结构"即现代大学的学科制度。"只是在1850年至1914年间，从社会科学结构中反映出来的思想多样化，才以我们今日所知的形式在主要大学里得到正式承认。"② 现代社会科学中的系列新兴学科正是在这一时期完成了学科化的历程。实现这一点的步骤是："首先在主要大学设立一些首席讲座职位，然后再建立一些系来开设有关的课程，学生在完成课业后可以取得该学科的学位。训练的制度化伴随着研究的制度化——创办学科的专业期刊，按学科建立各种学会（先是全国性的，然后是国际性的），建立按学科分类的图书收藏制度。"③

19世纪后半期到20世纪早期，学术专业化这种在德国大学中最先得到提倡的研究理念，在美国形成了不同于德国的一些变化，主要体现在这些方面：第一，由德国引入的博士学位制度在美国被改造为以哲学博士学位体系为主的研究生学位制度，该学位的获得是候选人成为学术专业人士的有力证明；第二，欧洲的讲座制被改造为更有利于学术分化、更为灵活宽松的学系制；第三，形成了以十进制图书分类体系（decimal system）和印刷目录卡（printed cards）为特色的图书参考文献体系，有助于最新的学术成就及时得到承认和传播；第四，基金会赞助研究制度有效地引导了大学和其他教育与科研机构的资源整合和发展路径，当然也不可避免地以其"知识政治"影响着政府决策和大学等科研机构的学术导向；第五，着意于学术传播的大学出版社机制将大学的学术标准公之于众，是美国大学参与一个更广阔的学术共同体的重要媒介；第六，热衷于成立协会的美国人也在知识领域成立了大量专业协会，这些协会、学会及其核心期刊的涌现促

---

① ［美］华勒斯坦等：《开放社会科学》，生活·读书·新知三联书店1997年版，第8—9页。
② 同上书，第14页。
③ 同上书，第31—32页。

使学术研究与交流进入更宽、更快以及更加频繁、畅通的学术网络，加快了研究共同体的形成。这六个方面的变化构成了一个以大学为中心的学术专业化矩阵，并渗透到社会结构当中①。专业化矩阵中的不同节点以各自的方式将理智专门化的精英趋势与美国社会平等主义的要求协调起来。它们不仅在理念上，而且在制度上，以一种创造性的姿态强有力地促进了美国学术专业化的进程。从此，知识被组织的特点、知识被分化的特点以及知识被传递和使用的环境发生了重大变化，在1920年前后，这样一种大学占支配地位、以学科制度为平台的学术专业化知识生态环境已明显形成。

美国学科建制的学术组织形态不仅反哺欧洲，而且对很多国家产生了巨大影响，包括中国。在这样的学术生态中，任何知识分支若想要在这个时代谋求发展，最好的途径就是进入大学，成为大学中的学科。伯顿·克拉克（Burton R. Clark）曾这样谈道："在很大程度上，这种庞大而恒久的学术系统矩阵结构不是人为规划的，而是自发形成的。这种结构的自发形成是如此符合'事物的本质'，以至于似乎没有其他选择。事实上的确如此。高等教育必须以学科为中心。"②

所以，从现代社会学科形成的整体视野来考察，学科可以这样来定义：学科即一定历史时空中以一定的范型构建起来的专门化的知识组织形式，表现为学术科目知识体系和规范、以大学为主要平台的承载学科体系的组织及其共同的研究价值取向和精神文化气质等。③ 因此学科的内涵可以从三个方面同时、全面地来理解：一是知识形态，即作为知识分类体系

---

① 约翰·海厄姆（John Higham）在文集 The Organization of Knowledge in Modern America, 1860—1920 中的"The Matrix of Specialization"一文中论及学术专门化的四个方面：博士学位、学系制度、基金会和参考工具系统。此处借用该作者"矩阵"（matrix）一词来隐喻这种知识的生态和组织结构形式，并增加了大学出版机制和学会等研究共同体两类。详见 John Higham, "The Matrix of Specialization", Alexander Oleson & John Voss. The Organization of Knowledge in Modern America, 1860—1920, Baltimore and London: The Johns Hopkins University Press, 1979, pp. 10 – 16.

② [美] 伯顿·R. 克拉克：《高等教育系统：学术组织的跨国研究》，杭州大学出版社1994年版，第36页。

③ 本文的学科定义与美国社会科学史知名学者伊曼纽尔·沃勒斯坦（Immanuel Wallerstein, 或译华勒斯坦）的理解更为相近，沃勒斯坦在其《知识的不确定性》一书中提出学科同时涵盖着三方面的内容：学术范畴、组织结构和文化。本文结合一些常见的学科定义，将学术范畴理解为知识形态、将比较宽泛模糊的"文化"进一步具体化为研究传统或研究形态。可参见 [美] 伊曼纽尔·沃勒斯坦的《知识的不确定性》一书，王昺等译，山东大学出版社2006年版，第104页。

和科目的学科；二是组织形态，即作为知识劳动组织的学科；三是研究形态，即学科作为一个研究领域所体现出的精神文化特质和学科的研究取向形态。三种范畴或语义的学科含义是共存的，如果只从一种角度去诠释和分辨学科，只会带来更多的混淆。

当我们以上述三个比较集中的主题分别考察美国教育研究学科化的相关历史时，学科构建开端的过程和轮廓即将随之凸显，并展现出美国教育研究的基本形态及其品性特征。

二　知识形态的生成

——教育知识进入大学

19世纪中后期的美国，教育已经成为一个重要的、公共的实践领域，与其相关的教育知识一直在缓慢地发展和累积增长着，它来源于欧洲哲学传统，发展于美国本土的实践。虽然尚未进入"专业化矩阵"，但这一知识领域的存在无须置疑。然而从19世纪后半期开始，教育知识并不只是稳定而连续（continuity）地增长着，更重要的是它在非连续性（discontinuity）中实现了突变，[①] 其关键性标志就是进入大学。

（一）"教育学"进入大学的契机

美国知识与学术生态的变化是教育研究专业化的重要基础条件和外在背景，而必要性的条件和机遇则存在于教育内部。

一方面，教育的重要性将教育研究推向历史前台。美国自建国以来，就逐渐形成了推崇知识、重视教育的传统。内战后，社会政治、经济、人口、科学文化的发展变化对学校教育提出了新的需求，这种传统进一步得到了新的阐释。19世纪末美国公立教育体系高速发展，教育在科技进步、社会发展中的功用越来越清晰地显现，并由此成为全社会的一项重要事

[①] "continuity"与"discontinuity"有译为"连续"与"断裂"（或"连续"与"断续"）的，是分析学科知识生成的一个重要视角，其含义类似于皮亚杰个体成长规律中的阶段性原理，即在个体成长的不同阶段中，个体生长或体现出相对平稳、持续缓慢的变化（连续性），如儿童期，或体现出各方面急剧变化、快速发展（非连续性），如青春期。虽然个体生长与知识生成的机制不能完全类比，但从发生学的角度来看，它们都存在连续性和非连续性的特征。

业。教学及其他与教育相关的工作作为一种专业的需求在19世纪末20世纪初急剧上升，在某种程度上这种需求甚至超越了传统的法学、医学和神学等专门职业。巨大的专业人员需求量使得教育知识的消费者大量产生。这种状况注定要引起大学校长，尤其是那些研究性大学的领导者的关注。那些巨人般的大学校长们雄心勃勃，他们深知自己正在创建和开启一个时代。由于全国统一的教育部门领导力的缺位，处于教育金字塔顶端的他们，作为国家教育的发言人，岂能忽略这一阵地？大学想要扮演这种角色，即引导整个教育的发展。虽然如哈佛大学的校长查尔斯·W. 艾略特（Charles W. Eliot）等人并不一定看好教育学科，但他们愿意通过引入教育研究来提升大学的教育领导力，从而提升其社会声望。19世纪后期的美国大学，正是处于近代大学向现代大学转变的阶段，它既注重知识体系的实用价值，也重视发展新知识、新学问，扩充大学的知识分支。不只是各知识分支都想要在大学中安家落户，获得合法地位，就大学来说，也想将所有"学问"都收入囊中，成为真正意义上的大学。所以它既看重教育研究对于公立教育体系发展的现实意义，也需要发展一门教育科学，形成教育学科的学术建制。

另一方面，高级中学（high school）的兴起引发了"谁来培养中学教师"的问题，并在很大程度上导致师范学校的式微和教师教育的大学化。美国的师范学校在19世纪20年代就已经出现，[1] 作为培养教师的主要专门机构的师范学校在当时教育知识的运用和传播中发挥了关键的作用。[2] 虽然早已有人提出并尝试在大学中开设教育学讲座或教授法课程，[3] 但是在19世纪上半叶，美国的学院普遍拒绝承认教育是学院的合法课程，也不承认教学是值得培养的一种专业，人们认为师范学校已足以对付小学教

---

[1] 早在19世纪初美国就开始仿照德国的教师学院（teacher seminary）和法国的师范学校（ecole normale）创建师范学校。1823年第一所师范学校（私立）创立。1839年贺拉斯·曼（Horace Mann）在马萨诸塞建立第一所公立师范学校。虽然师范学校并不是那个时候培养教师的唯一机构，却是最主要的、存在时间最长的一种形式。

[2] 可详见 Mariolina Rizzi Salvatori, *Pedagogy: Disturbing History, 1819—1929*, Pittsburgh: University of Pittsburgh Press, 1996. 该书以概念演变和文本汇集的形式探讨了此间教育学与师范教育互动的历史。

[3] 如1826年阿默斯特学院曾向院董事会提出过此类提议，此后的华盛顿大学、布朗大学也有过短暂的尝试。

师培养的问题。然而19世纪中期开始，由于公立学校教育体系向上延伸至中学，高级中学大量兴起，中学教师以及相关教育管理人员专业化的诉求带动了对教育知识的需求。但这种需求在师范学校中实际上被简化为教学行业的技术和技巧的知识获得，既缺乏深厚的理论底蕴，也缺乏科学的理性追求。师范学校的整个组织模式被限制在培养小学教师这样一种功能上，一些任教学科的基本知识、一点教学的行业技巧和一种被"召唤"的牺牲精神就是一位教师的全部装备。在师范学校这种单一目的的、封闭的职业学校的环境中，教育知识的进展似乎陷入了某种僵局。"在19世纪，教育学没有在师范学校得到发展。"[1] 师范学校就像是历史的"遗民"，或许从它的立场来看，不乏存在的合理性和合法性，但遗憾的是，这种机构已经无法满足教育对各种专业人员的需求以及对教育知识发展的需求。很多大学领导人公开否认师范学校发展的可能性，爱荷华大学校长弗雷德里克·博尔顿（Frederick E. Bolton）就认为："师范学校过去没有，今后也不可能适合于培养具有开阔的生活视界、精深的学术知识和自由的社会态度的高级中学教师。只有大学才能提供这样的氛围，教育科学只有在大学和学院里才可以充分地传授，而这些机构里必须组织起专门的学系来从事教育的研究和传授。"[2]

大学和文理学院纷纷进入培养中学教师的市场，引入教师教育计划。尤其是那些主要的研究性大学，虽然在教师教育上是后起之秀，但它们成为教育知识生产、传播的主要阵地，成为教育研究专业化的重要推手。1873年，爱荷华大学正式建立了美国历史上第一个永久性的教育学系（Chairs of Didactics）。[3] 其他很多大学紧随其后。1879年，密歇根大学建立了全国第一个全职"教学的艺术和科学教席"（Chairs of the science and art of teaching），威廉姆·佩恩（William Payne）因此成为美国历史上首位"教学的艺术和科学"全职教育学教授。此后20年间，芝加哥大学、

---

[1] Frederick E. Bolton, "The Preparation of High-School Teachers: What They Do Secure and What They Should Secure", *The School Review*, 1907, (2).

[2] James R. Robarts, "The Quest for a Science of Education in the Nineteenth Century", *History of Education Quarterly*, 1968, (4).

[3] S. N. Fellow, "Chairs of Didactics in the State University of Iowa", *The Educational Weekly*, 1877, (14).

斯坦福大学和哈佛大学等众多大学纷纷建立教育学讲席或教育系。同时，一些比较好的师范学校也纷纷升格，招收中学毕业生，提供四年的学院课程并授予学士学位。这一运动快速发展，到 1890 年，美国已经有超过 1/4 的高等教育机构提供正规的教师教育方面的工作。20 世纪早期，美国的 600 余所大学和学院中，超过 300 所提供教育类的课程。①

在大学提升教育领导力的诉求中，在教师教育大学化的发展趋势下、在教育学家、慈善家及各色人等希望发展一门大学水平的教育科学等力量的综合作用下，教育知识步入了大学的殿堂。

（二）教育学作为大学的科目

早期进入大学的教育学讲座，主要仿照德国的教育学讲座，通常是通识性质的，是为大学各学科中有志于从事教学职业的学生以及对教育学感兴趣的学生开设的选择性的课程。讲座包括历史的、哲学的、管理的、心理学的、教学的科学和艺术等内容。与师范学校时代相比，大学的教育类课程有了一个更高的发展平台，主要面向中学教师的培养，科目增多，理论性增强，并注重及时融入心理学等相关大学学科的最新研究。进入 20 世纪以后，随着教育知识本身的不断扩展以及教育体系膨胀对各种教育理论的需要，在灵活的学系制下，教育系的教师纷纷开设了一些从未存在的课程科目，进一步扩大了教育学科的课程体系。斯坦福大学的卡伯莱（Ellwood P. Cubberley）是典型的美国第一代教育学家，他所开发和教授的课程 20 年前还并不存在。他承担过五门课程：欧洲教育史、美国教育史、组织和监督、管理问题研讨班以及教学理论与实践（后来改造为著名的"美国公立教育"课程）。第一代教育学家们成功地奠定了培养教师和教育领导者所需要的教育学科的知识基础，他们创建了教育史、教育哲学、教育心理学、教育管理、教育测量、教学方法等教育分支的知识。随着大学中教育科目的发展变化，教育知识由少及多、由贫乏到丰富、由通识取向逐渐转为专业取向。

---

① Carter Alexander, Charles Hughes Johnston, etc., *Work in Education in Colleges and Universities*, *Rating*, *Placing*, *and Promotion of Teachers*, *Lists of Investigation and Other Information of Interest to Members*, Chicago, Ill: The University of Chicago Press, 1915, p. 46.

作为一种历史中存在的教育知识，当然并不只是表现在课程与教学领域当中，比如教育专业期刊、书籍，联邦教育部和各地教育机构的教育年鉴和教育报告以及各种教育相关协会的会刊、通告等都是重要的教育知识的载体。然而从教育研究学科构建的角度来看，其主要部分就是具有教育、训练价值，以代际传承为目的的教育知识，即作为课程与教学领域的教育知识。更何况，其他形式的优质的教育知识最终也要以课程、教材、著述、教学的形式通过大学来进行筛选和传递。大学中的学者、教授是知识的生产者、传递者、提供者，学生是知识的接受者、建构者；课程，按伯顿·克拉克的说法，"是对值得传授的知识形态的界定"①。课程体系的建立，表明知识的系统化、集成度和规范性，也表明学科的成熟程度和某一领域的知识已脱离专人所有而普遍为人们所接受和传承。正是这样，在大学的课程、教学、教材和专著出版的相关活动中，作为知识形态的教育学科不断明晰起来，并不断发展、壮大、分化，越来越成为一个难以被忽视的专业研究领域。不过从教育知识进入大学之始，它就不断面临"科学性"的拷问，它需要在后来的一百年中不断确证自己，以便在大学中安身立命。

三　组织形态的创建

——大学中的教育学院

19 世纪后期的美国，学术专业化一路凯歌，强调科研的研究生院成为推进这一过程的主要组织力量。"通过在本科生院的基础上建立研究生院和专业学院的做法，把德国的专门研究和高级训练模式同英美古老的自由教育模式结合起来了。"② 在研究生层次的专业学院中，借助人才培养中师承与同侪之间的合作与竞争，学术研究得以激发、积累和流布，学术声望得以提升。大学中的教育学者们急切盼望着教育学院也能够跻身大学

---

① ［美］伯顿·R.克拉克：《高等教育系统：学术组织的跨国研究》，杭州大学出版社 1994 年版，第 12 页。
② ［加拿大］约翰·范德格拉夫：《学术权力——七国高等教育管理体制比较》，王承绪译，浙江教育出版社 2001 年版，第 109 页。

专业学院的行列。①

(一) 教育专业学院的兴起

19世纪20世纪之交，教育研究领域逐渐脱离了早期教育学教席或学系的通识教育性质，教育学院作为一种综合教育专业相关问题与事务的专业学院的组织形式开始在一些大学中建立，主要通过三种途径：一是综合大学中从教育学讲席、教育系再发展到教育学院；二是大学直接建立教育学院；三是由州立师范学校到教师学院，然后再发展为州立大学的教育学院。第一个建立研究生水平教育专业学院的是纽约城市大学（1896年更名为纽约大学），它在1887—1888学年开始提供研究生水平的教育类课程项目，1890年在此基础之上建立了教育学院。到20世纪初，俄亥俄大学、爱荷华大学、明尼苏达大学、密歇根大学、哈佛大学等都相继建立了自己的教育学院。在20世纪20年代以前，大学中的教育专业学院已发展为一种普遍的组织模式。

在教育学院创建时期，其组织形态在芝加哥大学和哥伦比亚大学中最为典型。芝加哥大学是一种经典的"综合大学+教育学院"的形式，它的百年历史经历了美国教育学院所能达到的巅峰状态，但也遭遇了美国教育学院所能遭遇的最差命运。② 哥伦比亚大学教师学院背靠哥伦比亚大学而相对独立地存在，是一种"教师学院依附综合大学"的形式。它在汲取了教育学院依靠大学支撑的新传统的同时也继承了独立的师范学校的老传统。两个教育学院在学术精英和学术成果的数量、人才培养的质和量、特别是学术影响力等方面都堪称一流，尤其是当时的芝加哥大学教育学院是其他有志于发展教育学科的大学纷纷效仿的对象。

(二) 教育学院的意义

教育学院创建的意义在于把所有有关教育问题的要素、教育研究的相

---

① Bruce A. Kimball, *The "True Professional Ideal" in America: A History*, Cambridge, Mass: Blackwell Publishers, 1992, p. 138.

② 芝加哥大学教育学院1902年创建，首任院长为进步主义教育运动的先锋人物帕克（Francis W. Parker），帕克一年后辞世，继任者是约翰·杜威（John Dewey）。1997年教育学院被取消，现在的芝加哥大学没有教育学院。

关资源、人力会聚起来，集中在一个现实而具体的学科建制中，大学中教育学科从此拥有了实体性的组织形态。教育学院的创建至少在教育系的归属上避免了一些不必要的麻烦，之前教育系或从属于哲学系，或安置于艺术与科学学院（当时教育系的教师多属于文理学科），此时教育系或者扩展为教育学院，或者就名正言顺地属于教育学院，教育研究正式有了自己的专属领地。新兴的教育学院立志要提升教育的专业化程度，它首先提高了教育专业人才的培养层次，研究生教育不但提高了教育学院的机构声望，还使教师教育彻底摆脱了封闭的师范模式而走向了开放的专业模式。其次，教育学院拓宽了教育专业事务的面向，教育领导者和各类教育人才的培养、各类教师的培养培训、课程教材的开发、研究生学位的授予、教育的研究等与教育学科密切相关的活动都有赖于教育学院而展开。再次，教育学院的创建还加速了教育研究的学术职业化进程。以往的教育研究者，包括大学中的第一代教育研究者基本上是由于个人的兴趣、能力和使命感而投身于教育研究的，他们中很多人的职业生涯往往起步于中学教师，而后是校长、督学、教育官员等，最终才是大学教授。而对于后继学术职业者来说，博士学位是教育学术职业生涯的起点。① 20 世纪前后，教育学院开始为美国培养本土的教育学博士，1897 年美国历史上第一个教育学博士米莉森特·辛（Millicent Shinn）从加利福尼亚大学伯克利分校教育学院毕业。

教育学院的建立也为美国教育变革带来了令人瞩目的影响，就连质疑教育科学的亚伯拉罕·弗莱克斯纳（Abraham Flexner）也承认："美国教育实践领域中发生了和正在发生着一些积极的变化，比如中小学课程和教学变得更有生气，虽然不完全是通过教育学院实现的，但可以说它们是带来这种变化的主要机构。"②

---

① 朱莉亚·巴克莱（Julia Bulkley）是校长哈珀（William R. Harper）1892 年最早引入芝加哥大学的教育专家，哈珀看重的是她 30 年在教育行业的经验和能力。然而为了履行教育学副教授之职，巴克莱也不得不远赴欧洲去攻读博士学位。参见 Woodie Thomas White. *The Study of Education at the University of Chicago, 1892—1958*, Illinois：The University of Chicago, 1977, p. 25。

② ［美］亚伯拉罕·弗莱克斯纳：《现代大学论——美英德大学研究》，浙江教育出版社 2001 年版，第 80 页。

(三) 教育学院的困境

不过，教育学院的发展在美国大学中从来都不是一帆风顺的，从一开始它就承受着适应大学的学术环境与满足公立学校的职业性需求的双重压力。由此教育研究在初入大学之时，其学科架构就处于"学术性"和"职业性"双重张力之中。教育学院的处境一直比较尴尬，克利福德（Geraldine J. Clifford）认为："教育学院，尤其是那些有声望的研究性大学中的教育学院，目光短浅地陷入大学的学术和政治文化当中，忽略了自己的职业忠诚。它们就像'边缘人'，在自己的世界中也显得格格不入。它们很少能与大学中的其他科学站在同一学术标准上，同时也疏远于它们的实践中的同行（中小学教师），它们寻求学术研究支持的愿望越强烈，就离理应服务的对象——公立学校越遥远；而反过来，如果它们强调解决公立学校中的应用性问题，又使它们在大学中置身于'危险'境地。"[1]总之，一方面，在研究生院的学术标准特质的统治下，教育学院丧失了独立性，与教学职业联系甚微，使自己疏离了它天然的选民，特别是中小学教师；另一方面，在大学校园又因其应用社会科学、软科学的知识属性而不断遭受其他学院的挤兑，并一直难以解决好它与其他学术学院间长期存在的比较麻烦的关系，由此构成的教育学院困窘的生存环境一直延续至今。

四 研究形态的演变

——实证研究取向成为主流

伴随着教育知识形态和组织形态的发展变化，教育的研究形态也从实践探究、理论研究向实证的研究取向更迭和流转，然而这并非一种潮流对另一种潮流的永久性取代，它们共同为美国的教育研究传统奠定了基础。三种研究取向都深受美国实用主义哲学的影响，并都有进步主义教育的深度参与。它们各自都有其独特的历史和现实的意义。

---

[1] Geraldine J. Clifford, James W Guthrie, *Ed school: A Brief for Professional Education*, Chicago: University of Chicago Press, 1990, pp. 3-4.

（一）实践探究取向

无论是对于欧洲还是年轻的美国来说，19世纪以来欧洲的裴斯泰洛齐、福禄贝尔、赫尔巴特、斯宾塞等人都是现代教育学的先驱。他们的教育思想和探究方法为教育知识的后续发展奠定了不可或缺的基础。接受、传递和改良这些先驱的思想是美国人探究教育的基础和开端。从19世纪中叶开始，社会变革的加剧，应工业化和民主化的需要，公立学校运动深入发展，一系列新的教育领导人应运而生。他们承继了先驱的教育思想，掀起各种思潮，发起各种运动，将欧洲教育家重要的教育理论转化为结合美国本土特征的实际行动。从欧洲传入的各派教育哲学在美国都有其追随者，他们或阐释，或实践，在美国形成了新的版本，如裴斯泰洛齐学派（Pestalozzians）、赫尔巴特学派（Herbartians）、福禄贝尔学派（Froebelians）、黑格尔学派（Hegelians）等。这些理论流派的倡导者和改革家是早期教育知识的主要生产者，但作为"业余科学家"[①]，生产教育知识并非他们的主要工作，他们着意于改革和实践。但是这样一种行动取向的、过于仰仗个人的知识产生方式带着某种程度的偶然性，并且与正在形成中的学术专业化的知识生态不相协调，与时代所需要的"科学"的旨趣相去较远。因此，对实践经验的依赖没有发展起一门本土的教育科学，这些探究以各种各样"运动"的方式存在，以"思潮"的方式涌动，并各自兴衰消长。不过这种探究在积累教育知识、激发创造性的教育思想上发挥了独特的作用。并且，实践性始终是教育研究的初始动力和存在价值，实践探究始终是教育研究的一种重要传统。

（二）理论研究取向

教育学进入大学后，那些对教育问题有着浓厚兴趣的学者将教育研究从师范学校的传统中解脱出来，并赋予它更多的内容和实质。此时对教育学的理解已经在一定程度上超越了"教学艺术"，教育学（pedagogy）主要被理解为教育理论。相当一部分教育学家呼吁将教育研究的基础放到哲学以外的更宽泛的基础学科上，如教育史、心理学、生理学、伦理学、社

---

① "业余科学家"没有贬义，而是与学术职业化后的"全职"教育研究者相对。

会学、政治经济学等,这种"从学术学科中汲取与教育相关的部分构建教育科学的方式体现了一种观念,即自由性质的教育研究是教育科学的关键"。[①] 这种理论研究取向当时有三种有代表性的方面:一是理性与演绎,以密歇根大学的佩恩为代表;二是强调历史的方法,以哥伦比亚大学的孟禄(Paul Monroe)为代表;三是以当时还在芝加哥大学的杜威为代表,强调一种自由的、统一的"教育科学"。总的就是强调通过深入的理性思考和理论探究的方式达到对教育教学更深刻的理解,并为行动提供理智的判断和明智的方法。不过,他们对于"教育科学"的理解也存在差异。值得一提的是杜威,在美国实用主义的影响下,杜威的教育研究并不是从理论到理论的思辨和演绎,而是强调理论从自然实验中来,并能运用于实践。另外,杜威很早就明确了教育研究的跨学科性质,他将教育解释为一个可以通过复杂地混合不同学科以及将不同学科观点重合聚焦来加以研究的领域。他认为:"教育将引导高等教育中的其他学科走向统一,打破学科之间的隔绝状态,并为其提供方向和目的。"[②]

理论研究的取向在早期的教育学教席和教育学系中最为盛行,到后来的教育学院中也并没有中断。它承上启下,因此与实践探究取向及实证研究取向在时间上,甚至在内容上有很多交叉。直到现在,在美国的教育学院中仍开设有涵盖教育的历史与哲学、社会学、心理学、生物学等的关于"教育的基础"的课程群,即是这一研究取向的痕迹。然而,就20世纪初的情况来看,将教育学建设成大学中的一门自由的学术学科的努力并没有成功,在一个学术专业化的时代,杜威统一理智经验的观点也显得有些不合时宜。理论取向教育研究的努力迅速地让位于经验的、归纳的、定量的"科学"方法。这被美国著名教育史家米歇尔·B. 康茨(Michael B. Katz)称为"从理论到调查"的转向[③],而"调查"等实证的方法是当时诸多如教育研究一样努力进入大学的社会学科的几乎相同的选择。

---

① 刘静:《20世纪美国教师教育思想的历史分析》,北京师范大学出版社2009年版,第72页。
② 陈瑶:《杜威的教育学理想》,《教育学报》2012年第6期。
③ Michael B. Katz, "From Theory to Survey in Graduate Schools of Education", *The Journal of Higher Education*, 1966, (6).

(三) 实证研究取向

科学在美国文化中具有崇高地位，19世纪后半期开始，是否"科学"成为一个知识分支进入大学的重要准入条件，科学的方法通常理解为实证、归纳、工具化，强调客观数据的收集。为了在大学中获得一席之地，社会科学的各类知识分支也不得不从内容和形式上投靠"科学"，从考察全面的社会和形成普适的理论转向通过经验的方法对具体而微的问题进行研究。此时已导向"科学"的心理学和社会学加盟教育研究，于是实验的、实证的、测量统计的方法也开始成为教育研究的主流模式，为美国教育学科的研究传统打上了难以抹去的底色。这一时期掀起的"教育科学化运动"就是实证主义思潮在教育研究领域中的具体反映，其中儿童研究运动、教育测量运动、学校调查运动是这场运动中目标不同但又相互联系和交织的三个方面。①

这场实证取向的教育研究潮流的形成中，行为主义心理学家爱德华·L. 桑代克（Edward L. Thorndike）是一位重要领军人物。他呼吁把教育研究建立在控制性实验和精确的定量测量基础上。他认为测量最终能为教育提供所需要的每一份答案。桑代克在哥伦比亚大学教师学院潜心研究40年，他的追随者甚众，助手和大量的学生将他的教育研究方法广泛传播到其他的教育研究机构中。"他是根据明确、系统的并经过实验检验的学习理论去设计教学方法的第一人，因而开创了一个教学的新时代。"②

另外，各种教育委员会、理事会、教育协会、教育研究局，特别是美国教育研究协会（American Educational Research Association，AERA）等机构或中介组织的推波助澜也是实证研究取向最终占据主流地位的关键。1916年美国教育研究协会成立时的章程承诺：第一，该协会将敦促在所

---

① 实证的、经验的研究在表象上就是定量研究，此时教育中的定量研究也常常被称为"教育测量"。事实上这三个运动在方法上是很难完全分割的。1890年，乔瑟夫·赖斯（Joseph Rice）开启了美国教育研究中最早的成规模的调查、测验和教育实验；心理学家霍尔（G. Stanley Hall）在19世纪末开发了现代问卷技术用于儿童研究中；那个时期包罗最广泛的调查是1915—1916年由艾瑞斯（L. P. Ayres）等人承担的"克利夫兰学校调查"，最后的研究报告有25卷，每卷针对城市生活和教育的一个不同侧面。详见［美］G. 戴朗歇的《教育研究简史》（下）一文，刘秉正译，载《教育科学研究》1991年第6期。

② ［美］G. 戴朗歇：《教育研究简史》（上），《教育科学研究》1991年第5期。

有公立教学系统中建立独立的教育研究部门；第二，该协会将在各种教育研究中鼓励教育测量的实际应用，并设置奖项鼓励研究者将重点偏向定量研究。① 在20世纪20年代左右，进步主义教育（尤其是管理进步主义）②最终也与实证取向的教育研究深切地缠绕在一起，相辅相成，并通过"AERA"等专业协会加强学科认同、影响政策制定，最终深刻影响教育实践。"在1890年到1920年之间，教育研究逐渐成为一种实证的和专业的科学，它主要建立在行为主义心理学和定量测量的技术与思想的基础上。"③

虽然桑代克等人对科学具有解决所有社会问题的能力深信不疑，但事实证明，与教育息息相关的道德和社会价值等问题不像学习问题那样容易处理。这一取向的教育研究的局限性从一开始就显现出来，不过量化的趋势在美国真正得到抑制还要等到20世纪70年代以后。就当时美国教育研究传统的潮流变化更迭来看，似乎是桑代克"赢了"，可是从历史的长河来看，杜威的思想仍在滋养着美国教育，所谓大象无形，有时候看起来可能是模糊的、抽象的思想，却能历久弥新。

曼海姆有段话说得太好："当我们鸟瞰某一时代时，这一时代才会呈现出只被一种知性潮流主宰的面貌。如果更深入地考察历史的细节，我们会发现每一个时代都被分割成多个潮流，至多会发生的情况就是一种潮流获得了统治地位，而将其他潮流降低到暗流的地位。没有一种潮流会真正被消灭，即使当一种潮流获得胜利时，其他从属于某一社会局部的潮流也会继续作为暗流而存在，时刻准备着当时机成熟时再次出现，并在更高的

---

① Sherie Mershon, "Steven Schlossman. Education, Science, and the Politics of Knowledge: The American Educational Research Association, 1915—1940", *American Journal of Education*, 2008, (3).

② 进步主义在此时有多种潮流，一般可分为管理进步主义（以桑代克为代表）和教育学进步主义（以杜威为代表），前者强调以"科学"的方法来追求"社会效率"，后者可以简单理解为儿童中心的教育学观点。前者对教育研究的方法取向产生实质性的影响，而后者则主要体现在教育学修辞表达的话语体系中。事实上，儿童中心的进步主义者并未成为美国学校中的控制性力量，而教育研究也没有因为皈依"科学"而在美国高等教育中赢得尊重。

③ ［美］埃伦·康德利夫·拉格曼：《一门捉摸不定的科学：困扰不断的教育研究的历史》，教育科学出版社2006年版，第15页。

层次上重新建构自己。"①

五 结语

当代西方学术界约定俗成的学术等级中,"教育"无疑属于等级较低的"应用社会科学"。然而与其他社会科学中的诸学科一样,"教育"拥有现代学科的地位,属"一级学科门类"。在 2010 年美国教育部国家教育统计中心(NCES)颁布的第四版学科专业目录(CIP 2010)总表中,"教育"(education)的学科代码为"13",并列于 60 个学科大类之中。②如前所述,这样一门学科的形成在美国开始于一个半世纪之前,19 世纪后期到 20 世纪初期,教育研究的学科化至少有三条主要的线索已经十分清晰:作为学科逻辑起点的教育知识已经进入了大学,成为大学制度下的一个知识分支;大学中普遍建立了教育学院,"综合大学+专业学院"的模式已经成形;当代存在的几种主要的教育研究取向已然出现,并且"实证研究"的主流取向基本定型。在学术生态的专业化矩阵中,教育研究作为一门现代学科的要素基本齐备。教育研究的学科化是整个专业化学术生态背景中的必然,但也潜藏着很多教育领域中的一些偶然际遇以及它自身的学科逻辑。教育学科的构建不是一个单一的历史事件,而是一种综合的力量,也是一个较长的、复杂的历史过程。这是学科内外、大学内外、教育体系内外各种因素综合作用的结果,体现出教育研究作为一门大学学科在这段发端史中的整体面貌,为美国教育研究的后续发展奠定了基础和基调,并也以此预示了此后一个多世纪中教育研究"困扰不断"的往事。③

中国 20 世纪初从西方引入了现代大学学科建制,开始了艰难的学术转型。教育学参与其中,学科的合法性与其他社会学科基本等同,20 世

---

① [德]卡尔·曼海姆:《卡尔·曼海姆精粹》,徐彬译,南京大学出版社 2002 年版,第 41 页。

② 美国学科专业目录 [Classification of Instructional Programs(CIP)],参见美国教育部网站 http://nces.ed.gov/ipeds/cipcode/cipdetail.aspx?y=55&cipid=88107, 2010-12-25。

③ [美]埃伦·康德利夫·拉格曼:《一门捉摸不定的科学:困扰不断的教育研究的历史》,教育科学出版社 2006 年版,第 17 页。

纪60年代至70年代末,教育学又与其他社会学科一道受到冷遇,并在80年代后也同样恢复重建。一门舶来的学科,又经历了一个复杂迂回的发展过程,中国教育研究专业化中的一些本原性的问题在一定程度上被遮蔽。与美国的情形相似的是,我们的教育学既是大学中的一门科学,又是职业训练的中心内容,教育知识本身的不确定性以及它所对应的实践问题的不确定性使得教育研究在理论界和实践领域皆不讨好。事实上,当代中国教育研究无论是在理论体系、研究方法还是内外部发展机制等方面都存在着重重危机。教育学者们也早已在反思"迷惘的教育学与教育学的迷惘",并呼吁中国现代教育学的重建。

探索别国的教育研究历史发展无疑是一种重要参照,尤其是教育研究发端的历史更是蕴含着丰富的"基因",这至少可以引发我们思考关于中国教育学"重建"的一些相关问题:第一,大学层面上教育学科相关的课程与教学、后继学术人才培养、教育专业人才培养、研究方法、学术奖掖机制等有没有在"学术共同体"的范围上达成一种理性的共识?第二,对于教育研究和教育专业人才培养都十分关键的教育学院,在我们的大学中是不是都已经有了明确的发展目标、合理的组织形态和科学的制度设计?第三,构建精致、严密的"学科知识体系"是否中国教育学科发展所追求的唯一形态?或者还可以考虑更为完整的"学科"视角?第四,究竟何为中国教育学的研究传统和知识增长的进路?

[作者简介] 陈瑶(1973—),女,云南大理人,教育学博士,云南师范大学高等教育与区域发展研究院教授,主要从事美国教育史研究。

实验主义与科学主义

——美国教育研究取向之争[*]

康绍芳

20世纪初,杜威和桑代克的思想成为主导美国教育研究及实践的两大流派,他们提出的经典概念至今依然是教育哲学和教育心理学领域的核心概念。[①] 在美国教育学术职业化初期,由于社会出身和教育背景方面的具体差异,杜威(John Dewey)、桑代克(Edward L. Thorndike)、贾德(Charles H. Judd)等教育学界精英围绕教育研究范式形成了不同的学术立场[②],本文根据他们的价值取向、基本观点及其教育研究方法,将其分

---

[*] 本文为教育部人文社会科学研究青年基金项目(13YJC880035)研究成果。

[①] Soltis J. F., "Dewey and Thorndike: The Persistence of Paradigms in Educational Scholarship", *Canadian Journal of Education / Revue canadienne de l'éducation*, 1988, 13 (1), pp. 39 – 40.

[②] 诺曼·沃尔夫(Norman Woelfel)在《美国思想的开拓者:对美国17位知名教育家社会态度的批判性回顾》(*Molders of the American Mind: A Critical Review of the Social Attitudes of Seventeen Leaders in American Education*)一书中曾根据美国知名教育家的社会思想分为三个流派:推崇传统价值的教育家(Educators Stressing Values Inherent in American Historic Tradition):赫尔曼·霍恩(Herman H Horne)、亨利·莫里森(Henry C. Morrison)、威廉·巴格莱(William C. Bagley)、克伯莱(Ellwood P. Cubberley)、托马斯·布里格斯(Thomas H. Briggs)、罗斯·芬尼(Ross L. Finney);信仰科学研究方法的教育家(Educators Stressing the Ultimacy of Science):查尔斯·贾德、大卫·斯奈登(David Snedden)、爱德华·桑代克、厄内斯特·霍恩(Erbest Horn)、威利特·查特斯(Werrett W. Charters)、弗兰克林·博比特(Franklin Bobbitt);现代实验自然主义教育家(Educators Stressing the Implications of Modern Experimental Naturalism):约翰·杜威、乔治·康茨(George S. Counts)、威廉·克伯屈(William H. Kilpatrick)、哈罗德·拉格(Harold Rugg)、博伊德·伯德(Boyd H. Bode)。

为以杜威为代表的实验主义取向和以桑代克、贾德为代表的科学主义取向。20世纪初美国教育学科制度化初期,实验主义取向与科学主义取向就教育研究的路径与方法展开了长期而激烈的争论。以杜威为代表的实验主义取向认为教育科学是理性解决问题的方法,它可以也应该被各层次实践者运用。在教育研究取向上,杜威更倾向于合作式而非狭隘的专业主义取向的教育研究模式。以桑代克、贾德为代表的科学主义取向则将教育科学视为客观知识的宝库,这些知识是专家在实验室和人为控制的研究项目中生产出来的。在学术争论和博弈中,科学主义研究取向逐渐成为美国教育学术研究的主导思维模式,并为美国大学教育学院和教育研究提供了基本的工作和组织模式。本文旨在通过挖掘不同教育学术取向间的对话和竞争过程,揭示不同教育学术取向的命运与美国教育学术秩序和研究传统形成的内在关系。

一 合作与对话

——实验主义教育研究取向

以杜威为代表的实验主义教育研究取向强调建构哲学式教育理论研究模式,这种理论模式的价值在于辅助教育研究者摆脱传统、习俗惯例及个人偏见等观念的束缚,以更加自由、开放的状态从事教育研究工作。

杜威认为教育依然处于经验主义向科学转型的阶段。一方面,在其经验主义形态中,决定教育的主要因素是传统的模仿与复制。这种情况下,判定教师是否成就卓越主要依据这些因素:课堂秩序、学生正确背诵布置的作业、考试合格、学生升级率等。大多数情况下,各学区使用这些标准判定教师的胜任能力。这种评判教师的观念被渗透到师范学校或师范学院。[1] 另一方面,学校教育中,人们倾向于将统计和实验室研究结果直接用于指导学校管理和教学。教师倾向于将实验室研究结果直接运用于教学实践。那些缓慢而循序渐进、独立生长的理论却无法获得发展空间,这种空间是真正科学形成的必要条件,这一危险在教育科学领域尤其突出。[2]

---

[1] Dewey J., *The Sources of a Science of Education*, Boydston J. A., *The Later Works of John Dewey, 1925—1953*, Vol. 5, Carbondale and Edwardsville: Southern Illinois University Press, 1984, p. 7.

[2] Ibid., p. 8.

在杜威看来，嫁接测量与实验的技术不足以成就教育科学，教育科学不能简单照搬自然科学的实验与测量技术。杜威一再强调，科学发现是用于教育科学的资源，它需要以教育家的思想为介质，辅助教育以更加理智的方式发挥其功能，只有在这种情况下，教育科学的启蒙、明辨与进步才可能实现。杜威认为，以当时心理学和社会学发展的程度，它们还无法提供解决教育问题的具体方法。而教育哲学则为教育科学的综合应用价值提供研究假设，在这种程度上可认为教育哲学是教育科学的一种资源。"假设"与"调查工作"同等重要，教育哲学所提供的正是假设，而非终极的规范或真理，这些假设在具体观察中不断被检测和修正。缺乏哲学上一般化的观点和价值判断，测量与调查一定程度上是片面无效的。杜威认为，更具一般性的"假设"尤其适用于教育科学这种新科学形成的早期阶段。

不同于心理学家桑代克、贾德，杜威希望通过教育研究改革学校教育，而不仅仅是通过测试、测量来组织学校教育。杜威认为大学的教育系，首先应将学生培养成教育领域的专家，如教育学教授、督学、师范学校督查等。其次，教育系应设立专门的实验学校，以实践和检测新的教育理论。为实现这些目标，杜威在芝加哥大学积极扩充教师规模，增设课程（如教育心理学、教育哲学、教育方法论、教育理论变迁、初等教育、教育逻辑方法、课程史等），其中教育哲学和教育心理学课程增长最快，教育哲学类课程从1893年的14门增加到1899年的35门，同一时期，教育心理学类课程从2门增加到12门。[①]

一方面，在杜威看来，大学不同学科的学者、中小学教师、学校督导、家长等都应是教育研究的参与者。教育研究的推行要深刻依赖大学其他学科的发展，因此，他希望将教育学术职业化建立在自由和多学科合作的基础上。他认为教育研究应是大学和民众日常生活间的桥梁，它可在大学相关研究工作与社会需求之间建立联系，在大学专门知识与各层次学校教育间建立联系，大学教育学系的设置可最大限度避免知识过度专门化。1902年杜威曾写道："我坚信教育理论和方法的确立需要以心理学原理为

---

① White W. T., *The Study of Education at the University of Chicago, 1892—1958*, University of Chicago, 1977, p. 36.

前提，对教育问题的科学探讨需要熟悉现代智力发展研究的方法和结论，对教育目的的理解则需要借助伦理学的价值和观念，熟知人类思想史可开阔我们对教育的理解。因此，教育理论课程应与哲学、生物学、心理学、神经学、社会科学等建立紧密联系。"[1] 教育学的目的是在大学中通过不同学科的融合构建教育研究的理论基础。

另一方面，杜威认为人的心智是社会适应的产物，所有人类的经验本质上是社会性的。杜威试图澄清科学推理的过程，并将其传授给儿童。他认为科学是解决问题的系统方法，是将充满困惑的情境转变成统一的、令人满意的完整情境的过程。因此，能否解决问题成为教育科学知识的基本标准，杜威认为只有那些从事指导教育活动的人才可能真正生产教育科学知识。[2] 在教育科学研究理论体系中，杜威的核心概念是"探究"（Inquiry），他认为并不存在预先需要被认知的存在，教育科学始于混沌、不确定的情境式问题，通过探究最终得以规范化，"探究"正是知识形成的中介。[3]

因此，杜威认为教育系还应建立实验学校，实验学校提供的经验环境对教育知识生产及教育理论检验是非常必要的。杜威在哥伦比亚大学曾向他的同事提道：智力测量的技术让他想起了童年时期在佛蒙特称量猪的方法。这也从侧面反映了杜威对教育测量的质疑。他主张认识世界和变革社会需要采用科学方法。但他也批评那些试图用数学和物理学等自然科学的概念和方法构建教育科学内容的教育家。[4]

杜威的追随者拉格（Harold O. Rugg）也指出教育的最终目标是生活，社会分析与测量的过程仅为教育提供了所需的知识和技术，并不能主导教育目标的最终取向。从根本上说，教育目标的规定需要依赖人类

---

[1] The University of Chicago. Annual Register, July, 1901-July, 1902 with Announcements for 1902—1903, 1902, (3), pp. 188 – 189.

[2] Dewey J. *The Sources of a Science of Education*, Boydston J. A., *The Later Works of John Dewey*, 1925—1953 (Vol. 5), Carbondale and Edwardsville: Southern Illinois University Press, 1984, p. 16.

[3] Williams J., "Dewey and the Idea of a Science of Education", *The School Review*, Dewey Centennial Issue, 1959, 67 (2), pp. 186 – 194.

[4] Woelfel N., *Molders of the American Mind: a Critical Review of the Social Attitudes of Seventeen Leaders in American Education*, New York: Columbia University Press, 1933, pp. 119 – 127.

的价值判断。① 杜威非常强调教育科学研究过程中技术的合理运用，杜威理解的科学象征着探究问题之系统方法，面对系列事实时，科学能够辅助人们更好地理解它们，并以更加明智的方式掌控事实，以减少处理事实材料时出现的随意或模式化倾向。② 所以，教育中将科学置于合理位置是一项基础工作，同时应清醒意识到科学方法的限度。

杜威认识到现代生活中不可避免的"效率"概念和方法正在向教育渗透，承认标准化已成为教育研究不争的事实。他一方面承认科学主义在教育研究中的价值，认为学校有类似于工厂运作的一面，学习行为在最初阶段都会带有某种机械属性。③ 另一方面，他指出：将标准化方法引入教学和管理的危险并不在技术工具本身，而在于使用这些工具的人……毫无疑问，目前正在推行的标准化的许多方法并不值得过度关注……我认为，当前教育发展趋势中，应创办实验学校。④ 实验学校对教育最大贡献即实验理念本身，实验方法的理念作为一种精神应成为解决社会问题的路径。事实上，实验是人为控制情境下富有开创性的科学研究方法。实验是基于某种理念，是坚持某种理念直至其成熟的方法，实验态度以详细的分析代替宏大的论断，具体的探究代替捉摸不定的信念，具体的事实代替含糊的观念。⑤

杜威所生活的时代正是科学应用于工业和社会各领域的时期，他担心可能会产生一种新形式的技术专制主义，即将自然科学的决定论概念运用于社会政策的制定，在效率的名义下，个人和社会生活的质量被牺牲掉。杜威反对理论与实践的二元论，认为应重建哲学，以指导人类妥善利用科学改善自身生活。但在知识专门化和学科分化的时代，杜威推崇的融合各

---

① Rugg H. O., "Curriculum-Making and the Scientific Study of Education Since 1910", *Curriculum Theory Network*, 1975, 4 (4), pp. 295–308.

② Dewey J., *The Sources of a Science of Education*, Boydston J. A., *The Later Works of John Dewey, 1925—1953*, Vol. 5, Carbondale and Edwardsville: Southern Illinois University Press, 1984, pp. 3–4.

③ Dewey J., *Current Tendencies in Education*, Boydston J. A., *The Middle Works of John Dewey, 1899—1924*, Vol. 10, Carbondale and Edwardsville: Southern Illinois University Press, 1984, p. 118.

④ Ibid., p. 119.

⑤ Dewey J., *Experiment in Education*, Boydston J. A., *The Middle Works of John Dewey, 1899—1924*, Vol. 10, Carbondale and Edwardsville: Southern Illinois University Press, 1984, p. 122.

学科的教育科学理想遇到重重困难。社会科学和生物科学的专门化及科学实验的应用,刺激了教育心理学与教师和课堂的分离。尽管杜威曾尝试将教育研究合法化,但并没有像贾德那样将教育学术职业化与其他专门知识对立起来。

二 测量与调查
——科学主义教育研究取向

为使教育与大学其他学科具有同等科学性地位,科学主义取向十分强调自然科学式的实证、定量研究,他们目睹了黑格尔、裴斯泰洛奇、赫尔巴特和福禄贝尔等追随者的论争,认为哲学导致分歧,深信科学能改变这种局面。以桑代克、贾德为代表的科学主义取向强调依赖专业化知识,努力将教育研究转变成为一门科学。第一次世界大战后,哥伦比亚大学教师学院主任拉塞尔(James E. Russell)、芝加哥大学的贾德、斯坦福大学的克伯莱(Elwood P. Cubberley)传承桑代克科学主义的价值取向,坚持引入科学方法来解决教育问题,最终促成美国初等教育和中等教育的转型。从某种程度上说,他们的工作代表着美国教育学术职业化的整个运动历程。

(一) 一切存在都可被测量——桑代克及其门生

桑代克曾公开傲慢地声称:"我实在无法理解杜威。"[1] 在自传中他回忆道,不可否认,哲学绝对不是我喜爱的学科。[2] 他批评杜威的教育研究缺乏精确性,充其量是一些粗糙原始的文章。在他看来,与第一代教育学家赫尔巴特、斯宾塞开拓的研究不同,教育科学所要做的工作就像物理学家继早期哲学家的宇宙观之后所要做的工作一样。[3]

---

[1] Joncich G. M., *The Sane Positivist: A Biography of Edward L. Thorndike*, Middletown, Conn: Wesleyan University Press, 1968, p. 3.

[2] Murchison C., *A History of Psychology in Autobiography: Volume III*, Mass: Clark University Press, 1936, p. 263.

[3] Thorndike E. L., *Quantitive Investigations in Education: With Special Reference to Cooperation within This Association*, Cubberley E. P., et al., *In Research Within the Field of Education, Its Organization and Encouragement*. Chicago: University of Chicago Press, 1911, p. 35.

桑代克试图建立一门可指导整个教育活动的教育科学。他认为，教育科学的任务是完善个体使其能适应社会环境。要从根本上改善教育，应采用分析式、开放式的思维方式研究教育问题。他非常重视高质量测量工具的使用，认为教育目标的有效实现依赖于测量运动的发展程度。对桑代克来说，杜威实验主义取向的自我活动在教育研究中并不是方法，而是所有方法的结果。[1] 改进学校教育尤其是教学工作，应该运用学校外发现的与具体的教师、儿童和教室构成的特殊环境完全隔离的科学知识。实质上，桑代克所接受并推崇为恒定有效的教育研究理念，正是杜威认为很成问题和十分厌恶的教育研究模式。

1911年全美大学教育学教师学会（National Society of College Teachers of Education）会议上，桑代克明确提出教育实施定量研究的合理性。他认为教育中进行定量研究是可能的，但首先需要对所研究的问题进行分类：教育的内容；教育的目标；教师；教育方式，如通过课堂、书籍、实验室等。上述几种要素组合产生的变化，这六种问题组合都可进行定量研究。但他也承认由于教育涉及的是人类行为，进行定量研究是有难度的。[2] 桑代克1918年全美教育研究学会（National Society for the Study of Education）会议论文《教育测量的性质、目标与一般方法》直截了当地申明测量在教育研究中的作用："任何存在都是以一定形式的数量存在的。完全了解意味着了解其数量和质量。教育关注的是人的变化……要测量其中任何一种结果意味着通过某一方式确定其数量，专业人士才能较为准确判断其大小，其结果才能被记录和利用。这是十几年来寻求扩展与改进教育结果测评的人士所坚信的。"[3]

桑代克在教育研究中非常注重学术团队的培养。教师学院课程安排中，桑代克开设的课程一般都会邀请3—4位年轻教师共同讲授，以适当

---

[1] Woelfel N., *Molders of the American Mind: a Critical Review of the Social Attitudes of Seventeen Leaders in American Education*, New York: Columbia University Press, 1933, pp. 95–100.

[2] Thorndike E. L., *Quantitive Investigations in Education: With Special Reference to Cooperation within This Association*, Cubberley E. P., et al., *In Research Within the Field of Education, Its Organization and Encouragement*. Chicago: University of Chicago Press, 1911, pp. 33–53.

[3] Thorndike E. L., *The Nature, Purposes, and General Methods of Measurements of Educational Products*, Whipple G. M., *The Seventeenth Yearbook of National Society for the Study of Education*. Part II, Bloomington: Public School Publishing Company, 1918, p. 16.

训练其学术能力。1911年，在全美大学教育学教师学会会议论文中，桑代克谈到大学教育研究的组织形式问题时，曾说："如果你想双倍地提高你的工作量，那么你需要四个助手，如果你想将工作量提高三倍，那么你需要六个助手，如果你想将工作量提高四倍，那是不可能的事情。"[1] 桑代克非常赞同以组织机构和团队的形式开展教育研究，认为这种形式的教育研究会大大提高研究效率。桑代克的研究工作吸引了大批追随者，1921年前，桑代克指导的博士论文超过40篇，1900年以来，他在心理学或教育学领域直接或间接指导的博士超过80人。其中许多追随者最终成为桑代克教师学院的同事，如天才儿童研究领域的丽塔·霍林沃斯（Leta S. Hollingworth）、矫正阅读领域的亚瑟·盖茨（Arthur I. Gates）、儿童心理学领域的亚瑟·杰西尔德（Arthur T. Jersild）、测试与测量领域的欧文·劳齐（Irving Lorge）、咨询指导领域的鲁斯·斯特朗（Ruth Strang）、社会心理学领域的古德温·沃特森（Goodwin Watson）等，都是桑代克的学生。[2] 此外，他指导的知名学生还有杜鲁门·凯利（Truman Kelly）、沃尔特·迪尔伯恩（Walter Fenno Dearborn）、哈里·霍林沃思（Harry Hollingworth）、斯特朗（E. K. Strong）、马克·梅耶（Mark A. May）、佛罗伦萨·古德诺夫（Florence Goodenough）等。[3] 这些知名学生迅速成为传播其科学主义教育研究取向的继承人，将其扩散到美国其他教育研究机构。早在桑代克1941年退休以前，他的学生们就已在国内师范学校和教育学院担任重要职务，继承和传播了桑代克的教育和教育研究思想。[4] 可以说，桑代克在哥伦比亚大学教师学院40年，培养了整整一代教育家，这一时期他的影响力是巨大而广泛的。

鉴于桑代克教育学术研究工作给教师学院带来的巨大声望，拉塞尔毫不吝啬地赞誉桑代克的功绩，称他塑造了教师学院的特质，没有哪个人再

---

[1] Cubberley E. P., et al., *Research Within the Field of Education, Its Organization and Encouragement*, Chicago: University of Chicago Press, 1911, p. 9.

[2] Cremin L., Shannon D., Townsend M., *A History of Teachers College, Columbia University*, New York: Columbia University Press, 1954, pp. 44 – 45.

[3] Boring M. D., Boring E. G., "Masters and Pupils among the American Psychologists", *The American Journal of Psychology*, 1948, 61 (4), pp. 527 – 534.

[4] ［美］埃伦·康德利夫·拉格曼：《一门捉摸不定的科学：困扰不断的教育研究的历史》，花海燕等译，教育科学出版社2006年版，第64页。

有机会做到这一点。① 斯坦福大学的推孟也认为：当今没有哪个心理学家对教育的影响超过桑代克。② 1925 年教师学院授予桑代克"巴特勒金质奖章"（Butler Medal）③，以表彰他在心理测量及其在教育应用中所做的突出贡献。当时桑代克只有 41 岁。1935 年杜威因其对哲学和教育的长期贡献，被教师学院授予"巴特勒金质奖章"，此时杜威已从哥伦比亚大学退休 5 年，比桑代克获得这枚奖章晚了整整 10 年，当时杜威已 76 岁高龄。

总的来看，桑代克教育研究取向的核心概念是：测量（measurement）。他将统计和组织效率的信念与道德理想主义和乐观主义结合在一起，认为教育改变人类的目标只有在保证测量的前提下才能实现，因此教育的目标和结果都应以量化的形式呈现。这种立场可能会引起对科学和测量的恐惧，使人们担心如果将测量运用于人类事物，如家庭、教育、宗教等，可能会导致庸俗的唯物主义，使生活黯然失色。桑代克对此没有做出有力的反驳，他依然认为教育中运用科学测量并不会折损它的理想主义追求。④

（二）彻底的专业化：贾德的教育学术帝国

不同于杜威，贾德也将教育科学研究建立在调查与测量之上，1923 年他在一份报告中写道："教育研究最终的组织根基应是彻底的教育调查，显然，教育学院必须开设学校管理、教育测量、学校实践历史、教学方法、教育心理学方面的课程。简言之，如果要将学校的组织建立在事实基础上而不是传统或个人意见之上，那么实施调查研究是非常必要的。"⑤ 对贾德来说，个人面对的是一个强大的社会组织，问题的解决单凭个人的

---

① Joncich G. M.，*The Sane Positivist*: *A Biography of Edward L. Thorndike*，Middletown，Conn：Wesleyan University Press，1968，p. 483.

② Ibid.，p. 489.

③ "巴特勒奖章"设立于 1914 年，每五年颁发一次，分金质、银质和铜质奖章，用于表彰在哲学或教育理论、实践和管理等方面做出突出贡献的学者。1915 年第一位金质奖章获得者是英国哲学家伯臣·拉塞尔（Bertrand Russell），银质奖章获得者是克伯莱（Ellwood P. Cubberley）。

④ Thorndike E. L.，"Measurement in Education"，*Teachers College Record*，1921，22（5），pp. 371 - 379.

⑤ Katz M. B.，"From Theory to Survey in Graduate Schools of Education"，*The Journal of Higher Education*，1966，37（6），pp. 325 - 334.

力量是难以实现的。教育面临的挑战则是确保下一代迅速社会化,适应新的社会系统。因此,学校所有课程和活动都必须服务于学生的社会化训练。对于进步主义教育运动,贾德认为有一批狂热的信徒在历史和心理学之间已失去了平衡,进步主义教育家推崇的所谓"完整的儿童"事实上是不存在的,现实学校中无法找到这种标准意义的儿童。[①] 贾德强调社会适应对文化继承的重要作用,反对随意的个人发展。[②] 因此,他非常反对进步主义教育的极端形式,认为学校教育的方法必须客观精确:"应采用科学的方法向社区展示学校是一个复杂的机构,像其他社会机构一样,需要对学校的行为进行持续的研究和专门的监督,在向社区展现教育的需要和性质的运动中,学校管理者必须成为这场运动的领导者,但领导者采用的方法必须是客观而精确的。"[③]

教育研究作为大学课程,贾德与杜威之间存在巨大分歧。杜威尝试将教育与其他大学学科联系在一起,在此基础上进行相关研究,因此杜威的研究兴趣是非常广泛的,直接超越了教育专业化的问题。在杜威那里,教育研究是一门自由学科,它的意图在于连接理论与实践,在大学教育学教授、学校管理者和课堂教师间建立共同信仰,平等地共享知识。杜威强调教育与哲学的结合,贾德更强调严格的实证研究:认为教育研究与哲学的结合只会阻碍教育研究的发展,真正的学术职业需要的不是哲学理论而是确凿的数据和统计。

贾德执掌芝加哥大学教育学院后,旨在将教育研究作为一项学术职业,杜威和帕克的教育研究取向被贾德视为不科学、无效的。实验学校的教师因无法适应贾德新的教育研究取向,纷纷离开学校。前帕克芝加哥学院的教师乔治·迈尔斯(George Myers)的课程被撤掉,杜威团队成员纳萨尼尔·巴特勒(Nathaniel Butler)被清除出教育学院权力核心。埃拉·扬(Ella F. Young)非常不认同教育过度定量化的取向,由于与贾德教育

---

① Woelfel N., *Molders of the American Mind: a Critical Review of the Social Attitudes of Seventeen Leaders in American Education*, New York: Columbia University Press, 1933, p. 87.

② Freeman F. N., "Charles Hubbard Judd, 1873 – 1946", *Psychological Review*, 1947, 54 (2), p. 64.

③ Judd C. H., *Introduction to the Scientific Study of Education*, New York: Ginn and Company, 1918, p. 3.

研究立场不同,最终离开芝加哥大学。

这一时期约翰·洛克菲勒(John D. Rockefeller)对教育研究的兴趣也开始转向资助那些在大学中具备专业精神的年轻教师。1909 年洛克菲勒承诺未来 5 年向贾德捐赠 10 万美元,贾德希望利用这笔资金招纳一批认同其教育研究取向的教师团队,希望招聘具有发展潜力并遵从其权威的学术新人。1909 年他聘任了 5 名新教师:贾德在辛辛那提大学的学生萨缪尔·帕克(Samuel C. Parker)荣升教育学副教授,1911 年晋升为教育本科生院(College of Education)主任。贾德耶鲁大学的同事沃尔特·迪尔伯恩(Walter Dearborn)来到芝加哥大学协助弗兰克·弗里曼推进心理学在教育中的应用。博比特(John F. Bobbitt)在克拉克大学获得博士学位后来到芝加哥大学,迅速成为课程领域的知名教育家。还有来自波士顿公立学校的沃尔特·萨尔金特(Walter Sargent)。这批新人基本满足了贾德对新教师团队的要求:受到良好学术训练,有学术成果,服从领导。在贾德积极努力下,芝加哥大学教育学院 1910—1911 年开设的 27 门研究生课程中,19 门(占 70%)课程被贾德及其门生所把持。①

为推进教育研究的自主性,贾德首先将教育系从哲学系分离开。贾德在向校长提交的年度报告中说:"这种组织上的分离是确立教育作为专门科学研究领域的必要条件,教育科学在研究各年级学校课程和组织效果过程中,应使用统计和实验的方法。"② 贾德将教育系从哲学系分离后,迅速将乔治·米德的"教育哲学"(Philosophy of Education)课程更名为"教育原理"(Principles of Education)并拒绝在教育学院课程设置中出现"哲学"或"理论"等词汇。依照"教育科学"的思路,贾德将杜威时代设置的课程哲学和心理学导论改为"教育科学研究导论"和"初等学校教学方法",分别由贾德和萨缪尔·帕克讲授。贾德认为"教育科学研究导论"课程的目的在于使学生直接具体了解学校存在的问题。③ 他认

---

① The University of Chicago, *Bulletin of Information*, *School of Education General Announcement 1910—1911*, Chicago: University of Chicago Press, 1910.

② The University of Chicago, *The President's Report*, *1909—1910*, Chicago: University of Chicago Press, 1911, p. 68.

③ Judd C. H., *Introduction to the Scientific Study of Education*, New York: Ginn and Company, 1918, p. iii.

为，学生应直接接触教育知识，将教育学科作为自足的研究领域独立于其他学科。在贾德领导下，"教育科学"（Science of Education）迅速成为教育学院的核心术语。同时，教育学术与学校课堂渐行渐远，课堂教学不再是教育学术研究的核心。

贾德希望推进教育学术职业化，从而使教育研究赢得学术界同行的尊重，而杜威则把教育视为一种社会变迁。在贾德看来，杜威的教育学术世界是乌托邦，教育心理学和统计才是现实主义的做法，教育研究应关注教学的效率和学校在儿童社会化过程中的权威作用。1924年贾德将家政学（Home Economics）清除出教育学院。另外，各学科教学如历史、地理、科学等课程或被转移到文理学院，或被直接停掉。贾德认为教育科学研究应专注于学术研究，而不能仅停留在教师培训层面。

与此同时，1910年后贾德及其团队通过"全美大学教育学教师学会"逐渐在教育学院和师范学校中确立了类似课程。同时，"教育科学研究导论"和"初等学校教学方法"两门课程讲义成为畅销书。1910年后，贾德的学术团队在《初等学校杂志》（Elementary School Journal）和《初等学校教师》（Elementary School Teacher）中发表文章的数量远超过杜威团队。Web of Science文献引证索引数据库显示，1900—1914年《初等学校教师》发表文章排名前十的教育家，贾德团队成员悉数在列（见表1）。贾德在芝加哥大学期间培养的许多博士后来都成为美国教育研究领域的知名学者，如（按学位获得时间）：1908年弗兰克·弗里曼（Frank N. Freeman），1915年沃尔特·孟禄（Walter S. Monroe），1916年乔治·康茨（George S. Counts），威廉·格里（William S. Gray），里昂纳多·库斯（Leonard V. Koos），1920年盖伊·巴斯维尔（Guy T. Buswell），1925年威廉·李维斯（William C. Reavis），1927年拉尔夫·泰勒（Ralph W. Tyler）等。

表1　1902—1914年《初等学校教师》刊载文章居前十位的作者

序号	作者	文章数量
1	弗兰克·弗里曼（Frank N. Freeman）	22
2	萨缪尔·帕克（Samuel C. Parker）	19

续表

序号	作者	文章数量
3	博比特（John F. Bobbitt）	15
4	威尔伯·杰克曼（Wilbur S. Jackman）	15
5	曼妮（F. A. Manny）	14
6	考尔德维尔（O. W. Caldwell）	13
7	贾德（Charles H. Judd）	13
8	戴维斯（B. M. Davis）	12
9	乔治·迈尔斯（George W. Myers）	10
10	佩恩（B. Payne）	10

贾德的文章或著作中经常出现"教育科学"（Science of Education）、"科学的方法"（Scientific Method）、"问题的科学研究"（Scientific Study of Problems）等词汇。很明显，在贾德看来，"科学"是教育研究方法的核心。这一时期，以"教育科学"为标题的研究文献逐渐增多，至1920年前后，至少有30篇教育文章和著作的标题出现"教育科学"（Science of Education）或"教育作为科学"（Education as Science）等词汇。[1] 贾德承认在学校教育各种问题上，教育研究者所能够提供的解决办法有限，但他还是毫不吝啬地将"科学"这一术语用于教育，认为调查的方法才是科学的本质，教育中运用调查与测量的方法即是进行教育科学研究。[2] 在贾德看来，教育科学是一种信息搜集方法的集合，这些方法主要搜集学校起源、发展、现存形式及社会需求等方面信息。教育科学的目的在于通过实验和观察来检测、比较并分析学校实践中的各种问题。它是一门综合性科学，需要其他科学调查者的协作，更为精确的定义应是：教育科学是不同群体协作的科学研究领域，而不是一门单一的学科。[3]

虽然贾德在教育科学研究一些具体问题上与桑代克存在分歧，但从根

---

[1] Scates D. E., "Judd and the Scientific Study of Education", *The School Review*, Seventy-fifth Anniversary Issue, 1967, 75 (1), p. 12.

[2] Judd C. H., *Introduction to the Scientific Study of Education*, New York: Ginn and Company, 1918, p. 299.

[3] Ibid., pp. 305–306.

本研究取向上说，贾德在芝加哥大学的努力和桑代克的工作是交相辉映的。即使他们是竞争对手，但他们两人在使控制性实验和统计测量成为教育研究基本方式的问题上，同样起到了关键作用。① 1897 年，全美教育协会督学部（Department of Superintendent of NEA）会议中，赖斯（J. M. Rice）提交的对拼写教学成果进行测量的报告引起非议。19 世纪末高尔顿、詹姆斯、卡特尔、霍尔等其他一些心理学家都曾尝试将科学方法应用于教学，但当时他们的努力在学校管理者和教师中间的影响非常有限。1910 年后，这种情况发生了明显变化。1912 年同样在全美教育协会督学部会议中，教育测量逐渐成为热门议题。埃尔斯（L. P. Ayres）在会议报告中认为这种转变不是暂时的，而是根本、持久的，意味着教育正在发生根本的转变。②

1915 年全美教育协会督学部会议专门就"标准化""测量""测试"存在的利弊进行公开讨论。10 年后，贾德在全美教育协会会议中认为这次大讨论无疑是美国教育史上的一场革命，自此测量与测试最终征服了各种保守批评成为教育学术主流，测量、测试开始遍布美国每所进步学校。③ 20 世纪初至 20 世纪 30 年代，有关教育的研究文献大量涌现，教育开始迈向科学化，整个传统哲学和教育心理学受到质疑。最终教育心理学的影响力遍及美国教育理论和实践领域。④ 康茨在 1930 年感叹道："与其他学校活动相比，对学校教育进行精确测量的兴趣在过去 25 年甚至 30 年里不断高涨。"⑤ 20 世纪 20 年代前后，各州和地方学校调查层出不穷，教育界的精英学者如贾德、哈努斯（Paul H. Hanus）、威斯康星的爱德华·艾略特（Edward C. Elliot）、斯特里耶、克伯莱等都曾主持过许多学校调

---

① ［美］埃伦·康德利夫·拉格曼：《一门捉摸不定的科学：困扰不断的教育研究的历史》，花海燕等译，教育科学出版社 2006 年版，第 68 页。

② Ayres L. P., "Measuring Educational Processes through Educational Results", *School Review*, 1912, 20 (5), pp. 300 – 301.

③ Monroe W. S., Engelhart M. D., *The Scientific Study of Educational Problems*, New York, Macmillan, 1936, p. 457.

④ Woelfel N., *Molders of the American Mind: a Critical Review of the Social Attitudes of Seventeen Leaders in American Education*, New York: Columbia University Press, 1933, p. 45.

⑤ Counts G. S., *The American Road to Culture: A Social Interpretation of Education in the United States*, New York: The John Day Company, 1930, p. 146.

查项目。其中后三人都接受过桑代克的学术训练,认同统计量化的研究取向。以 1916 年为例,该年共有 76 项学校调查,内容涉及学校财务、学业测试、教师特征、课程建议、教育政策等。①

杜威及其追随者的实验主义取向与桑代克、贾德为代表的科学主义取向在研究风格上的差异似乎可用这段话做个形象的类比:"学术界的派别主义就像宗教中的情形一样,都既有较窄的理论视角也有较宽泛的应用视角,根据学派的不同特点,可将其类比为都市型和田园型。……都市型研究者挑选一些较有特色的、范围较小的问题来研究,包含一些不相关的问题,而田园型研究者往往研究一些较为广泛的问题,一些区别不大的问题。都市型研究者集中研究一些相对突出的问题,使用较短的时间研究范围较小的问题,而田园型研究者则花较长时间研究一些耗费精力的问题。"②

以杜威为代表的实验主义教育研究取向及其学术部落更像是田园型研究模式,他们在学术部落建构上相对松散,研究主题及其方法选择比较广泛;而科学主义的教育研究取向则更像都市型研究模式,这种研究模式下的学术部落结构趋于科层化,注重学术资源的控制与竞争,研究主题与方法更加具体和具有可操作性。

三　两种取向对美国教育研究的影响

当今美国学校实践和量化的教育研究传统事实上就是根植于 19 世纪末 20 世纪初以桑代克、贾德为代表的科学主义研究取向。在众多"杜威式教育"事例中,真正名副其实的屈指可数。杜威在教育史中的地位,与其说是一位改革家,不如说他是一位被左派和右派既歌颂又批判的文化偶像。他的教育学观点没有为后来的教育研究建立一套可操作

---

① Averill L. A., "A Plea for the Educational Survey", *School and Society*, 1918, 7 (164), pp. 187 – 191.

② [英] 托尼·比彻、保罗·特罗勒尔:《学术部落及其领地:知识探索与学科文化》,唐跃勤等译,北京大学出版社 2008 年版,第 112 页。

的模式。① 桑代克的成功和杜威的失败是影响早期教育学术形成的重大事件。随着岁月流逝，桑代克的成功和杜威的失败对教育研究的制约与影响日趋明显，它对早期教育家们建立全国公立学校的教育理论科学产生了重大影响。②

历史学家和哲学家都在分析和评论杜威的进步主义教育思想，但很少有人关注桑代克的教育思想及其影响。事实上，桑代克在哥伦比亚大学教师学院构建了美国教育学科的课程、教学论、组织结构，并为大学教育研究的基本目标和方法打下了根基。是桑代克而不是杜威的人性及社会概念贯穿于美国教育研究的文献之中，用亨利·吉鲁（Henry Giroux）的话说，桑代克的教育研究路向在美国教育思想和实践中将继续制造"实证取向的文化"。③ 也有批评家认为，桑代克的教育研究是建立在大量还没有确证的心理学和认识论假设基础上的。桑代克及其追随者通过模仿自然科学的定量技术，忽视了学习情境的复杂性及人类经验的创造性和非理性因素。正如拉格曼所说，美国早期教育家们对教育形成了一种狭隘的以行为主义为中心的学科专业化概念，20世纪影响教育学术最为强大的社会力量将其推向令人遗憾的方向，即逃离与政策和实践的紧密接触，转向过分定量化与科学主义。④

趋向保守观点的教育家巴格莱认为，教育学术职业化的过程确立了机械心理学和机能主义哲学在教育理论中的地位。行为主义取向的学校测试促使学校迎合天才儿童，而实验学校所做的工作从根本上看并非实验式的。巴格莱强烈反对智力测量和考试，将其称为教育决定论者。他认为教育决定论者忽略了环境因素在推动社会进步中的可能性。⑤ 巴格莱也批评

---

① ［美］埃伦·康德利夫·拉格曼：《一门捉摸不定的科学：困扰不断的教育研究的历史》，花海燕等译，教育科学出版社2006年版，第42页。

② 同上书，第22页。

③ Tomlinson S., "Edward Lee Thorndike and John Dewey on the Science of Education", *Oxford Review of Education*, 1997, 23 (3), p. 366.

④ ［美］埃伦·康德利夫·拉格曼：《一门捉摸不定的科学：困扰不断的教育研究的历史》，花海燕等译，教育科学出版社2006年版，英文版序言第7—8页。

⑤ Bagley W. C., "Educational Determinism; or Democracy and The I. Q.", *The Yearbook of National Society of College Teachers of Education*. No. 11, Chicago: The University of Chicago Press, 1922, pp. 26 – 37.

进步主义教育，认为当社会需要确立坚定理想的时候，进步主义却强调社会松绑。①

在教育学术职业化初期，科学主义取向与实验主义取向论争过程中，科学主义研究传统牢牢确立了教育学术研究的话语权，成为规制美国教育研究整体取向的主导力量。自然科学与教育科学之间区别的讨论被教育科学应在科学体系中获得合法地位的讨论所替代。拉格曼指出这种狭隘的实证主义传统是人为的，事实上，在教育学术职业化的前提条件下，这不仅是不可避免的，也是必要的。桑代克、贾德及其门生所追求的科学主义取向的教育学术研究在 20 世纪初期确有泛滥之嫌，但这种努力对教育学科制度化和学术职业化本身是不可或缺的。教育学术职业化条件下，对教育学术研究来说，统计数字与测量是非常重要的，统计数字不仅仅是为了解释教育中的问题，也是为了发现需要解释的教育问题。不管调查与测量的方法本身存在哪些弱点，但它确实改变了教育研究的思维方式，即从哲学理论的角度向实验科学转变。学校及学校系统逐渐成为大批教育研究机构的实验站，经验式的试错法逐渐被科学方法控制的实验研究所取代。

确实，我们不能仅从理论的便利或功用来评估其有效性。无论是杜威极富民主性的"实验"式教育科学研究模式，还是桑代克的"测量"、贾德的"调查"式教育科学研究传统，抛弃哪种知识传统，都是荒唐之举。19 世纪末学术职业化以来，人文社会科学在研究范式上都经历过某些类似困境。如熊彼特在《经济分析史》中就经济学科及经济学家本身提出了界定，认为"科学的"经济学家和其他一切对经济课题进行思考、谈论和著述的人们的区别，在于掌握了"技巧"或"技术"②，这些技术可分为三类：历史、统计和理论。三者结合起来，构成所谓的经济分析。③

---

① Woelfel N., *Molders of the American Mind： a Critical Review of the Social Attitudes of Seventeen Leaders in American Education*, New York： Columbia University Press, 1933, pp. 60 – 64.

② 熊彼特认为"技术"一词必须从非常广泛的意义上加以理解：只要系统掌握某一学科的事实，在范围上超过了这个领域的实际工作者所能获得的知识，就足以构成科学的水平，即使对这一学科的研究并不需要超过外行人理解程度的精确方法。

③ ［美］约瑟夫·熊彼特：《经济分析史》（第 1 卷），陈锡龄、朱泱、孙鸿敞等译，商务印书馆 1996 年版，第 31 页。

另外，社会学家也对社会学科及其理论做出了三种诊断：一是罗伯特·默顿（Robert K. Merton）提出的追求宏大理论型。默顿认为社会学在还没有学会走路时就总想要跑了。二是杰弗里·亚历山大（Jeffery C. Alexander）提出的实证主义蛮荒状态。认为社会学陷入了"实证主义的执信"中，使社会学家放弃了追求真理的理论努力，将理论化约为经验的概括。三是霍姆伍德（John Holmwood）和斯图尔特（Alexander Stewart）所做的诊断，二人认为社会学理论处于制造矛盾的二元论中。[1]

在教育学术职业化初始阶段，不同取向教育学术派别做出了类似的理想主义尝试，或者说陷入了类似的研究模式困境中。杜威的实验主义取向试图将教育研究融合到大学各学科领域和教育活动中；桑代克的科学主义取向则试图用自然科学的测量方法确立一种不受主观干扰的教育知识模型。教育学科初创期，教育理论家们试图确立一种独特的学术身份，把研究重心放在学科自主性方面。这一时期，部分教育学术界精英如贾德，可能在开始时急于获得实际成果，以便证明他们活动的正当性，因此在教育研究中专注于实际问题，而明显摈弃了杜威的哲学式理论建构模式。在学术竞争中，桑代克、贾德等教育理论家最终控制了大部分教育研究的资源及其话语权，培养了一批坚定拒绝采用哲学研究方法的门徒，从而形成了规模庞大的教育学术共同体。这种教育研究网络的发展典型对应于学科发展早期阶段的基本贡献，后续工作通常主要是对这些基本贡献进一步完善。当一个范式或研究框架刚刚被人们普遍接受时，它会确定一系列重要且需要解决的问题，这些问题给工作在相关领域的人们很多机会获得专业认可、职位晋升、学术满足感等，并通过优势累积效应持续控制学术共同体的整体思维方式。科学主义取向的教育研究正是在这种优势累积中成为美国教育研究的主导话语，量化实证式的教育研究方式则成为美国大学教育学术共同体基本的工作模式。

[作者简介] 康绍芳（1984— ），女，内蒙古赤峰人，宁波大学教师教育学院讲师，教育学博士，从事美国教育史、外国高等教育史研究。

---

[1] ［澳］马尔科姆·沃特斯：《现代社会学理论》，杨善华译，华夏出版社2000年版，第371—374页。

"专家"的两难

——"威斯康星理念"中的社会科学家(1904—1914)

孙 碧

自 1912 年查尔斯·麦卡锡（Charles McCarthy）提出"威斯康星理念"（Wisconsin Idea）之始，这一概念便立刻成为各界人士的关注焦点。[①] 时至今日，它早已成为教育史和政治史学者研究的重要话题。以布鲁贝克、鲁道夫和塞林等大学史学者重点关注时任威斯康星大学校长的查尔斯·范海斯（Charles Van Hise）的大学理念以及大学服务于本州的活动。[②] 在国内教育史学者的知识视野中，"威斯康星理念"是 19 世纪末 20 世纪初威斯康星大学教育实践和办学理念的总结，是世界高等教育史中的里程碑事件，标志着社会服务成为与教学、科研并列的大学三大职能之一。[③] 而霍夫斯塔特、马克斯维尔和马古利斯等政治史学者则将焦点锁定在以罗伯特·拉法耶特为代表的政治家所主持的进步主义改革和立法之

[①] McCarthy, C., *The Wisconsin Idea*, New York: The Macmillan Company, 1912.

[②] Brubacher, J. S., & Rudy, W., *Higher Education in Transition: A History of American Colleges and Universities, 1636—1968*, New York: Harper & Row. 1968 Rudolph, F., *The American College and University: A History.* New York: Alferd. A. Knopf, 1962. Thelin, J. R., *A History of American Higher Education.* Baltimore: Johns Hopkins University Press, 2004.

[③] 陈学飞:《美国高等发展史》，四川大学出版社 1989 年版；康健:《威斯康星思想和高等教育的社会服务》，《外国教育研究》1988 年第 4 期，第 29—45 页；贺国庆:《从莫雷尔法案到威斯康星观念》，《河北大学学报》1998 年第 3 期，第 36—47 页；王保星:《威斯康星观念的诞生及对美国高等教育的影响》，《河北师范大学学报》2000 年第 1 期，第 12—28 页。

上,认为进步派政治家和大学知识分子因为共同的改革目标形成了同盟关系。"威斯康星理念"也成为专家参政和科学立法的代表,是进步主义时代各州政治和社会改革的模范样板。①

不过,无论是关注大学社会功用的教育史学者,还是关注进步主义改革的政治史学者,都较少聚焦于作为政府专家具体参与社会改革和服务的大学学者。然而,正是大学学者的具体活动构成了抽象的"威斯康星理念",并深刻揭示了其背后蕴藏的大学参与社会服务过程中学术与政治之间的永恒矛盾,而这种矛盾被以往对"威斯康星理念"的神话叙述所遮蔽。

本文对"威斯康星理念"②的探讨集中于威斯康星大学社会科学者,关注他们作为政府专家参与政治改革和社会服务时,如何将学术理论应用于政策立法但避免卷入党派政治,如何谨慎地在价值中立的学术标准和实现社会改革的道德政治抱负之间寻找平衡。选择社会科学学者作为研究对象,其原因有二。其一,社会科学学者在"威斯康星理念"中的重要地位和影响。州内文官制度、铁路、公共事业、税收和工人保障法等重要的进步立法,均由社会科学学者为起草工作提供专家咨询。在麦卡锡列出的46位州委员会任职的学者中,有近一半是社会科学学者。③ 其二,由于学科特性的原因,与农学和工程学相比,社会科学具有更浓厚的道德伦理因素,也更能揭示大学和政治之间紧密却又疏离的关系。

具体而言,本文将重点剖析几位在威斯康星大学校内、威斯康星州政界和全国学术圈内都拥有较强影响力和关注度的学者:经济学的理查德·伊利(Richard Ely)、约翰·康芒斯(John Commons),政治学的查尔斯·

---

① Hofstadter, R., *Anti-Intellectualism in American Life*, New York: Knopf, 1963. Maxwell, R. S., *La Follette and the Rise of the Progressives in Wisconsin*, Madison, Wis.: State Historical Society of Wisconsin, 1956. Margulies, H. F., *The Decline of the Progressive Movement in Wisconsin, 1890—1920*, Madison: State Historical Society of Wisconsin, 1968.

② "威斯康星理念"的概念有狭义和广义之分。狭义的"威斯康星理念"正如麦卡锡创造此概念时的意涵,特指在威斯康星州进步主义时代(1900—1914)威斯康星大学学者参与拉法耶特的进步派共和党所领导的进步主义改革和立法的活动。广义的"威斯康星理念"是被后人由此抽象和泛化而成的威斯康星大学为州和人民服务的历史传统与精神气质。本研究中的"威斯康星理念"均取狭义之说。

③ McCarthy, C., *The Wisconsin Idea*, New York: The Macmillan Company, 1912.

麦卡锡（Charles McCarthy）和社会学的爱德华·罗斯（Edward Ross）等。他们在学术和政治之间谨慎地游走，是"威斯康星理念"中大学学者参与社会改革和服务事务的普遍遭遇和真实心态的缩影。

一 "威斯康星理念"的政治图景
——政治党争与大学

分析"威斯康星理念"中社会科学学者如何平衡价值中立和社会改革之间的复杂关系，首先需要从20世纪初威斯康星州政治图景以及大学在其中的位置说起。自1848年建州伊始，威斯康星州便一直是共和党州。19世纪末期，它和全美各地相同，也面临着由于工业化、城市化和大量移民涌入而带来的社会政治问题：由"政治老板"掌控的党机器通过分肥制操控政治选举和官员任命；铁路、金融、石油等垄断集团控制着经济命脉；贫困的移民和劳工阶层几乎没有任何生活保障。社会的巨变和危机导致州内共和党逐渐分裂为两个鲜明对立的集团。

首先是罗伯特·拉法耶特（Robert M. La Follette）领导的"非纯种派"（Half—breeds）共和党，也被称为进步派共和党。进步派主张进行多方面的社会政治改革：制定直接预选法，政府官员由人民直接投票提名；引入从价税，进行税制改革；制定公务员法，建立考绩制；对铁路、天然气、交通等私人垄断的公共事业进行政府监督，控制其价格且提高服务质量；建立工人失业和工伤等社会保险制度。进步派赢得了州内中产阶级、农民和斯堪的纳维亚移民的支持。[1] 由德裔工人阶层支持的威斯康星社会民主党（Social-Democratic Party of Wisconsin）作为第三党在保障劳工权益等议程上和进步派有一定的合作，但始终保持着独立的组织和政治主张。[2]

与非纯种派对立即为中坚派共和党（Stalwarts），也称保守共和党。该派信奉自由放任的经济哲学，反对政府对经济事务的过多干涉，指责进

---

[1] La, F. R. M., Torelle, E., Barton, A. O., & Holmes, F. L., *The Political Philosophy of Robert M. La Follette: As Revealed in His Speeches and Writings*, Madison: The Robert M. La Follette Co, 1920.

[2] Wachman, M., *History of the Social-Democratic Party of Milwaukee, 1897—1910*, Urbana, Ill: The University of Illinois Press, 1945.

步派制造了党内分裂，背叛了"政党忠诚"的原则。其支持者主要是商人和工厂主阶层。①

自 1900 年开始，两派在之后的数次州长和议会选举中展开了激烈的斗争。1900 年，拉法耶特当选州长，之后戴维森（James Davidson）和麦戈文（Francis McGovern）先后继任。1904 年之后进步派也成为州议会多数党，同时掌握立法和行政权。公务员改革、铁路、公共事业、税收和工人赔偿等多项进步立法在此期间得以实现；威斯康星州由此被称为进步主义时代全国的模范州。而中坚派此时作为在野党，在各项政治议程上和进步派针锋相对。②

在进步派和中坚派的党争中，威斯康星大学处在微妙的位置。尽管为避免卷入政治斗争而没有公开宣称对进步派的支持，但大学师生几乎全部是拉法耶特的支持者。这不仅因为拉法耶特是第一位从威斯康星大学毕业的州长，也不仅因为他和范海斯校长、伊利院长以及其他多位知名学者有良好的私人关系，更为重要的是进步派的改革主张与威斯康星大学自巴斯克姆（John Bascom）校长时代以来秉承的将国家作为促进社会进步的道德工具的政治哲学相互契合。③ 在 1900 年选战最为激烈的时期，大学生们自愿组成人墙，保护拉法耶特的竞选演说不受中坚派支持者冲击。④ 1901 年成功当选的拉法耶特在威斯康星大学校友会晚宴上发表致辞，希望大学积极参与全州的公共服务。⑤ 1903 年，在拉法耶特的积极运作下，他大学时代的同窗查尔斯·范海斯当选为威斯康星大学的新校长。在就职典礼上，范海斯呼应州长的号召，着重强调州立大学的社会职责。⑥

---

① Margulies, H. F., *The Decline of the Progressive Movement in Wisconsin, 1890—1920*, Madison: State Historical Society of Wisconsin, 1968.

② 王禹:《美国进步主义时代威斯康星州共和党内的政治斗争》,《史学集刊》2014 年第 5 期，第 35—49 页。

③ La, F. R. M., *La Follette's Autobiography: A Personal Narrative of Political Experiences*. Madison: The Robert M. La Follette Co, 1913.

④ Ibid..

⑤ La, F. R. M., Torelle, E., Barton, A. O., & Holmes, F. L., *The Political Philosophy of Robert M. La Follette: As Revealed in His Speeches and Writings*. Madison: The Robert M. La Follette Co, 1920.

⑥ Van, H. C. R., *Inaugural Address of Charles Richard Van Hise as President of the University of Wisconsin*, Madison: University of Wisconsin, 1904.

范海斯校长任期的前十年正是进步派掌握立法和行政权力的时代，也是州内进步主义改革的高潮。在公务员改革、铁路、公共事业、税收和工人赔偿等核心改革立法中，进步派尤其希望能够得到威斯康星大学的社会科学学者的专家支持，用他们的专业知识解决复杂的立法和执法问题。令进步派欣慰的是，威斯康星大学的确拥有一所学术声誉和人员配置在全美大学都属于翘楚的社会科学学院。

威斯康星大学的政治科学、经济和历史学院建立于 1892 年，创建人正是理查德·伊利。伊利是 19 世纪末 20 世纪初美国社会科学学界的代表人物，门下的毕业生遍布各所知名大学。除伊利之外，学院中还有政治学学者保罗·芮恩施（Paul Reinsch）和麦卡锡；历史学学者弗里德里克·特纳；社会学学者爱德华·罗斯和经济学学者约翰·康芒斯。他们都是各自专业领域内的领军人物。更令拉法耶特等人欣慰的是，无论是伊利、康芒斯、麦卡锡还是罗斯等人，都曾经在其著作或演讲中表达过对进步派改革主张类似的政治或学术观点。

但是，进步派政治家很快发现，威斯康星大学的社会科学家尽管参与社会改革和政府专家服务，但并没有他们所预想的那般积极和热情，甚至时常表露出迟疑乃至拒绝。因为学者担忧在进步派主持的政府从事专家服务将会被动地卷入党派斗争，招致中坚派的非议和攻击，影响学者声誉，甚至丢掉教职。这绝非伊利等人过分谨慎乃至杞人忧天，而是在他们来到威斯康星大学之前的学术生涯，在学术与政治的纠葛中付出惨重代价之后得出的教训。

二 从"先知"到"专家"：社会科学的"去政治化"

实际上，伊利等人早年在学术和政治冲突中走过的心路历程，也折射着美国社会科学制度化初期学者在创建学科专业的知识追求和推进社会改革的政治抱负之间的密切关联。19 世纪末美国的工业化与城市化带来了诸多社会弊病，社会科学作为改革运动的知识同盟得以应运而生。[1] 尽管

---

[1] Ross, D., *The origins of American Social Science*, Cambridge: Cambridge University Press, 1991.

美国第一代社会科学学者对处于草创时期各个学科的研究对象和方法等存在诸多分歧,却普遍将社会科学视为促进社会改革的现实力量。对他们而言,教师、研究者和社会改革者的三重身份之间不仅不存在冲突,反而是天然的统一。社会科学家的使命不仅是为解除社会弊病提供具体方案,而更应该承担"社会先知"的责任,通过报纸、布道、演讲、肖陶克运动和大学课堂宣传实现民主和人道社会理想的改革道路。①

在第一代学者中,伊利不仅为早期社会科学界的学术理论和价值取向奠定了基础,而且他的学术经历和社会情怀也是其中典范。1880 年伊利从德国海德堡大学博士毕业之后,在约翰·霍普金斯大学教授政治经济学。在给友人的书信中,伊利直言不讳地说:"我们应该从事希伯来先知的工作,告诉美国人民什么是对的。"② 伊利强烈批判古典政治经济学,认为自由放任学说导致了严重的社会危机。伊利将其新政治经济学命名为伦理经济学(Ethnic Economics),倡导国家政府在社会经济学事务中发挥更大的作用,逐步消灭巨大的阶级鸿沟,建立合作式工业制度,使所有社会成员的权利得到保障。③ 1885 年,伊利组织成立美国经济学会(American Economics Association),并确定其宗旨为传播新政治经济学的学术观点,促进经济和社会改革。④ 1886 年芝加哥干草市大罢工(Haymarket Riot)之后,他出版《美国的劳工运动》一书宣传劳工运动是消除阶级对立和建立人道的合作式社会的必要方法。⑤ 在 1880—1892 年,伊利共完成 9 部著作,在《哈珀周刊》和《北美评论》中发表二十余篇文章,面对社会公众发表数次演讲,积极宣传税务、市政、反垄断和劳工改革。《评论之评论》杂志的主编阿尔伯特·肖恩(Albert Shaw)说:"在我们的时

---

① Reuben, J. A., *The Making of the Modern University: Intellectual Transformation and the Marginalization of Morality*, Chicago: University of Chicago Press, 1996.

② Ely to Clark, *Ely Paper*, Madison: Wisconsin Historical Society, 1891, March 17, p. 1.

③ Ely, R. T., *Problems of Today: A Discussion of Protective Tariffs, Taxation, and Monopolies*, New York: T. Y. Crowell & Co, 1888. Ely, R. T., *The Past and the Present of Political Economy*, Baltimore: N. Murray, Publication Agent, Johns Hopkins University, 1884. Ely, R. T., *Land, Labor and Taxation*. Baltimore: Cushing & Co, 1888.

④ American Economic Association, & Ely, R. T., *Report of the Organization of the American Economic Association*, Baltimore: Printed by J. Murphy & Co, 1886.

⑤ Ely, R. T., *American Labor Movement*. Baltimore: Cushing & Co, 1888.

代,没有任何人像伊利那般拥有如此之多的读者。"①

作为伊利的学生,康芒斯和罗斯持有相同的政治立场和"社会先知"的使命感。康芒斯1880年从伊利门下毕业之后,先后在印第安纳大学和雪城大学任教。他出版《财富的分配》和《社会改革与教会》等书,追问日益扩大的贫富差距的社会根源,批判自由放任带来的恶果,倡导在社会改革中实现基督教仁爱精神。②罗斯在康奈尔大学执教期间,在课堂上宣传限制垄断公司、保护农民和工人利益、市政公有制和税制改革等观点。1892年之后,加入斯坦福大学的罗斯逐渐从经济学转向社会学研究,但其宣传社会改革的政治热情却丝毫未减。③

然而,在1900年前后伊利等人却和同时代的社会科学学者遭遇了一系列危机,导致了其学术研究和社会抱负的变化。丹尼尔·吉尔曼等研究型大学的创建者重视社会科学的道德价值及改革社会的工具意义,但是伊利等人鲜明甚至激进的政治立场却与校长们希望大学应独立于政治争议之外的观念相冲突,学者们对垄断财团和自由放任的尖锐批评也引起了由商业大亨掌控的学校董事会的不满。此外,学界内部立场相对温和的学者也认为过于强烈的道德色彩和政治表达不利于建立学科专业权威。因此,伊利等人此时受到了来自大学与专业学会或直接或隐微的职业压力。

尽管在全国经济学界拥有极高的学术声望,但吉尔曼校长几次拒绝了伊利晋升正教授与建立独立的政治经济学院的要求④;塞利格曼等人将伊利排挤出他创建的美国经济学会,并将其改造为纯粹的学术专业组织,淡化其政治色彩。⑤1892年,抑郁不得志的伊利离开巴尔的摩,接受威斯康星大学校长钱伯林(Thomas Chamberlin)的聘请,主持新建的政治科学、

---

① Rader, B. G., *The Academic Mind and Reform: The Influence of Richard T. Ely in American Life*, Lexington: University of Kentucky Press, 1966.
② Commons, J. R., *The Distribution of Wealth*, New York: Macmillan and Co, 1893. Commons, J. R., *Social Reform & the Church*, New York: A. M. Kelley Publishers, 1967.
③ Ross, E. A., *Seventy Years of it: An Autobiography of Edward Alsworth Ross*, New York: D. Appleton-Century Co, 1936.
④ Rader, B. G., *The Academic Mind and Reform: The Influence of Richard T. Ely in American Life*, Lexington: University of Kentucky Press, 1966.
⑤ Coats, A. W., The first two decades of the American Economic Association, *The American Economic Review*, 1960, 50 (4), pp. 556–574.

历史和经济学院。1894 年普尔曼大罢工之后，伊利被校董事会成员指控为社会主义者和暴力工运的宣扬者，因而不适宜在大学任教。尽管学校董事会经过调查否决了对伊利的指控，但此事却对伊利造成了极大的心理阴影。事件平息之后，伊利给时任威斯康星大学校长的亚当斯（Charles Adams）写信，表示要改掉"频繁发表观点的习惯"。亚当斯校长则回复鼓励他"可以多花些时间做一些调查性质的研究"。[1]

康芒斯和罗斯等人都没有那么幸运。1895 年和 1899 年康芒斯先后两次因支持工人运动而被印第安纳大学和雪城大学解聘；罗斯因宣传反对中国移民以保证本土美国工人的权益而被斯坦福大学解聘。[2] 这一时期社会科学学者构成了大多数学术自由事件的主角。[3] 1904 年，康芒斯在被放逐于学术界之外五年之后，才经伊利推荐获得威斯康星大学政治经济学教授职位；1906 年，伊利帮助罗斯来到威斯康星大学加入政治科学、经济和历史学院。

被解聘和排挤的遭遇使伊利等人逐渐寻求在学术事务和政治活动之间、学者身份和社会改革者之间划出清晰的界限。前者被认为是本职工作，而后者有损学术专业权威和学者声望。到威斯康星之后，伊利、康芒斯和罗斯都不再寻求通过公共媒体平台宣传社会改革主张，转而从事道德政治色彩较淡的学术研究：伊利不再重提他的伦理经济学和劳工经济学，转而从事土地经济学，更不再公开谈论任何当代社会政治事件，并拒绝参加任何改革团体；康芒斯在伊利的委托下，着手编写美国劳工史，并且从事货币经济学和制度经济学的理论工作；罗斯醉心于在世界各地游历和建构他的社会控制理论。[4] 他们也逐渐寻求掌握政治平衡的技巧和策略，改变了早期常用的"人道""民主"和"伦理"等修辞，对外宣称社会科学的使命在于提供"客观中立"的技术服务和事实数字，以此提高立法

---

[1] Adams to Ely, *Ely paper*, Madison: Wisconsin Historical Society, 1894, August 6.

[2] Commons, J. R., *Myself*, New York: The Macmillan Company, 1934. Ross, E. A., *Seventy Years of It: An autobiography of Edward Alsworth Ross*, New York: D. Appleton-Century Co, 1936.

[3] Metzger, W. P., *Academic Freedom in the age of the University*, New York: Columbia University, 1969.

[4] Commons, J. R., *Myself*, New York: The Macmillan Company, 1934. Ross, E. A., *Seventy Years of It: An Autobiography of Edward Alsworth Ross*, New York: D. Appleton-Century Co, 1936. Ely, R. T., *Ground under Our Feet: An Autobiography*, New York: The Macmillan Company, 1938.

和行政的"科学"和"效率"。①

尽管伊利等人出于职业安全的现实考虑，放弃了"社会先知"的政治抱负，但参与社会改革的道德使命并未丧失。因此，当拉法耶特等进步派党人邀请他们为改革立法提供专家服务之时，面对将其学术理论转化为政策立法的绝佳机会，他们显然不想错过，但又忧心在改革立法中过于活跃或立场过于鲜明，从而被动卷入党派政治之中重蹈被解聘的覆辙。面对如此的两难困境，他们不得不寻求避免陷入党派政治、规避政治风险的策略。康芒斯、麦卡锡和伊利三人是其中的典型代表。但是，他们的策略能奏效吗？

三　康芒斯
——学者还是官员

1904 年，重返学术界的康芒斯来到麦迪逊之时，正值进步派全面掌控掌权之始。在"威斯康星理念"时代的十年间，康芒斯直接参与了《公务员法》《公共事业法》和《工人赔偿法》三部法案的起草，在公共事业委员会和工业委员会两个专家委员会中任职。他是威斯康星大学教授中参与进步派改革和立法过程中最活跃的学者之一，以致在当时诸多报道和后世研究著作中，普遍把康芒斯作为"威斯康星理念"中学者专家的代表。

尽管如此，康芒斯却多次强调他向来是被动征召而非主动参与。他在《威斯康星州报》上宣称："我从不主动参与任何政治和立法事务，只有在议员、州长或者议会委员会的要求之下才加入其中。"② 他不仅声明其政治参与均是被任命和指派的产物，更强调其专家工作的非党派属性。康芒斯为自己辩解："我从事的立法工作，全部以非党派的立场参与的。我也从不主动创造任何新内容，我只提供信息和技术，而不是意识形态。"③

---

① Commons & McCarthy, Democracy and Efficacy, *Ely Papers*, Madison: Wisconsin Historical Society, 1911 March, p. 3.
② Commons, J. R., My Legislation in Wisconsin, *Wisconsin State Journal*, 1910, Feb. 2, p. 4.
③ Commons, J. R., *Myself*, New York: The Macmillan Company, 1934.

1909 年，康芒斯被州长麦戈文委托起草《工人赔偿法》。由于他早年对工人运动的积极态度众所周知，此法案的立场倾向被中坚派广泛质疑。因此，在法案起草过程中，康芒斯刻意减少在公众面前发声的机会，将自己隐藏在法案的相关方身后，目的在于使公众认为法案是利益相关方通过协商达成的共识而非他个人立场倾向的主观产物。康芒斯首先私下拜会数位开明的工厂主，希望他们在媒体上呼吁建立工人赔偿制度，为法案制定创造舆论氛围。在被正式委托制定法律草案之后，康芒斯邀请雇主和工人代表共同完成起草工作，劝说双方作出相应的妥协达成共同接受的方案。在州议会召开的听证会上，开明的雇主和工人代表对草案均持肯定态度，这也加速了法案表决通过的进程。[1]

在立法通过后，康芒斯再次被州长聘任为工业委员会委员，负责调查和监督法案的实施情况。为了避免外界对他权力过大的猜忌，康芒斯这样描述委员会的职责："它被指派的任务是调查什么设备、方法和程序是保障工厂安全的最好办法，其工作只是调查和宣布事实。"[2]

尽管康芒斯对外宣称他从事的全是技术和事实性质的服务，但在细微之处，他也利用经济学和法学知识，尽可能使法令接近其社会理想。在工业委员会的工作中，康芒斯希望能够在《工人赔偿法》的规定下，给予工人更多的安全保障。其中关键问题就是如何解释法律条文中"合理"（reasonable）的概念。按照传统的法院判例，"合理"是"普通、平常和常规惯例"。康芒斯的团队通过查阅法律和经济文献，将"合理"重新定义为"雇员应该享有的健康和安全的最高保障水平"。[3]

在学者和政府专家身份之间，康芒斯始终处于徘徊和矛盾之中。他担心在政治事务中过于活跃，会给公众留下他并非学者而是一位制定政策的官员的印象，继而被动地卷入党派斗争，他也更渴望通过政治力量将他的改革学说转化为实际法律。此种谨慎和矛盾导致康芒斯面对进步派的聘请时，有时犹豫不决甚至婉言谢绝，有时则义不容辞地接受。1905 年，初

---

[1] Altmeyer, A. J., *The Industrial Commission of Wisconsin*, Madison：University of Wisconsin Press, 1932.

[2] Commons, J. R., *The Industrial Commission of Wisconsin*, New York City：American Association for Labor Legislation, 1911.

[3] Commons, J. R., *Myself*, New York：The Macmillan Company, 1934.

来威斯康星的康芒斯在拉法耶特的要求下起草《公务员法》之后，婉言拒绝了州长聘任他在公务员委员会任职的邀请。1909年，在大学和州政府的根基逐渐稳固之后，康芒斯接受麦戈文州长的聘请，担任权责更广泛的工业委员的主席。然而，当他的立法和委员会工作招致中间派越来越多的非议之后，康芒斯拒绝了州长在两年聘期到期后给予的六年新聘期和5000美元年薪的丰厚条件，尽管当时威斯康星大学给他的年薪仅是3000美元。①

但是，康芒斯的谨慎小心并没有使他免予中坚派甚至进步派的攻击。在和进步派或社会民主党合作时，康芒斯出于对经济运行规律的认识而在政策立法方面的稳妥建议时常被政界人士视为过于保守。1906年康芒斯在参与匹兹堡调查中得出结论，认为3.5%是小额贷款合适的月利率。在制定相关法案时，康芒斯将此建议提给副州长亨利·休伯（Henry Huber）。休伯宣称他长期致力于减轻商业寡头对人民的盘剥，认为3.5%仍然太高，厉声指责康芒斯被大商人利益集团收买，甚至要求大学开除康芒斯。②

来自中坚派的攻击更加猛烈和频繁，并在1911年达到高峰。当年，在州长麦戈文的倡议下，康芒斯着手起草把包括铁路、税务和公共事业等所有委员会划归一个综合委员会管理的议案，而康芒斯和范海斯校长是委员之一。此举引起了中坚派的极力反对。保守派色彩浓厚的《密尔沃基前哨报》发表题为"一所统治全州的大学"的文章，称威斯康星大学正在成为控制全州的怪物。③ 学校董事之一加里称，如果大学不约束它对权力的争夺欲望，那么我们将拥有一个"大学的州"，而不是一所"州立大学"。密尔沃基的商人则谴责大学已经成为"社会主义的温床"，建议将所有的教授从州委员会中驱逐。④

回忆起在威斯康星的经历，康芒斯苦恼地说："有时我被商人雇主指控为无政府主义者和社会主义者，有时我又被指责是为大资本家们效力的

---

① Commons, J. R., *Myself*, New York: The Macmillan Company, 1934.
② Ibid..
③ A University Govern a State, *Milwaukee Journal Sentinel*, 1911, January 29, p. 2.
④ Gary, A University State or a State University, *Milwaukee Journal Sentinel*, 1913, April 10, p. 4.

保守分子。然而我想做的,无非是利用我的学术知识,把威斯康星州和我们国家从危机中解救出来。除课堂之外,沉默是我面对指责的唯一方式。"①

康芒斯的经历代表了直接参与政策立法的学者的困扰和问题。他的"仅提供信息和技术而非意识形态"的声明以及在书斋和庙堂之间的徘徊和犹豫,正是源于其对外界对他操控政治之指控的担忧。然而,与休伯的冲突和中坚派的"大学统治全州"的攻击表明,康芒斯们并没有化解政治参与中的"两难",在中坚派看来,他们依然是"操控政治的官员",远非"非党派"的学者。

四 麦卡锡:图书馆员还是"说客"

政治系的查尔斯·麦卡锡主持的立法咨询图书馆(Legislative Reference Library)是"威斯康星理念"中专家服务政策立法的又一典型代表。尽管麦卡锡没有直接参与法案起草或在委员会中任职,其立法咨询图书馆对进步派诸项改革的影响力不亚于任何一位专家。也正因为如此,麦卡锡不得不更加谨慎地行事以避免卷入党派政治之中。

麦卡锡早年出于对伊利的社会学说的敬仰,入读威斯康星大学政治科学、经济和历史学院,并于1901年获得博士学位。尽管麦卡锡的学术才华得到广泛认可,但其爱尔兰裔天主教徒的身份使他难以在当时学术界谋得合适的教职。几经努力,才勉强在威斯康星州议会图书馆获得一份工作。1905年在伊利等人的帮助下,麦卡锡才得以成为威斯康星大学政治学讲师。②

在议会图书馆的工作经历,使麦卡锡萌生了建立一座立法咨询图书馆的想法。他认为要保证立法质量,必须保证议员拥有充足的类似先例法案的信息资料。1903年,麦卡锡的方案获得拉法耶特的支持,州议会也为此拨款1500美元。麦卡锡搜集了各州、联邦政府、英国、澳大利亚、德国和加拿大等国立法资料,并招募了数位具备社会学和图书馆学知识的馆

---

① Commons, J. R., *Myself*, New York: The Macmillan Company, 1934.
② Fitzpatrick, E. A., *McCarthy of Wisconsin*, New York: Columbia University Press, 1944.

员。麦卡锡宣称图书馆致力于服务通过民主选举产生但毫无立法经验的议员,帮助他们摆脱特殊利益集团的游说,完成复杂的立法工作。麦卡锡强调他的图书馆无意介入党派之争:"这个机构当然必须是非政治的非党派的。如果它是一个党派机构,那还不如没有它。"① 在给所有议员的公开信中,麦卡锡再次重申图书馆仅提供"客观中立"的信息资料:"我们不负责改变议员们对争议问题的看法。我们想做的仅仅是帮助议员们获取资料,使他们作为立法者了解任何感兴趣的问题。我们的服务超越党派之见和政治争议。"②

为了彻底避免党派机构的嫌疑,麦卡锡为图书馆制定了严格的规定,并将其悬挂于馆内显要位置:1. 不得在图书室内起草任何法案,我们提供专门的和隔离的起草室;2. 没有议员的具体书面要求,图书馆员不得提供任何服务,议员的要求必须有本人签字;3. 图书馆员不得对草案有任何建议。我们的工作只是文秘和技术性质的,不提供任何观念。③

在"威斯康星理念"时代,麦卡锡的"非党派"立法咨询图书馆为进步派政治家和大学学者提供了大量的相关信息。在康芒斯起草《公务员法》和《公共事业法》期间,麦卡锡为他准备了专门的工作室,提供了欧洲各国和其他各州关于公共事业的相关资料,并且为他聘请相关法律顾问。图书馆的高效工作令康芒斯大加赞赏。④ 1910 年初,麦卡锡写信给戴维森州长,向他建议制定工业保险法的重要性。⑤ 当年春天麦卡锡在赴欧洲考察职业教育时,利用空余时间搜集了大量欧洲各国关于工人保险的相关资料,在回国之后迅速将其整理上架。⑥ 在金斯曼(Delos Kinsman)起草所得税法遇到难题之时,麦卡锡积极为他联系其他大学的税收专家。

---

① McCarthy, C., *The Wisconsin Idea*, New York: The Macmillan Company, 1912.

② McCarthy, C., Legislative reference department, In Reinsch, P. S. (Ed.), *Readings on American State Government*, pp. 65-66, Boston: Ginn & Co, 1910.

③ McCarthy, C., Rules for drafting room, *McCarthy Paper*, Madison: Wisconsin Historical Society, 1913.

④ Commons, J. R., *Myself*, New York: The Macmillan Company, 1934.

⑤ McCarthy to Davidson., *McCarthy Papers*, Madison: Wisconsin Historical Society, 1910, Feb. 28.

⑥ McCarthy to Cleveland., *McCarthy Papers*, Madison: Wisconsin Historical Society, 1910, March 2.

在法案通过之后，金斯曼给麦卡锡写信时兴奋地说："胜利属于你！"①

立法咨询图书馆得到了进步派的赞许。拉法耶特在议会演讲中盛赞图书馆的资料支持对立法工作起到了巨大作用。1901年建馆时，麦卡锡只能拿到两年1500美元的拨款；1903年和1904年度，增加至2500美元；1906年单年就获得5000美元；1907年和1908年更增加至15000美元。②

麦卡锡和进步派过于紧密的关系引起了范海斯校长的忧虑。范海斯给麦卡锡写信，善意地警告他不要依附任何政治党派，以免给他和大学带来麻烦。麦卡锡在回信中感谢了校长的建议，但他又同时表示"不愿意浪费了和议员们的良好关系"。③

事实证明，范海斯校长的提醒不无道理。尽管图书馆获得了进步派政治家和康芒斯等学者的赞扬，但中坚派却对它十分仇视。保守媒体攻击称麦卡锡"并非什么专家，而是立法者，是危险的说客"，并把他的图书馆称为"法案工厂"（Bill Factory）。1907年，在州议会讨论为立法咨询图书馆拨款事项时，中坚派班克罗夫特（Levi Bancroft）言辞激烈地反对："如果议案通过，我们就亲手创造了我们所知的最有力量也最危险的说客。"④

中坚派对麦卡锡和立法咨询图书馆的攻击在1914年达到顶峰。在当年的州长选举中，图书馆的存废成为焦点话题之一。中坚派候选人菲利普承诺当选之后将废除立法咨询图书馆："麦卡锡博士现在俨然代表着大学、州政府和全州人民。大多数议员们，如果他的点头，对自己起草的议案就没有信心。如果有议员敢冒险无视他的存在，那其议案通过之路一定会困难无比。"⑤

进步派州长候选人之一达尔（A. H. Dahl）出于拉拢更多选民的竞选

---

① Kinsman to McCarthy, *McCarthy Papers*, Madison: Wisconsin Historical Society, 1911, July 1.

② La, F. R. M., Message to Senate and Assembly, *La Follette Papers*, Madison: Wisconsin Historical Society, 1905, p. 112.

③ McCarthy to Van Hise, *Van Hise Papers*, Madison: Archives of University of Wisconsin, 1913, January 14, p. 1.

④ Madison Democrat, *McCarthy Papers*, Madison: Wisconsin Historical Society, 1907, January 18, p. 11.

⑤ Madison Democrat, *McCarthy Papers*, Madison: Wisconsin Historical Society, 1914, February 21, p. 16.

策略，也承诺将废除立法咨询图书馆。① 麦卡锡的图书馆成为选战话题，他本人也被夹在其中，四面受敌。麦卡锡在《威斯康星州报》上强调他的图书馆仅仅从事信息和技术服务："很多议员缺乏法律和技术知识，图书馆在这方面给予他们帮助。我确定地说，图书馆对议会的帮助仅限于资料支持。"②

1915年，菲利普当选之后在议会演讲中要求废除图书馆，认为"它对议会工作有过度的和不恰当的影响，导致了一系列无用的法案的通过"③。麦卡锡不得不努力向新州长证明他的图书馆并非党派机构，更没有操纵议会立法进程，而只是信息服务部门。在麦卡锡的真诚劝说下，菲利普最终收回了废除图书馆的动议。尽管如此，图书馆的影响力大不如前，前来问津之人锐减。麦卡锡不断声称他的图书馆只是资料服务机构，但是在中坚派看来，他依然是控制政策立法的"说客"。麦卡锡尽其所能希望避免政治斗争，但是他的图书馆成为选战话题，其背后之忧惧恐怕难以向外人倾诉。

五　伊利
——"隐士"还是"幕后军师"

尽管在麦卡锡撰写的《威斯康星理念》中将1892年伊利来到威斯康星作为"威斯康星理念"的奠基性事件之一④，但正如前文所述，此时伊利已经放弃了对社会改革的积极参与态度，并淡化其经济学理论中的激进成分。虽然伊利主持的政治科学、经济和历史学院中多位教师都是州内改革事务的积极参与者，但为了彰显其没有任何政治色彩的纯粹学者形象，伊利本人不愿参与任何一项立法工作或在任何专家委员会中任职。1910年，州长麦高文邀请他在税收或铁路委员会工作，伊利虽有几分"重出江湖"的念头，但目睹中坚派对此项任命的批评，在征求范海斯校长的

---

① Fitzpatrick, E. A., *McCarthy of Wisconsin*, New York: Columbia University Press, 1944.
② McCarthy., Legislative reference department, *Wisconsin State Journal*, *1914*, August 12, p.2.
③ Philip, "Speech to the Assembly", *Wisconsin Assembly Journal*, 1915, pp. 25–26.
④ McCarthy, C., *The Wisconsin Idea*, New York: The Macmillan Company, 1912.

建议之后，最终予以拒绝。① 在进步派社会改革事业如火如荼地开展之际，伊利则像隐士一样把自己隐藏在书斋之中。

但伊利并非两耳不闻窗外事。作为威斯康星大学社会科学学者的前辈师长和领导，他不断提醒着后辈把握政治和学术的尺度，既希望他们利用当前时机参与到社会改革和服务之中，又提醒他们不要深陷政治，丢掉了学者本分。1903 年，麦卡锡在收到国会图书馆工作聘请后，有了暂时搁置立法咨询图书馆事业的想法。伊利闻讯写信劝告他留在麦迪逊，因为"新的社会实验正在开展"。② 当康芒斯把精力过多地投入立法和委员会工作中时，伊利又劝告他把更多的时间放在学术研究上，并且责怪他编写美国劳工史的进度太过缓慢，师徒还曾一度因此产生不快。③

尽管伊利为了避嫌，不公开参与任何政治事务和担任任何公职，但他依然利用其社会声望和私人关系以隐微的方式对政治议程产生影响。伊利宣称他"和拉法耶特从来不是关系密切的朋友"，不过他也承认："我经常见到他，他时常来我家做客，我也时常登门拜访他。"④ 拉法耶特读过伊利的诸多著作，在欢迎晚宴上尊称伊利是"我的老师"。⑤ 他邀请伊利参加在家中进行的"星期日午餐俱乐部"，一起受邀的还有范海斯校长、康芒斯和政治学教授芮恩施（Paul Reinsch）。诸多改革计划便是从午餐会的讨论中而来。⑥

伊利通过私人关系也对州长人事任命也产生影响。对铁路公司实行监管、保证其运费合理和服务质量是拉法耶特改革计划之一，而对铁路运费的估价则需要铁路委员会提供专业的交通经济学统计知识。伊利向拉法耶

---

① Ely to Van Hise, Ely Papers, 1910, February 21, Madison: Wisconsin Historical Society, P1.

② Casey, M., *Charles McCarthy*, *Librarianship and Reform*, Chicago: American Library Association, 1981.

③ Ely., My relation with Professor Commons, *Ely Paper*, 1909, Madison: Wisconsin Historical Society, p. 1.

④ Ely, R. T., *Ground under our feet: An Autobiography*, New York: The Macmillan Company, 1938.

⑤ La, F. R. M., *La Follette's Autobiography: A Personal Narrative of Political Experiences*, Madison: The Robert M. La Follette Co, 1913.

⑥ Ibid..

特举荐其学生巴尔泽萨·梅耶。① 事实证明，正是梅耶通过调查分析铁路公司存在哪些低效和浪费环节，建议其改善效率节约成本，从而达到保证服务质量降低运输价格的目的的方法，使铁路委员会的工作备受好评。②

据不完全统计，1912—1915 年全国报刊中共有一百多篇报道威斯康星大学学者参与州内政治改革和社会服务的文章。知名记者斯蒂芬斯（Lincoln Steffens）和斯洛森（Edwin Slosson）的妙笔更使威斯康星大学作为一所积极参与社会服务的进步主义大学的形象名扬天下。③ 但学生和同事们享有的盛誉并没有给伊利带来任何自豪感，反而使他更加不安。他深知，学院的"进步"名声越响亮，越容易受到中坚派的攻击和指责。为此，伊利不断宣称他的学院并没有外界想象的那样"进步"，并且选择刻意强调其"保守"特性，以期在各派势力之间维持平衡。

在致昔日学生的信中，伊利说："我希望公众树立对我们的正确认知。我想明确的提出我的观点，资本也有和劳工相同的权利。除了致力于改善劳工待遇之外，使本州成为公司和工业的适宜之所，也是我们的目标。"④ 1915 年，伊利在《威斯康星州报》上发表《大学作为威斯康星的商业资产》的文章，邀请州内商界代表参加"威斯康星商业和工业讨论会"。⑤ 在讨论会上，威斯康星大学经济学学者为商人在经营中遇到的问题出谋划策，并商议大学如何为商界提供更多的支持。在闭幕晚宴上，伊利发表了题为《政府和商业》的演讲，为了迎合商界人士，伊利一改之前的"大政府"观点："经济中的政府干预已经走过头了。那些所谓的改革者们以为经济的繁荣可以通过对商业的压制得以实现，这无疑是错的。"⑥

---

① Ely, R. T., *Ground Under Our Feet: An Autobiography*, New York: The Macmillan Company, 1938.

② La, F. R. M., *La Follette's Autobiography: A Personal Narrative of Political Experiences*, Madison: The Robert M. La Follette Co, 1913.

③ Lincoln Steffens, Wisconsin: A State Where the People Have Restored Representative Government—The Story of Governor La Follette, *McClure's Magazine*, XXIII (1904), Vol. 13, p. 564. Slosson, E. E., *Great American Universities*, New York: Macmillan, 1910.

④ Ely to Adams, *Ely Papers*, Madison: Wisconsin Historical Society, 1909, February 4.

⑤ Ely, The University as a Commercial Asset in Wisconsin, *Wisconsin State Journal*, 1915, February 10, p. 4.

⑥ Ely, Government and Business, *Ely Papers*, 1916, February 18, Madison: Wisconsin Historical Society, p. 3.

在后辈招致麻烦时，伊利则以强调学院的保守特性作为保护手段。1910年，罗斯邀请了爱玛·戈德曼和帕克·赛康比来校讲学。两人的无政府主义学说使中坚派指责"大学校园内弥漫着无政府和革命的气息"，并要求范海斯校长展开调查，开除罗斯。① 伊利一方面指责罗斯处事不谨慎而招致麻烦，另一方面写信给范海斯为罗斯和学院辩解："我相信调查很快就会发现，没有任何大学的政治经济系会比威斯康星大学的经济系更加保守。我是不会推荐激进的学者来此任教的。"② 当康芒斯因劳工立法和在工业委员会的工作被指控为"党派专家"时，尽管当时二人关系正处于冰点，但伊利还是出面为康芒斯辩护。③

六　结语

——神话光环背后的危险

1914年，威斯康星州的政治气候再次改变。因进步派内部分裂等因素影响，中坚派赢得州长职位并成为议会多数党。第一次世界大战爆发后，拉法耶特抵制美国参战的立场，又使社会民主党和进步派分道扬镳。伊利等大学中的主战派学者也发起了罢免拉法耶特的运动。"威斯康星理念"时代的共和党进步派—社会民主党—大学学者的松散和隐形的同盟彻底分崩离析。威斯康星州的进步主义改革也由此陷入低潮，再也没有恢复元气。

中坚派对威斯康星大学的"反攻倒算"在其重新掌权之后达到高潮。1915年，菲利普就任州长之后不久便宣布，将会把四十多位威斯康星大学教授从州委员会中全部驱逐，以使"大学远离政治"。④ 作为对大学的变相惩罚，州长和中坚派控制的议会以提高大学运行效率和减轻纳税人开支的理由，冻结了进步派执政期间年年增加的大学预算，并将其从1914

---

① Curtis, M., Carstensen, V. R., Cronon, E. D., & Jenkins, J. W., *The University of Wisconsin: A History*, Madison: University of Wisconsin Press, 1949.
② Ely to Van Hise, *Ely Papers*, 1910, February 15, Madison: Wisconsin Historical Society, p. 1.
③ Ely, My relation with Professor Commons, *Ely Paper*, 1909, Madison: Wisconsin Historical Society, p. 1.
④ Philip, Keep University From Politics, *Wisconsin State Journal*, 1915, February 5, p. 3.

年的 300 万美元削减为 1915 年的 270 万美元。①

菲利普州长的表态和州议会的决议令查尔斯·范海斯校长陷入焦虑之中。在给学校董事会的报告中，范海斯辩解称："我认为大学应该独立于政治之外，我们的大学一直致力于服务全州人民的福祉，而非一党一派之私。"② 同样窘迫的还有理查德·伊利，在被新州长"驱逐"的教师中，有一多半来自他的学院。伊利也在《威斯康星州报》上发表文章，称社会科学学者无意介入政治决策，只是提供信息和技术服务的"非党派专家"，新政府不必要将他们全部罢免。③

但是菲利普州长和州议会显然无意改变决定。政府拨款削减对大学带来难以弥补的影响，约翰·康芒斯、查尔斯·麦卡锡和弗里德里克·特纳多位知名学者也因此先后离开威斯康星大学。"威斯康星理念"的光环虽然为威斯康星大学带来了外在的声誉，但也使它成为党派政治斗争的受害者。

在"威斯康星理念"的十年间，由于学科专业、人生经历和人脉资源的不同，康芒斯、麦卡锡和伊利选择了三种不同的参与社会改革和服务方式。康芒斯接受进步派政治家的委托，直接负责法案起草，并在委员会中担任公职。他在法案起草中隐藏在相关方身后，淡化法案的个人色彩，在委员会工作中强调其工作仅限于"收集事实"，同时也竭力营造自身的学者而非官员形象；麦卡锡没有直接参与立法和行政事务，但创办立法咨询图书馆，不断申明其图书馆仅限于信息和资料服务，无意介入政治决策，更非操控立法的"说客"；伊利则拒绝担任任何公职，尽力淡化学院的"进步"政治色彩，以期学生后辈"大树之下好乘凉"。尽管三人为塑造"非党派专家"的公共形象而对外宣称仅提供"客观中立"的信息和技术服务，但也以隐微的方式为他们所支持的进步改革贡献力量：康芒斯利用高超的游说策略减少立法阻力，又使用专业法律知识为劳工阶层带来

---

① Curtis, M., Carstensen, V. R., Cronon, E. D., & Jenkins, J. W., *The University of Wisconsin: A History*, Madison: University of Wisconsin Press, 1949.

② Van Hise, C., Report to the School Regent, *Charles Van Hise Papers*, Madison: University of Wisconsin Archives, 1915, February 3, p. 1.

③ Ely, The University as a Commercial Asset in Wisconsin, *Wisconsin State Journal*, 1915, February 10, p. 4.

更多保障；麦卡锡为进步立法收集和提供资料和信息，成为立法活动的"智囊库"；伊利则利用社会声望在幕后出谋划策，并在关键人事任命中发挥影响。尽管具体策略不同，但无不是为了化解参与社会改革和服务事业与卷入党派政治斗争的两难困境。

尽管伊利等人进行了种种努力，事实并非如其所愿。虽然其工作总体得到了进步派的称赞，也受到了全国媒体关注，但学者内心之矛盾甚至担忧和压力只能是冷暖自知。除偶尔和进步派发生龃龉之外，中坚派势力对其以学术操控政治的指责几乎一刻未停。尽管学者们一再声称其"客观中立"的姿态与"非党派"的立场，但最终仍然以"让大学远离政治"的理由被中坚派驱逐出州府并赶回书斋和课堂，这不由使人感到几分讽刺、无奈和同情。

那么伊利等人究竟是中坚派所说的"操控政治"的政客，还是自我标榜的"客观中立"的"非党派专家"？对伊利等人来说，他们为了专业声望和职业安全必须保证其"客观中立"的学术立场，但改革社会的知识分子的道德理想又使他们难以安心书斋之中。在政治气候适宜之时，试图以"非党派专家"的身份参与社会改革和服务，希望如此兼顾学术客观性和实现社会理想的两便。学者们对"客观中立"的追求和一再宣称其"非党派"立场的态度是真诚的，但这"真诚的谎言"对与其学说所代表的利益相左的势力则难以奏效，最终仍然难逃"政治化"的指控。

实际上，伊利等威斯康星大学的社会科学学者所面对的两难困境不仅是他们的个人困扰，也是高等教育机构中两种哲学的冲突的外在显现。布鲁贝克在其名著《高等教育哲学》中认为，有两种为大学存在合法性辩护的哲学，一是"保存、传授和发展客观的高深学问"的认识论哲学；二是为"公众和社会服务"的政治论哲学。"威斯康星理念"的成功是这两种哲学可以并存的最早例证。[①] 然而，事实表明，布鲁贝克显然高估了"威斯康星理念"的"成功"。威斯康星大学的社会科学学者在专家工作中的两难处境和最终结局，恰好证明了在利益多元化的社会，大学在服务国家和社会的过程中，同时"远离政治"和不损害其"客观中立"的声誉，其本身就是似乎无解的两难问题。作为神话的"威斯康星理念"标

---

① [美] 约翰·S. 布鲁贝克：《高等教育哲学》，王承绪等译，浙江教育出版社2002年版。

志着大学社会服务职能的开端，但是真实的"威斯康星理念"则在神话光环之下揭示了这动人的理想背后的矛盾和危险，而这个矛盾和危险贯穿在大学发展的始终，是每一代的学者都必须面对思考和试图的解决的问题。

　　［作者简介］孙碧，男，华南师范大学博士后，教育学博士。

美国早期教育学课程与师范学校的历史宿命[*]

陈 瑶

19 世纪的美国，各种欧洲教育思潮的涌入奠定了教育历史、哲学和心理学的研究基础，在此让各种本土化的教育运动的推进，使得教育成为一个内容日益丰富的研究领域其。而作为课程与教学领域的教育知识最早开始于师范学校当中，虽然师范学校并不是那个时代培养教师的唯一机构，却是最主要的、存在时间最长的一种形式。[①] 此后随着教师教育的大学化，教育学逐步进入大学，发展为真正意义上的学科。考察这个时期师范学校的教育类课程，是了解当时教育知识发生、发展、运用和变化状况的一个重要窗口，也是理解美国师范学校历史的一个重要视角。

一 师范学校初建时期的教育学课程

19 世纪的美国，受公立学校运动的推动，学校入学人数不断增加，学校对教师从质到量的需求都在提高，教育改革者借鉴欧洲的经验，仿照德国的教师学院（teacher seminary）和法国的巴黎高等师范学校（ecole

---

[*] 本文原载《云南师范大学学报》（哲社版）2016 年第 12 期，系全国文化名家暨"四个一批"人才自主选题"美国教育思想史"阶段研究成果。

[①] 除了师范学校之外，同属于中等教育层次的学校机构文法中学的毕业生从教的也比较多，在美国内战期间，纽约州超过 50% 的初等教育教师毕业于文法中学。见 George Frederick, Miller, *Academy System of the State of New York*, 1922; reprint. New York: Arno Press, 1969, p. 171.

normale)创建了美国教师专业训练的机构——师范学校(normal school)。1823年第一所师范学校(私立)在美国创立。1839年贺拉斯·曼(Horace Mann)在马萨诸塞建立第一所公立师范学校,"师范学校的战役在马萨诸塞率先打响"[1]。在随后的十年中,康涅狄格州和纽约州也建立了师范学校。1839—1865年,有15所州立师范学校开始运行。[2] 师范学校的创建者们从一开始就有意识地设定了这一机构培养小学教师的专门功能,他们的思想体现在师范学校的课程设计中。

(一)针对教师培养的课程设计

回望1839年马萨诸塞首创美国公立师范学校的那段历史,我们通常将聚光灯都投射在贺拉斯·曼身上,其实当时在马萨诸塞州韦斯特菲尔德(Westfield)的巴雷(Barre)举行的第一所州立师范学校开学仪式上,马萨诸塞州总督埃弗利特(Governor Everett)的致辞也同样值得关注。他极具预见性地构想了师范学校的性质和目标,以及教学内容的四个核心要素:第一,学术学科的教学,这是师范学校教育的中心部分;第二,教学的艺术,或者说教和学的原理,以及将原理运用到特定学科教学中的方法;第三,学校管理;第四,观察和实践优秀教学方法的机会。[3] 这些看法几乎就是此后20年内美国师范学校的课程设计指南。

1859年,在新泽西州特伦顿市召开的美国师范学校协会的首次年会上,[4] 马萨诸塞州塞勒姆师范学校的奥尔菲尔斯·克洛斯比(Alpheus

---

[1] American Normal School Association, *American normal schools: their theory, their workings, and their results, as embodied in the proceedings of the first annual convention of the American normal school association*, New York: A. S. Barnes & Burr, 1860, p. 110.

[2] 到1910年以前,46个州中有42个建有师范学校,共有180所。后来的十年间又建了几所,州立的师范学校总数没有超过190所。

[3] Christine A. Ogren, *The American State Normal School "An Instrument of Great Good"*, New York: Palgrave Macmillan, 2005, p. 30.

[4] 美国师范学校协会在1855年成立,每年都有小范围会议,直到1859年召开第一次年度大会,并于次年正式出版了会刊。见 American Normal School Association, *American normal schools: their theory, their workings, and their results, as embodied in the proceedings of the first annual convention of the American normal school association*, New York: A. S. Barnes & Burr, 1860, p. 112.

Crosby）教授宣读了他的论文《美国师范学校合适的领域和工作》(*Proper Sphere and Work of the American Normal School*)，讨论了师范学校与其他学校，特别是与医学、技术等类学校的不同；美国师范学校与欧洲的师范学校的不同以及学生在师范学校里应该学习什么、应该获得什么等问题，并热情洋溢地宣称："师范学校的必要性毋庸置疑，没有师范学校的帮助，教育学将不会找到它恰当的位置，没有教学培训专业，教育学也不可能获得成功，教教师是必要的，而教教师如何去教是一件绝对必要的事情。"克洛斯比教授认为，除了普通学校各门学科的知识外，美国师范学校的课程还应该包括三个方面：1. 哲学、历史、教育艺术、体育、智育和德育；2. 各门学科科目的教学原理和方法；3. 说明和运用这些原理和方法的练习，以及实习教师工作。他的发言在会上引起了热烈的回应。[①]

设计者们对教育类课程在师范学校中的地位及比重寄予了很高的期望，认为这是保证教学专业化的重要内容。

（二）教育类课程门类偏少

那么，教育类课程在最初的师范学校中的具体状况如何呢？在此以马萨诸塞师范学校和康涅狄格州的师范学校为例来说明内战前的情况。1839年建立马萨诸塞州立师范学校时，州教育部门通过法律的形式规定了一年制的课程：拼字法、阅读、作文、语法、修辞、逻辑、书法、绘画、算术、地理、统计、历史、代数、簿记、航海、测量、自然历史、生理学、精神哲学、音乐、自然哲学、天文学、马萨诸塞州和美国的宪法及历史、虔诚和道德原则、教学科学与艺术。可见，第一所师范学校的教育类课程只有一门，名为"教学科学与艺术"。

亨利·巴纳德（Henry Barnard）1850年建立了康涅狄格州第一所州立师范学校，1859年其三年制的课程计划包括：第一年：阅读、拼字法、语音分析、地理和地图绘制、英语语法和作文、算术、口头和书面表达、

[①] American Normal School Association, American normal schools: their theory, their workings, and their results, as embodied in the proceedings of the first annual convention of the American normal school association, New York: A. S. Barnes & Burr, 1860, pp. 23 – 29.

美国历史、铅笔蜡笔画、声乐、演说；第二年：修辞阅读、语言语法构成分析、最佳风格的英语作家、语音和词源分析的拼字法、句子的语法分析、议论文、代数，算术评论、生理卫生、植物学、自然哲学、天文学、绘画和音乐；第三年：修辞阅读、拼写和重点语音学、词源学分析、作文和演说、逻辑和精神哲学、修辞、天启教真迹和自然哲学、几何和三角、化学，自然地理学和气象、《失乐园》修辞分析、绘画和声乐、钢琴或风琴课。在实践学校进行四个学期的教学见习、实习（约占整个学程1/3的时间）。三年制的课表中并没有直接的教育类理论课程，不过"逻辑和精神哲学"的课程提供了方法论基础，而一些自然科学课程中也包括了实物演示和仪器操作方法的教学，另外，教学观察和实习得到更多的强调。①

当时众多的师范学校的教师培养也并非同质化，有学者认为东部和东北部以马萨诸塞州为中心的师范学校是一种更为专业化的教师培养模式。其课程设置围绕着典型的普通学校的科目以及"教学的艺术"和"学校管理的科学"，课程的学习通常辅之以学校实地观察和教学实习。而在中西部和西部地区的师范学校，教育目的更加一般化与多样化，并不完全针对教师培养，"更像20世纪的社区学院。"② 不过，到1860年前后，绝大多数师范学校中都已开设"教学的科学与艺术"一类的课程。虽然学术学科课程也会包括一些关于方法的内容，但大多数师范学校还是会单独提供一般的教学方法的课程。

教育领导人提高教师专业化水平的思路是明确的，但由于教师实际水平的低下，理想不免要打折扣。师范学校初期实际运行中的课程定位一直比较模糊，课程重心基本向学术学科倾斜，教育类课程一直比较随意而不确定，门类单一，观察和实践教学的条件也不尽如人意。

---

① Charles A. Harper, *A Century of Public Teacher Education：The Story of the State Teachers Colleges as They Evolved from the Normal Schools*, Washington, D. C. ：American Association of Teachers College, National Education Association, 1939, pp. 55 – 57.

② ［美］埃伦·康德利夫·拉格曼：《一门捉摸不定的科学：困扰不断的教育研究的历史》，花海燕等译，教育科学出版社2006年版，第5页。

(三) 教育类教材内容表浅

教育类教材是教育知识更为有形化的载体。在师范学校早期,教学专业培训的内容一般就集中在一门课程,甚至一本教材当中。通过这段时期比较流行的两本教材的分析,可以初步了解教育知识在师范学校中的具体形式。

1823年在佛蒙特州第一个开办私立师范学校的教育家塞缪尔·里德·霍尔(Samuel Read Hall)1829年出版了《学校管理讲义》(*Lecture on School-keeping*),这是流行于美国的教师培训的最早的教科书。书中共收录了13讲。从普通学校的重要性谈到对教师的要求,以及一些具体的管理技巧和教学模式等。具体内容如表1所示。

表1　　　　塞缪尔·霍尔《学校管理讲义》的内容①

序号	内容(目录)	
第1讲	普通学校的重要性、特点和功用的忽视;起源及其影响	
第2讲	普通学校功用的障碍	
第3讲	教师的素质要求	
第4讲	教师的实践方向	学习的重要性和教师职业的性质;获得的手段
		教师的责任;认识和理解它的重要性
第5讲	实践方向(续)	获得学校信心的重要性;获得的手段
		如对学校有益时,教师应当愿意花费他的所有时间
第6讲	实践方向(续) 学校的管理	管理的前提条件
		对待学生的态度;一致性;稳固性
第7讲	实践方向(续) 管理(续)	偏袒;考虑学生当前和长远的利益;师生之间、生生之间交流的模式;惩罚;奖励
第8讲	实践方向(续)	学校的一般管理
		研究的方向
第9讲	实践方向(续) 教学模式—— 讲解学科内容的方式	拼写
		阅读

---

① Samuel Read Hall, *Lecture on School-keeping*, Boston: Richardson, Lord and Holbrook, 1829, pp. IX–XI.

续表

序号	内容（目录）	
第 10 讲	实践方向（续） 教学模式（续）	算术
		地理
		英文语法
		写作
		历史
第 11 讲	实践方向（续） 教学模式（续）	作文
		通识科目
		改进的重要性
第 12 讲	实践方向（续） 激励学生注意的手段	应当避免的
		可以安全使用的
第 13 讲	致女教师	

《学校管理讲义》的内容除了一些泛泛的原则和方法外，几乎没有任何理论，13 讲中的 9 讲都标明"实践方向"。它基本上是一本教师行动指南的"大杂烩"，然而在当时来讲却非常实用，其中很多观点被贺拉斯·曼吸收，并运用到后来的马萨诸塞师范学校的教育中。

另一本教材是纽约奥尔伯尼州立师范学校的校长、师范学校运动的著名领导人戴维·佩吉（David Perkins Page）的演讲集《教学的理论和实践》（Theory and Practice of Teaching）。这本书 1847 年出版，直到 20 世纪之前还多次再版，一直是很多师范学校该领域的首选教材。可以说，19 世纪后半个世纪中的大多数美国教师都读过它。

表 2　　　　　佩吉《教学的理论和实践》主要内容[1]

章目	标题	节目
第 1 章	教师的精神	
第 2 章	教师的责任	1. 被忽视的树；2. 责任的扩展；3. 奥本的监狱

---

[1] David Perkins Page, *Theory and Practice of Teaching*, or, *The Motives and Methods of Good School-Keeping*, Syracuse, NY: Hall & Dickson, 1847, Table of Content.

续表

章目	标题	节目
第3章	教师的习惯	
第4章	教师的文学素养	
第5章	教育的正确观点	
第6章	教学的正确方式	1. 注入的过程；2. 提取的过程；3 更优秀的方法；4. 唤醒心智；5. 评论
第7章	实施背诵	
第8章	激发学习兴趣	1. 刺激……竞争；2. 表扬和奖励；3 合适的激励
第9章	学校管理	1. 教师管理的要求；2. 寻求良好秩序的手段；3. 惩罚……不合适……合适；4. 体罚；5. 局限和建议
第10章	学校安排	1. 日常工作计划；2. 干扰；3. 课间休息；4. 上课安排；5. 检查；6. 考试……展览……庆祝；
第11章	教师与学生家长的关系	
第12章	教师对自身健康的关注	
第13章	教师与职业的关系	
第14章	各种建议	1. 应避免的事；2. 应做的事
第15章	教师的奖励	

比较而言，这本书的体系更清晰，对教师的工作的理解也比较完整。不过，总体程度上还是显得浅显。教学方面主要是一些具体的操作规则，管理方面则是在学校的秩序、教师的道德感、责任感和重要性等一般层面上的泛泛之谈，缺乏深入分析。内容虽然有一定的实用性，但细枝末节较多，[1] 缺乏前后一贯的教和学的理论基础。

另外，在佩吉《教学的理论与实践》一书中，开宗明义第1章就是

---

[1] 比如在该书第14章各种建议中，"应该避免的事"就是在"学校工作的时间内，关注学校外面的事务"，或者"面对学生家长失去耐心""应该做的事"就是"与学生交朋友"或是"在课上使用十进制或美元现金单位（不用英镑单位）"，诸如此类。见 David Perkins Page, *Theory and Practice of Teaching, or, The Motives and Methods of Good School-Keeping*, Syracuse, NY: Hall & Dickson, 1847, pp. 297, 301, 307, 311。

"教师的精神"。它谈到教师应当是友善的、耐心的、奉献的、坚定的；教学是上天赐予的使命，光荣而神圣。佩吉在第 15 章"教师的奖励"中列举道：智慧和道德的增长、帮助他人成长的满足感、加入孔子、亚里士多德和柏拉图这些万世师表行列的荣耀以及"上天的赞许"等，这些都是对教师的奖励，至于薪水的高低无关紧要。① 在师范学校中，教师职业的奉献精神得到了强调，那是一种教师职业的召唤感（a sense of calling），师范学校的校长不遗余力地宣称"精神"的重要性，师范学校就是以此作为对教师的角色定位。但这样做的问题是，排除或淡化了从其他角度看待教师职业的可能性，因而，这种精神的强调更进一步阻碍了教育理论在课程中的扩展，加剧了师范学校精神气质的局限性。

（四）简单的演讲与现身说法式的授课方法

一直到 19 世纪 50 年代，师范学校中的"教学的科学与艺术"或"教学的理论与实践"这一教育类课程还通常是以简单的演讲的形式授课，并且往往是由校长来讲授他对教和学的一些思考。马萨诸塞州的韦斯特菲尔德师范学校 1854—1855 年的学校目录（catalog）中列有"教学的理论和实践"课程，其实际内容也主要是校长的演讲。布里奇沃特（Bridgewater）州立师范学校（马萨诸塞州的另一所师范学校）第一任校长尼古拉斯·蒂林哈斯特（Nicholas Tillinghast）的学生爱德华（Richard Edwards）在其回忆录中，用了大量的篇幅来赞美这位校长，赞美他对教育事业的虔诚、工作认真努力、润物细无声、极具感染力的人格魅力等②。另一名学生阿尔伯特·博伊登（Albert Boyden）这样总结道："蒂林哈斯特先生就是我们'教学和艺术课'的教科书。"③

这些作为"教科书"的校长除了对学生讲演他们关于教和学的思想、

---

① David Perkins Page, *Theory and Practice of Teaching, or, The Motives and Methods of Good School-Keeping*, Syracuse, NY: Hall & Dickson, 1847, pp. 336-340.

② Richard Edwards, *Memoir of Nicholas Tillinghast, First Principal of the State Normal School at Bridgewater, Mass*, Boston: James Robinson & CO., 1857, pp. 12-20。本书作者理查德·爱德华（Richard Edwards）后来也成为一名知名的师范学校校长，执掌当时马萨诸塞的塞伦（Salem）州立师范学校。

③ 博伊登后来成为该校的第三任校长。参见 Christine A. Ogren, *The American State Normal School "An Instrument of Great Good"*, New York: Palgrave Macmillan, 2005, p. 33。

观点，有时候也会给学生读一些关于教学的出版物，比如《教师》（The Teacher），[1] 并进行一些讨论。塞勒斯·皮尔斯（Cyrus Peirce）19世纪40年代在列克星敦担任师范学校校长期间，在他的工作日记上认真地记录了他教授这门课程的过程和心得，其中还记录了有一次他带着学生去听贺拉斯·曼的演讲，题目是"学校传统"（school convention），主要讨论一个主题：是否学生应当背诵学习内容。随后皮尔斯在他自己的课上组织学生讨论了曼的演讲。[2] 从当时学生的听课笔记和日记来看，皮尔斯讨论到很多关于教和学的问题，但都不甚深入。有一次讨论到儿童发展问题，"儿童的道德力量何时开始发展"？女生玛丽·斯威夫特（Mary Swift）认为"与智力同时开始，这个认识太过一般"，皮尔斯也表示赞同。皮尔斯的演讲中也有很多内容是与学科教学相关的，比如如何教孩子阅读、拼写等问题。[3]

总之，师范学校初建时期，偏重于方法和技术的行业技巧层面的"教学的科学与艺术"课程是为数不多的教育类课程中首先考虑开设的一门，相应的教材也类似于可操作性的工作手册，内容比较浅显，教学方法也比较简单，常常是师范学校的校长对自己和他人的教学和管理经验的总结和思考。可以说，这个时候的"教学的科学与艺术"课程和教学实习主要致力于让学习者掌握一些教学行业的技巧。

二 师范学校中后期教育学课程内涵与外延有所发展

19世纪后期，公立学校的发展和来自大学的竞争迫使师范学校推行改革，寻求生机。加之在美国内战后各种教育改革新思潮影响下，教育类

---

[1] Jacob Abbott, *The Teacher: or, Moral Influences Employed in the Instruction and Government of the Young*, Boston: Whipple and Damrell, 1839。该书作者为波士顿一所女子学校的校长。作者宣称该书是为初任教师准备的，是有经验的教师认同的一些实用的教学和学校管理的经验（见该书前言）。

[2] Christine A. Ogren, *The American State Normal School "An Instrument of Great Good"*, New York: Palgrave Macmillan, 2005, p. 33.

[3] Ibid., p. 34.

课程在课程内涵、课程门类和课程时间方面都有所扩展,初步的课程体系也开始成型。

(一)方法的、历史的、管理的和心理学的课程

注重实践的、方法层次的课程依然是师范学校的追求,但内涵已有所提升。19 世纪末加利福尼亚州圣马科斯(San Marcos)师范学校的课程目录中说明,"基本方法"(Primary Methods)这门课程的目标是"追求智力的发展,激励有思考的探究、引导系统的调查,发现明智的理论"。[①] 1899—1900 年阿拉巴马州弗洛伦斯州立师范学校的"方法中的一般工作"(General work in method)课程内容中包括"教育和教学的目的、教学中自主活动和统一性的原理、分析的探究、综合、归纳法和演绎法、教学的形式阶段、提问的导入作为一种引导和唤醒心智活动的手段"。[②] 而幼儿园教师培养和乡村教师培养中也已经有了有针对性的、独特的方法课程。

到 19 世纪末期,大多数的师范学校都提供"教育的历史与哲学"课程,或称"教育的哲学与历史",或只是"教育史","教育哲学",其内容各学校虽各有偏重,但总体上都包括教育历史上的思想、人物和体系。如弗洛伦斯师范学校 19 世纪末期教育史课程的目的是"给予学生关于教育进步和一般趋势的清晰的观点;帮助他们由因及果进行推理;帮助他们发现伟大的教育体系中的重要原理;熟悉伟大的教育改革家;体会能在我们的教育时代起作用的力量"。[③] 这类课程的辅助读物包括很多经典的教育作品,如苏格拉底、夸美纽斯、洛克、卢梭、裴斯泰洛齐以及教育改革家曼和巴纳德等的著作。教育的历史与哲学为教师培养增加了博雅的色彩,帮助师范生深入地理解教育和教师职业。而这类课程在实践定向的师范学校中也体现出实践性的一面,主要引导学生从以往伟大的教师和改革者那儿学习教学和管理的方法和经验,并激励他们将教学视为一种神圣使命。

[①] Christine A. Ogren, *The American State Normal School "An Instrument of Great Good"*, New York: Palgrave Macmillan, 2005, p. 129.

[②] Annual Catalogue of the State Normal College, Florence, Alabama, 1899—1900, p. 29.

[③] Ibid., p. 28.

就"学校管理"方面的内容来看，19 世纪 60 年代左右，从缅因州法明顿到明尼苏达州的威诺纳等诸多师范学校，逐步出现了学校法律和教育史、职业伦理等课程，19 世纪 70 年代以后，在弗洛伦斯师范学校，围绕着学校组织与管理，还开设学校经济和学校法律等课程。通过这些历史的、法律的和伦理的视角，师范生可以在更广泛的背景中来理解他们的未来职业，而不只是像以往，只是一味地对教师职业进行一种"罗曼蒂克"的描绘和颂扬。

1866 年奥斯威格训练学校成为州立师范学校后，校长谢尔顿的"奥斯威格教学法"（Oswego method）在全国师范学校更加广为传播。受奥斯威格运动影响，很多师范学校的"教学的理论与实践"课程明显地增加了"实物教学"的内容。这种实物教学方法虽然并没有为师范学校提供一个有用的理论框架，但却为师范学校引入了对儿童心理和思维发展的研究兴趣。19 世纪 70 年代以后，教育心理学领域的发展为教学原理和学习过程提供了一定的理论基础。全国的州立师范学校都纷纷开设教育心理学相关课程，并逐渐与以往的教育哲学、精神哲学和道德哲学区分开来，成为一门单独的课程。师范学校逐渐将教育心理学视为教学理论和方法的基础，引导师范生通过观察和经验获取资料，开展儿童心理发展的调查研究。马萨诸塞州的韦斯特菲尔德师范学校校长约翰·迪肯森（John Dickinson）还写了一本名为《师范学校心理学》（*Psychology for the Normal Schools*）的教材，很多师范生也在学习威廉姆·詹姆斯（William James）的《心理学原理》。

1889 年，心理学家斯坦利·霍尔（G. Stanley Hall）出任马萨诸塞州伍斯特市的克拉克大学校长后，发起了儿童研究运动，强调直接观察是揭示儿童成长法则的路径。受他的影响，伍斯特的州立师范学校校长拉塞尔（E. Harlow Russell）在心理学课程中引入了儿童研究的方法论，要求学生对儿童的日常行为进行广泛细致的观察并进行准确的记录。他们的记录反过来也为霍尔的儿童研究提供了直接的素材。1900 年左右，加利福尼亚的圣何塞师范学校等也在"基本方法"课程中融入了儿童研究的相关内容，还有佛蒙特师范学校、密歇根伊普西兰蒂（Ypsilanti）师范学校等也开设了独立的儿童研究课程。儿童研究提倡的行为观察和分析逐渐成为师范生的一项重要的能力要求。

（二）赫尔巴特运动对教育学课程的影响

教育心理学课程的开设为19世纪90年代开始的赫尔巴特运动打下了基础，而后者又对此时师范学校中的教育类课程和教学有较大影响。虽然改革家为推进教育专业化做了种种努力，现实中教师的教育专业知识依然贫乏，师范学校中依然缺乏一套能够行之有效地教给这些训练不足的准教师的关于教育教学的概念体系。美国赫尔巴特运动来得恰逢其时。它出现在"美国社会与美国学校教育充满危机和变革的时代"，它出现在"美国教育特别是美国师范学校对教师培训的内容和方式充满困惑的时代"。因此，敦克尔（Harold B. Dunkel）认为"赫尔巴特学派运动首先是一场师范学校运动"。① 继奥斯威格教学法之后，赫尔巴特的形式阶段论风靡一时，赫尔巴特运动进一步为教学方法注入了心理学理论的元素。赫尔巴特的思想经过美国赫尔巴特学派运动的"修剪"，简化为一套学校教学的标准程序，不过，却也在教育的思想与行动之间建立了某种程度的联系，所以有学者认为，"经过新的思维模式的修正，赫尔巴特学说可能正确地标志了美国教育科学研究的开始"。② 或者说正是由于美国赫尔巴特学派与美国赫尔巴特运动，"'教育学'才真正开始进入美国学校"。③ 不过，赫尔巴特学派的主题集中在学习的兴趣和教学的步骤，虽然对改进美国学校教育实践有一定的好处，但"对19世纪末20世纪初的美国教育科学（science of pedagogy）没有太多补益"④，比如"统觉""兴趣"所依据的心理学基础已经招致科学的怀疑，"教学的形式步骤"不过是给那些教育程度不高的教师提供了一种技术性的教条，也给教师教育者提供了一些可传授的、看起来周密而又实用的理论。20世纪初，虽然赫尔巴特学派的有些方法还在被教师使用，但已经明显地失去了理论发展的动力。

---

① Harold B. Dunkel, "Herbartianism Comes to America: Part I", *History of Education Quarterly*, Vol. 9, No. 2 (Summer, 1969), pp. 202–233.

② ［美］里帕：《自由社会中的教育：美国历程》，於荣译，安徽教育出版社2010年版，第148页。

③ Gerald L. Moulton, "The American Herbartian: A Portrait from His Yearbooks: Part II", *History of Education Quarterly*, Vol. 3, No. 4 (Dec., 1963), p. 196.

④ Harold B. Dunkel, "Herbartianism Comes to America: Part II", *History of Education Quarterly*, Vol. 9, No. 3 (Autumn, 1969), p. 389.

19世纪末，师范学校的教育类课程基本上包括了教学方法、教育的历史与哲学、学校管理、教育心理学、儿童研究、加之示范学校（demonstration school）中的观察与实践教学等。比起初建时的状况，教育类课程从内涵到外延都得到了发展。

三 美国师范学校的历史宿命

虽然师范学校中的教育类课程在不断发展，但整个19世纪，教师专业化程度总的状况并不乐观，教育类课程所要求的教育专业化在现实中并未达到理想的目的。就有志从教的人来说，师范学校的文凭未必比文法中学和高中更有优势。美国教育史家克里斯汀·奥格伦（Christine A. Ogren）的结论是师范学校"非但学术课程水平很低（一般只是刚刚超过基础教育的水平），而且教师教育的课程也很不成熟"[1]。师范学校机构本身的局限性是造就这种局面的首要原因。

（一）师范学校是教育知识有限的消费者

师范学校教育类课程的发展变化很大程度上反映出的是这个时期美国教育知识的生产、运用和发展水平的问题。当然教育知识并不只是表现在课程与教学领域当中，比如教育专业期刊，联邦教育部和各地教育机构的教育年鉴及教育报告，以及各种教育相关协会的会刊、通告等都是重要的教育知识的载体。不过其他形式的优质教育知识最终要以课程、教学、教材、著述的形式来进行筛选和传递，因而作为课程与教学领域的教育知识更明显地具有教育、训练和传承的价值。然而在师范学校中，教育知识的这一特点和功能只是在非常有限的范围内得到实现。

19世纪末期以前，教师专业化的诉求带动了对教育知识的需求。从1839年第一所师范学校开办之初，美国公立师范学校的创建者贺拉斯·曼等人就立志对教师进行教学理论的（Pedagogical）培养，开发教师培训的完善的计划，但问题是教育市场对教师量的需求占主导，实际上师范学

---

[1] Christine A. Ogren, *The American State Normal School "An Instrument of Great Good"*, New York: Palgrave Macmillan, 2005, p. 4.

校更多的作用是在于提高教师的学科水平,因为仅仅处于初等教育水平的准教师,他们首先要应对的是学科知识的欠缺。① 直到 1885 年,威斯康星州密尔沃基的一家报纸上还在抱怨:"威斯康星有没有师范学校?"答案是"没有",因为州立师范学校无法与高级中学区别开来。② 从上述历史过程中,可以看到近半个世纪以来,师范学校中的教育知识主要随外在的教育思潮而有所变化,虽然师范学校在教育知识的运用和传播中发挥了关键的作用,但是,从开始到最后教育知识都没有在师范学校自行生产,师范学校更关注的是学科教学实践问题,虽然教育类的课程不断发展,但师范学校并不是以发展教育知识为目的的,因此,我们认同这样的结论:"在 19 世纪,教育学没有在师范学校得到发展。"③ 师范学校是教育知识的消费场所,而且是有限的消费场所。某种程度上,师范学校对教育知识的需求实际上被简化为教学行业的技术和技巧的知识获得,具体的方法和手段成为追逐的热点,技能训练的熟手成为理想的教师和督学。教育专业类科目和内容都表现出肤浅化,既缺乏深厚的理论底蕴,也缺乏科学的理性追求。

(二) 师范学校作为单一目的的教师培养模式的退场

19 世纪后期,师范学校课程内涵外延发展的背后,是其培养目标在深度和广度上的拓展,具体来说,就是努力寻求一种"心、脑、手"(heart、head、hand) 的统一,大致可以理解为职业信仰、学术造诣和教学实践能力三个方面兼备。师范学校的师生中不乏"手、脑、心"合一的高水平的杰出人士,无疑为 19 世纪后期的师范学校带来了一种"教学的新风"(ozone of teaching)④。然而此时的师范学校已经时光不再,时至 19 世纪末 20 世纪初,师范学校在功能、视野和机制上都不可避免地显现

---

① 在美国内战期间,纽约州超过 50% 的教师毕业于文法中学,这说明师范学校并非教师培训的当然机构,也说明教师培训的专业化程度依然不高,学术学科的修习是其主要内容。

② Jurgen Herbst. And Sadly Teach, *Teacher Education and Professionalization in American Culture*, Madison: University of Wisconsin Press, 1989, p. 142.

③ James R. Robarts, "The Quest for a Science of Education in the Nineteenth Century", *History of Education Quarterly*, Vol. 8, No. 4 (Winter, 1968).

④ Christine A. Ogren, *The American State Normal School "An Instrument of Great Good"*, New York: Palgrave Macmillan, 2005, p. 125.

出局限性。

在师范学校这种单一目的的、封闭的职业学校环境中，教学被理解为一种技术性的工作。教育学（Pedagogy）就是"教学实践的艺术"或者"教学的一般原理和方法"。任教学科的基本知识、一点教学的行业技巧和一种被"召唤"的牺牲精神就是一位教师的全部装备。无须通识的文理教育，也无须更深层次的教育理论。狭隘的培养理念和功能致使师范学校对教育知识的消费极为有限，对教学专业化的提升也极为有限。

作为中等教育层次的师范学校未能为扩展中的美国公立教育系统输送大量优质的教师；作为教育知识的有限消费者，师范学校不可能承担起教育知识生产、传承和发展的重责。到19世纪末，师范学校的领导人已经意识到必须从师范培训转向教师教育，他们面临改变的不只是内涵，而是整个机构的转型，或者说"升格"，即在大学（学院）的基础上来办教师教育。原有的师范学校此后基本上都逐渐升格为教师学院而后大学。直到1940年，有着百年历史的"师范学校"彻底消失在美国教育的历史潮流中。很多师范学校最终转变为综合性大学（主要是一些区域性的州立大学）的过程差不多持续了一个多世纪，从19世纪90年代开始直到21世纪初。一种独立的、单一目的的职业教育模式就这样消失了。

四　结语

并非所有的历史研究都需要揭示一种因果关系，在这里，美国教育学课程的开端、发展与师范学校的消失之间更可以视作一种相关关系，身处同一个历史时空中，它们的命运彼此相连。教育学课程借助师范学校开始，而师范学校消失后，教育学课程非但没有消失，反而发展壮大。随着教师教育的大学化，教育知识也就获得了进入大学的契机，成为大学的科目。与师范学校时代相比，大学的教育学课程有了一个更高的发展平台并获得了更大的生机。师范学校就像是历史中的"遗民"，或许从它的立场来看，不乏存在的合理性和合法性，但遗憾的是，它依然面临历史终结的宿命，作为教育知识有限的消费者、作为一种封闭的、单一目的的教师培养模式，其格局太小，属于它的时代已然成为过去。

这样的局面也同样发生在当代中国，即从20世纪末师范教育体系开始由三级师范向二级师范转型，或者说由老三级师范向新三级师范转型，（指取消中等师范层次，增加硕士研究生层次）。至今，这一过程已基本完成，中等师范消失，很多师范院校也通过合并、转型、升格，变成了综合性高校，"师范教育"渐渐改名为"教师教育"。事实上，在一个世纪多以前的中国，教育学"既是学术转型中引进的'西学'的一种，又为师范学堂所用，是挽救民族危亡中具体的一环"。[1] 教育学乃至师范学校，皆属"舶来品"。当时的师范学校以及建国后的师范学校虽各有其卓著功勋，但对教育知识的发展而言，其局限性恐怕还胜于美国师范学校。而在如今高等教育大众化的时代，也难以想象师范学校还能吸引到优秀的教师和学生。

顾明远先生曾经慨叹"我国师范教育建立一百多年来，各地建立了一批中等师范，如长沙一师、南通师范、保定师范等，都有上百年的历史，培养了大批革命工作者和教师，今天毁于一旦，实在感到可惜。"但同时他也肯定"从国外师范教育发展的历史来看，师范学院转为综合大学是历史的必然。"[2] 转型的过程中固然会有种种问题，比如近来又多有听闻某些综合大学对教育学院的裁撤，[3] 但"回到过去"显然不是明智的选择。虽中国经验与美国不甚相同，但可以借助对美国已经完全完成的历史进程的考察，深刻地检视我国师范学校的历史遗产，使其体现在新的教师教育模式中，这是必需的课题。另外，理解大学作为教育知识的生产者，完成以往师范学校无法完成的中国教育学科发展重任，并真正提升教师专业化的水平，这是目前我国师范大学的使命。

[作者简介] 陈瑶（1973— ），女，汉族，云南大理人，云南师范大学高等教育与区域发展研究院教授，教育学博士，研究方向为美国教育史。

---

[1] 侯怀银、张小丽：《论"教育学"概念在中国的早期形成》，《教育研究》2013 年第 11 期。文中谈及当时国人西倾而自我否定的学术心态，使"教育学"概念在中国"离根离土"，与中国几千年教育传统基本失去联系。丧失了基于自己的传统言说自己的教育、生成自己的问题、承续和创造具有自我文化意义的教育学术之能力（见该文第 20 页）。而此种"教育学"概念就起始于当时的师范学校，并对此后百余年来国人对"教育学"的理解产生了深远影响。

[2] 顾明远：《我国教师教育改革的反思》，《教师教育研究》2006 年第 11 期。

[3] 中山大学、山东大学、兰州大学等综合大学近来裁撤了教育学院，其原因不一，不过其共同点不外乎是教育学科在这些综合大学中缺乏发展动力，被边缘化。